科学出版社“十四五”普通高等教育本科规划教材
新工科·食品科学与工程类融合创新型系列教材

丛书主编　朱蓓薇　陈　卫

现代食品安全学

主编　谭明乾

科学出版社
北　京

内 容 简 介

食品安全学是研究食品中可能存在的、威胁人体健康的有害因素及其对机体的作用规律和机制，在此基础上提出具体、宏观的预防措施，以提高食品卫生质量、保护食用者食品安全的科学。食品安全学与食品的其他学科相比虽然是一个年轻的学科，但是近些年其在知识创新、人才培养、社会服务及产业发展中起到了重要作用。本书从跨学科交叉融合的新工科理念出发，突出“概论性质”和“现代特色”，结合教学、科研和生产实际，以物联网、人工智能、大数据等为切入点，突出涉及快速检验和风险防控、食品安全链条过程控制等新兴食品安全控制技术，介绍了与现代食品安全有关的最新研究进展。

全书共分四篇十六章，第一篇重点介绍食品安全的危害因素，分别介绍了物理化学性污染对食品安全的影响、生物性污染对食品安全的影响、生产加工中的污染对食品安全的影响、环境污染及天然毒素对食品安全的影响；第二篇聚焦食品安全性问题，分别介绍了动植物类食品的安全性问题、饮料和饮品类食品的安全性问题、转基因食品的安全性议题、新资源食品及其他食品的安全性问题；第三篇围绕食品安全性检测与控制技术，聚焦食品危害物的快速识别与检测技术、食源性疾病预防与控制、食品掺伪检测技术及食品毒理学与安全性评价；第四篇针对食品安全管理与控制，包括食品生产安全链过程控制、食品安全智能化监管、食品安全管理与法规体系及食品安全管理国际化方向等。

全书简明扼要，重点突出，既具有一定的理论性，又具有较强的实践性，可作为高等院校食品科学与工程、食品质量与安全、生物工程、生物技术、商品学、营养学、包装工程、物流工程及相关专业教学用书，也可供科研、技术管理及生产领域的从业人员参考。

图书在版编目（CIP）数据

现代食品安全学 / 谭明乾主编. —北京：科学出版社，2024.6
新工科·食品科学与工程类融合创新型系列教材 / 朱蓓薇，陈卫主编
科学出版社“十四五”普通高等教育本科规划教材
ISBN 978-7-03-078645-6

Ⅰ. ①现…　Ⅱ. ①谭…　Ⅲ. ①食品安全–高等学校–教材　Ⅳ. ①TS201.6

中国国家版本馆 CIP 数据核字（2024）第 110587 号

责任编辑：席　慧　张静秋　马程迪 / 责任校对：严　娜
责任印制：赵　博 / 封面设计：金舵手

科学出版社 出版
北京东黄城根北街16号
邮政编码：100717
http://www.sciencep.com
北京华宇信诺印刷有限公司印刷
科学出版社发行　各地新华书店经销
*
2024年6月第　一　版　开本：787×1092　1/16
2025年7月第二次印刷　印张：16
字数：410 000

定价：69.80元

（如有印装质量问题，我社负责调换）

编委会名单

主　　编　谭明乾（大连工业大学）

副 主 编　王海涛（大连工业大学）

编写人员　谭明乾（大连工业大学）

李　斌（沈阳农业大学）

郑　洁（暨南大学）

毛相朝（中国海洋大学）

刘洪林（合肥工业大学）

沐万孟（江南大学）

许文涛（中国农业大学）

于寒松（吉林农业大学）

李国梁（陕西科技大学）

胡　冰（南京农业大学）

申铉日（海南大学）

陈　卫（浙江大学）

王海涛（大连工业大学）

徐振林（华南农业大学）

王小英（华南理工大学）

张文羿（内蒙古农业大学）

总　序

2023 年 2 月教育部等五部门关于印发《普通高等教育学科专业设置调整优化改革方案》的通知中指出，主动适应产业发展趋势，主动服务制造强国战略，围绕“新的工科专业，工科专业的新要求，交叉融合再出新”，深化新工科建设，加快学科专业结构调整。推动现有工科交叉复合、工科与其他学科交叉融合、应用理科向工科延伸，形成新兴交叉学科专业，培育新的工科领域。

食品产业的发展关系国民经济产业的转型升级，深化新工科建设对食品科学与工程类专业的发展提出了新的要求。面对新工科的新背景、新理念、新内容、新要求，需要我们积极探讨食品科学与工程学科的新增长点，在教育理念、培养要求、教育途径等方面进行改革创新，优化食品类专业课程体系建设，带动食品类专业教育创新发展，培养多元化创新型人才，引领食品行业的发展方向。在这样的大背景下，“新工科·食品科学与工程类融合创新型系列教材”应运而生。本系列教材由科学出版社组织，大连工业大学、江南大学、中国农业大学、南昌大学、南京农业大学、浙江大学、东北农业大学、华南农业大学、华南理工大学等多所高校共同参与编写，旨在以物联网、人工智能、大数据等为突破口，扶强培新，进一步凝练学科领域新方向，以育人为初心，构建科教产深度融合的特色人才培养模式。

本系列教材的编写理念突出将现有的食品科学与工程、生物工程、生物技术、大数据、储运物流、市场营销等学科专业向食品营养、安全和生命科学聚集，实现由传统定性的生物营养研究向精准定量、特定人群营养膳食拓展，由传统的食品加工向食品营养与功能食品拓展，由传统的食品加工装备向人工智能制造装备技术拓展。

本系列教材的出版充分体现了工科优势高校要对工程科技创新和产业创新发挥主体作用，综合性高校要对催生新技术和孕育新产业发挥引领作用的特色，推进产教融合、科教融合和双创融合，推动学科交叉融合和跨界整合，培育新的交叉学科增长点，对深化新工科建设，培养复合型、综合型的人才，进一步推动中国食品学科的发展具有重要意义。

中国工程院院士

2023年9月

前　言

现代食品安全学是一门综合性的学科，旨在研究和探讨食品生产、加工、运输、储存、销售和消费等各个环节中存在的风险因素，以及预防和应对这些风险的有效策略和方法，确保人们食用的食品不会危害健康。它涉及多个学科领域，包括食品科学、微生物学、化学、营养学、法律法规、政策管理等，具有跨学科的特点。

食品安全问题早在人类社会发展初期就已经存在，但是随着社会的发展和科技的进步，食品安全问题也日益显现出更为复杂和多样化的特点。当今社会，由于人口增长、城市化进程加速、全球化贸易增多及科技进步等因素的影响，食品安全问题变得愈发复杂和严峻。作为一个贯穿人类生存发展历史的核心议题，食品安全一直以来都备受人们关注，随着社会经济的不断发展和全球化进程的加速推进，食品安全问题也日益突显出其重要性和复杂性。当今社会，人们更加关注食品的安全性、健康性和可持续性，因此现代食品安全学这门学科也逐渐崭露头角，成为人们探讨的焦点之一。

本书追溯食品安全学的发展历程，探讨其在不同历史时期的演变，并分析其与社会、经济、政治和文化等方面的关系；介绍食品安全学的基本概念和理论框架，探讨食品安全学与食品科学、营养学、微生物学、化学、环境科学等跨学科交叉融合发展的进展；系统梳理食品安全学的基本概念和理论框架，包括食品安全学的定义、食品安全风险评估与管理、食品安全性检测与控制技术等内容，以帮助读者建立起对现代食品安全学的整体认识。

本书第一篇重点介绍食品安全的危害因素，包括物理化学性污染对食品安全的影响、生物性污染对食品安全的影响、生产加工中的污染对食品安全的影响、环境污染及天然毒素对食品安全的影响等内容。我们将对这些环节进行详细的介绍和分析，探讨其中存在的食品安全问题和挑战及可能的解决方案和应对策略。第二篇聚焦食品安全性问题，重点介绍动植物类食品的安全性问题、饮料和饮品类食品的安全性问题、转基因食品的安全性问题、新资源食品及其他食品的安全性问题，针对食品安全性重点问题和面临的挑战，介绍食品安全学的最新进展、实际案例和研究动态，并给出相应的解决方案。第三篇针对食品安全性检测与控制技术，聚焦食品危害物的快速识别与检测技术、食源性疾病预防与控制、食品掺伪检测技术、食品毒理学与安全性评价，我们将介绍一些最新的食品安全检测技术和方法，如纳米孔单分子检测技术、微流控技术等，新发食源性疾病临床表现及预防、新兴的食品安全问题和挑战，如食品安全性毒理学评价程序研究等。第四篇探讨食品安全管理与控制，包括食品生产安全链过程控制、食品安全智能化监管、食品安全管理与法规体系及食品安全管理国际化方向等，围绕现代食品安全管理，阐述建立的食品安全法律法规体系，对食品中的微生物、化学物质残留、生物毒素等进行监测，及时发现和处置食品安全隐患。同时运用新兴技术如基因编辑技术、大数据分析、人工智能等，加强对食品生产和加工过程的监管和控制，提高食品安全管理的效率和水平。总之，现代食品安全是一个综合性的系统工程，需要政府、企业、科研机构、消费者等各方共同努力，才能更好地保障食品的安全、卫生和质量，维护人民群众的身体健康和生命安全。

我们联合国内多家高校的青年教师共同编写了本书：第一章由大连工业大学谭明乾编写，第二章由沈阳农业大学李斌编写，第三章由暨南大学郑洁编写，第四章由中国海洋大学毛相朝编写，第五章由合肥工业大学刘洪林编写，第六章由江南大学沐万孟编写，第七章由中国农业大学许文涛编写，第八章由吉林农业大学于寒松编写，第九章由陕西科技大学李国梁编写，第十章由南京农业大学胡冰编写，第十一章由海南大学申铉日编写，第十二章由浙江大学陈卫编写，第十三章由大连工业大学王海涛编写，第十四章由华南农业大学徐振林编写，第十五章由华南理工大学王小英编写，第十六章由内蒙古农业大学张文羿编写。

由于编写内容学科交叉广泛，本书不足之处在所难免，敬请读者批评指正。

编　者

2024年6月

目　录

总序

前言

绪论··························1

第一节　食品安全学基本概念及内容··························1

一、食品安全学基本概念··························1

二、食品安全学的内容··························1

第二节　食品安全的历史与发展··························2

一、食品安全孕育期（1949～1984年）··························3

二、食品安全起步期（1985～2000年）··························3

三、食品安全发展期（2001年至今）··························3

第三节　国内外食品安全现状··························3

第四节　食品安全学研究目标与内容··························4

一、食品安全学研究目标··························4

二、食品安全学研究内容··························4

第五节　食品安全学发展的展望··························5

第六节　食品安全学的思政教育引导··························6

一、树立课程思政的教育理念，培育和践行社会主义核心价值观··························6

二、大力发扬科学家精神，将典型案例融入思政教育元素··························7

第一篇　食品安全的危害因素

第一章　物理化学性污染对食品安全的影响··························10

第一节　农药残留对食品安全的影响··························10

一、食品中农药残留的来源··························10

二、食品中常见的农药残留的种类及危害··························11

三、控制食品中农药残留的措施··························11

第二节　兽药残留对食品安全的影响··························11

一、兽药残留与食品安全··························11

二、食品中兽药残留检测技术··························12

三、食品中兽药残留控制方法··························12

第三节　重金属污染对食品安全的影响··························13

一、食品中常见的重金属··························13

二、食品重金属毒性··························13

三、食品重金属污染的控制……14
第四节 化肥滥用对食品安全的影响……14
一、化肥滥用……14
二、化肥滥用对健康的危害……14
第五节 微塑料污染对食品安全的影响……14
一、微塑料的定义及来源……15
二、食品中微塑料的危害……15
三、食品中微塑料的分析及提取方法……15
第六节 塑化剂污染对食品安全的影响……16
一、塑化剂污染食物的途径……16
二、塑化剂对人体的危害……17
三、塑化剂的检测方法与防控……17
第七节 有害化合物污染对食品安全的影响……18
一、二噁英污染对食品安全的影响……18
二、丙烯酰胺类化合物污染对食品安全的影响……18
三、杂环胺类化合物污染对食品安全的影响……18
四、多环芳烃类化合物污染对食品安全的影响……19
五、氯丙醇类化合物污染对食品安全的影响……19
六、N-亚硝基化合物污染对食品安全的影响……19
第八节 食品辐照对食品安全的影响……19
一、食品辐照源简介……19
二、食品辐照技术的优势……20
三、食品辐照加工工艺标准……20
第九节 食品杂物污染对食品安全的影响……20
一、食品杂物污染来源……20
二、食品中常见的杂物污染及危害……21
第十节 超高压处理对食品安全的影响……21
一、超高压技术简介……21
二、超高压技术食品加工作用机制……22
三、超高压处理的优点及不足……22
第二章 生物性污染对食品安全的影响……25
第一节 概述……25
一、生物性污染的分类……25
二、生物性污染对食品安全的影响……26
第二节 细菌及其毒素污染……26
一、常见的细菌类型及污染途径……26
二、细菌及其毒素污染对食品安全的影响……28
三、预防和控制细菌及其毒素污染的措施……29
第三节 真菌及其毒素污染……29
一、常见的真菌类型及污染途径……29
二、真菌及其毒素对食品安全的影响……31
三、预防和控制真菌及其毒素污染的措施……31
第四节 食源性病毒污染……32

一、常见的食源性病毒类型及污染途径……32
二、食源性病毒污染对食品安全的影响……33
三、预防和控制食源性病毒污染的措施……33
第五节 寄生虫及其虫卵污染……34
一、常见的寄生虫类型及污染途径……34
二、寄生虫及其虫卵污染对食品安全的影响……35
三、预防和控制寄生虫及其虫卵污染的措施……36

第三章 生产加工中的污染对食品安全的影响……38

第一节 丙烯酰胺污染对食品安全的影响……38
一、食品中丙烯酰胺的来源和形成途径……38
二、丙烯酰胺的危害……39
三、丙烯酰胺的危险性评估及控制……39
第二节 氯丙醇污染对食品安全的影响……40
一、氯丙醇的来源……40
二、氯丙醇的形成……41
三、氯丙醇的毒性……41
四、食品中氯丙醇污染的暴露评估和控制策略……42
第三节 N-亚硝基化合物污染对食品安全的影响……43
一、N-亚硝基化合物的来源及形成途径……43
二、N-亚硝基化合物的危害……44
三、N-亚硝基化合物的控制措施……44
第四节 多环芳烃污染对食品安全的影响……45
一、多环芳烃的来源……45
二、多环芳烃的毒理学……46
三、多环芳烃的控制……46
第五节 杂环胺类污染对食品安全的影响……47
一、杂环胺类的来源及形成途径……47
二、杂环胺类的毒理学……47
三、杂环胺类的控制措施……48
第六节 氨基甲酸乙酯污染对食品安全的影响……48
一、氨基甲酸乙酯的来源和形成途径……48
二、氨基甲酸乙酯的危害……49
三、氨基甲酸乙酯的危险性评估及控制……49
第七节 食品包装材料对食品安全的影响……50
一、食品包装材料的定义与分类……50
二、各类食品包装材料的有害物种类及其来源……50

第四章 环境污染及天然毒素对食品安全的影响……54

第一节 概述……55
第二节 大气污染对食品安全的影响……55
一、二氧化硫的影响……55
二、氟化物的影响……56
三、煤烟粉尘和金属飘尘的影响……56

四、酸雨的影响……56
五、沥青烟雾的影响……57
第三节 水体污染对食品安全的影响……57
一、富营养化污染物的影响……57
二、石油类污染物的影响……57
三、酚类污染物的影响……58
四、苯及其同系物的影响……58
五、氰化物的影响……58
六、水体中重金属的影响……58
第四节 土壤污染对食品安全的影响……59
一、化肥污染的影响……59
二、农药污染的影响……59
三、酚类及氰化物污染的影响……60
四、重金属污染的影响……60
五、污泥污染的影响……60
第五节 天然有毒动物对食品安全的影响……61
一、鱼类来源物质的影响……61
二、贝类来源物质的影响……61
三、其他动物组织的影响……62
第六节 天然有毒植物对食品安全的影响……63
一、苷类物质的影响……63
二、生物碱的影响……64
三、酚类物质的影响……64
四、有毒蛋白的影响……64
五、酯类、萜类植物毒素的影响……65

第二篇 食品安全性问题

第五章 动植物类食品的安全性问题……70
第一节 肉类食品的安全性问题……71
一、生物性因素……71
二、化学性因素……71
第二节 乳及乳制品的安全性问题……72
一、微生物污染……72
二、抗生素残留……73
三、乳及乳制品掺伪……73
第三节 蛋类食品的安全性问题……74
一、蛋类食品的主要安全性问题……74
二、减少蛋类食品微生物的新技术……75
三、目前蛋类食品安全的国家标准……75
第四节 水产食品的安全性问题……76
一、微生物与寄生虫危害……76

二、化学危害……76
三、物理危害……77
第五节 粮谷类食品的安全性问题……77
一、内源性有害物……77
二、外部因素产生的有害物……77
三、威胁粮谷类食品安全的其他因素……78
第六节 果蔬类食品的安全性问题……78
一、物理损伤导致的安全性问题……78
二、化学污染导致的安全性问题……79
三、微生物侵染导致的安全性问题……80
四、威胁果蔬类食品安全的其他因素……80
第七节 豆类食品的安全性问题……80
一、细菌及其代谢物……80
二、真菌毒素……80
三、氰苷……80
四、农药残留……80
五、重金属污染……81
第八节 食用油脂的安全性问题……81
一、食用油脂油料的安全性……81
二、油料加工过程的安全性……82
三、油料改性过程的安全性……82
四、食用油脂包装过程的安全性……82
五、食用油脂储存过程的安全性……82
六、食用油脂掺伪的安全性……82
第六章 饮料和饮品类食品的安全性问题……85
第一节 包装饮用水的安全性问题……85
一、包装饮用水定义……85
二、包装饮用水的具体安全性问题……86
第二节 酒类的安全性问题……87
一、酒类的定义……87
二、酒类中的不安全成分……87
第三节 果蔬汁饮料的安全性问题……88
一、果蔬汁饮料的定义……88
二、果蔬原料中的农药残留……89
三、果蔬汁饮料的有害因子……89
四、果蔬汁饮料的灭菌技术……89
第四节 碳酸饮料的安全性问题……90
一、碳酸饮料的定义及分类……90
二、碳酸饮料的加工安全性……90
三、碳酸饮料的健康安全性……90
第五节 蛋白饮料的安全性问题……91
一、蛋白饮料的定义及分类……91
二、有关蛋白饮料的国家标准……92

三、常见食品安全性问题……92
第六节 茶饮料的安全性问题……93
一、茶饮料的定义……93
二、茶类原料和加工、贮藏过程中的安全性问题……93
第七节 咖啡类饮料的安全性问题……94
一、咖啡类饮料的定义……94
二、咖啡类饮料中的有害因子……94
三、咖啡和咖啡替代品中抑制丙烯酰胺的生成……94
第八节 冷冻饮品的安全性问题……95
一、冷冻饮品的定义……95
二、冷冻饮品生产中存在的安全性问题及防治措施……95

第七章 转基因食品的安全性议题……99

第一节 转基因食品概述……99
一、转基因食品定义与范畴……99
二、转基因食品种类……100
第二节 转基因食品的安全性……100
一、转基因食品安全性的主要关注点……100
二、世界各国（地区）对转基因食品安全性的态度……101
第三节 转基因食品安全性评价……102
一、转基因食品安全性评价的必要性……102
二、转基因食品安全性评价的原则……102
三、转基因食品安全性评价的主要内容……104
第四节 转基因食品安全性检测……106
一、营养学检测方法……106
二、毒理学检测方法……107
三、食品中转基因成分检测技术……107
四、环境安全检测技术……111
第五节 转基因食品的安全管理……112

第八章 新资源食品及其他食品的安全性问题……114

第一节 微生物类新资源食品的安全性问题……114
第二节 糖类新资源食品的安全性问题……117
第三节 油脂类新资源食品的安全性问题……118
第四节 蛋白类新资源食品的安全性问题……119
一、氨基酸新资源食品……119
二、肽类新资源食品……119
三、蛋白质新资源食品……120
第五节 方便食品的安全性问题……120
一、概述……120
二、主食类及冲调类方便食品和预制菜的安全性问题……120
第六节 焙烤类食品的安全性问题……121

一、概述……121
二、焙烤类食品的具体安全性问题……121
第七节 罐头制品的安全性问题……122
一、概述……122
二、罐头制品的具体安全性问题……123
第八节 食品添加剂的安全性问题……124
一、概述……124
二、食品添加剂的安全现状……124
第九节 特殊营养食品的安全性问题……125
一、概述……125
二、特殊营养食品的安全性因素、潜在安全性问题及解决途径……125
第十节 保健食品的安全性问题……126
一、概述……126
二、保健食品的安全性因素、潜在安全性问题及解决途径……126

第三篇 食品安全性检测与控制技术

第九章 食品危害物的快速识别与检测技术……130
第一节 食品安全理化检测技术……131
一、光谱……131
二、色谱……131
三、质谱……132
第二节 食品安全生物学检测技术……132
一、核酸检测技术……132
二、免疫检测技术……133
三、分子印记技术……135
第三节 食品安全新型检测技术……135
一、无损检测……135
二、快速检测……137
三、微流控技术……138
第四节 食品组学技术……139
一、基因组学技术及其在食品安全中的应用……139
二、转录组学技术及其在食品安全中的应用……140
三、代谢组学技术在食品安全方面的研究……140
四、蛋白质组学技术在食品安全方面的研究……140
第十章 食源性疾病预防与控制……143
第一节 食源性疾病概述……143
一、定义……143
二、食源性疾病病原物……144
三、食物中毒……144
四、食物过敏……145

第二节 化学性毒素食物中毒及其预防 …… 145
一、砷中毒 …… 145
二、亚硝酸盐中毒 …… 146
三、有机磷农药中毒 …… 148
第三节 食源性传染病 …… 148
一、诺如病毒 …… 148
二、轮状病毒 …… 149
三、旋毛虫 …… 150
第四节 有毒动物、真菌食物中毒及预防 …… 151
一、河鲀毒素中毒 …… 151
二、鱼类引起的组胺中毒 …… 151
三、毒蕈中毒 …… 152
第五节 细菌性食物中毒及预防 …… 153
一、沙门菌食物中毒 …… 153
二、副溶血性弧菌食物中毒 …… 154
三、肉毒梭菌食物中毒 …… 154
第六节 新发食源性疾病 …… 155
一、戊型肝炎病毒 …… 155
二、阪崎肠杆菌 …… 156

第十一章 食品掺伪检测技术 …… 158

第一节 概述 …… 159
一、食品掺伪检测技术的发展历程 …… 159
二、食品掺伪检测技术的种类、原理及应用领域 …… 159
三、展望 …… 161
第二节 肉品掺伪检测技术 …… 161
一、基于代谢组学溯源肉类产品与鉴别掺伪的研究 …… 162
二、基于电子鼻技术评价肉类品质及掺伪检测 …… 162
三、基于荧光定量 PCR 技术实现畜禽肉制品鉴伪 …… 162
四、基于高光谱成像技术实现畜禽肉掺伪的鉴别及掺伪含量的预测 …… 163
五、基于环介导等温扩增技术实现畜禽肉的现场快速鉴伪 …… 163
六、基于低场核磁共振技术识别注水注胶肉 …… 163
七、基于基因芯片技术鉴别畜禽肉及肉制品的掺伪 …… 164
第三节 乳品掺伪检测技术 …… 164
一、鲜乳和乳粉的感官与理化检验 …… 164
二、光谱检测技术 …… 164
三、色谱检测技术 …… 165
四、以蛋白质为基础的检测技术 …… 165
五、生物传感器技术 …… 166
六、乳品掺伪检测技术的发展趋势 …… 166
第四节 水产品掺伪检测技术 …… 166
一、感官仿生鉴别检测技术 …… 166
二、基于 DNA 分子标记的检测鉴别技术 …… 167
三、蛋白质分析鉴别技术 …… 168

四、光谱色谱分析技术……168
第五节 酒类及饮料掺伪检测技术……169
一、感官与理化检验……169
二、光谱、色谱与质谱检测技术……169
三、生物技术……170
四、人工神经网络技术……170
第六节 粮油掺伪检测技术……170
一、食用油掺伪检测……170
二、粮食掺伪检测……171
第七节 调味品掺伪检测技术……172
一、酱油掺伪鉴别……172
二、食醋掺伪鉴别……173
三、味精掺伪鉴别……173
第十二章 食品毒理学与安全性评价……176
第一节 食品安全性毒理学评价的概念和发展进程……176
一、食品安全性毒理学评价概况与发展历程……176
二、我国食品毒理学与安全性评价……177
第二节 食品毒理学基本原理……178
一、外源化学物与内源化学物……178
二、毒物……178
三、毒素……178
四、外源化学物分类……178
五、外源化学物的体内动态过程……178
第三节 食品中危害成分的毒理学评价……179
一、急性毒性试验……179
二、遗传毒性试验、致畸试验和短期喂养试验……179
三、亚慢性毒性试验……179
四、慢性毒性试验……179
第四节 食品安全风险评估……180
一、食品安全风险评估概述……180
二、食品安全风险评估步骤……180
三、我国食品安全风险评估体系的发展……181
第五节 食品安全性毒理学评价程序……181
一、《食品安全国家标准 食品安全性毒理学评价程序》的修订历程……181
二、制定《食品安全国家标准 食品安全性毒理学评价程序》的意义……182
三、《食品安全国家标准 食品安全性毒理学评价程序》主要内容……182
第六节 联合国机构对食品中农药和兽药的安全性评价……183
一、农药的安全性评价……183
二、兽药的安全性评价……184
第七节 外源化学物毒作用机制……185
一、毒作用的一般机制……185
二、终毒物的形成……186
三、终毒物与靶分子的结合……187

第四篇　食品安全管理与控制

第十三章　食品生产安全链过程控制 …… 190

第一节　食品安全溯源技术 …… 190

一、基于标志物的食品安全溯源技术 …… 191

二、基于二维码（条形码）的食品安全溯源技术 …… 192

三、基于物联网技术的食品安全溯源技术 …… 193

四、基于 RFID 的食品安全溯源技术 …… 193

五、基于区块链技术的食品安全溯源技术 …… 194

第二节　食品安全预警技术 …… 194

一、食品安全预警系统 …… 194

二、基于大数据挖掘的食品安全预警技术 …… 194

三、基于大数据和人工智能的食品安全预警技术 …… 195

四、基于数据驱动的食品安全预警数据分析技术 …… 195

五、基于动态非监督异常检测模型和贝叶斯网络模型的食品安全预警数据分析技术 …… 195

六、基于深度径向基函数神经网络并结合层次分析法的食品安全预警数据分析技术 …… 195

第三节　食品安全实时追溯技术 …… 196

一、食品安全实时追溯技术简介 …… 196

二、基于区块链技术的食品安全实时追溯技术 …… 196

三、基于物联网的食品安全实时追溯技术 …… 196

第四节　食品全产业链安全问题 …… 198

一、养殖环节中的食品安全问题 …… 198

二、食品加工中的食品安全问题 …… 199

三、食品包装引起的食品安全问题 …… 200

四、贮藏过程中引起的食品安全问题 …… 201

五、食品运输过程中的食品安全问题 …… 202

六、食品销售过程中的食品安全问题 …… 202

七、食品消费过程中的食品安全问题 …… 202

第十四章　食品安全智能化监管 …… 205

第一节　概述 …… 205

第二节　国内外食品安全监管现状 …… 205

一、我国食品安全监管现状 …… 205

二、国外食品安全监管现状 …… 207

三、我国食品安全保障的战略构想与对策建议 …… 208

第三节　食品安全智能化监管平台的构建 …… 209

一、数据采集的智能化技术 …… 209

二、智能化平台的开发 …… 209

第四节　智能化监管平台的应用 …… 212

一、风险监测信息化平台 …… 212

二、过程管理信息化平台 …… 213

三、食品安全供应链信息化平台 …… 215

四、食品安全智能化系统或平台推广应用中存在的问题 …… 216

第十五章　食品安全管理与法规体系 ······ 218
第一节　我国食品安全事务行政体系 ······ 218
一、我国食品行政体系的演变 ······ 218
二、主要食品安全监管部门及职责 ······ 219
三、当前阶段的监管特点 ······ 219
第二节　我国食品安全监督管理体系 ······ 220
一、监督管理体系的构成 ······ 220
二、“三品一标”产品认证 ······ 220
三、QS、GMP和HACCP体系认证 ······ 221
第三节　我国食品安全法规体系 ······ 221
一、食品法律体系的核心和框架 ······ 221
二、涉及食品安全的法律 ······ 222
三、部分规章和地方条例 ······ 222
第十六章　食品安全管理国际化方向 ······ 224
第一节　国际与其他国家（地区）食品安全事务体系 ······ 225
一、国际食品安全事务行政体系 ······ 225
二、美国食品安全事务行政体系 ······ 225
三、欧盟食品安全事务行政体系 ······ 226
四、日本食品安全事务行政体系 ······ 226
第二节　国际食品安全组织与行动 ······ 227
一、世界贸易组织 ······ 227
二、联合国粮食及农业组织 ······ 228
三、《食品法典》 ······ 229
第三节　国外标准与法律法规 ······ 230
一、国际食品安全标准 ······ 230
二、欧盟食品安全标准 ······ 231
三、美国食品安全标准 ······ 233

教学课件索取单

凡使用本书作为教材的高校主讲教师，可获赠教学课件一份。课件仅供教学参考，欢迎通过以下两种方式之一与我们联系。

1. 关注微信公众号“科学 EDU”索取教学课件

关注 → “教学服务” → “课件申请”

科学 EDU

2. 填写教学课件索取单，拍照发送至联系人邮箱

<table>
<tr><td>姓名：</td><td>职称：</td><td>职务：</td></tr>
<tr><td>学校：</td><td colspan="2">院系：</td></tr>
<tr><td>电话：</td><td colspan="2">QQ：</td></tr>
<tr><td colspan="3">电子邮箱（重要）：</td></tr>
<tr><td colspan="2">所授课程 1：</td><td>学生数：</td></tr>
<tr><td colspan="2">课程对象：□研究生 □本科（______年级） □其他______</td><td>授课专业：</td></tr>
<tr><td colspan="2">所授课程 2：</td><td>学生数：</td></tr>
<tr><td colspan="2">课程对象：□研究生 □本科（______年级） □其他______</td><td>授课专业：</td></tr>
<tr><td colspan="3">使用教材名称 / 作者 / 出版社：
食品专业教材
最新电子书目</td></tr>
</table>

联系人：席 慧　　咨询电话：010-64030233　　回执邮箱：xihui@mail.sciencep.com

扫码查看本书思考题参考答案

绪　论

第一节　食品安全学基本概念及内容

一、食品安全学基本概念

食品安全学是研究食品中可能存在的、威胁人体健康的有害因素及其对机体的作用规律和机制，在此基础上提出具体、宏观的预防措施，以提高食品卫生质量、保护食用者饮食安全的科学。食品安全是指对人体健康不造成任何急性、亚急性或者慢性危害，研究范围涵盖食品种植、养殖、加工、包装、储存、运输、销售和消费等环节。

食品安全学研究的主要任务是保障食品质量安全。对生物、化学、物理等有害物质和因素污染食品的途径、性质、作用、含量水平进行分析，研究确定快捷、准确、安全的分析检测方法，提高分析仪器的设备精度与准确性；对食品进行安全性评价，制定质量标准，采取有效的预防管理措施，保障食品质量安全；制定相关法规，对食品进行监督管理。食品安全学跨越了多个学科领域，包括食品科学、营养学、微生物学、化学、生物学、食品工程、法律等。

二、食品安全学的内容

食品安全学的内容主要包括以下方面。

（一）食品安全危害因素

食品安全危害因素主要包括人畜共患传染病、食物中微生物污染和化学物质污染等。动物性食品因口感好、营养价值丰富在人类食品中占有不可取代的地位，然而多种动物源的传染病可以传染给人类，危害人类健康。动物性食品营养丰富，为微生物生长繁殖提供良好的培养基环境，因大肠杆菌、沙门菌、肉毒梭菌、金黄色葡萄球菌和副溶血弧菌引起的食物中毒较为常见。植物性食品因储存和加工方式不当也会引发食物中毒。农药残留能通过食物链累积在动植物体内，对人体健康造成不可逆的危害。

（二）食品安全分析与检测技术体系

食品的安全检测技术多种多样，主要包括光谱法、质谱法、色谱法、生物传感器法和生物芯片法等。光谱法是利用食品中的有害物质对光的吸收、散射、反射、透射及荧光等反应特性，利用光谱仪进行检测分析，操作简单快捷，不需要接触食物。质谱法是一种电离化学物质并根据其质荷比（质量/电荷）对其进行分析的技术，可以准确定性危害物质。色谱法是利用不同物质在不同相态的选择性分配，最终达到分离分析的检测方法。生物传感器法主要在食品安全检测和农业工程中被应用，采用生物敏感材料对食品进行检测，通过生物传感器技术结合免疫分析技术对食品完成安全检测工作。生物芯片法是DNA杂交探针技术与半导体工业技术相结合产生的，这项技术将大量探针分子固定在支持物上，然后与带荧光标记的DNA、蛋白质或小分子进行杂交。通过检测每个探针分子的杂交信号强度，获取样品分子的数量和序列信息，在食品营养学、食品毒理学、食品微生物学和转基因食品检测中应用广泛。

（三）食品安全管理与控制体系

食品安全管理与控制体系主要是在食品安全管理体系、食品安全法与标准、食品安全风险分析和食品安全溯源与预警技术几个方面对食品安全进行管理与控制。加强职能组织管理和执行组织建设，加快生产标准的研制和实施，学习和借鉴国际先进标准，制定出一套具有中国特色的食品检测标准。对上市食品进行跟踪检查，改变被动管理，向积极预防管理转化；实现产品全程管理，追溯产品生产源头。建设信息管理机制，针对重大食品安全事件采用严格上报制度，明确相关负责人的责任，系统、全面地收集食品安全方面的各种信息资料，建立食品安全信息数据库，对食源性疾病与危害信息、环境污染物监测信息进行整合和分析。

第二节　食品安全的历史与发展

食品安全的历史与发展可以追溯到人类文明的早期阶段。随着人类社会的发展，人们对食品安全的重视程度逐渐增加，并促使食品安全领域发展和演变。古代文明阶段，人们开始意识到食品与健康之间的关系。在古代，人们已经开始采取措施来保证食品的安全性，如选择新鲜的食材进行简单的加工和烹饪等。在中世纪和文艺复兴时期，食品安全问题开始成为公众关注的焦点。一些城市开始制定食品标准和规定，建立市场监管机构，以确保食品的质量和安全性。工业革命的兴起带来了食品生产、加工和运输方式的革新，但工业化生产也带来了一系列食品安全问题，如食品添加剂过度使用、食品污染等。这一时期也见证了食品法规和标准的初步建立。20世纪是食品安全领域发展的重要阶段。随着科学技术的进步，人们对食品安全问题有了更深入的认识，食品安全标准和法规也得到了进一步完善和强化。20世纪后半叶，食品安全问题成为全球关注的焦点之一，一些食品安全事件的发生引发了全球性的关注和警惕。21世纪以来，随着全球化和信息化的加速发展，食品安全问题变得更加复杂和全球化。食品供应链变得更加复杂，食品安全监管和管理面临新的挑战。在这一背景下，各国政府、国际组织及学术界和产业界不断加强合作，共同应对食品安全挑战，加强食品安全监管和管理，保障公众健康和安全。

我国自1949年以来，食品安全的历史变迁可划分为食品安全孕育期（1949～1984年）、食品安全起步期（1985～2000年）和食品安全发展期（2001年至今）三个阶段。

一、食品安全孕育期（1949～1984 年）

在这一阶段，我国由于粮食短缺，主要关注食品供需平衡和营养平衡及食品质量安全。随着公私合营等的实施，国营企业逐渐占据主导地位，而营利并不是国营企业的唯一目的。所以，即使在没有食品安全监管立法的情况下，劣质、有毒食品也是罕见的，所出现的食品质量、食物中毒事件，主要是因为食品的生产加工受到当时的生产技术、经营条件等客观环境的限制，以及人民群众对饮食卫生、食品安全知识的匮乏。

二、食品安全起步期（1985～2000 年）

随着改革的深入展开，我国基本解决温饱问题，食品安全开始进入起步期。食品发展的主要问题由保障食品供给数量转向提高食品质量安全。随着小康和富裕型消费结构的逐步形成，人们对食品质量和营养健康的要求越来越高。国际贸易中关于食品质量与卫生条件的技术性要求日益严格，开始形成以技术壁垒或绿色壁垒为代表的新型非关税贸易壁垒。但由于过去对农业资源环境的不合理开发与利用，我国农业环境污染问题严峻，并成为威胁食品安全的主要原因之一，食品的食用安全和卫生隐患日益突出。

三、食品安全发展期（2001 年至今）

2003 年，我国在国家药品监督管理局基础上组建了国家食品药品监督管理局，增加了对食品、保健品、化妆品安全管理的综合监督和组织协调的职能，依法组织开展对重大事故的查处。食品科技支撑能力和人才队伍建设不断加强，科技投入带动了我国食品安全学科的建设和发展，食品安全综合示范控制项目的逐步实施，使我国食品安全状况得到极大改善，食品安全整体水平得到明显提升，食品安全进入发展期。

总体而言，食品安全的历史与发展是一个持续不断的过程，伴随着人类社会的发展和科学技术的进步而不断演变和完善，在人们生活中占据着不可替代的地位。

第三节 国内外食品安全现状

食品安全是国家生存和发展的根本。食品安全具有历史性特征，一定时期内的潜在风险可能演变成未来阶段的突出问题；食品安全具有系统性特征，涉及经济、社会、科技、政治等多因素、多环节。因此，食品安全治理是一个长期复杂的过程。

虽然许多国际组织及大多数国家都十分重视食品安全，也采取了一系列措施保障食品安全，但目前全球的食品安全问题仍相当严重，特别是随着食品生产的工业化和新技术、新原料的采用，造成食品污染的因素日趋复杂化。

目前我国面临的主要食品安全问题包括：①供给侧结构性改革、消费结构持续升级加速，新技术、新产品、新模式不断涌现，但营养与安全问题依旧严峻，食品安全监管面临新难题；②环境是食品安全的第一道防线，环境治理的长期性、综合性和反复性迫使环境污染成为长期影响食品安全的重要问题；③食源性致病微生物污染率较高，耐药性问题突出，基于组学平台的食源性致病微生物数据库尚未建立，难以应对致病微生物突发风险；④客观安全的提升难以转化为主观安全感，消费者对食品安全的信心和信任度需要修复和重塑；⑤食品安全信息化标准有待完善，智能化应用法规缺乏，信息化系统存在信息孤岛和一定的安全性隐患；⑥经济新形势下，城镇化加速发展，社会化分工日趋细化，食品产销分离带来的食品安全风险日趋突显；⑦我国食品供应链日趋国际化，增加了进口食品输入安全性风险。

第四节 食品安全学研究目标与内容

一、食品安全学研究目标

国家食品控制体系的主要目标是着眼于食品（包括进口食品）生产、加工和销售的各个环节，通过减少食源性疾病的风险保护公众健康；保护消费者免受不卫生、损害健康、错误标识或掺伪食品的危害；维持消费者对食品体系的信任，为国内和国际食品贸易提供合理的法规基础，促进经济发展。

二、食品安全学研究内容

食品安全学的研究内容包括食品危害及其因素研究、食品安全技术研究、国家食品控制体系研究、国家食品控制策略研究、国家食品控制体制研究。

（一）食品危害及其因素研究

食品是人类生存的基本要素，然而食品中有可能含有或者被污染导致含有危害人体健康的物质。食品危害主要包括微生物污染、杀虫剂残留、滥用食品添加剂及假冒食品等危害。假冒食品之所以被列为食品危害，是因为其会对人体健康和生命、财产安全造成严重威胁。食品中具有的危害物通常称为食源性危害物，食源性危害物包括物理性、化学性和生物性危害物，其产生的危害途径常常与食品生产加工过程有关（贾玉娟，2016）。

（二）食品安全技术研究

食品安全技术研究是食品安全保障的技术，食品安全危害因素的研究、控制和控制效果的评估都需要食品安全技术的支撑。主要包括自然科学技术和监督管理技术。

（三）国家食品控制体系研究

随着我国计划经济向市场经济的转变和加入世界贸易组织，我国食品的安全性面临着严峻的考验，出现许多新问题和新情况，无论是食品生产经营者，还是监督管理行政部门都发生了很大变化。如何完善食品控制体系，成为食品安全学研究的主要内容之一（黄昆仑，2017）。

（四）国家食品控制策略研究

在进行食品安全学研究时，必须系统研究食品危害的各种因素，并制定一个切实可行的国家战略。这个战略要适应国情和行业情况，了解“从农田到餐桌”全过程中各经营者和利益相关者一段时间里的计划、目标及策略等，了解国内外食源性危害物的动态、消费者的关注点、产业和贸易发展对健康和社会经济学的影响等问题，了解和收集与食源性疾病有关的流行病学数据等。在此基础上，制定国家食品控制策略、行动计划和重要转折点，基于风险评估的方法确定优先领域和重点，确定各有关行业和部门的职责，考虑人力资源开发和基础设施建设，修订有关食品法律、法规、标准和操作规范，为食品处理者、加工者、检验及分析人员提供和实施培训计划，为消费者和社区提供教育计划。这一战略，应有效整合、综合利用资源，既要对本国人民食品安全提供保障，还应注意保障国家在进出口贸易上的经济利益、食品产业的发展及农民和食品企业的利益（丁晓雯和柳春红，2011）。

（五）国家食品控制体制研究

常见的管理体制至少有三种，即多部门体制、单一部门体制和综合体制。在多部门体制下，食品安全管理涉及多个部门和机构，每个部门负责不同方面的监管和管理工作。例如，在一个国家或地区，食品安全可能由卫生部门、农业部门、贸易部门、环境保护部门等多个部门共同负责监管。多部门体制的优势在于能够整合各部门的专业知识和资源，提供全面的监管覆盖。缺点是可能存在协调不足、信息交流不畅、责任界定不清等问题。

在单一部门体制下，食品安全管理由单一的部门或机构负责，通常是专门成立的食品监管机构。单一部门体制的优势在于集中权力，便于统一管理和决策；缺点是可能存在专业局限性，导致在某些方面的监管不足或不完善。

综合体制是多部门体制和单一部门体制的结合，目的是克服它们各自的缺点，取长补短，形成更加完善的管理体制。在综合体制下，通常会有一个主导部门负责整体协调和监管，同时各部门之间也会建立紧密的合作机制，共同参与食品安全管理。综合体制也需要解决各部门之间的协调合作问题，确保各部门能够有效地共同工作，避免出现管理上的混乱和冲突。

第五节　食品安全学发展的展望

食品安全学的发展直接关系食品安全科技水平的提升。而在时代步伐不断加快，处于互联网时代浪潮中的当今社会，食品安全学这一学科的内容也在不断地被丰富。除了市场中正在流通的食品以外，新资源食品也在不断地涌入潜在市场中。对于新资源食品，我国起步较晚，而欧洲联盟（简称欧盟）和美国等对新资源食品的安全法规已有比较详细的制定规则。欧盟大多只是关注新资源食品的安全性，所以相关学科更多的是关注其食用历史及技术性评价、新资源食品进入市场前的相关风险问题，如长期食用对人体的潜在影响、长时间运输贮藏的品质风味变化及是否会与包装材料发生反应等。

食品安全问题是社会关注的热点问题，一旦某个行业或者企业出现食品安全问题，轻则企业倒闭，重则整个行业失去消费者的信任。对于企业而言，不仅需要做好食品安全工作，还需要实时监测行业内其他竞争品的食品安全，一旦行业出现食品安全问题，更要第一时间做出自检，以获取消费者的信任；一旦出现食品安全突发舆情事件，应进行舆情的大数据分析，重点关注信息传播范围、网络舆论讨论热点话题、群众情绪变化，抓住民众与媒体的关注焦点，为下一步舆情应对提供数据参考。在出现食品安全问题后，相关部门应在第一时间召开媒体发布会，根据社会关注的热点话题，做出一一回应，有错认错，切实整改；无错则根据事情本身，对媒体、民众等关注的点逐一解答，提高民众信任度，引导舆情走势。

食品安全问题是一个涉及经济、政治、文化和社会生活等各个方面的系统问题，其重要性、危害性及相关性等特征的演变都直接维系到一个国家的经济发展、政治稳定及民生安定，探究食品安全问题本身不仅仅是一个学科问题，更是一个重大的现实问题。随着经济全球化的发展，全球化的食品贸易壁垒愈演愈烈，同时食品安全危机频频出现，食品安全问题已成为当下乃至今后全球共同关注的焦点，有关食品安全的研究在逐步增强。不仅要加大我国食品安全监管力度，还应提高在食品监管上的技术创新。

总体来说，食品安全学未来的发展方向将是多方面的，涉及技术创新、法律法规、教育宣传、国际合作等多个方面，以保障公众健康和食品安全为核心目标。今后我国食品安全学问题研究的重点应放在以下几个方面：重视技术创新与食品安全检测，提高食品安全检测的效率和准确性；加强完善我国食品安全法律体系的构建和修正，相关法律及制度建构需要从战略上考量并寻求变革改进；加强对企业安全道德的培养与监督，更多地从可持续发展观、生态经济学、生态伦理学等多角度进行探索；加强食品安全危机公关研究；加强食品安全物流与供应链的研究，对食品供应链从生产、加工、包装、储存、运输到销售的整个过程进行全程监控和溯源；深化国际食品安全营销研究及探讨中国特色安全营销道路。总之，食品安全学这一学科的发展任重道远，不断加强学科专业知识的同时还应与时俱进，多角度、全方位地丰富学科内容。

第六节　食品安全学的思政教育引导

一、树立课程思政的教育理念，培育和践行社会主义核心价值观

党的二十大报告指出："全面贯彻党的教育方针，落实立德树人根本任务，培养德智体美劳全面发展的社会主义建设者和接班人。"在我国全面建成小康社会，实现第一个百年奋斗目标，乘势而上开启全面建设社会主义现代化国家新征程之际，为祖国培养第二个百年奋斗目标的专业人才，树立课程思政的教育理念，培育和践行社会主义核心价值观，厚植家国情感、培育职业道德理念，是所有高等院校育人的神圣使命。因此，如何理解并把握专业课程育人目标定位，突破学科边界，促进学科交叉融合，并通过教学设计将育人元素贯穿到教学过程之中，实现专业课程教学的价值引领，已经成为当代高等教育者工作的出发点与落脚点。

现代食品安全学是一个综合性交叉学科，涉及食品科学、生物学、化学、医学、食品工程、法律、政策、社会学等多个领域。它主要关注食品生产、加工、运输、销售和消费环节中的安全问题，以及与之相关的法律法规、政策、管理和监督体系。在当代背景下，现代食品安全学以培养德才兼备的食品行业专业人才为总体目标，以落实立德树人目标为基本出发点，以食品安全基本理论知识和实践技能为载体，以培育和践行社会主义核心价值观为主线，整理课程中的思政元素，大力提炼理想信念，深入挖掘思政案例，并融入教学目标设计之中，引导学生树立正确的伦理道德观念，认识到食品安全对社会稳定和公众健康的重要性，教育学生不仅关注个人利益，更要注重社会责任和公共利益。培养学生具备科学精神和批判思维能力，对食品安全问题进行深入思考和分析，不盲目相信传言，善于从科学角度去理解和解

决食品安全问题。加强对食品安全法律法规的教育，让学生了解食品安全相关法律法规的内容和意义，懂得依法行事，遵守食品安全相关法律法规，维护食品安全和社会秩序。引导学生积极参与食品安全监督和管理工作，提升其社会责任感和公共参与意识，鼓励他们成为食品安全问题的宣传者、监督者和改革者。开拓学生的国际视野，加强对国际食品安全标准和国际食品安全合作的了解，培养学生具备全球意识和跨文化沟通能力，为应对全球性食品安全挑战做好准备。

食品安全学的思政教育引导应该是全方位的，既要注重学生的道德伦理教育，又要培养他们的科学精神和法律意识，同时注重培养学生的公共参与意识，以全面提升学生的食品安全素养和社会责任感。

二、大力发扬科学家精神，将典型案例融入思政教育元素

食品安全学发展历史可以追溯到古代，20 世纪中后期，随着食品工业的迅速发展和科技的进步，食品安全问题变得越来越复杂。在这个背景下，现代食品安全学作为一个独立的学科逐渐形成，融合了化学、生物学、法学、管理学等多个领域的知识。人们开始关注食品生产和加工的全过程，提出了食品安全管理的概念和方法，建立了一系列食品安全标准和体系。我国当代以陈君石院士等为代表的大批从事食品安全研究的科学家，不断推动我国食品安全研究与创新发展，为我国食品安全学的研究与创新应用奠定了坚实的基础。

通过大批食品科学专家学者数十年的努力和不懈奋斗，我国在食品安全检测技术、试剂与装备、风险评估、溯源预警及安全控制等方面取得了显著成效。第一，食品安全检测与危害识别技术实现定向检测到非定向筛查的转变，精度和广度得到大幅度提升，提高了应对公共卫生事件的能力；第二，食品安全快速检测试剂和装备产业化水平明显提升，市场监管和应对突发事件能力显著增强，打破了国外的技术和市场垄断，基本覆盖当前国家监控的重要食品安全危害物；第三，风险评估技术取得系列突破，对于国际标准制定有了话语权，显著提升了我国国际地位；第四，溯源技术得到广泛应用，实现食品安全双向追溯，保障了食品贸易安全，创建了各具特色的食品安全控制模式，食品产业核心竞争力明显提升；第五，建立了覆盖全国的食品污染物和食源性疾病监测预警体系，食品安全检测由被动应付转向主动保障，研究开发的食品污染物与致病菌精准定向检测技术与国际接轨，提升了我国食品安全风险预警、预防和处置能力（陈洁君，2018）。

未来食品安全学领域，还需要大批胸怀祖国、勇攀高峰、追求真理、淡泊名利、甘为人梯、脚踏实地、创新奉献的人才，发扬敢为人先的创新精神、严谨治学的求实精神、潜心研究的奉献精神、团结协作的协同精神和奖掖后学的育人精神，为国家和人民的食品安全事业贡献才智和不竭力量。

参考文献

陈洁君. 2018. 我国食品安全科技工作成就及展望. 食品安全质量检测学报，9（5）：1195.

丁晓雯，柳春红. 2011. 食品安全学. 北京：中国农业大学出版社.

黄昆仑. 2017. 现代食品安全学. 北京：科学出版社.

贾玉娟. 2016. 农产品质量安全. 重庆：重庆大学出版社.

思 考 题

1. 什么是食品安全学？
2. 食品安全学的研究内容是什么？
3. 中国食品安全的历史变迁可划分为哪几个时期？
4. 目前我国面临的主要食品安全问题有哪些？

第一篇

食品安全的危害因素

第一章　物理化学性污染对食品安全的影响

本章思维导图

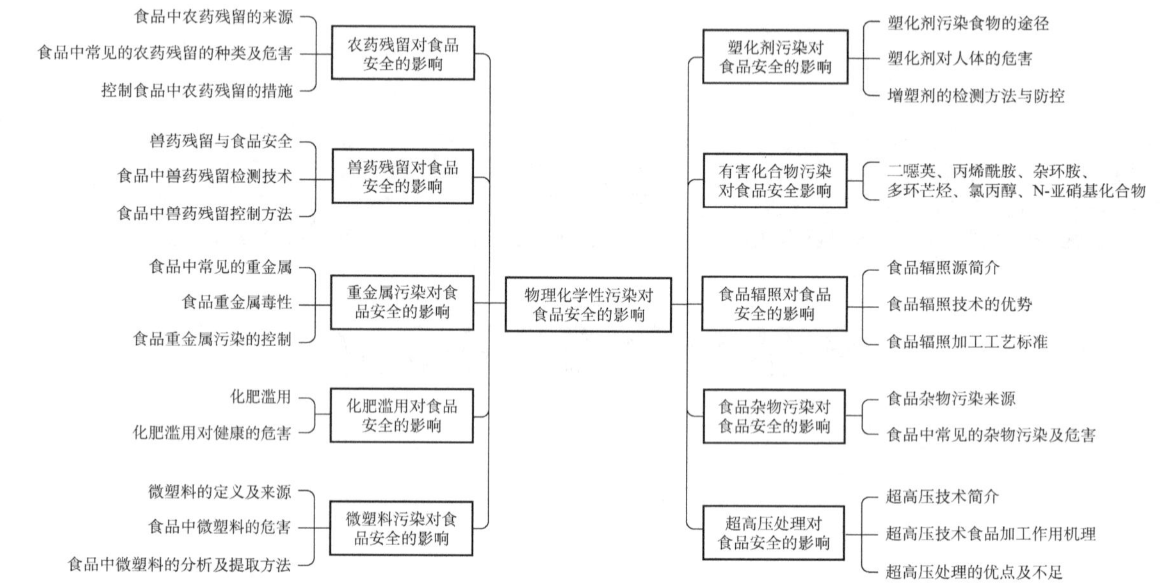

第一节　农药残留对食品安全的影响

农药是指用于预防、控制危害农业、林业的病、虫、草、鼠和其他有害生物，以及有目的地调节植物、昆虫生长的一种混合物及其制剂。残留在农产品、动物饲料中的农药及其衍生物、代谢物和其他杂质，会对食品安全造成不利影响。需要借助科学的手段和措施，从根本减轻农药残留对食品安全的影响。

一、食品中农药残留的来源

食品中农药残留的来源主要有三个途径：农药的直接污染、农药落入周围环境造成的间接污染和通过食物链与生物富集作用造成的污染。施用农药直接污染是农药残留的最主要来源，包括表面黏附性污染和内吸性污染，特别是以皮、壳和根茎部位的农药残留量最高。农药喷洒后一般仅有10%～20%直接作用于农作物，其他部分农药会进入环境中，再经根、茎、叶吸收至农作物体内，造成农产品农药残留（颜振敏等，2009）。环境中的农药残留会经食物链传递产生生物富集、积累和放大，传递给人类、牲畜等，且越接近于食物链的顶端，农药残留越多，受到的影响越严重。例如，经过生物的富集作用，水生生物农药含量比水体高几十倍，而以水生生物为食的鸟类农药含量更高，可以达到数百倍甚至上万倍（张小莺和殷文政，2017）。另外，食品在加工、储存和运输过程中，不慎误用被农药污染的容器、运输工具或与农药混装、混放，均有可能造成农药污染。

二、食品中常见的农药残留的种类及危害

有机磷农药是最常用的农药品种，包括对硫磷、水胺硫磷、甲拌磷、氧化乐果、马拉硫磷等，其作用效果显著，易降解，被广泛应用于农作物杀虫、杀菌和除草。因此，植物性食品中容易出现此类药物的残留。有机磷农药进入人体后可抑制血液和组织中的乙酰胆碱酯酶活性，造成神经递质乙酰胆碱大量蓄积，导致神经麻痹（范宝光等，2015）。

有机氯农药是人类使用最早的一类化学合成农药，其主要为苯或环戊二烯。常见的有机氯农药有“滴滴涕”（二氯二苯基三氯乙烷，已禁用）、“六六六”（六氯环己烷，已禁用）、五氯硝基苯、三氯杀螨醇等。该类农药理化性质稳定且毒性大，很容易在食品和自然界中积累，且不易分解（杨宝娟，2021）。

氨基甲酸酯类农药是理想的有机氯农药取代剂之一，毒性低且分解快，在环境和生物体内不易积蓄，在食品中的农药残留量很低，具有高效、广谱性杀虫等特点，主要包括萘基氨基甲酸肟酯类、苯基氨基甲酸酯类、氨基甲酸酯类、杂环二甲基氨基甲酸酯类和杂环甲基氨基甲酸酯类。

拟除虫菊酯类农药是一种通过模拟天然除虫菊酯的化学结构来研发制成的仿生农药，具有高效、广谱、低残留、低毒的特点（李健和金党琴，2008），主要包括氯氰菊酯、溴氰菊酯、氰戊菊酯、甲氰菊酯、杀灭菌酯等。在生物体内，拟除虫菊酯类药物易被氧化酶系统降解，几乎没有生物积蓄效应，中毒后主要表现为神经系统障碍等症状。

三、控制食品中农药残留的措施

使用农药需严格按照农药标签上标注的使用方法、剂量和范围、技术要求及注意事项，不得改变使用方法、加大用药剂量或扩大农药使用范围。在食品农药残留检测过程中，必须严格遵守《食品安全国家标准 食品中农药最大残留限量》（GB 2763—2021）。农产品中的农药主要残留于粮食种皮、蔬菜表面和水果外皮，在加工或烹调时可通过洗涤、浸泡、去壳、去皮、加热和生物酶处理等方法去除。

第二节　兽药残留对食品安全的影响

兽药残留是指动物产品的任何可食部分所含兽药的母体化合物及其代谢物，以及与兽药有关的杂质。兽药残留不仅会影响动物自身的健康，也会危害食用动物性食品的人类身体健康，会出现过敏、中毒、肝肾功能衰竭或休克等不良反应，甚至导致死亡，因此兽药残留与食品安全关系密切，影响人类健康。

一、兽药残留与食品安全

养殖户由于缺少专业的知识，或抵不住经济利益的诱惑，在畜牧业中超标使用、滥用兽

药，导致过多的兽药残留在动物脏器组织和肌肉组织中，此类商品流入市场后，对人体健康造成危害。

（一）抗生素类药物残留

畜禽等动物使用抗生素治疗和预防疾病，人类摄入含过量抗生素残留的动物性食品并积累到一定程度后，会出现过敏和变态反应。抗生素的残留会影响妊娠期母体的体内胎儿，导致基因突变或畸形等问题。抗生素长期大量摄入也会破坏体内的肠道菌群平衡，对抗生素预防和治疗相关疾病产生不利影响。

（二）磺胺类药物残留

磺胺类药物不容易降解，人们食用含磺胺类药物残留的动物性食品后，可能出现过敏、中毒等症状，过敏症状主要表现为造血功能障碍、急性溶血性贫血和再生障碍性贫血等，体内也可能产生耐药性菌体，损害人体健康。

（三）抗寄生虫药物残留

抗寄生虫药物中对动物性食品安全危害较严重的药物是苯并咪唑类驱虫药，此药物可以长期在肝中残留，产生肝毒性，也可以对胚胎产生影响，导致基因突变等不良后果。

二、食品中兽药残留检测技术

常用的几种兽药残留检测技术：①仪器分析技术是食品中兽药残留检测的主要技术之一，主要设备为气相色谱仪和液相色谱仪，可以准确地对残留物的成分和浓度进行检测，选择性好、灵敏度高、检测结果准确可靠，该技术已逐渐普及，一些食品安全的相关标准也都参考仪器分析技术设定（王书红，2020）。②免疫分析检测技术是在应用抗体的基础上，利用抗原抗体的特异性反应，定性、定量分析酶等物质的超微量测定技术，具有便捷、高效和特异性强的特点。免疫分析检测技术涵盖酶免疫分析、放射免疫分析、荧光免疫分析及无标记免疫分析等方法，在食品兽药残留领域应用广泛（吴晓飞，2019）。

三、食品中兽药残留控制方法

我国对动物性食品中兽药残留问题高度重视，制定了多种监控兽药残留的相关法规，监控兽药残留和保证动物性食品安全。

（一）实施最高残留限量

兽药种类不断推陈出新，因此对于食品安全标准体系和兽药残留限量应进行阶段性更新，确保有据可依。同时随着检测技术的进步，应确定最佳的兽药残留标准检测方法。

（二）药物安全性评价

在新药物正式投产进入市场之前，药物需要进行安全毒理学评价，对其有效性和安全性进行评估。安全毒理学评价包括特殊毒性试验和一般毒性试验两种，特殊毒性试验包含繁殖试验和致畸、致癌、致突变试验等，一般毒性试验包含急性毒性试验、蓄积毒性试验、亚慢性毒性试验和慢性毒性试验等（靳玲玲，2019）。

（三）建立完善的监控体系

基于《兽药管理条例》《饲料和饲料添加剂管理条例》等相关条例，政府管理部门应从源头上对兽药残留做好管控工作，建立完善的市场监控体系，避免兽药残留超标的食品流入市场，对于违法生产销售和使用兽药的经营者进行处罚。动物养殖的商户必须遵循相关规范和标准，在保证食品质量的前提下尽量降低药物使用量，减少兽药残留，提高动物性食品安全性。同时，加大食品兽药残留的检查力度，禁止违禁药物和兽药残留超标食品在市场上流通，确保食品安全。

第三节　重金属污染对食品安全的影响

工业生产中产生的汞、镉、铅等重金属对食品的污染，由食物链富集作用引起人体各种急性、慢性毒作用，是重要的食品安全问题，需要引起重视并进行切实有效的控制。

一、食品中常见的重金属

重金属一般指密度大于 4.5g/cm^3 的金属，食品中常见的对人体有害的重金属包括铅、镉、汞、砷①、铜、铬等（杨新涛，2021）。自然环境中，工业“三废”（废水、废气和固体废弃物）等的重金属会污染农作物等食品原料（李春松等，2021），通过食物网在生物体内积累，经空气、土壤、水和食物进入人体。食品加工过程中的非法添加剂及违规使用的添加剂会使食品中的重金属含量超标，食品运输过程中的接触材料也会增加食品的重金属暴露。受重金属污染的食物范围很广，包括植物源性食物（谷物、大米、小麦、食用根茎类等）及动物源性食物（鱼、甲壳类、软体动物等）。

二、食品重金属毒性

食品中危害人体健康的常见重金属元素有铅、镉、汞、砷、铜和铬等，在很低浓度时不会对人体造成明显的伤害。但是长期摄入会出现不良症状，蓄积至一定量时会损害神经、心肺、肝及内分泌等系统，诱发癌变，严重的还会出现人体器官功能的紊乱、衰竭乃至死亡（李春松等，2021）。

铅会对骨骼、神经、免疫、造血、内分泌、消化、心血管、生殖、发育及泌尿等系统造成影响（赵海燕，2020），高水平的铅暴露会严重损害儿童的健康和发育，特别是大脑和神经系统，造成学习障碍、行为困难和智力降低（王智斌和魏万鸿，2020）。镉在人体积聚后，会对消化器官及肾等产生损害，超过一定量后会引发骨质疏松、骨痛病、肾损伤甚至致癌致畸等（李丹萍，2021）。汞对神经系统、肝、肾均可造成不可逆的危害，若孕妇食用了汞超标的食物，则可能会导致胎儿先天性痴呆、畸形（赵海燕，2020）。砷兼具金属和非金属的特性，进入人体后可能会抑制体内多种酶的正常作用，使神经系统、消化系统等发生紊乱，导致神经衰弱、皮肤暗淡、过度角质化等，急性砷中毒会引发严重的胃肠炎、中枢神经系统麻痹、器官衰竭甚至机体死亡（杨新涛，2021）。高剂量的铜被认为是一种重金属，会引起健康问题，如贫血、胃病及对肾和肝的伤害。不同形式的铬毒性不同，三价铬是人类生命的必需元素，

① 砷虽然是非金属，但其造成的污染及生物毒性与重金属类似，所以在讨论重金属污染时常将其归为重金属

六价铬可导致肝损伤，改变细胞的遗传物质并导致癌症。

三、食品重金属污染的控制

首先，要加大环境综合治理力度，解决工业有害物质、城市垃圾对农田、海域、河流的污染，保护好生态环境。其次，要完善监管制度，加强对工业排污的管理，严格监管化肥、农药生产厂家“三废”排放中的重金属含量，加大食品安全监管力度。再者，应加强对重金属重点防护区域人群体内重金属负荷和健康状况的定期监测，特别是儿童、产妇等重金属暴露敏感人群，并采取有效防护措施，保护健康（刘占鳌和裴艳琴，2019）。

第四节　化肥滥用对食品安全的影响

部分农业生产者受经济利益的驱动，或为追求立竿见影的效果，不按照规范施用化肥，擅自加大化肥施用量、施用频率或缩短间隔期，导致化肥滥用，增加食品安全风险，对人体健康造成危害。

一、化肥滥用

化肥是用物理或化学方法人工制成的含有一种或几种农作物生长需要的营养元素的肥料，主要有氮肥、磷肥、钾肥及复合肥。如过度依赖化肥增产，会导致化肥利用率低下，粮食中金属离子含量严重超标，危害生态环境。

二、化肥滥用对健康的危害

化肥中的硝酸盐污染：硝酸盐在植物作物中易被还原成亚硝酸盐，亚硝酸盐会与胺类结合，形成一种N-亚硝基化合物，诱发消化系统癌变（赵雪蛟，2019）。同时亚硝酸盐还是一种氧化剂，可以使血红蛋白中低价铁转变为高价铁，血红蛋白的载氧能力降低，诱发高铁血红蛋白血症，严重时会使人窒息死亡。亚硝酸盐还能与人体内摄入的其他食品、药品等发生次级胺反应，在胃内形成亚硝胺，进而诱发细胞癌变（陈满英等，2017）。

化肥中的重金属污染：尿素化肥中含有砷、氟、镉、稀土元素及三氯乙醛等杂质（吴长飞，2018）。磷肥是以磷矿为原料加工而成的，磷矿会附生砷、镉、铅和铬等重金属元素，当磷矿转化为磷肥后，会被农作物吸收利用（周颖，2016），长期使用会引起农作物中重金属含量超标，引起重金属中毒（朱元辉，2016）。

化肥中的氟污染：制造磷肥的磷矿石中普遍含有约2%的氟（杨红晓和周爱东，2005），会破坏人体正常的钙、磷代谢，严重时会使钙在正常组织中沉积或造成血钙的减少（张强国和谢果，2005），严重威胁农产品安全。

第五节　微塑料污染对食品安全的影响

塑料制品作为应用最广泛的工业产品，为我们带来便利的同时也对环境产生危害，大量的塑料垃圾变成无数体积较小的塑料颗粒进入生态环境，成为海洋和陆地环境中的全球性污染物，而微塑料就是其中一类不可忽视的新污染。

一、微塑料的定义及来源

微塑料是指直径小于 5mm 的微小塑料纤维、颗粒或碎片。最早于 1972 年由 Carpenter 等在美国佛罗里达沿海首次发现。微塑料可分为初生微塑料和次生微塑料。一般未经破坏，直接经溪川河流和污水排放等方式进入环境中的塑料颗粒称为初生微塑料；而经过长期紫外线暴露及物理破碎磨损而成的塑料颗粒称为次生微塑料，也是自然界中微塑料存在的主要形式。微塑料的化学成分种类繁多，主要包括聚乙烯、聚苯乙烯、聚氯乙烯、聚丙烯、聚对苯二甲酸类及聚酰胺。

微塑料在陆地、淡水和海洋中均大量存在，从世界最深处的马里亚纳海沟到青藏高原湖区，以及南极、北极都检测到了微塑料，在食盐、蜂蜜、啤酒、海产品中也都检测出了微塑料。2019 年，有研究首次证实人类粪便样品中含有微塑料，证明我们已经完全暴露在微塑料的污染中。饮用水、食物甚至飘浮在空气中的微塑料都在不经意间进入我们体内，据统计，每年通过食物进入我们体内的微塑料多达 6.8 万个。

二、食品中微塑料的危害

微塑料对人体有物理、化学和微生物三方面的潜在危害：物理危害是指微塑料通过运输进入人体器官和组织造成损害和炎症；化学危害则来源于废弃塑料中有害化学物质的残留或阻燃剂的添加及微塑料在生态环境中吸收的有害物质；微生物危害主要来自吸附并生长在微塑料表面的病原体微生物等。

经口摄入的微塑料大部分可以通过体内代谢进入肠道，随粪便排出体外。而直径小于 150μm 的微塑料会通过肠道吸收进入器官，引起全身性暴露并产生毒性效应。聚苯乙烯微塑料导致细胞线粒体膜的破坏，抑制转运蛋白的活性（Wu et al.，2019）。此外，长时间暴露于微塑料环境可能会产生生殖毒性，实验大鼠摄入含聚氯乙烯、聚苯乙烯和聚碳酸酯的高脂饲料后出现性腺代偿性增大，说明微塑料可能会对大鼠生殖系统有影响（李子豪，2018）。

除了微塑料自身毒性以外，微塑料中的添加剂还能干扰神经系统，诱发动物遗传畸变，经过食物链到达人体后甚至会对人内分泌功能和生殖发育产生不良影响。作为持久性有机污染物、重金属和致病微生物的载体，微塑料产生的联合危害也不容小觑。

三、食品中微塑料的分析及提取方法

食品中微塑料的分析方法主要分为有损检测和无损检测。其中，有损检测包括热解吸-气相色谱-质谱联用技术等。无损检测主要包括目测法、傅里叶变换红外光谱分析法、拉曼光谱法和扫描电子显微镜及能谱仪法等。目测法主要是借助光学显微镜放大观察微塑料，操作简单，但准确度不高。傅里叶变换红外光谱分析法通过分子间的振动来识别分子结构，检测时不破坏样品且能准确定性，但信号容易受到水分和有机杂质的干扰，样品分析前需要烘干，且样品需为直径大于 20μm 的可吸收红外光的物质。拉曼光谱术与红外光谱检测相比，不易受到水分的干扰且可以分析深色不透明颗粒，但有荧光特性的杂质会对检测结果产生影响。而扫描电子显微镜及能谱仪法为无损检测法中最为精确的方法，但检测成本最高。

微塑料的提取最为简便的是目视提取法，即在观察过程中依据微塑料的大小、外观、形状和颜色等物理特征，将微塑料和样本组织分离，但目视提取法准确性低且容易错判、漏判，不能完全提取全部的微塑料。消解法是应用最为广泛的方法，通常使用酸、碱、氧化剂或酶等进行组织消解。常用的酸性溶剂有硝酸、盐酸、次氯酸和混合酸等，常用的碱性溶剂是 2～10mol/L 的氢氧化钠和 10%的氢氧化钾，氧化剂常采用的是 30% H_2O_2 和 0.27mol/L $K_2S_2O_8$。碱性消解的效率较酸性消解高，消解率可达 98%以上，而酸性消解溶剂会破坏样品的完整性（Dehaut et al.，2016）。

第六节　塑化剂污染对食品安全的影响

一、塑化剂污染食物的途径

塑化剂是添加到聚合物材料中，使聚合物塑性增加的物质。常见的塑化剂有邻苯二甲酸酯（PAE）类、脂肪族二元酸酯类、磷酸酯类、苯多酸酯类、多元醇酯类、柠檬酸酯类、环氧类、含氯类、聚酯类和反应性增塑剂（陈满英等，2017），其中，最常见的塑化剂为邻苯二甲酸酯类。塑化剂通过减弱树脂分子间次价键的作用力，来降低树脂分子的结晶性，增加树脂分子键的移动性，增强塑料的可塑性和强度。为了满足包装材料的需求，常将几种塑化剂进行混用，从而达到更好的塑化效果，有时添加量可达产品的 50%（刘风云，2011）。

塑化剂在塑料制品、橡胶、食品卫生、油墨、高分子材料、降解塑料、造纸、化妆品、清洗剂、皮革等行业具有广泛的应用（刘风云，2011）。塑化剂进入食品的主要原因可以归纳为以下 4 个方面。

（1）非法人为添加：某些不法商家为追求酒类的挂壁和饮料的黏稠等外观品质，非法添加塑化剂，降低生产成本（赵静等，2013）。例如，起云剂由棕榈油、乳化剂、阿拉伯胶及多种食品添加剂混合制成，经常在果汁、饮料、果酱等食品中使用，但由于棕榈油价格是塑化剂的 5 倍，所以部分不法商家用塑化剂代替棕榈油。2011 年 5 月，我国台湾省卫生行政部门在某公司生产的起云剂中检测出大量邻苯二甲酸二异辛酯（DEHP），对人体健康安全产生了严重危害（张霞等，2014）。2012 年 11 月，“酒鬼”酒被检测出 3 种塑化剂成分［DEHP、邻苯二甲酸二丁酯（DBP）和邻苯二甲酸二异丁酯（DIBP）］，其中，DBP 的含量为 1.08mg/kg，超出我国规定最高标准的 2.6 倍（张俊，2015）。

（2）环境污染：农用薄膜中塑化剂的挥发和塑料垃圾的焚烧等使塑化剂进入环境，被粮油作物吸收，污染后续的精深加工产物。在许多国家的河流、湖泊、土壤和大气中均已检测出不同浓度的塑化剂。例如，在我国，重庆及黑龙江的土壤受污染情况最为严重，广州近郊土壤也已达到中度污染。

（3）加工过程带入：食品加工过程涉及一些含有塑化剂的橡胶、塑料制成的管路或设备，影响加工食品的质量安全。例如，带式传送机的传送带，分级筛中的尼龙网丝，包装油、面和米等的塑料编织袋等（高琳，2020）。同样，在提取油脂的过程中使用正己烷等溶剂，若接触到含有塑化剂的塑料，便会污染油脂。

（4）塑料包装污染：在我国，大部分食用油的包装均采用无塑化剂添加的聚乙烯（PE）、聚丙烯（PP）材料，但很多不法商家为了谋取更大的利益，使用劣质塑料油桶、瓶盖等。在上海的一项调查中发现，食用油样品中 DBP 和邻苯二甲酸二辛酯（DOP）含量偏高，归因于塑料容器中的塑化剂污染（王瑞元等，2013）。

二、塑化剂对人体的危害

塑化剂能通过皮肤、呼吸道和消化道进入人体。动物实验表明，大部分 DEHP 在 24～48h 内可经体内代谢随尿液或粪便排出体外。此外，DBP 也会在体内被迅速代谢，85%的 DBP 可在 72h 内通过粪便排出（陈波和倪静，2010）。但长期并大量食用塑化剂，仍会给人体的生殖系统、消化系统、免疫系统带来慢性危害（刘明华，2013）。

用饱和 DEHP 水溶液对淡水无脊椎动物进行急性毒性试验，结果显示动物全部死亡，这表明较高剂量的 DEHP 对无脊椎动物具有一定的急性毒性（Call et al.，2001）。因此，国际癌症研究机构（IARC）、美国国家环境保护局将其列为人类可能的促癌剂或致癌物质（王瑞元等，2013）。

对于塑化剂安全性的担忧，更多关注其带来的慢性毒性，由于邻苯二甲酸酯类塑化剂的分子结构与激素类似，因此被称为"环境雌激素"或"环境内分泌干扰物"。

虽然塑化剂对人体毒性暂不明晰，但是塑化剂在各种食物中分布十分广泛，长期食用会严重危害人类的生命健康，尤其是幼儿及青少年的生长发育。

三、塑化剂的检测方法与防控

目前常用塑化剂的检测方法有气相色谱-质谱法（GC-MS）、高效液相色谱-质谱法（HPLC-MS）、酶联免疫检测法。酶联免疫检测法对 PAE 残留具有检测限低、特异性强和检测速度快等优点，并且应用胶体金技术制作的试纸条可以实现现场快速检测，是食品中 PAE 残留检测发展的新趋势（柳春红等，2012）。其他还有荧光传感法、分子印迹分离检测法等（汤轶伟等，2013）。

对于塑化剂在食品接触类材料中的应用需满足《食品安全国家标准 食品接触材料及制品用添加剂使用标准》（GB 9685—2016）的相关规定。2011 年 6 月发布的《卫生部办公厅关于通报食品及食品添加剂中邻苯二甲酸酯类物质最大残留量的函》（卫办监督函〔2011〕551 号）规定，在食品、食品添加剂中 DEHP、邻苯二甲酸二异壬酯（DINP）和 DBP 最大残留量分别为 1.5mg/kg、9.0mg/kg 和 0.3mg/kg。

香精、香料中塑化剂限量的特殊规定：《卫生部办公厅关于通报食品用香精香料适用邻苯二甲酸酯类物质最大残留量有关问题的函》（卫办监督函〔2011〕773 号）要求食用香精、香料中邻苯二甲酸酯类物质总含量不超过 60mg/kg。对于香精、香料中邻苯二甲酸酯类的违规添加，将依法予以查处。

油脂类、酒类食品中塑化剂的限制要求：2019 年 11 月，国家市场监督管理总局发布了《市场监管总局关于食品中"塑化剂"污染风险防控的指导意见》，规定白酒和其他蒸馏酒中 DEHP 和 DBP 的含量分别不高于 5mg/kg 和 1mg/kg。油脂类、酒类食品中 DEHP（白酒、其他蒸馏酒除外）、DINP、DBP 最大残留量分别为 1.5mg/kg、9.0mg/kg 和 0.3mg/kg。

根据《市场监管总局关于食品中"塑化剂"污染风险防控的指导意见》，要求食品生产者：①加大对原辅材料的管控力度，对采购的油脂类、酒类食品原辅材料要进行塑化剂项目检验，检验合格后才能使用；②加大对食品相关产品的管控力度，对那些无法提供产品许可证和产品合格证明的塑料包装材料等开展塑化剂项目检验，检验合格后方可使用；③加强油脂类、酒类食品生产经营过程防控，对储存、运输、交付、销售等环节进行严格把控，鼓励企业使用不锈钢材质的设备设施、管道、容器、工具等；④各地市场监管部门要加强监督检查，严查原辅材料从采购到销售的所有环节中塑化剂污染隐患。

个人生活中的预防：日常生活中保鲜膜是最容易与食品接触的物品之一，保鲜膜可分为PE保鲜膜和聚氯乙烯（PVC）保鲜膜。塑料制品上标有PVC表明产品内含有塑化剂。食物一定不可带着保鲜膜在微波炉中加热，因为食物中的油脂与保鲜膜接触受热后会释放出有毒物质。尽量减少使用塑料材质的食品容器，换用玻璃、陶瓷和不锈钢容器；尽量少用耐油纸、塑料袋等盛放或包装食物，最好避免用塑料容器盛放热水、咖啡、茶、热汤等，尤其是热的和含油的食品。

第七节　有害化合物污染对食品安全的影响

食品加工具有两面性，食品加工过程中的污染会导致食品中产生一些有害物质，主要包括以下六类：二噁英污染、丙烯酰胺类化合物污染、杂环胺类化合物污染、多环芳烃类化合物污染、氯丙醇类化合物污染、N-亚硝基化合物污染。

一、二噁英污染对食品安全的影响

二噁英是一种主要通过垃圾焚烧，木材、煤炭或石油等燃料燃烧产生的无任何用途的高毒性环境污染物，在800℃以上的环境中才会发生热降解，在1000℃以上的环境中才会被破坏；在环境中的半衰期大约为9年；不易被生物降解，在人体中能够存在7～11年，存在食物链富集现象。因此，暴露在含有二噁英环境中的食品容易被污染，尤其是暴露在污染水体中的鱼类，会进一步危害人体健康。

二噁英的毒性是氰化钾的1000倍以上，被称作“地球上毒性最强的毒物”。二噁英污染对食品安全的影响包括以下三方面：①为一级致癌物质；②加剧儿童孤独症倾向；③干扰内分泌，对于雌性动物，二噁英会导致卵巢功能障碍并抑制雌激素作用，对于雄性动物，二噁英会导致精细胞减少、成熟精子退化和雌性化。

二、丙烯酰胺类化合物污染对食品安全的影响

丙烯酰胺类化合物主要是油炸和烘烤的淀粉食品热加工过程产生的一类有害食品污染物。咖啡及其类似制品是丙烯酰胺类化合物的主要来源之一，长期、过量摄入将危害机体健康（陈苑玲和吴慧，2021）。

丙烯酰胺类化合物对食品安全的影响包括以下4个方面：①损害人体神经系统，致人瘫痪；②致癌性，丙烯酰胺被国际癌症研究机构列为2A类致癌物；③免疫毒性，丙烯酰胺类化合物会损伤胸腺和脾等免疫器官，抑制细胞免疫功能；④生殖毒性，丙烯酰胺类化合物可减少曲细精管中精细胞的数量、引起生殖细胞染色体断裂和非整倍体数增加、增加精子畸形率（郭红刚，2006）。

三、杂环胺类化合物污染对食品安全的影响

杂环胺类化合物主要是富含蛋白质食品在高温烹调过程中产生的一类有害食品污染物。

杂环胺类化合物对食品安全的影响包括以下三方面：①致癌性，致癌的主要靶器官为肝，

且可以在非人灵长类动物身上诱发肿瘤（Felton et al.，1997）；②致突变性，杂环胺的活性代谢物是N-羟基化合物；③神经毒性，有研究表明杂环胺暴露会在细胞和动物模型中产生与帕金森病和阿尔茨海默病相关的神经毒性（Syeda and Cannon，2022）。

四、多环芳烃类化合物污染对食品安全的影响

多环芳烃类化合物是指含有两个以上苯环的有机化合物，主要是在高温煎炸时发生裂解与热聚反应产生的，达200多种，食品中多环芳烃类化合物主要来源于谷类食品、蔬菜和油脂，而不是肉类食品。

食品中的多环芳烃类化合物可能与胃癌、肺癌、肠癌、皮肤癌、膀胱癌关系较为密切，导致胎儿生长发育迟缓、低体重、小头围、低智商、胎儿内分泌系统改变等。

五、氯丙醇类化合物污染对食品安全的影响

氯丙醇类化合物对食品的污染主要来源于酱油、蚝油等调味品。传统方法生产酱油中并没有产生氯丙醇，某些调味品之所以被检出含有氯丙醇，是因为添加有不符合标准的酸水解蛋白液（酸水解蛋白液成本低，且具有氨基酸系列物质和呈味物质）。

氯丙醇类化合物对食品安全的影响包括以下三方面：①急、慢性毒作用，包括器官损伤、生殖毒性等；②致癌性，普通剂量下癌变的风险也将显著提升（崔霞等，2014）；③致突变性。

六、N-亚硝基化合物污染对食品安全的影响

N-亚硝基化合物是亚硝酸盐和胺类物质发生亚硝基化反应产生的。一些霉菌在食品中生长繁殖时，可使食品中仲胺与亚硝酸盐含量明显增高，从而形成N-亚硝基化合物。易被污染的食品包括鱼、肉、蔬菜水果、乳制品、霉变食品。

N-亚硝基化合物对食品安全的影响包括以下三方面：①急性毒性，主要症状有头晕、乏力、肝肿大、腹水、黄疸及肝实质病变；②致癌性，在动物实验中已证实它的致癌性，从致癌原理看，主要是亚硝酸根离子对细胞核内的DNA复制情况产生了实质性影响（赵思俊等，2016）；③致畸作用，动物实验结果表明亚硝酰胺可使仔鼠的脑、眼、脊柱、肋骨等发生畸形（李晓丽和王轩，2021）。

第八节 食品辐照对食品安全的影响

食品辐照的技术原理是γ射线、X射线或电子束与物质相互作用后，将其部分能量传递给物质的原子或分子后将其电离，这些电离后的带电离子在食品中产生物理、化学和生物反应，实现杀虫、灭菌、抑制发芽、延长生理过程，达到延长食品货架期或保证食品质量安全的目的。

一、食品辐照源简介

食品辐照技术利用的辐照源一般有三种，即γ射线、X射线和电子束。γ射线是一种电磁

波，是由 ^{60}Co、^{137}Cs 等放射性同位素原子核发生衰变而产生，有很强的穿透性，可以直接辐照包装好的食品，无二次污染。X 射线是利用电子加速器产生高速电子轰击重金属靶产生的短波长电磁波，穿透能力较好，是一种操作安全、环境友好的辐照加工技术。电子束是由电子加速器装置产生的低能或高能的电子束流，带负电荷，有很强的还原性，质量很小，仅为氢原子的 1/1863。电子束的穿透性能较弱，仅能到达食品表面的 5～10cm。

二、食品辐照技术的优势

与传统的物理法（高温杀菌方法）和化学法（环氧乙烷、溴甲烷等消毒法）等杀菌方法相比，食品辐照技术属于“冷加工”技术，适合热敏性食品杀菌，能最大限度地保持食品营养和风味等内外在品质；杀菌过程不需要拆包装，可对包装好的食品在外部直接进行杀菌处理，消除了在食品加工过程中可能出现的严重交叉污染问题；不留任何残留物，不排放污染物，对环境友好；杀菌彻底，均匀性好，调整辐照剂量即可实现对各类食品杀菌的要求；操作简便、快捷，适宜连续性生产；是一种能耗少，成本低，低碳节能型新技术。

三、食品辐照加工工艺标准

食品工业中常用的辐照剂量对食品来说是安全的。随着试验方法的改进和检测技术的提高，国际食品法典委员会（Codex Alimentarius Commission，CAC）在 2003 年通过了《辐照食品国际通用标准》和《食品辐照加工工艺国际推荐准则》，在法规上取消了食品辐照加工中 10kGy 最大吸收剂量的限制。2016 年，国家食品药品监督管理总局在原国家质量监督检验检疫总局于 2002 年批准 17 个辐照食品加工工艺标准的基础上，又发布了《食品安全国家标准 食品辐照加工卫生规范》（GB 18524—2016），进一步规范了食品辐照加工的行为。目前，我国已批准执行的辐照食品类卫生标准有 8 个，工艺标准有 18 个，鉴定标准有 8 个。

第九节　食品杂物污染对食品安全的影响

食品杂物污染属于物理性污染之一，是指食品中出现食品生产者、消费者、食品监管机构不期望出现的任何材料或者人为掺伪而造成的污染。

一、食品杂物污染来源

食品中的杂物主要包括生产过程中的杂物污染、储存过程中的杂物污染、运输过程中的杂物污染及食品意外污染；掺伪污染主要涵盖食品掺伪、掺杂及伪造。

生产过程中的杂物污染：植物原料收集时可能存在的麸皮、草籽，动物原料在被宰杀时血污、动物毛发及粪便对畜肉污染，以及食品原料本身附着的污染物，如菌菇类的培养基；在食品加工中使用的设备陈旧或者故障产生金属颗粒或者油污污染；食品生产环境、食品生产车间密闭不好，易受到灰尘和烟尘污染（张小莺和殷文政，2017）。

储存过程中的杂物污染：食品在达不到要求的环境中储存容易受到苍蝇、昆虫的繁殖体和尸体的污染，以及鼠、雀毛发、粪便污染。储存过程中周围环境的粉尘、灰尘也会对食品造成污染。

运输过程中的杂物污染：源自包装容器内壁和材料的污染，以及在运输过程中所使用的运输车辆、运输装载工具、运输防护的遮盖物、不清洁铺垫物的污染。

食品意外污染的因素较多，包括指甲、头发、废纸、烟头等杂物的污染，以及线头、拖把头、抹布等的污染（罗联钰，2017）。

掺伪污染：主要有掺伪、掺杂和伪造，三者总称为食品掺伪，其目的主要在于以假乱真（王翠竹，2016）。食品掺伪被定义为为了提高产品的外观品质、降低生产成本而欺骗性地、故意地在产品中添加或者替代某种形态相似的非同类物质，达到增加食品重量或体积，降低成本等目的。食品掺杂是向食品中非法掺入劣质物质，即在食品中添加一些不能食用的物质，食品掺杂与杂物污染相似。食品伪造是指人为加工伪造冒充某种食品在市场销售，食品本身与食品包装标志、名称不符，属于行为违法。

二、食品中常见的杂物污染及危害

金属物污染不同于金属元素污染，前者属于物理危害中常见的一种，产生的原因多种多样，各种机械、电线、加工过程中的金属零件，都可能对食品产生污染。食用这种金属物污染的食物，可能会对人体造成不同程度的损伤，如割伤口腔、划伤咽部等，有时需要通过外科手术取出，损害健康。

玻璃物污染是食品中的玻璃碎片由于人为疏忽未检出，造成消费者误食产生危害。石头、砂砾、塑料、骨头、昆虫尸体、粪便等也可能在食品生产的各个环节造成污染，针对此需要采用合适的设备，完善的监督管理流程，确保将物理危害减到最低（李文成，2000）。

非法添加剂是指在国家允许使用目录之外的添加剂，为使食品某一指标达到要求，添加过量且对人体无益的添加剂等，如在乳粉中非法添加三聚氰胺，以及在肉制品中加入过量的亚硝酸盐等。

假冒伪劣产品是指掺入与食品相类似的非同类食品。例如，小麦面粉中掺入玉米面粉，豆浆牛乳互掺，辣椒粉与胡萝卜粉相掺，面粉中掺入荧光粉，猪肉香肠中掺入其他动物肉品，牛乳中掺入水等。

伪造食品是指产品包装与产品不一致，采用冒充伪造的手段制造的食品。例如，采用色素制造假粗粮馒头等。

食品杂物污染对保障食品安全产生重大冲击，降低食品本身营养成分和营养价值，对消费者身心健康存在隐患，对消化道黏膜产生刺激和损伤，其毒副作用会对人体造成蓄积性毒性引起食物中毒，具有致畸、致癌、致突变的作用。

第十节　超高压处理对食品安全的影响

20 世纪 80 年代末期，日本学者提出超高压处理在食品中的应用，日本市场上市了多种超高压技术生产的果酱、调味品、饮料等产品，超高压技术在食品加工领域有广阔的发展前景。

一、超高压技术简介

超高压技术是将食品放入高强度密封的压力容器中，利用水等传压介质施加 100～1000MPa 的静水压力，维持一定时间，实现灭菌、改性和改变食品某些化学反应速度的目的

（朱创等，2021）。与传统热加工处理相比，超高压技术具有可保持食品原有感官性能和营养成分的特点，可以延长食品货架期，具备耗能低和对环境无污染等优点。已经在果蔬、肉制品、乳制品及水产品等领域开展了应用（李新建，2008）。

二、超高压技术食品加工作用机制

超高压技术灭菌机制：压力对微生物的细胞膜产生较大的破坏力，引起细胞形态和结构的变化，改变微生物的细胞膜渗透性，干扰微生物营养吸收和细胞废物的排出，从而杀死食品中的微生物。

超高压处理可以影响蛋白质分子间和分子内部的非共价键作用力，使蛋白质构象发生变化，进而影响其功能特效，如蛋白质的外观形态、稳定性、溶解性、乳化性及蛋白质溶胶形成凝胶的能力。当压力超过200MPa时，决定蛋白质生物活性的三级、四级结构发生显著变化，而当压力达到700MPa时，蛋白质的二级结构会产生不可逆的变化。例如，用超高压技术处理后的奶豆腐食用品质得到提高，有效维持了奶豆腐的保水性和蛋白质等营养成分（张小羽等，2021）；超高压处理能够降低杂色蛤发酵酱发酵过程中产生的挥发性盐基氮、腐胺和尸胺的含量，提高发酵的安全性（黄雅婷等，2022）；超高压处理可以提高大豆乳清蛋白的抗氧化性，促进大豆乳清蛋白在胃蛋白酶、胰蛋白酶下的水解；豆浆在超高压处理30min后，形态由液态转变为固态，并且乳化性和稳定性得到显著提高（刘剑侠等，2013）。

三、超高压处理的优点及不足

超高压杀菌可以保持食品的营养、色泽和香味，为冷杀菌技术提供技术支撑。超高压处理生羊肉片、生牛肉条、生鱼片等“半烹调”食品，可以在保留生鲜食品原有风味的同时显著提高生鲜食品的食用安全性。高压力条件下溶剂沸点提高、溶解能力增强，超高压处理可以改变植物细胞结构，改变溶剂和目标分子间的亲和力，改善溶解能力；超高压技术还可以改变鱼肉蛋白质的结构从而改善鱼糜制品的凝胶强度。

与传统加工方法相比，超高压技术在食品加工过程中可保留食品的感官品质和营养特性，但同时也存在一些不足之处，如超高压技术具有设备成本高、要求高、耗材寿命短等问题。我国的超高压技术与世界先进水平之间仍然存在差距，因此应该加快超高压技术在食品中的应用研究。

参考文献

陈波，倪静. 2010. 邻苯二甲酸酯的毒理学效应及对人体健康的影响. 化工技术与开发，39（11）：46-49.

陈满英，邹旭凤，刘杏宜，等. 2017. 食品及食品包装材料中塑化剂的检测研究进展. 食品安全质量检测学报，8（4）：1305-1311.

陈苑玲，吴慧. 2021. 咖啡中丙烯酰胺的研究进展. 食品安全导刊，30：179-180 .

崔霞，苗虹，赵云峰，等. 2014. 第四次中国总膳食研究膳食氯丙醇污染及暴露评估. 舟山：第八届全国分析毒理学大会暨中国毒理学会分析毒理专业委员会第五届会员代表大会论文摘要集.

范宝光，王红梅，袁云，等. 2015. 农药残留对食品安全的影响及其控制措施. 中国农业信息，6（3）：28-30.

高琳. 2020. 浅析食用植物油中塑化剂产生的原因及应对措施. 食品安全导刊，（21）：47.

郭红刚. 2006. 丙烯酰胺对雄性小鼠生殖细胞毒性的研究. 太原：山西医科大学硕士学位论文.
黄雅婷，阮征，李丹丹，等. 2022. 超高压预处理降低杂色蛤发酵酱中的生物胺及其品质提升. 现代食品科技，38（2）：172-179.
靳玲玲. 2019. 探讨兽药残留对食品安全的影响. 食品安全导刊，24：181.
李春松，唐莲仙，仇荷洁. 2021. 浅析食品和食品接触材料及制品中重金属元素污染物的仪器分析方法. 现代食品，11：190-195.
李丹萍. 2021. 食品中重金属污染现状及检测技术分析. 食品安全导刊，24：69-72.
李健，金党琴. 2008. 农药残留对食品安全的影响及相应对策. 食品工程，3：3-4.
李文成. 2000. 什么是掺假、掺杂和伪造食品. 食品科技，5：15.
李晓丽，王轩. 2021. N-亚硝基化合物的危害及预防措施分析. 大众标准化，（22）：246-248.
李新建. 2008. 超高压技术在食品行业的应用. 食品安全导刊，（3）：58-59.
李子豪. 2018. 微塑料摄入对高脂饮食大鼠代谢、肝功能及生殖系统相关参数的影响. 杭州：浙江大学硕士学位论文.
刘风云. 2011. 塑化剂的应用及其危害. 广东化工，38（11）：57，77.
刘剑侠，李婷婷，密娜，等. 2013. 超高压处理对大菱鲆品质的影响. 食品工业科技，34（20）：102-106.
刘明华. 2013. 塑化剂的危害与预防分析. 绿色科技，（4）：210-212.
刘占鳌，裴艳琴. 2019. 食品镉污染与儿童健康及其防治的研究进展. 食品安全质量检测学报，10（20）：6818-6822.
柳春红，孙远明，杨艺超，等. 2012. 邻苯二甲酸酯类增塑剂的污染及暴露评估现状. 现代食品科技，28（3）：338-341.
罗联钰. 2017. 食品企业的异杂物来源分析及预防措施探讨. 农产品加工，（3）：58-62.
汤轶伟，魏立巧，李译，等. 2013. 食品中塑化剂残留检测技术最新研究进展. 食品工业科技，34（22）：348-354.
王翠竹. 2016. 正视食品安全问题，做行之有效的检测技术. 食品安全导刊，10：45-47.
王俊凤. 2022. 食品及食品接触用纸制品中氯丙醇的危害与检测方法. 食品安全导刊，（18）：184-186.
王瑞元，金青哲，安骏. 2013. 塑化剂与粮油制品的安全. 中国油脂，38（4）：1-4.
王书红. 2020. 食品中农药兽药残留检测技术研究. 食品安全导刊，36：163.
王智斌，魏万鸿. 2020. 食品中重金属污染危害分析与其检测方法研讨. 现代食品，24：219-221.
吴晓飞. 2019. 探究食品中农兽药残留快速检测技术. 食品安全导刊，27：134.
吴长飞. 2018. 合理施肥与土壤环境可持续发展关系探究. 南方农业，12（5）：148-149.
颜振敏，吴艳兵，李广领，等. 2009. 农药残留对食品安全的影响及其控制措施. 湖南农业科学，3：72-74.
杨宝娟. 2021. 浅谈农药残留对食品安全的影响. 食品安全导刊，22：152-153.
杨红晓，周爱东. 2005. 治理氟污染，实现可持续发展. 有色矿冶，1：45-47，50.
杨新涛. 2021. 食品中重金属元素检测方法研究进展. 现代食品，5：212-214.
张俊. 2015. 一损俱损：食品安全、企业的社会责任及市场反应——以“塑化剂”事件为例. 财经论丛，（7）：66-74.
张强国，谢果. 2005. 氟危害及重庆氟污染的对策. 重庆科技学院学报，4：17-19，27.
张霞，施炎炎，丁红梅，等. 2014. 塑化剂与食品安全问题探讨. 粮食科技与经济，39（1）：44-46.
张小莺，殷文政. 2017. 食品安全学. 2 版. 北京：科学出版社.
张小羽，成培芳，刘博，等. 2021. 超高压处理对奶豆腐冻藏品质特性及微观结构的影响. 食品科学，43（13）：40-47.

赵海燕. 2020. 食品中重金属污染、危害及研究危害及对策分析. 食品安全导刊，15：25.
赵静，徐方旭，孟实，等. 2013. 食品中“塑化剂”检测技术与应对策略. 食品与发酵工业，39（6）：141-145.
赵思俊，李雪莲，孙晓亮，等. 2016. N-亚硝基化合物的危害及其检测方法——由 WHO 将“火腿等食品列入致癌物”谈起. 中国动物检疫，33（1）：52-56.
赵雪蛟. 2019. 农药化肥施用对我国农产品安全影响的思考. 南方农业，13（15）：164-165.
周颖. 2016. 化肥施用对农产品质量安全的影响分析. 南方农业，10（24）：1-2.
朱创，杨丽，宋立华. 2021. 超高压处理对黑大麦加工特性的影响. 中国食品学报，21（10）：116-124.
朱元辉. 2016. 合理施肥与农产品质量安全的关系. 乡村科技，12：33.
Call D J, Cox D A, Geiger D L, et al . 2001. An assessment of the toxicity of phthalate esters to freshwater benthos. 2. sediment exposures. Environmental Toxicology and Chemistry: An International Journal, 20(8):1805-1815.
Carpenter E J, Anderson S J, Harvey G R, et al . 1972. Polystyrene spherules in coastal waters. Science, 178(4062): 749-750.
Dehaut A, Cassone A L, Frère L, et al . 2016. Microplastics in seafood: benchmark protocol for their extraction and characterization. Environmental Pollution, 215: 223-233.
Felton J S, Malfatti M A, Knize M G, et al . 1997. Health risks of heterocyclic amines. Mutation Research-Fundamental and Molecular Mechanisms of Mutagenesis, 376(1-2): 37-41.
Syeda T, Cannon J R. 2022. Potential role of heterocyclic aromatic amines in neurodegeneration. Chemical Research in Toxicology, 35(1): 59-72.
Wu B, Wu X, Liu S, et al . 2019. Size-dependent effects of polystyrene microplastics on cytotoxicity and efflux pump inhibition in human Caco-2 cells. Chemosphere, 221: 333-341.

思 考 题

1. 食品中农药残留的来源途径有哪些？
2. 兽药残留指什么？有何影响？
3. 如何进行食品重金属防治？
4. 微塑料的危害有哪些？
5. 塑化剂进入食品的途径有哪些？
6. 杂环胺类化合物污染是如何产生的？对食品安全有何影响？
7. 二噁英是如何产生的？二噁英污染对食品安全的影响是什么？

第二章　生物性污染对食品安全的影响

本章思维导图

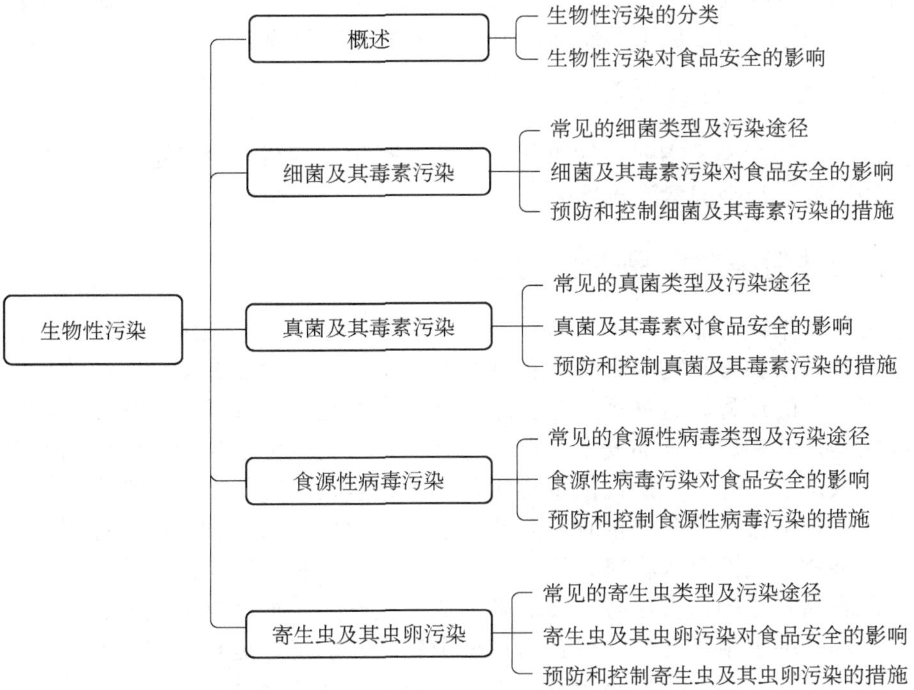

第一节　概　　述

一、生物性污染的分类

食品的生物性污染包括微生物污染和寄生虫及其虫卵污染，是加工过程中最主要的安全威胁。

（一）微生物污染

微生物能够较强地适应生态环境，因此食品原料在从种植、饲养到端上餐桌这个过程中都存在被微生物污染的概率。监控食品来源以防止微生物污染造成的食品安全问题对于预防和控制食源性疾病至关重要。

1. 定义　微生物污染是指由细菌及其毒素、真菌及其毒素和病毒所造成的食品污染。按照污染途径可分为内源性生物污染与外源性生物污染。

2. 内源性微生物污染

1）定义　内源性微生物污染是指生物在生长过程中，由自身携带的微生物所造成的污染。

2）危害　由于养殖及屠宰过程的卫生条件过差而感染病原微生物，会造成畜禽的抵抗力降低、脂肪减少、肌肉萎缩等自身健康问题，还会使肉品及其副产品的品质下降。

3. 外源性微生物污染

1）定义　外源性微生物污染是指食品在加工流通过程中所受到的污染。

2）危害　自来水管道泄漏及生活污水会导致生活水源中的病原微生物丰度骤升；人和动植物的脱落物和排泄物也可能含有大量的微生物和病毒，并通过空气中的灰尘及水滴流动而污染食品；此外，食品在加工及储存环节也容易受到携带致病微生物的动物的污染。

（二）寄生虫及其虫卵污染

寄生虫及其虫卵污染是指病原体引起人畜共患寄生虫病后对食品造成的污染。诱发因素主要包括生物因素、社会因素及自然因素。

二、生物性污染对食品安全的影响

生物性污染是指在食品的加工、储存、运输等各个环节中，微生物（如细菌、病毒、真菌）和寄生虫及其虫卵等生物因素渗入食品内部，从而导致食品的安全性、营养价值和感官特性发生不利变化的过程。这种污染与食品安全紧密相连，不仅损害了食品的原始品质和口感，更重要的是，它构成了食品安全的重要隐患。一旦受到生物性污染的食品流入市场，就可能成为传播疾病的媒介。致病性微生物在食品中的繁殖，可能使消费者在食用后出现食物中毒、肠胃疾病等健康问题，严重时甚至威胁生命。此外，微生物在代谢过程中还可能产生有害物质，这些物质长期摄入将对人体健康造成长期且不利的影响。因此，防范和控制生物性污染是确保食品安全的首要任务。我们必须从源头开始，加强农业生产、食品加工、储存和运输等各个环节的卫生管理，确保食品在整个生产、加工、运输和储存过程中免受生物性污染的侵扰。同时，加强食品检验和监测工作，及时发现并处理污染问题，以保障消费者的健康权益。这是防止生物性污染、确保食品安全的关键所在。

第二节　细菌及其毒素污染

一、常见的细菌类型及污染途径

细菌（bacteria）是具有细胞壁的单细胞原核微生物，按形态可分为杆菌、球菌和螺形菌。细菌毒素是由细菌产生的致病性物质，包括内毒素（endotoxin）和外毒素（exotoxin）。

（一）沙门菌属

沙门菌（*Salmonella* spp.），革兰氏阴性肠杆菌科，食源性致病菌，生存条件为需氧或兼性厌氧。沙门菌广泛存在于自然界动物的肠道内，它们可依靠肉、蛋、环境和带菌者等方式进行传播，也可通过寄居于人和动物的消化道进行传播，从而导致人畜共患病。主要污染的食品包括肉、蛋、乳及其制品，发酵产品，甜品等。

（二）致病性大肠杆菌

大肠杆菌（*Escherichia coli*），革兰氏阴性菌，短杆状，周身鞭毛，可产生致病性的物质，即血浆凝固酶。该菌通常寄居于宿主的小肠远端和结肠，带菌动物通过排泄物污染食物和水源，因此极易造成交叉感染。肉、蛋、乳及其制品，以及蔬菜和水果都极易受到该菌的污染。

（三）葡萄球菌

葡萄球菌（*Staphylococcus*），革兰氏阳性兼性厌氧菌，该菌广泛分布于自然界，并具有较强的适应能力。一般情况下，动物组织发炎所造成的化脓性损伤为感染葡萄球菌的主要渠道，如患有化脓性乳腺炎的奶牛，乳汁中可能携带金黄色葡萄球菌。畜禽局部的化脓性感染也可使金黄色葡萄球菌大量增殖而产生非常耐热的肠毒素，带菌从业人员极易将致病菌直接或间接带入食品内而造成食品污染。含水食物更容易被金黄色葡萄球菌感染，如水分含量较高的米饭、罐头、乳制品及甜品；其次是肉及其制品，如熟肉类、鱼类及其制品、蛋及其制品等。

（四）溶血性链球菌

溶血性链球菌（*Streptococcus hemolyticus*），革兰氏阳性致病菌，呈球形或椭圆形，链状排列，长短不一。该菌可通过空气或直接接触进行传播，从而诱发皮肤及黏膜伤口的化脓感染，感染该菌的人畜也为该菌的传播媒介。肉、蛋、乳及其制品易被感染。

（五）肉毒梭状芽孢杆菌

肉毒梭状芽孢杆菌（*Clostridium botulinum*），革兰氏阳性菌，可产生卵圆形的芽孢，形状为粗短杆状或梭状，极耐热。广泛存在于自然界，可通过自然环境污染食品，包括水、蔬菜、肉、蛋、乳等。主要污染的食品包括罐头制品、家庭自制腌菜、酱菜及腊肉。

（六）副溶血性弧菌

副溶血性弧菌（*Vibrio parahaemolyticus*），革兰氏阴性菌，嗜盐，形状为弧状、杆状或丝状，无芽孢。天然存在于海洋，生存能力较强，但须有盐才能生存。海水为主要污染源，沿海区域中捕捞的鱼、贝类及海上作业人员均有可能成为传播该菌的媒介。水产品及含盐分较高的腌制食品，如咸菜、腌肉等食品都非常适合该菌的生长。

（七）空肠弯曲菌

空肠弯曲菌（*Campylobacter jejuni*），革兰氏阴性杆菌，通常为细长状、“S”形及弧形，无芽孢且两端存在单鞭毛。该菌广泛存在于动物体内，且在畜禽的生殖道和肠道内大量富集，分娩和排泄是空肠弯曲菌进行传播的主要途径，因此自然水源和野生可食用植物极易受到污染。主要污染的食品包括生肉及动物内脏、未煮熟的肉及其制品、生乳及其制品、蛋壳表皮等。

（八）志贺菌

志贺氏菌属（*Shigella* spp.），革兰氏阴性菌，无芽孢及鞭毛，具有较强的耐寒性，是常见的可诱发人等灵长类动物肠道疾病的病原菌。主要的传染源是患者和带菌者，污染食品的传播途径为粪口传播和水源传播。该菌在体外生存时间短，可经高温杀死。生的蔬菜、水果、肉、蛋、乳等食品容易受到志贺菌的污染。

（九）单核细胞增生李斯特菌

单核细胞增生李斯特菌（*Listeria monocytogenes*），革兰氏阳性兼性厌氧菌，同时也是以食物为传播媒介的致命食源性病原体之一。免疫缺陷的人（癌症患者、酗酒者、妊娠期妇女、胃酸分泌少的人群及艾滋病患者等）容易感染单核细胞增生李斯特菌，并有可能引起脑膜炎、流产、败血症甚至死亡。它们通常存在于土壤及水源中，自然环境及生活的排泄物中也容易滋生该菌，一旦动物摄入被污染的水源及食物，便可通过粪口传播。除此之外，肉品屠宰过程的环境污染和从业人员的肢体接触都会造成该菌在食物中的大量繁殖。绝大多数食品如肉、蛋、乳、熟的即食食品及蔬菜等都有可能感染该菌。

（十）变形杆菌

变形杆菌（*Bacillus proteus*），革兰氏阴性菌，呈球形和丝状，无荚膜和芽孢，有鞭毛。变形杆菌一般不致病，但在夏秋温度较高时，该菌可在污染食品中大量繁殖后产生毒素从而引起食品污染和食物中毒。它们广泛分布在土壤、生活污水及垃圾中，人和动物的肠道内也寄居了一定丰度的变形杆菌。易被污染的食物主要包括肉及其制品、豆制品及未熟透的食品等。

（十一）产气荚膜梭菌

产气荚膜梭菌（*Clostridium perfringens*），革兰氏阴性厌氧菌，极易在肠道中形成芽孢而产生肠毒素。在人类及动物（鸡、鸭、猪、牛等食源动物）的肠道内普遍存在。主要的污染途径包括肉品屠宰过程中被动物的肠道内容物污染、肉品烤制不充分、储存条件不当及生肉加工过程中与污染源接触等。主要污染的食品是肉类及其制品，易造成食品腐败变质。

（十二）蜡样芽孢杆菌

蜡样芽孢杆菌（*Bacillus cereus*），革兰氏阳性菌，形状为杆状，为食源性致病菌。可引起人体感染和中毒，包括呕吐性和腹泻性食物中毒。其形成孢子和产生毒素的能力是对消费者的健康构成巨大风险的重要因素。空气、土壤、水及动物肠道为主要寄居处。该菌诱发的食物中毒具有明显的季节性，夏、秋为多发季节。食物储存温度不当或在常温下放置时间较长容易导致该菌的大量繁殖。粮食、肉、乳及饮料均可受到该菌的污染。

二、细菌及其毒素污染对食品安全的影响

（一）细菌性食源性疾病

细菌性食源性疾病是指摄食被细菌及其毒素污染的食物及水源后出现的非传染性疾病，可分为细菌性食物中毒及肠道疾病。

（二）细菌及其毒素造成的食品安全问题

细菌及其毒素造成的食品污染会诱发食物腐败变质而使其失去食用价值，同时引发食源性疾病，但此污染在食品加工甚至是运输和储存过程中很容易被忽视。例如，金黄色葡萄球菌所分泌的葡萄球菌肠毒素非常稳定，对恶劣的灭菌环境具有抵抗力，这可能会对公众健康造成比细菌本身更严重的危害。

三、预防和控制细菌及其毒素污染的措施

（一）纳米检测技术

利用基于贵金属纳米材料的微生物毒素检测试剂进行细菌及其毒素的检测工作，包括金纳米颗粒、金纳米棒、金纳米团簇、银纳米团簇和双金属纳米材料。

（二）改善运输卫生条件

无论是货车、船只还是飞机，都应定期进行清洁和消毒，特别是接触食品或药品的部分，这有助于减少细菌和毒素的传播。对于易腐坏的食品或药品，确保在适当的温度下运输非常重要。温度过高或过低都可能导致细菌生长或药品失效，同时在运输过程中使用适当的隔离装置或包装材料将不同种类的货物隔离开来，以避免交叉污染。

（三）控制水源卫生

水对农业至关重要，生鲜农产品生产用水的安全至关重要。微生物病原体能够在水中存活很长一段时间，因此对于水源卫生的控制是非常有必要的。

（四）注重蔬菜食物链系统的卫生

由于绿叶蔬菜的食物链系统没有绝对杀死病原体的步骤，因此可诱发细菌的繁殖。应注重叶菜类的种植、采收、运输及储存卫生，以保证其货架期、营养特性和感官品质。

（五）注重水产品食物链的卫生

组氨酸脱羧细菌可与腐烂鱼体内游离的组氨酸反应生成组胺，严重威胁水产品的品质。该菌的污染主要来自渔船、加工厂或分销系统、餐馆或家庭捕获，因此应确保鱼体在捕捞后被迅速冷却，以及在处理和储存期间保持足够的低温。

第三节　真菌及其毒素污染

一、常见的真菌类型及污染途径

常见的真菌类型及污染途径见二维码 2-1。

2-1

（一）曲霉属

1. 赭曲霉　赭曲霉（*Aspergillus ochraceus*），外观呈丝状，产孢子能力强，容易在粮食作物及农产品中滋生繁殖，孢子飘浮在空气中可诱发哮喘及肺病。赭曲霉毒素是赭曲霉菌株侵染粮食、饮料、乳制品及水果等食品后所产生的有毒代谢产物，人类误食会严重危害身体健康。

2. 黄曲霉　黄曲霉（*Aspergillus flavus*），腐生真菌，生长速度快，表面呈灰绿色且结构疏松，有复杂结构的菌丝。它们广泛存在于土壤中，可污染大多数类型的农产品，包括坚果、玉米和花生等，从而导致食品霉变。黄曲霉毒素是黄曲霉产生的有毒代谢产物，存在于被黄曲霉侵染的食品中，具有超强的致畸、致基因突变和致癌性。热带和亚热带地区的天气

多闷热潮湿，因此较容易遭受该真菌的污染，人类食用被污染的食物后，将严重危及健康和生命。

（二）镰刀菌属

镰刀菌属（*Fusarium* spp.），普遍存在于土壤和动植物中，具有较强的抗寒及耐热性，可引起小麦、水稻和蔬菜的病害。该菌可产生镰刀菌毒素（毛孢菌素、伏马菌素和玉米赤霉烯酮），常见于发霉变质的粮食作物中。人类食用被镰刀菌感染的食物后可诱发皮肤病、角膜溃疡、恶性肿瘤甚至死亡。此外，镰刀菌产生的 T2 毒素进入人体后会沉积下来，抑制软骨组织及骨骼生长，甚至引发骨关节慢性病变，最终导致缺血性股骨头坏死。

（三）青霉菌属

青霉菌属（*Penicillium* spp.），有菌丝，可产生褐色的分生孢子，且孢子具有耐热性和耐寒性。青霉与曲霉具有相似性，可根据孢子顶端是否膨大这一特点来进行区分。富含苹果酸和柠檬酸等有机酸的饮料中容易滋生青霉菌而引发霉变。青霉菌产生的常见毒素包括黄绿青霉毒素、橘青霉毒素和岛青霉毒素（毒性最强），它们可导致大米等农产品及饲料的颜色发黄，具有极强的毒性。人类摄入会导致神经性食物中毒，严重者会引起肝、肾、心脏及组织的病变。

（四）毛霉属

毛霉属（*Mucor* spp.），菌丝分枝多，无假根，在孢子囊梗的顶端生孢子囊。农产品容易被自然界中广泛分布的毛霉污染，从而引起食物的腐败变质。此外，酱油等发酵调味品若在发酵过程中，由于发酵环境和条件的改变而导致毛霉增殖，将会使曲霉活力降低而影响其风味。

（五）根霉属

根霉属（*Rhizopus* spp.），菌丝无横隔膜，为单细胞。其孢子呈球形、卵形或不规则形，常有棱角和条纹，灰色、灰蓝色或浅褐色等。它们广泛分布于自然界，淀粉含量较高的食物中容易遭受根霉的污染，从而引起粮食、水果及蔬菜的腐烂变质。常用于制曲酿酒（具有高活力的淀粉糖化酶），发酵豆类和谷类食品。但也可引起食品霉变或导致实验室污染等，是一种条件致病菌。

（六）犁头霉属

犁头霉属（*Absidia* spp.），广泛分布于自然界的土壤中。它们可通过粪便及生活污水进行传播，同时该菌也是酒水生产过程中常见的污染菌。此外，部分可在常温下生长繁殖的犁头霉也是易被人类和动物感染的病原菌。

（七）链格孢霉属

链格孢霉属（*Alternaria* spp.），菌落呈绒毛状或带絮状，颜色呈暗绿色、橄榄绿色，后可变成褐绿以至黑色。链格孢霉是常见的腐生菌，可寄生在土壤、工业材料及某些栽培植物中。例如，寄生在水稻上的拟稻瘟链格孢霉，呈红、褐或乳白色，可导致米粒不实。链格孢霉产生的毒素包括链格孢霉酚、链格孢霉甲基醚及细偶氮酸，具有较强的毒性，严重可致癌或致畸。

（八）酵母菌属

酵母菌属（*Saccharomyces* spp.），单细胞真菌，广泛存在于空气中，环境适宜便会大量繁殖。部分酵母菌可发酵糖类，因此能够提升食品的价值，发酵粉和酿造专用的酵母等产品为食品生产提供了大量益处。部分酵母菌为致病菌和腐生酵母，如假丝酵母菌和新型隐球菌等。有害酵母菌不仅可以造成食物的腐败变质，还会引发人类的皮肤、呼吸道和消化道的多种疾病。

二、真菌及其毒素对食品安全的影响

（一）影响真菌产生毒素的主要因素

1. 生长温度 25～30℃是大多数真菌适宜的繁殖温度，在此温度范围，真菌可大量快速繁殖代谢，并产生真菌毒素。当温度低于0℃或高于30℃时，真菌的产毒素能力会受到抑制。

2. 食品基质 真菌的繁殖具有特异性，如黄曲霉主要污染玉米和花生等粮食作物，而小麦则容易受到镰刀菌的污染，大米则容易滋生青霉。

3. 生长环境湿度 相对湿度大致分为80%以下、80%～90%及90%以上三种类别，与之对应的真菌包括干生性真菌、中生性真菌和湿生性真菌。干生性真菌主要包括灰绿曲霉和白曲霉等，中生性真菌主要包括曲霉和青霉等，湿生性真菌主要为毛霉。

4. 空气氧含量 氧气是大部分真菌生长繁殖和产毒素所必备的条件之一，但也有少量真菌如曲霉和毛霉可以在厌氧环境进行生长繁殖。

（二）真菌及其毒素对食品安全的影响

真菌性食物中毒，是指口服摄入真菌及其毒素后引发的损害人体健康的现象。真菌广泛存在于自然界，部分真菌应用于食品发酵领域，赋予食品极高的商品价值；而部分有害的真菌则通过污染食物及产生致病毒素而给人体健康带来危害。

三、预防和控制真菌及其毒素污染的措施

（一）荧光定量检测系统

真菌污染的危害不容忽视，要加强相应的监管监控工作，可采用快速检测仪进行荧光定量检测分析样品中真菌毒素的残留含量。此系统能够检测出常见食品中的多种真菌毒素。

（二）把控生产、运输和储存环境的卫生

严格执行食品运输及储存过程的卫生管理条例，以确保食品在此环节中免受真菌污染及腐败变质。

（三）控制环境的温度与湿度

降低食品的温度和水分含量。经常通风干燥，控制环境湿度。此外，还需要控制氧气含量。

（四）减少粮食的机械损伤

在粮食的采收、包装、运输过程中，轻拿轻放，以减少机械损伤，防止病原微生物从伤

口侵入。

（五）培育抗真菌的新品种

通过在植物中植入抗真菌病害的基因而使农产品免受真菌感染，目前此技术已经得到推广，相关的合成基因已经转入水稻、大豆及马铃薯等农作物中。

（六）去除毒素

常用的去除粮食中真菌毒素的方式包括挑选发霉的粮食、水洗碾压法、油碱炼法及活性炭吸附法等。

第四节　食源性病毒污染

一、常见的食源性病毒类型及污染途径

（一）肝炎病毒

肝炎病毒主要包括甲型肝炎病毒（HAV）、乙型肝炎病毒（HBV）、丙型肝炎病毒（HCV）、丁型肝炎病毒（HDV）、戊型肝炎病毒（HEV）、巨细胞病毒和EB病毒等类型。甲型肝炎病毒主要通过粪口传播，不卫生的生存环境和习惯容易诱发甲型肝炎，但目前得到了较好的控制。其临床症状表现为厌食、发热、乏力、恶心、呕吐、肌痛、肝肿大、黄疸及血清转氨酶异常升高等。乙型肝炎病毒的传播途径为肠道外传播，如血液和其他体液等，但通过唾液、胃肠道和食品的传播途径也有报道。戊型肝炎病毒主要通过粪口传播和与患者直接接触而传播，戊型肝炎的症状与甲型肝炎类似。

（二）轮状病毒

轮状病毒（rotavirus，RV），轮状病毒属，双链RNA，无包膜，仅有衣壳，在衣壳外面有轮状凸起，类似于车轮。由该病毒感染而引起的疾病在世界范围内都存在，其传染源为患者及病毒携带者，可通过密切接触和粪口传播，发病率和死亡率很高。感染该病毒可引发急性肠胃炎、上呼吸道感染、发热、呕吐、腹泻、脱水及电解质紊乱等症状。

（三）诺如病毒

诺如病毒（norovirus，NV），又称为诺瓦克样病毒或胃肠炎流感病毒。该病毒的进化模式类似于人类流感病毒，传染性很强，主要通过被污染的环境、水源、食物及粪口传播。诺如病毒的传播和暴发具有明显的季节性，冬春季常为发病高峰期。它们能够通过某种结合方式，稳定地存留在牡蛎等水产品中，甚至积累富集。

（四）星状病毒

星状病毒（astrovirus），病毒颗粒呈星状，畜禽、鼠和猫等动物均被发现可感染星状病毒。人类感染星状病毒后可引发腹泻和病毒性肠胃炎。该病毒依靠粪口传播，生活用水和食品受到污染后可通过食物链进入人体引发病毒流行。

（五）腺病毒

腺病毒（adenovirus），无包膜，直径为70～90nm，壳体表面紧密排列。目前，腺病毒在世界范围内广泛分布，不同亚群之间并没有明确的地域性，鸡、鸽子、鹅、鹌鹑等多种鸟类中均存在该病毒。感染该病毒可使蛋鸡出现产蛋下降综合征，并导致种蛋带毒，严重影响蛋品供给及质量。同时，腺病毒还会造成禽类出现出血性肠炎甚至死亡。

（六）口蹄疫病毒

口蹄疫病毒（foot and mouth disease virus，FMDV），无包膜，为人畜共患病病毒，偶蹄类动物容易感染，可传播给人类，但人类感染口蹄疫病毒的概率较低。口蹄疫病毒可通过食物链进行传播，主要污染新鲜或未经过巴氏消毒的乳制品及腌肉。摄入被口蹄疫病毒污染的食品可引发机体不适，如呕吐和发热。口蹄疫病毒的传染性极强，可在短时间内快速传播导致畜禽的大量死亡，对畜牧业的经济构成严重威胁，严重制约养殖业的健康发展。

（七）禽流感病毒

禽流感病毒（avian influenza virus，AIV），耐低温，可诱发禽类（鸡、鸭、鹅、火鸡及鸽子）病毒性传染病，已被世界动物卫生组织列为A类动物疾病。感染病毒的家禽会出现呼吸系统的损伤和败血症等症状，对家禽养殖业的经济造成巨大损失。此外，人类误食未熟透的禽肉类很可能感染禽流感病毒，熟制后可放心食用。

（八）冠状病毒

冠状病毒（coronavirus），耐寒、不耐热，可在人类和动物中进行传播，引发多种呼吸系统疾病。感染该病毒的主要途径包括接触被病毒污染的食品包装材料、食品加工者在感染病毒后接触了食品，从而形成传播链。冠状病毒离开宿主后，在常温下存活的时间较短，但依然可以在低温下存活，因此冷藏及冷冻食品或包装材料很可能成为该病毒的载体。冠状病毒可依靠空气中的飞沫进行传播，人体接触或吸入后可造成眼睛、鼻腔、口腔及呼吸道等处的黏膜感染和发炎。该病毒的传播能力呈现季节性差异，秋冬和早春为感染高发期，可采用紫外线及消毒产品杀死。

二、食源性病毒污染对食品安全的影响

长期以来，人们对于食品中的病毒了解甚少，实际上，病毒可诱发巨大的食品安全问题。首先，病毒的生长繁殖特性与细菌、真菌存在天壤之别，且个体非常小，没有细胞特征，需要借助电子显微镜才能看见，因此人们极易忽略其对食品质量的影响。此外，病毒对生长条件要求很高，安全性防范措施不足将会导致病毒性污染的暴发，食品在短时间内遭受大批量的病毒污染不仅会降低商品价值和造成经济损失，还会造成从业人员的大量感染，给社会带来负担。

三、预防和控制食源性病毒污染的措施

（一）加强管理、控制传播

确保从业人员的身体健康，避免从业人员受到病毒感染而间接对食品造成污染。一旦发现有工作人员感染病毒，要做好隔离防护措施，并对该患者接触过的物品进行消毒查杀。

（二）切断传播途径

加强饮用水的管理，保护水源，严防饮用水被粪便污染，有条件时可对饮用水进行消毒处理。餐饮从业者需保持手部卫生清洁，接触及使用的餐具也要进行严格规范的消毒。

（三）做好防疫工作

动物和人类均可通过注射各类病毒疫苗达到预防效果。

（四）及时进行免疫检测

在易发地区和易发季节，应注意在患者的早期粪便或血清中用免疫方法检测病毒或抗体。

（五）避免食用受到污染的食品

食物在食用前应彻底加热和熟制处理，对于疑似被病毒污染的食品必须进行彻底的加热消毒。加工生肉的刀、案板、容器等要与熟食分开以避免交叉污染，使用后要彻底消毒。

（六）普及宣传疫病常识

提高群众的自我保护意识，禁止销售和食用携带病毒的动物性食品。

第五节　寄生虫及其虫卵污染

一、常见的寄生虫类型及污染途径

（一）常见的食源性寄生虫类型

常见的食源性寄生虫类型见二维码 2-2。

2-2

1. 蛔虫　蛔虫（*Ascaris lumbricoides*），成虫外观呈现粉红色或黄色，是人体肠道中最大的线形寄生虫。蛔虫的感染途径主要为不卫生的生活环境和饮食习惯，因此它们在热带及温热带地区或卫生条件差的国家发病率较高。蛔虫的成虫通常寄生于海洋鱼类中和人体小肠中，人食用了被蛔虫感染的食物会引发不同严重程度的蛔虫病，临床症状包括发热、咳嗽、失眠、磨牙、消化道疾病及肺水肿等。

2. 绦虫　绦虫（tapeworm），成虫外形扁平，分节如带状，无口及消化道，为雌雄同体。幼虫和成虫均可寄生在脊椎动物和无脊椎动物体内，通过食物链引发寄生虫感染。常见的能够污染食物的绦虫包括猪肉绦虫、牛肉绦虫、细粒棘球绦虫和阔节裂头绦虫。该寄生虫感染多由环境卫生和个人饮食卫生不达标、养猪方式不规范、人畜同居和饲料被人畜粪便污染等诱发。感染后的临床表现为腹痛、腹泻或便秘。

3. 囊虫　囊虫（cysticercus），绦虫的幼虫，无色半透明，形状大小似黄豆。囊虫的幼虫寄生在肌肉组织中，成虫寄生在消化道内。食用未煮熟的肉类具有感染囊虫病及绦虫病的风险，染病后的临床表现多为神经功能出现障碍，严重影响健康。

4. 旋毛虫　旋毛虫（*Trichinella spiralis*），幼虫寄生在肌肉组织中，成虫寄生于消化道，因此又被称为肌旋毛虫和肠旋毛虫。旋毛虫可感染的宿主包括人类和大多数哺乳动物，是严重的人畜共患病。感染该寄生虫的原因主要包括生食畜肉类、使用或接触被污染的餐具、烹调食物未进行生熟分离操作及接触土壤和粪便后未进行手部清洁等。

感染后的临床表现为肠炎、恶心、呕吐、腹痛和腹泻等，但当幼虫进入淋巴血液循环后，将会引起严重的机械性损害及神经毒副作用，重者最终可能因心肌炎和毒血症而死亡。

5. 华支睾吸虫　华支睾吸虫（*Clonorchis sinensis*），俗称肝吸虫，成虫可通过寄生在人类和畜禽的肝和胆管内而诱发肝吸虫病。该病遍及世界各地，牧区的家畜发病率较高，牛、山羊、绵羊、马和骆驼等易感染。人感染肝吸虫的主要原因是食入生的或半熟的肉制品及内脏，喝生水及切割生、熟肉时的用具未分开。临床症状包括发热、出汗、乏力、消瘦、贫血和浮肿等，严重时可导致肝硬化。

6. 异尖线虫　异尖线虫（*Anisakis*），广泛分布在海洋生物的消化道内，幼虫多寄生在体积小的鱼类中，成虫可寄居在大型海洋哺乳动物体内。如果人类生食被幼虫污染的海产品，幼虫极有可能寄居在人类的咽部或上、下消化道的黏膜处，导致严重的消化道炎症。

7. 肉孢子虫属　肉孢子虫属（*Sarcocystis*），通常寄生于食草哺乳动物的肌肉组织中，可诱发人畜共患病。人通常因食用含有包囊的牛、羊和猪肉、未熟透的肉类和内脏及被污染的水源而受到感染。感染后的主要临床表现为消化道的疼痛、炎症和出血，严重可致贫血及坏死性肠炎。

8. 刚地弓形虫　刚地弓形虫（*Toxoplasma gondii*），主要宿主为猫，自然界中大多数恒温动物也为携带者。感染原因主要包括给家中宠物喂食生肉或者未熟透的肉制品、人与宠物的粪便接触、生食或半生食动物性制品、生熟食物未分离操作及卫生条件不过关等。感染后的临床表现为发热、头疼、头晕、皮疹、呕吐、肠臌气、慢性胃炎、肺炎、支气管炎、心血管疾病、贫血、骨质疏松及腰肌损伤等。

（二）寄生虫及其虫卵的污染途径

1. 土壤寄生　大部分感染期的寄生虫习惯在土壤中发育和生长，依靠土壤中的粪便污物作为营养来源，因此人体感染寄生虫与接触地面后未进行彻底的个体清洁密切相关。

2. 水源污染　淡水中容易寄居大量寄生虫，若饮用了被感染期寄生虫污染的水体，将会引发寄生虫感染，危害宿主健康。

3. 食物寄生　在农村，部分地区习惯用粪便进行施肥，这会导致处于感染期的幼虫寄生在蔬菜叶片上，食用未被清洗干净或未加热熟透的食物可能会导致人体感染寄生虫。例如，猪绦虫可以通过食用未煮熟的猪肉而进行传播，食用生的淡水鱼类和水产品更容易感染华支睾吸虫。

4. 传播媒介　自然界存在大量可传播寄生虫的媒介，如蚊虫和跳蚤等节肢动物可以传播疟原虫和膜壳绦虫。

5. 人体接触　某些寄生虫可通过人与人的近距离接触进行传播。

二、寄生虫及其虫卵污染对食品安全的影响

（一）食源性寄生虫病

1. 定义　食源性寄生虫病是指食用未加热或未熟制的存在感染期寄生虫的食物而感染的寄生虫病。

2. 食源性寄生虫病的危害 寄生虫侵入人体后可在组织和器官中繁殖和寄生，从而通过夺取营养、机械性损伤、毒素作用及免疫损伤对人体构成损害。

3. 诊断方法

1）临床诊断 根据食源性寄生虫病的流行病学特点和患者的临床表现可做出初步诊断。

2）病原学诊断 取患者的排泄物、被污染的食品或水，做虫卵、包囊或虫体的检查。

3）免疫学方法或其他生物技术 皮肤过敏试验、琼脂扩散试验、间接血凝试验、酶联免疫吸附测定（ELISA）、乳胶凝集试验、间接荧光抗体试验、聚合酶链反应（PCR）、核酸探针技术和免疫印迹技术等。

（二）食源性寄生虫病的流行特点

1. 地方性 大部分寄生虫病流行于温暖潮湿的地区，并且与当地人群的饮食习惯密切相关，如习惯生食水产品、猪肉或牛肉的地区更容易感染肝片吸虫病或猪/牛绦虫病。此外，以人类粪便施肥的农作物地区感染钩虫病的概率较高。

2. 季节性 流行性寄生虫病具有明显的季节性，如夏季为血吸虫病的高发季节，人类及动物可通过与水源接触而感染该病。

3. 自然疫源性 在自然界中，具有自然疫源特点的寄生虫可以不通过人类的参与而进行传播。

（三）食源性寄生虫的传播

1. 感染源头 寄生虫可通过粪口传播，人和动物在感染寄生虫后，虫卵通过粪便排出体外进而污染环境乃至食品。

2. 传播途径 食源性寄生虫病的传播方式可分为人—环境—人、人—环境—宿主媒介—人、宿主—人、宿主—环境—人。

三、预防和控制寄生虫及其虫卵污染的措施

（一）避免交叉污染

由于寄生虫在水产品和禽肉中普遍存在，因此应确保肉类产品在食用前加热至完全熟透，以避免因交叉污染而感染寄生虫。

（二）改进烹调方法

对于适合生吃、腌制或半加热的产品，可以通过有效的低温冷冻技术控制和杀灭寄生虫。寄生虫一般不耐高温，对于水产品及畜禽类肉制品应做到加热熟透后再食用，高温可以有效杀死寄生虫。蔬菜及水果在食用前都应该清洗干净，饭前便后要洗手。

（三）源头控制

血吸虫等寄生虫的主要宿主是钉螺，血吸虫的预防就是要消灭钉螺。如果对源头宿主进行有效的铲除和消灭，某些寄生虫的污染来源就会大大减少。此外，靠近粪便排泄区域的水源也应该严格把控质量，从源头上控制寄生虫病的传播。

（四）加强食品卫生监督检验

在动物屠宰过程中，必须对肉品进行囊尾蚴、旋毛虫和肉孢子虫的检验，合理处理病畜肉，防止带虫的肉品、水产品和其他食品上市出售。在食品加工过程中，严禁用含有寄生虫的肉、鱼或其他被污染的原料加工食品。保持饮用水和食品加工用水的卫生，来自湖泊、池塘、溪流或其他未经处理的水在洗涤食品或饮用之前，必须经净化消毒或加热煮沸。

（五）保持环境卫生

改善公共卫生，防止人畜粪便污染环境、饲料、水源和食品，应利用堆肥、发酵和沼气等多种方法处理粪便，以杀灭其中的寄生虫虫卵，达到无害后方可使用。

（六）加强动物饲养管理

禁止用生肉、鱼、虾或其他废弃物饲喂动物，在寄生虫病流行地区，严禁放牧食用动物。

参考文献

侯红漫. 2010. 食品微生物检验技术. 北京：中国农业出版社.
李洪源，王志玉. 2006. 病毒学检验. 北京：人民卫生出版社.
刘慧. 2004. 现代食品微生物学. 北京：中国轻工业出版社.
王际辉，叶淑红. 2020. 食品安全学. 2 版. 北京：中国轻工业出版社.

思考题

1. 简述生物性污染的定义。
2. 简述内源性微生物污染的定义。
3. 简述外源性微生物污染的定义。
4. 引起各类食品腐败的主要微生物是什么？
5. 论述控制微生物的主要方法及原理。
6. 生物性污染的预防措施有哪些？
7. 真菌性食物中毒的预防和控制措施有哪些？
8. 食品中常见的病毒污染有哪些？列出常见的人畜共患病。
9. 简述寄生虫对机体损害的机制。食品中常见的寄生虫有哪些？
10. 蛔虫病对人体的危害有哪些？

第三章　生产加工中的污染对食品安全的影响

本章思维导图

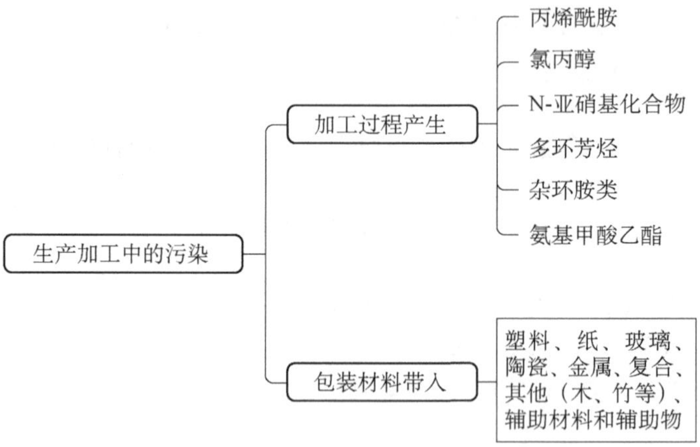

第一节　丙烯酰胺污染对食品安全的影响

一、食品中丙烯酰胺的来源和形成途径

丙烯酰胺（acrylamide）被国际癌症研究机构认定为2A类致癌物质，具有潜在的神经毒性、遗传毒性和致癌性。2005年，卫生部发布《卫生部关于减少丙烯酰胺可能导致的健康危害的公告》。2012年，国家食品安全风险评估中心发布《食品中丙烯酰胺的危险性评估报告》。2017年，欧盟发布食品中丙烯酰胺的限制条例“Commission Regulation（EU）2017/2158”，对不同食品中丙烯酰胺建议了限量水平。

热加工食品中丙烯酰胺的主要是由天冬酰胺和还原糖及其他活泼羰基化合物经美拉德反应产生。此外，食品中产生的丙烯醛也可形成丙烯酰胺，即丙烯醛氧化为丙烯酸，后者与氨反应脱水后形成丙烯酰胺。有报道称，氨和丙烯醛在室温下也可产生丙烯酰胺。因此，非热加工处理的食品也存在被丙烯酰胺污染的风险。

加工温度、时间、羰基化合物和氨基酸种类、pH、金属离子等都会影响热加工食品中丙烯酰胺的含量，因此不同食品中丙烯酰胺含量有很大差异。高温、长时间加热、其他活泼羰基化合物（如乙二醛、丙酮醛等）、中性偏碱的pH、低水分含量及氨都可促进丙烯酰胺的形成。而低pH、其他氨基酸和二价金属离子则抑制丙烯酰胺的形成。鉴于铵盐可促进丙烯酰胺的形成，欧盟建议采用碳酸氢钠代替碳酸氢铵作为焙烤食品中的膨松剂，并推荐使用天冬酰胺酶消除原料中的天冬酰胺。

二、丙烯酰胺的危害

（一）神经毒性

丙烯酰胺对人具有神经毒性，早期中毒症状表现为皮肤蜕皮、红斑、肌肉无力、手足出汗、麻木、震动感觉减弱、膝跳反射丧失、远端触痛觉减退、神经异常等周围神经损害，如果暴露时间延长，还可损伤中枢神经系统的功能，如小脑萎缩。

（二）生殖发育毒性

动物实验发现，高剂量丙烯酰胺摄入会导致雄性成年大鼠和新生大鼠生长迟缓，进食量和生殖器官指数降低，附睾中精子数目减少并发生形态异常，睾丸组织发生病变；雌性小鼠体重、脏器重、黄体数目显著减少，血清孕酮浓度呈剂量依赖性降低。

（三）遗传毒性

遗传毒理学研究表明，丙烯酰胺具有致突变作用，可引起哺乳动物体细胞和生殖细胞的基因突变和染色体异常。

（四）免疫毒性

研究发现，丙烯酰胺会损伤雌性小鼠脾、胸腺等免疫器官，使淋巴细胞数量减少，脾细胞增殖受抑制，淋巴结、胸腺、脾等组织病理学发生改变，从而抑制正常免疫功能。

（五）致癌性

国际癌症研究中心根据毒素代谢动力学模式和非线性剂量反应法确定丙烯酰胺的日致癌边际剂量为2.6μg/（kg BW·d）［BW为体重（body weight）］。

三、丙烯酰胺的危险性评估及控制

近年来，各国对食品中丙烯酰胺的风险评估开展了大量工作。欧洲食品安全局数据显示，丙烯酰胺的暴露边界值（MOE）平均为89～425（ESFA，2015），中国疾病预防控制中心对中国居民的丙烯酰胺MOE评估为1142（Zhu et al.，2022），说明食品中丙烯酰胺是一个值得重视的公共卫生问题。世界卫生组织（WHO）和欧盟曾分别规定饮水中丙烯酰胺限量值为0.5μg/L和0.1μg/L。目前对食品中丙烯酰胺的控制有以下方法。

（一）控制原料中丙烯酰胺前体物质的量

天冬酰胺和还原糖是美拉德反应中丙烯酰胺形成的前体物质，因此降低原料中天冬酰胺和还原糖的含量可以减少丙烯酰胺的形成。

（二）控制食品加工工艺

1. 原料预处理 对原料进行浸泡处理，可以有效降低原料表面和内部的还原糖及天冬酰胺含量，从而控制丙烯酰胺的形成；热水烫漂也有助于降低终产品中丙烯酰胺的形成水平。

此外，采用盐溶液、L-半胱氨酸溶液、天冬酰胺酶溶液、柠檬酸、NaCl 和 $CaCl_2$ 溶液浸泡处理也能减少丙烯酰胺的形成。

2. 加工参数 温度是影响美拉德反应的关键因素，也是影响丙烯酰胺形成的重要因素，一般丙烯酰胺的形成量随温度的升高或加热时间的延长而呈上升趋势。但当温度过高时可能导致丙烯酰胺热裂解而使其含量降低，如在 236℃下焙炒咖啡，丙烯酰胺含量随焙炒时间延长而降低。

3. 加工工艺 在食品加工过程中引入其他工艺进行联用也可以减少食品中丙烯酰胺的形成量，如微波预处理和微波油炸薯条；减压焙炒咖啡豆；真空焙烤和真空油炸饼干和薯片等。

4. 添加抑制剂 研究发现，二价阳离子（如乳酸钙、氢氧化钙）、氨基酸（特别是半胱氨酸、甘氨酸、赖氨酸）、植物多酚和有机酸都可抑制食品加工过程中丙烯酰胺的形成。虽然这些添加剂都可以有效抑制丙烯酰胺的形成，但是其在食品生产中的应用还有诸多需要考虑的因素，如产品的类型、使用方法、对产品品质的影响及应用安全性（包括添加剂与丙烯酰胺及其前体物质互作的安全性）。对于不同食品中丙烯酰胺的控制，建议按照欧盟“Commission Regulation（EU）2017/2158”进行，也可参考我国 2020 年实施的相关行业标准《焙烤食品中丙烯酰胺的减量控制指南》（T/GDBK 010—2023）。

第二节　氯丙醇污染对食品安全的影响

一、氯丙醇的来源

氯丙醇及其酯类物质是食品加工过程中产生的潜在污染物，包括 3-氯-1,2-丙二醇（3-MCPD）、2-氯-1,3-丙二醇（2-MCPD）、1,3-二氯-2-丙醇（1,3-DCP）和 2,3-二氯-1-丙醇（2,3-DCP），其中 3-MCPD 的污染量最大、毒性最强，因此常被作为氯丙醇类物质的检测参照物。氯丙醇酯是氯丙醇类物质的主要存在形式，也有少量以游离态形式存在。

氯丙醇污染的主要来源如下。

1）酸水解植物蛋白　食品中氯丙醇的污染首先在酸水解植物蛋白中发现，许多风味食品添加酸水解植物蛋白的生产过程中可能污染氯丙醇（3-MCPD 和 1,3-DCP）。如果采用酸水解植物蛋白作酱油的调味配料，酱油可能有氯丙醇污染。

2）精炼油　植物油在精炼过程中，特别是脱臭过程中，因温度较高，往往产生较多的氯丙醇。

3）不含酸水解植物蛋白成分的食物　主要是焙烤食品、面包和烹调与腌制肉鱼。

4）包装材料　食品和饮料由于包装材料的迁移可能有低水平的 3-MCPD 污染，在某些采用环氧氯丙烷（ECH）交联树脂进行强化的纸张（如茶叶袋、咖啡滤纸）和纤维素肠衣中也含有 3-MCPD。

5）饮水　一些水处理工厂使用以 ECH 交联的阳离子交换树脂作为絮凝剂对饮用水进行净化时，也易产生 3-MCPD。

二、氯丙醇的形成

（一）氯直接取代酯基或羟基形成氯丙醇酯，而后水解生成氯丙醇

甘油三酯和磷脂可直接与氯离子反应形成氯丙醇：首先，氯离子取代一个酰基形成氯代-二酰基甘油酯，而后水解释放出脂肪酸或磷酸酯形成氯丙醇。此外，甘油三酯也可水解成甘油二酯（DAG）、甘油单酯（MAG）后，由氯离子取代羟基形成氯丙醇酯，进而水解生成氯丙醇。

（二）甘油三酯或其水解产物形成环酰氧鎓离子中间体后与氯离子反应形成氯丙醇

在热加工过程中，甘油三酯或其水解产物（甘油单酯、甘油二酯）形成环酰氧鎓离子中间体，然后在氯离子存在下，环酰氧鎓离子打开反式环，与氯离子发生亲核取代生成氯丙醇酯，氯丙醇酯进一步水解形成氯丙醇。

（三）甘油形成氧鎓离子后与氯离子反应

盐酸与甘油在100℃以上长时间加热形成3-氯丙醇和2-氯丙醇：首先，氢离子与甘油的2-羟基或3-羟基形成氧鎓离子，然后，氯离子通过亲核取代反应形成氯丙醇。酸水解蛋白的制备条件有利于甘油直接与盐酸反应形成氯丙醇。深度油炸和焙烤过程中，脂肪水解会产生甘油，甘油在高温加工过程中也可直接与氯离子反应产生氯丙醇。

（四）甘油形成缩水甘油酯与氯离子反应

还有研究者提出，甘油二酯可形成缩水甘油酯，然后在氯离子存在下开环生成氯丙醇酯，氯丙醇酯再进一步水解形成氯丙醇。

（五）氯与烯丙醇反应形成氯丙醇

在次氯酸存在下，氯丙醇还可以由烯丙醇通过氯鎓离子中间体途径产生。烯丙醇是大蒜素的热降解物，它与氯加成形成氯鎓离子，进一步水解产生2-氯丙醇或3-氯丙醇。该反应在50～60℃下即可进行，因此大蒜或洋葱在干制过程中会产生较多的氯丙醇。

三、氯丙醇的毒性

（一）一般毒性

3-MCPD对大鼠经口半数致死量（LD_{50}）为150mg/kg BW，在大鼠和小鼠的亚急性毒性试验中发现，其毒作用靶器官为肾。1,3-DCP和2,3-DCP对大鼠经口LD_{50}分别为120～140mg/kg BW和218mg/kg BW。2017年欧洲食品安全局（EFSA）通过评估3-MCPD对肾和男性生育能力的不良影响，确定3-MCPD的每日耐受摄入量（TDI）为2.0μg/kg BW。

（二）生殖毒性

3-MCPD具有使精子数减少、精子活性降低的作用，并干扰体内性激素平衡而使雄性动物生殖能力减弱。2,3-DCP和1,3-DCP对大鼠睾丸毒性没有明显不同，睾丸质量都下降，精

子数量都明显减少。

（三）致突变性

研究发现，氯丙醇对小鼠淋巴瘤具有致突变作用。连续 5d 经口服剂量为 10mg/kg BW、31mg/kg BW、100mg/kg BW 的 1,3-DCP、2,3-DCP 混合液（体积比 75∶25），可出现染色体畸变，并呈剂量效应关系。

（四）致癌性

小鼠口服 3-MCPD 会引发部分器官产生良性肿瘤，但引起肿瘤的剂量高于引起肾小管增生的剂量。1,3-DCP 只有在 19mg/kg BW 的高剂量下，才具有明显致癌性，肿瘤发生在肝、肾、口腔、上皮细胞和甲状腺。美国食品药品监督管理局（FDA）/世界贸易组织（WTO）第 837 号技术报告中报道了 1,3-DCP 致癌性问题，指出 1,3-DCP 会引起肝、肾、甲状腺等癌变。

（五）神经毒性

小鼠和大鼠对 3-MCPD 的神经毒作用敏感性相同，尤其是对脑干的对称性损伤。给大鼠和小鼠口服剂量≥25mg/（kg BW・d）的 3-MCPD，能引起中枢神经，特别是脑主干损伤，损伤程度与剂量相关。

四、食品中氯丙醇污染的暴露评估和控制策略

鉴于氯丙醇的毒作用，EFSA 确定 3-MCPD 的每日耐受摄入量（TDI）为 2.0μg/kg BW。近年来不同国家和地区均对 3-MCPD、2-MCPD 及其脂肪酸酯的污染水平进行了评估。研究发现，3-氯丙醇酯（3-MCPDE）几乎存在于所有精炼植物油中，其中以精炼玉米油中含量最低（0.3～1.3mg/kg），精炼棕榈油中含量最高（4.5～13mg/kg）。2019 年，世界粮食及农业组织和世界卫生组织联合发布了减少精炼油和用精炼油制成的食品中 3-MCPDE 和缩水甘油酯（GE）的相关操作规程。2020 年 9 月 30 日，《国家卫生健康委办公厅关于印发 2020 年度食品安全国家标准立项计划的通知》计划立项制定《食品安全国家标准 食品中 3-氯丙醇酯和缩水甘油酯污染控制规范》。

根据 3-MCPD 的形成机制，影响食品中 3-MCPD 形成的因素众多，如 3-MCPD 形成前体物质含量（氯离子、甘油单酯、甘油二酯、甘油三酯）、植物油的精炼条件（脱臭温度、脱臭时间）和油脂中存在的其他物质（如酸、金属离子、水）均会影响食品中 3-MCPD 的形成。目前提出的消减措施有以下几点。

（一）降低 3-氯丙醇酯的前体物质含量

氯离子是形成 3-氯丙醇酯的必需前体物质，在整个加工链条上对其进行控制尤为重要。例如，在植物育种和种植阶段，可使用非氯有机农药、改进灌溉水质等；在原料入库时，对油料和果实进行除杂和清洁，去除含氯化合物；在脱胶工序时增加水洗处理，降低原油中氯离子含量；在制油和精炼过程中，应尽量避免引入含氯化合物。甘油单酯和甘油二酯也是形成 3-氯丙醇酯的重要前体物质，《食品安全国家标准 食品中 3-氯丙醇酯和缩水甘油酯污染控制规范》的征求意见指出，应评估毛油或鱼油中甘油二酯和含氯化合物的含量，宜选择甘油二酯低于 4%的毛油进行加工。此外，在平时烧烤或油炸食物时，也应减少盐和盐渍食物的使

用，采用低盐配料或者采取烹调加热完毕后加盐的措施等。

（二）调整加工工艺参数

高温脱臭过程是3-氯丙醇酯产生的主要工艺阶段。在较高的温度下，氯离子更容易进攻甘油酯发生亲核反应，有利于形成3-氯丙醇酯，所以控制脱臭温度和脱臭时间是消减油脂产品中3-氯丙醇酯的重要手段。《食品安全国家标准 食品中3-氯丙醇酯和缩水甘油酯污染控制规范》的征求意见也针对精炼油不同的工艺环节给出了相应的建议。

此外，体系的pH、含水量及金属离子含量等也会影响3-氯丙醇酯的形成水平。酸性条件下，氯离子的电离程度大，有利于氯离子亲核取代或与环酰氧鎓离子反应，进而促进3-氯丙醇酯的生成。油脂在热处理过程中发生水解，增加甘油二酯和甘油单酯这些前体物质的含量，也会促进3-氯丙醇酯的生成。金属离子在许多化学反应中都起到催化作用，而食用油含有钙、铁、镁、钠、锌等多种金属离子。因此，控制体系pH、水分含量和金属离子含量可有效降低3-氯丙醇酯的形成水平。此外，在脱臭过程中加入抗氧化剂如叔丁基对苯二酚、丁基羟基茴香醚、α-生育酚、茶多酚等，也可以抑制3-氯丙醇酯的生成。

（三）3-氯丙醇酯的去除

对于精炼后3-氯丙醇酯含量仍较高的食用油脂，还可采用吸附剂处理或者用分子蒸馏等合适的脱除方法进行处理。常用的吸附剂有硅酸镁、煅烧沸石、活性炭和活性白土等，都对3-氯丙醇酯有一定的吸附效果。还有报道指出，采用酶解法（脂肪酶、卤代醇脱卤素酶和环氧化物水解酶）将3-MCPDE最终水解为甘油，也可达到去除3-氯丙醇酯的目的。

（四）合理选择食用油、减少食品带入

在食品制作过程中，应选择3-氯丙醇酯含量低的精炼植物油、鱼油或油脂类混合物。完善食品配方设计，减少食品及其配料中精炼植物油、鱼油或油脂的使用量。

第三节 N-亚硝基化合物污染对食品安全的影响

一、N-亚硝基化合物的来源及形成途径

N-亚硝基化合物可分为N-亚硝胺和N-亚硝酰胺，是致癌性很强的化学物质，在已发现的300多种化合物中有90%以上均对动物产生不同程度的致癌性，可诱发食道癌、胃癌、肝癌、结肠癌、膀胱癌、肺癌等。

N-亚硝基化合物在自然界中的本底浓度很小，但其两类前体物质——亚硝化剂和胺类化合物在环境和食物中普遍存在，在适宜的条件下可在生物体外或体内形成多种N-亚硝基化合物，主要经消化道进入体内，是引发肿瘤的重要环境因素。亚硝化剂主要有硝酸盐和亚硝酸盐，此外还有N_2O_3、NO_2、N_2O_4、NO等，它们广泛存在于环境中，是自然界最普遍的含氮化合物。硝酸盐主要来源于蔬菜，如萝卜、大白菜、芹菜、菠菜中含有较多的硝酸盐，特别是当对土壤大量使用氮肥，光照不足或土壤缺锰、钼等微量元素时，作物体内硝酸盐还原酶活力降低，会造成硝酸盐的积累。在对蔬菜等进行加工处理和储存过程中，硝酸盐在硝酸盐还原酶的作用下，转化为亚硝酸盐。因此，亚硝酸盐主要存在于腌菜、泡菜及添加亚硝酸盐

用于发色的香肠、火腿中。胺类化合物通常由蛋白质分解成氨基酸并脱羧而成，广泛存在于动物性和植物性食品中，如畜禽肉、鱼、虾等的蛋白质分解物，尤其当这些食品腐败变质时，会分解产生大量的胺类，包括二甲胺、三甲胺、腐胺、吡咯烷等，这些化合物与添加的亚硝酸盐等作用均会生成N-亚硝基化合物。

二、N-亚硝基化合物的危害

（一）急性毒性

N-亚硝基化合物的急性毒性表现为头晕、乏力、肝肿大、腹水、黄疸及肝病变。N-亚硝胺化合物进入人体后主要造成肝损伤，引起肝小叶中心性出血坏死，还可引起肺出血及胸腔和腹腔血性渗出，对眼、皮肤及呼吸道有刺激作用。N-亚硝酰胺可引起肝小叶周边性损害，以及摄入部位的局部损伤，如经胃、皮肤、皮下摄入时可使胃、皮肤、皮下组织损伤。

（二）致癌作用

大量的研究表明，N-亚硝基化合物对动物具有广谱而强烈的致癌性，长期或过量摄入会使成年和幼年动物的多种靶器官产生肿瘤。人类接触N-亚硝基化合物及其前体物质，可能诱发食道癌、胃癌、肝癌、结肠癌、膀胱癌、肺癌等各种癌症。研究指出，亚硝胺为间接致癌物，即需要在体内代谢成为活性物质才具备致癌、致突变性，因此又称为前致癌物。而N-亚硝酰胺能够在作用部位直接降解成重氮化合物，并与DNA结合，直接致癌、致突变，因此为直接致癌物（蔡鲁峰等，2016）。

（三）致畸、致突变作用

动物实验结果表明，母鼠接触N-亚硝基化合物可引起仔鼠出现脑、眼、肋骨和脊柱畸形，由此推测N-亚硝基化合物可能有致畸作用。此外，N-亚硝基化合物还可通过胎盘使子代受损，在妊娠初期使胚胎致死、妊娠中期使胚胎致畸、妊娠后半期诱发子代发生肿瘤。在遗传毒性实验中发现，许多N-亚硝基化合物可以通过机体代谢或直接作用诱发基因突变、染色体异常和DNA修复障碍。

三、N-亚硝基化合物的控制措施

（一）消除腌制食品中的亚硝基化合物

腌制食品食用前采用先水煮后烹调的方法，可以有效降低亚硝酸盐含量；对于香肠和咸肉，食用时应避免油煎烹调，减少N-亚硝基化合物的形成。

（二）添加抑制剂

在食品加工或烹调过程中，加入可阻断N-亚硝基化合物合成的抑制剂。常用的抑制剂有维生素C和维生素E，一些天然产物如咖啡因、胱氨酸、组氨酸、半胱氨酸、丙氨酸、甘氨酸、谷胱甘肽、多酚、番茄红素等，在体内外对N-亚硝基化合物的合成也都有阻断作用。

（三）采用正确合理的烹调、加工方式

改进食品加工方式，在加工腊肉、腌制鱼、泡菜等食物时，在加工工艺允许的情况下，尽可能减少或避免使用硝酸盐和亚硝酸盐，从而减少N-亚硝基化合物的前体物质。

（四）防止食品霉变和微生物污染

由于某些细菌或霉菌等微生物可还原硝酸盐为亚硝酸盐，某些微生物还可分解蛋白质形成胺类化合物，为N-亚硝基化合物提供前体物质，因此应防止食品霉变或细菌污染，保持食品的新鲜程度。

（五）合理而有效地使用氮肥

农肥、化肥和农药的大量使用，是环境中最主要的氮污染源。应避免用化工污水灌溉农田，在土壤缺钼的地区，应在施用氮肥时施用适量的钼肥，钼元素在植物体内的生理作用是固氮和还原硝酸盐，这样既可提高产量，又能减少硝酸盐在农作物中富集。

第四节 多环芳烃污染对食品安全的影响

一、多环芳烃的来源

多环芳烃（polycyclic aromatic hydrocarbon，PAH）是含有两个或两个以上苯环的碳氢化合物。按照苯环的连接方式可分为稠环芳烃和孤立多环芳烃两类；按苯环的数量可分为轻质多环芳烃（2～4个苯环）和重质多环芳烃（4个以上苯环）。空气中的多环芳烃会与氮氧化物、氧气、硫氧化物和羟自由基发生反应，形成更毒的化合物。欧盟公布了16种优先控制的多环芳烃（也称母体多环芳烃）的基本数据。目前研究得最多的是苯并芘，它具有遗传毒性，被国际癌症机构列为1类致癌物。

多环芳烃主要来源于有机物的热裂解或不完全燃烧，如煤、石油、煤焦油、木材和烟草燃烧，其他碳氢化合物的热裂解或不完全燃烧及火山爆发都会产生多环芳烃化合物。多环芳烃脂溶性强，富含油脂食物与环境接触后易受到多环芳烃的污染。此外，动物摄入被多环芳烃污染的农作物后，多环芳烃会残存于肉、蛋、乳等食物中而最终进入人体。研究表明，对于不吸烟的人群，饮食接触是多环芳烃暴露的主要途径，占人体日暴露量的88%～98%。

食品加热过程产生的高温会导致多环芳烃的产生，热处理越剧烈，产生的多环芳烃越多。因此，食品加工、包装和热处理如干燥、烟熏、焙烤、烘烤、烧烤和油炸等都会增加食品中多环芳烃的含量。目前认为，多环芳烃的形成主要有两条途径：抽氢-乙炔加成反应途径（HACA途径）和Diels-Alder途径。

1. 抽氢-乙炔加成反应途径（HACA途径） 抽氢-乙炔加成反应途径是多环芳烃产生的主要途径，包括两个不断重复的步骤：首先是碳氢化合物的抽氢产生自由基，而后乙炔与之加成，依次反应，不断成长形成不同的多环芳烃。

2. Diels-Alder途径 Diels-Alder机制的多环芳烃产生途径中，乙炔与双烯体反应，闭环形成环己烯，乙炔再与之反应形成2个以上的闭环，后者氧化产生不同种类的多环芳烃。生物质高温裂解可产生乙炔和双烯体，因此这一机制在生物质燃烧（热裂解）过程中

普遍存在。

二、多环芳烃的毒理学

（一）急性毒性

多环芳烃种类很多，急性毒性也各有差异，多数为中等或低毒性，如萘，小鼠经口和静脉给药的 LD_{50} 为 100～500mg/kg BW，大鼠经口给药的 LD_{50} 为 2700mg/kg BW。多环芳烃的毒性主要表现为神经毒、肺毒、血液毒、肝毒和心肌损伤及致敏等。

（二）遗传毒性

多数多环芳烃具有遗传毒性、生殖毒性及致畸性。例如，对苯并芘多种方法的致突变试验均为阳性结果；对雄性生育力指数有不良影响；对胎儿颅面、皮肤、肌肉、骨组织、淋巴网状系统等有影响，导致畸胎；对脐带、胎盘、新生儿生长发育也会造成不良的影响等。

（三）致癌性

流行病学研究发现长期接触多环芳烃的工人容易患癌症，包括皮肤癌、肺癌、胃癌、鼻咽癌和乳腺癌等；经常食用烤、炸食品的人群，发生胃癌和食道癌的概率增加（段小丽和魏复盛，2002）。

（四）光致毒效应

实验表明，同时暴露于多环芳烃和紫外线照射下会加速自由基形成，破坏细胞膜，损伤DNA，从而引起人体细胞遗传物质发生突变。

三、多环芳烃的控制

（一）改变加工方式

原料表面积、包裹与否、油脂含量、加热温度和方式、热源及其与食物的距离等都会影响多环芳烃含量，因此可通过改善加工装置、改进原料包装、优选碳源、控制食物与热源的距离等措施降低食品中多环芳烃含量。

（二）合理减少食用油及酱油的使用

研究表明腌制辅料因含有糖类，会促进烧烤肉制品中多环芳烃的生成；不同食用油的多环芳烃含量不同，可选用多环芳烃本底含量低的食用油进行油炸；油炸油在长时间油炸过程中也产生多环芳烃，应尽可能避免反复使用油炸油。

（三）添加外源成分

研究发现天然抗氧化剂（生育酚、芝麻酚、表儿茶素、表没食子儿茶素没食子酸酯、槲皮素和根皮苷等膳食黄酮）与合成抗氧化剂（2,6-二叔丁基-4-甲基苯酚、丁基羟基茴香醚）都能对多环芳烃的生成起到抑制作用。一些香辛料，如大蒜、洋葱、生姜粉等对烧烤肉制品中多环芳烃的形成也有一定的抑制作用。

第五节　杂环胺类污染对食品安全的影响

一、杂环胺类的来源及形成途径

杂环胺（heterocyclic amine，HCA）类是一类含有 N 杂环的多环芳香族化合物，广泛存在于煎炸食品、咖啡饮料、酒类、卷烟烟雾、河水和大气中。根据化学结构可将杂环胺类化合物分为两类：氨基咪唑氮杂芳烃（AIA）类和氨基咔啉（AC）类。

（一）氨基咪唑氮杂芳烃类杂环胺

氨基咪唑氮杂芳烃类杂环胺是由食品中的糖、氨基酸、肌酸、肌酸酐等前体物质在 100～300℃下通过美拉德反应等一系列复杂化学反应形成，被称为热型杂环胺，因与 2-氨基-3-甲基咪唑[4,5-f]喹啉（IQ）性质相似，又被称为 IQ 型杂环胺或极性杂环胺。根据结构，它们又可具体分为咪唑喹啉类、咪唑喹喔啉类、咪唑吡啶类。

咪唑喹啉类和咪唑喹喔啉类杂环胺在结构上极其相似，因此认为它们的反应途径也类似。虽然对它们的形成机制研究很多，但其形成途径并未完全清晰，目前普遍认可的途径有两种，包括羰基途径和自由基途径，可归纳为糖与氨基酸反应后，再与肌酸酐（肌酸）反应形成咪唑喹啉或咪唑喹喔啉。

在咪唑吡啶类杂环胺中，2-氨基-1-甲基-6-苯基咪唑[4,5-b]吡啶（PhIP）是研究最多、最具代表性的，它在热加工肉制品中的含量较高，被发现存在于牛排、牛肉、鸡肉、培根和肉丸等各种肉制品中。PhIP 的形成途径有别于以上两种，苯丙氨酸和肌酸酐（或肌酸）是 PhIP 形成的重要前体物质。

（二）氨基咔啉类杂环胺

氨基咔啉类杂环胺可分为 α-咔啉类、β-咔啉类、γ-咔啉类、δ-咔啉类等，它们中的大部分都是在温度高于 300℃时，由氨基酸或蛋白质直接高温裂解而成，因此氨基咔啉杂环胺又称为热解杂环胺，属于非极性杂环胺，或称为非 IQ 型杂环胺。

二、杂环胺类的毒理学

（一）致突变性

很多杂环胺都具有强诱变能力。埃姆斯实验（Ames test）表明，杂环胺的致突变能力是多环芳烃和亚硝酸盐的 10～100 倍。

（二）致癌性

流行病学研究表明，几乎所有的杂环胺都有致癌性，其中 2-氨基-3-甲基咪唑[4,5-f]喹啉被国际癌症研究中心列为 2A 类致癌物，PhIP、2-氨基-3,4-二甲基咪唑[4,5-f]喹啉（MeIQ）、2-氨基-3,4-二甲基咪唑[4,5-f]喹喔啉等为 2B 类致癌物。

三、杂环胺类的控制措施

食品在加工过程中，影响杂环胺形成的因素主要有前体物质、加工温度与时间、加工方式等，因此可以通过以下措施来减少食品中杂环胺的含量。

（一）控制前体物质

糖类、氨基酸、肌酸酐等是杂环胺形成的重要前体物质，控制其种类和含量可以起到减少杂环胺生成的作用。研究发现，当糖类含量超过肌酸含量时，糖类对杂环胺的生成起到抑制作用。此外，金属阳离子如 Fe^{2+}和 Fe^{3+}也会影响 PhIP 的形成，其原因可能是它们与肌酸酐中的氨基发生反应，形成新化合物或 Strecker 醛，阻断了苯乙醛与肌酸酐的反应。

（二）控制加工条件和方式

不同的加热时间、加热温度及加热方式对杂环胺生成的种类和数量都有较大影响。一般来说，加热温度越高、加热时间越长，杂环胺的种类会越多、含量会越高；但在湿热体系中加热时间过长，杂环胺也可能发生降解，含量反而会有所下降。此外，温和的加热方式，如蒸、煮等工艺产生的杂环胺会比较少，而采用干热方式加热，如平底锅煎制等会产生较多的杂环胺。此外，食品加工前的腌制处理、微波预处理、真空低温加热等前处理方式也会影响产品中杂环胺的含量。

（三）使用添加剂

由于杂环胺可通过自由基途径生成，因此添加抗氧化剂可以有效清除自由基，抑制杂环胺的形成。在熟肉制品加工过程中添加香辛料和富含酚类物质的植物提取物，不但可以起到调味和防腐的作用，还可以抑制杂环胺的形成。除了对自由基途径的干预，还有研究指出黄酮类化合物可以与 PhIP 形成过程中的中间体苯乙醛反应形成加合物，从而抑制 PhIP 的形成；某些氨基酸的氨基也可以与苯乙醛的羰基结合，起到抑制杂环胺形成的作用。还有研究指出，含硫化合物，如亚硫酸钠、亚硫酸氢钠及洋葱和大蒜中的有机硫化合物可以抑制美拉德反应，从而降低杂环胺的形成水平。

第六节　氨基甲酸乙酯污染对食品安全的影响

一、氨基甲酸乙酯的来源和形成途径

氨基甲酸乙酯（ethyl carbonate，EC）又名尿烷，是一种在发酵过程中自发形成的化学物质，因此广泛存在于酒类、腐乳和酱油等发酵食品中。氨基甲酸乙酯属于多位点致癌物质，1974 年被国际癌症研究机构（IARC）划分为 2B 类可致癌物质，2007 年 3 月，IARC 进一步提高了 EC 的致癌风险等级，将其划分为 2A 类可致癌物质。EC 在乳酪、面包、酸乳、葡萄酒、威士忌、白酒、黄酒、酱油等发酵食品和酒精饮料中都有发现。目前人体通过膳食摄入氨基甲酸乙酯的主要来源是酒精饮品，其次为谷物类和豆类发酵食品。

由于原料和微生物菌种的多样性，食品发酵和贮藏过程中氨基甲酸乙酯的形成机制不尽相同，但主要认为是由乙醇和氨甲酰化合物发生醇解反应生成，发酵食品中的氨甲酰化合物主要有尿素、瓜氨酸、氨甲酰磷酸和焦碳酸二乙酯等。此外，氰化物经过发酵转变成氰酸或异氰酸也能与乙醇反应形成EC。

二、氨基甲酸乙酯的危害

（一）一般毒性

氨基甲酸乙酯的急性口服毒性低，对于啮齿动物，经口LD_{50}约为2000mg/kg BW，当单次剂量达到1000mg/kg BW时，可达到麻醉效果。长期摄入EC会导致实验小鼠良性或恶性肿瘤的发生，并伴随体重和存活率下降，与剂量呈正相关。

（二）致突变性

氨基甲酸乙酯被认为是可致基因突变的诱变物质。但是，在细菌、酵母和哺乳动物细胞中进行致突变性测试的结果各不相同，其致突变作用尚无定论。

（三）致癌性

氨基甲酸乙酯属于多位点致癌物质，且乙醇对其致癌性有促进作用。对非人灵长类动物口服EC的研究表明，连续5年口服250mg/（kg BW·d）氨基甲酸乙酯，会引发如肺腺瘤、肝细胞腺瘤、肺癌、肝癌等疾病。

三、氨基甲酸乙酯的危险性评估及控制

20世纪80年代，加拿大首次限定以谷物为酿酒原料的蒸馏酒中EC含量≤150μg/L，佐餐葡萄酒和强化葡萄酒中EC含量≤30μg/L和≤100μg/L，水果白兰地中EC含量≤400μg/L，清酒中EC含量≤100μg/L。随后欧美等也规定了EC的限量，但我国尚未制定白酒中EC的限量标准。近年来世界各地多种发酵食品及饮料酒中均检出不同浓度的EC，引起人们广泛关注，各国食品安全及人类健康相关的研究机构相应开展了针对酒中EC含量的风险评估。

根据氨基甲酸乙酯的形成机制，目前提出了一些针对性的控制方法，对降低食品中的氨基甲酸乙酯含量具有一定的作用。

1. 控制前体物质含量 乙醇是EC形成的主要前体物质之一，但是在发酵食品中，乙醇是酒类饮料的主要成分，或者对发酵食品风味有重要贡献，因此难以通过降低乙醇含量来达到降低EC含量的目的。而尿素是EC形成中另一重要前体，因此可通过控制尿素的含量达到控制EC形成的目的。例如，在葡萄种植阶段，合理喷施尿素，避免尿素过多地残留；对发酵的粮食精制或多次清洗，降低原料中的尿素含量；控制发酵过程中的杂菌污染；添加酸性脲酶降低尿素含量等。

2. 控制工艺 发酵过程中的温度、pH、氧气、金属离子催化剂等均对氨基甲酸乙酯的形成有较为显著的影响，可以通过控制相关工艺参数降低产品中氨基甲酸乙酯的含量。提高酒醅pH、降低发酵温度和蒸馏温度、减少氧气和金属离子接触都可以减少EC的形成。根据氰酸和EC的沸点差异，在蒸馏过程中通过“掐头去尾”的方式也可将大部分氰酸和生成的EC去除。

3. 氨基甲酸乙酯的去除 一些蒸馏酒如威士忌和甘蔗朗姆酒可采用二次蒸馏方式降低EC的含量。采用阴离子交换柱、吸附剂与超声、微波协同作用也可去除EC。此外，通过添加EC水解酶（urethanase）将EC水解成乙醇、NH_3和CO_2，从终端消除成酒中的EC也是近年来国内外研究较多的一种控制方法。

第七节 食品包装材料对食品安全的影响

一、食品包装材料的定义与分类

食品包装材料及容器依据《食品包装容器及材料 分类》（GB/T 23509—2009）规定可分为以下8类：塑料、纸、玻璃、陶瓷、金属、复合、其他（木、竹、搪瓷、纤维）、辅助材料和辅助物。

二、各类食品包装材料的有害物种类及其来源

（一）塑料包装材料

塑料包装材料的不安全性主要表现为材料内部残留的有毒有害物质溶出、迁移而导致的食品污染，主要包括以下几个来源：①树脂中残留的未聚合的游离单体、裂解物、降解物和老化产生的有毒物质；②塑料制品在加工过程中添加的加工助剂如稳定剂、增塑剂、着色剂等；③塑料包装容器表面的微尘杂质及微生物污染；④塑料回收再利用时附着的污染物及添加的色素；⑤油墨污染，包括苯类物质残留、重金属（铅、汞、锡、铬）和稠环化合物污染等。

（二）纸包装材料

食品用纸包装及容器等制品可能存在的安全问题和有害物质来源主要包括以下几个方面：①原料残留，造纸原料的农药残留，以及企业违规使用回收再生纸，处理不当会有铅、镉、多氯联苯等有害物质残留于纸浆中；②加工助剂残留，造纸过程中会添加亚硫酸钠、硫酸铝、氢氧化钠、次氯酸钠、松香、防霉剂等，以及违规添加荧光增白剂（FWA）或使用工业石蜡引入多环芳烃和重金属等有毒有害物质；③油墨污染；④生产过程中机器等对纸包装的污染及在储存、运输过程中虫害、霉菌对纸包装的侵蚀。

（三）玻璃包装材料

食品玻璃包装材料的有害物及安全问题有：①熔炼不好的玻璃次品可能出现有毒物质溶出的情况；②原料中的重金属铅、镉等超标，造成包装材料重金属污染问题；③当生产玻璃的主料二氧化硅纯度不高时，易带入有害物质；④一些玻璃的辅料毒性较大，如在中高档玻璃器皿如高脚酒杯中，往往会添加铅化物，玻璃软化剂通常为砷化物，而砷会引起人体中毒；⑤玻璃包装容易发生破裂，还会导致有害微生物侵入。

（四）陶瓷包装材料

陶瓷包装材料的主要有害物来源为重金属溶出，特别是在烧制温度过低时，彩釉未能形

成不溶性硅酸盐，极易在使用过程中发生有毒有害物质溶出，迁入并污染食品，成为安全隐患。

（五）金属包装材料

金属包装材料可分为两类：一类是非涂层金属类，另一类是涂层金属类。非涂层金属类包装材料的安全问题主要是有毒有害重金属离子的析出和迁移量超标。涂层金属类包装材料的安全问题主要是涂层中含有双酚A（BPA）、双酚A二缩水甘油醚（BADGE）等物质。

（六）复合包装材料

复合包装材料中的有害物质来源除了其基材如塑料、纸等本身易出现的问题外，还有生产过程中加入的添加剂及生产中使用的油墨和黏合剂。因此，聚合物单体和添加剂的溶出、印刷油墨溶剂残留、复合用黏合剂及其稀释剂残留等问题较易发生。

（七）其他（木、竹、搪瓷、纤维）包装材料

1. 木 木质包装容器的安全问题主要是所用的颜料、涂料、釉含有的重金属、游离甲醛等有害物质溶出，迁入食品造成污染。此外，氯酚类化合物常被用作木材等材料的防腐剂，由于其毒性和残留持久性的问题，也受到公众的普遍关注。

2. 竹 竹包装材料虽然具有力学性能优良、强度大、耐磨损、韧性高、易加工等诸多优点，但竹材易发霉及所使用黏合剂的安全性问题是竹包装材料面临的两大主要问题。

3. 搪瓷 瓷釉、着色剂、磨加物等材料中的重金属迁移是搪瓷的主要安全问题。

4. 纤维 纤维材料主要分为天然纤维和人造纤维两种。加工制造过程中增塑剂、有机氯农药残留及矿物油污染等是纤维材料的主要安全问题。

（八）辅助材料和辅助物

《食品包装容器及材料 分类》（GB/T 23509—2009）中规定的辅助材料和辅助物包括涂料、黏合剂、油墨、辅助物等。

1. 涂料 涂料按材料可分为环氧树脂涂料、有机硅涂料、过氯乙烯涂料、环氧酚醛涂料等。环氧树脂一般由双酚A与环氧氯丙烷聚合而成，工艺不佳易产生有害物质溶出问题。有机硅涂料主要是杂质迁移的问题。过氯乙烯涂料则是氯乙烯和助剂残留问题。环氧酚醛涂料在高温下使用可能有游离酚类衍生物和甲醛等迁移进食品，造成安全隐患。

2. 黏合剂 黏合剂中主要风险物质为残留单体、易迁移的低聚物、初级芳香胺、重金属、甲醛及苯类溶剂残留等。这些化学成分可能从食品包装迁移到食品中，造成食品安全问题。

3. 油墨 油墨可分为溶剂型油墨、水性油墨、油性树脂油墨和能量固化油墨。传统溶剂型油墨存在苯、甲苯、二甲苯等有毒有害物质残留及染料中重金属和稠环化合物污染等问题。近些年新兴的紫外固化油墨虽然不存在溶剂挥发的问题，但所用的低分子量光引发剂和感光性单体有一定的毒性，对皮肤有刺激性。

4. 辅助物 辅助物按功能可分为封闭器（如密封垫瓶盖或瓶塞）、缓冲垫、填充物等。封闭器的原料主要是橡胶，其硫化过程的反应产物和降解产物可能从橡胶迁移至食品中，威胁人体健康。另外，为将发酵罐底部液体物料排净，常制作内斜底加以辅助，若技术不佳，斜底表面易出现凹陷，不利于食品罐清洗消毒，也会造成食品安全隐患。

参考文献

蔡鲁峰，李娜，杜莎，等. 2016. N-亚硝基化合物的危害及其在体内外合成和抑制的研究进展. 食品科学，37（5）：271-277.

崔霞，苗虹，赵云峰，等. 2014. 发酵食品中氨基甲酸乙酯污染及其毒性研究进展. 食品安全质量检测学报，5（9）：2617-2622.

段小丽，魏复盛. 2002. 苯并[a]芘的环境污染、健康危害及研究热点问题. 世界科技研究与发展，（1）：11-17.

李荷丽，程雅晴，贝君，等. 2021. 食品中氯丙醇脂肪酸酯风险及应对措施概述. 食品安全质量检测学报，12（17）：7043-7051.

刘清斌，刘奎，李觅，等. 2015. 酒精饮料中氨基甲酸乙酯的研究进展. 酿酒科技，（6）：65-68.

王际辉，叶淑红. 2020. 食品安全学. 2 版. 北京：中国轻工业出版社.

王维曼，胡志雄，齐玉堂，等. 2013. 油脂中氯丙醇形成机制及控制研究进展. 食品安全质量检测学报，（6）：1778-1784.

薛桂中，乔明武，黄现青，等. 2022. 烧烤肉制品加工中多环芳烃和杂环胺形成途径及其防控方法研究进展. 食品与发酵工业，48（2）：293-301.

张璐佳，杨柳青，王鹏璞，等. 2018. 丙烯酰胺毒性研究进展. 中国食品学报，18（8）：274-283.

张玉霞，周亚军，李圣桡. 2019. 熟肉制品中杂环胺的形成与抑制研究进展. 肉类研究，33（8）：65-73.

周凯，唐冰娥，徐振林，等. 2018. 发酵食品中氨基甲酸乙酯形成机理和快速检测方法研究进展. 生物加工过程，16（2）：31-41.

Birch C S, Bonwick G A. 2020. Mitigating Contamination from Food Processing. London: CPI Group (UK) Ltd.

European Food Safety Authority[EFSA]. 2015. Scientific opinion on acrylamide in food. Contam Efsa J, 13(6): 4104.

Hamlet C G, Sadd P A, Crews C, et al. 2002. Occurrence of 3-chloro-propane-1,2-diol (3-MCPD) and related compounds in foods: a review. Food Additives & Contaminants, 19(7): 619-631.

Hübner P, Groux P M, Weibel B, et al. 1997. Genotoxicity of ethyl carbamate (urethane) in *Salmonella*, yeast and human lymphoblastoid cells. Mutation Research/Genetic Toxicology and Environmental Mutagenesis, 390(1-2): 11-19.

Jung S, Kim S, Kim I, et al. 2021. Risk assessment of ethyl carbamate in alcoholic beverages in Korea using the margin of exposure approach and cancer risk assessment. Food Control, 124: 107867.

Kislov V V, Sadovnikov A I, Mebel A M. 2013. Formation mechanism of polycyclic aromatic hydrocarbons beyond the second aromatic ring. The Journal of Physical Chemistry A, 117(23): 4794-4816.

Maan A A, Anjum M A, Khan M K I, et al. 2022. Acrylamide formation and different mitigation strategies during food processing: a review. Food Reviews International, 38(1): 70-87.

Murkovic M. 2004. Formation of heterocyclic aromatic amines in model systems. Journal of Chromatography B, 802(1): 3-10.

Singh L, Varshney J G, Agarwal T. 2016. Polycyclic aromatic hydrocarbons' formation and occurrence in processed food. Food Chemistry, 199: 768-781.

Zamora R, Hidalgo F J. 2020. Formation of heterocyclic aromatic amines with the structure of aminoimidazoazarenes in food products. Food Chemistry, 313: 126128.

Zhang T, Mu G, Zhang S, et al. 2021. Formation pathways of polycyclic aromatic hydrocarbons (PAHs) in butane or butadiene flames. RSC Advances, 11(10): 5629-5642.

Zhu F, Wang Y, Liu H, et al. 2022. Exposure to acrylamide in the sixth total diet study: China, 2016-2019. China CDC Weekly, 4(9): 161.

思　考　题

1. 热加工食品生产过程中易产生的有害物质有哪些？各有哪些危害？
2. 简述丙烯酰胺的形成途径及食品中丙烯酰胺的控制措施。
3. 简述氯丙醇的来源和形成途径。通过哪些措施可以控制氯丙醇在食品中的含量？
4. 试述食品中N-亚硝基化合物的形成途径。如何控制其在食品中的含量？
5. 简述多环芳烃的形成途径及食品中多环芳烃的控制措施。
6. 简述杂环胺类的形成途径及控制措施。
7. 氨基甲酸乙酯易产生于哪些食品中？对于这些食品中的氨基甲酸乙酯有哪些控制手段？
8. 食品包装材料有哪些？请选择一类简述其易产生的安全问题。

第四章　环境污染及天然毒素对食品安全的影响

本章思维导图

- 环境污染及天然毒素对食品安全的影响
  - 环境污染对食品安全的影响
    - 大气污染对食品安全的影响
      - 二氧化硫
      - 氟化物
      - 煤烟粉尘和金属飘尘
      - 酸雨
      - 沥青烟雾
    - 水体污染对食品安全的影响
      - 富营养化污染物
      - 石油类污染物
      - 酚类污染物
      - 苯及其同系物
      - 氰化物
      - 水体中重金属
    - 土壤污染对食品安全的影响
      - 化肥污染
      - 农药污染
      - 酚类及氰化物污染
      - 重金属污染
      - 污泥污染
  - 天然毒素对食品安全的影响
    - 天然有毒动物对食品安全的影响
      - 鱼类来源物质的影响
        - 河鲀毒素
        - 雪卡毒素
      - 贝类来源物质的影响
        - 贝类毒素
        - 海兔毒素
      - 其他动物组织的影响
        - 甲状腺
        - 肾上腺
        - 病变淋巴结
    - 天然有毒植物对食品安全的影响
      - 苷类物质的影响
        - 皂苷
        - 氰苷
        - 芥子苷
      - 生物碱的影响
        - 茄碱
        - 秋水仙碱
      - 酚类物质的影响
      - 有毒蛋白的影响
        - 血凝素
        - 胰蛋白酶抑制剂
        - 蓖麻毒素
      - 酯类、萜类植物毒素的影响

第一节　概　　述

近年来，随着工业技术和社会经济的高速发展，环境污染问题显著增加。如图 4-1 所示，目前，根据污染途径常将环境污染分为水体污染、大气污染及土壤污染，相关污染物会通过水体、大气、土壤及食物链等多种途径污染食品，进而影响人体健康。通过水体、大气等途径的污染物多会对作物及动物造成损伤，导致食物的数量大幅度下降，引发食品资源危机；同时，这些污染物通过食物链对食品造成污染，这些环境中的污染物首先在低等植物进行初步富集，随后通过低等动物、高等动物不断富集，当人食用这些被环境污染物污染的食品后，身体健康会受到严重的伤害。

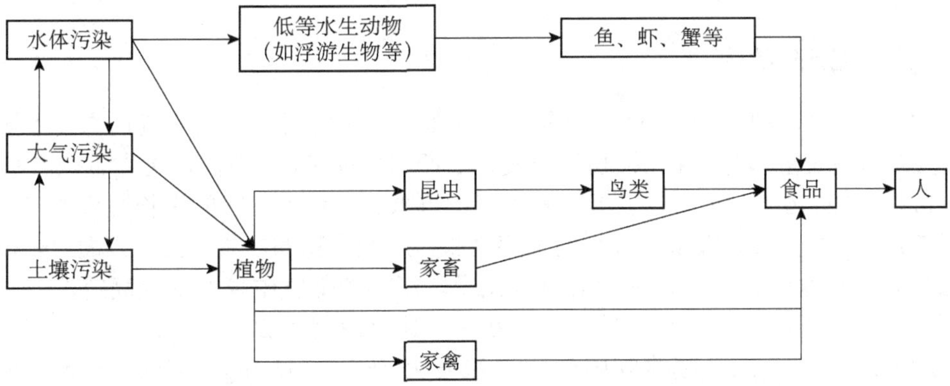

图 4-1　环境污染对食品安全及人体健康的影响

同时，动植物体内还可能含有天然有毒物质，既包括动植物在生长发育过程中产生的一系列影响人类身体健康的非营养性自然物质成分，也包括由于运输或者贮藏方式不当而在特定条件下自然形成的特定毒性成分。将天然含有有毒成分的动植物当作食品，或是在加工过程中未能破坏或消除有害成分，或是超出正常摄入量等，会对食物的营养价值及风味品质造成影响，甚至会不同程度地危及人类的生命安全。

第二节　大气污染对食品安全的影响

大气污染与食品安全问题息息相关。一方面，大气污染物通过沉积在空气中随雨水降落进而对水体与土壤造成污染，使得种植在土壤中的瓜果蔬菜等农作物富集有毒有害污染物，既限制了植物本身生长，又造成植物性食品原料的污染；另一方面，水生动物、飞禽及陆生动物也会因为严重的大气污染而不断富集有毒有害物质，造成动物性食品原料的污染，产生潜在的食品安全风险。

一、二氧化硫的影响

二氧化硫的主要来源是含硫元素的化石燃料的燃烧，有统计称，空气中 4/5 的二氧化硫来源于工业中煤炭和石油的燃烧。二氧化硫对食品安全的影响主要是通过影响农作物及动物的生长发育，导致食品原料产量大幅度下降，引发粮食作物危机。当二氧化硫进入植物叶片后，会释放氢离子、亚硫酸氢根离子及亚硫酸根离子，进而产生亚硫酸，对叶绿素中的卟啉环造成破坏，使植物叶片中的叶绿素转变成无法进行光合作用的去镁叶绿素（Duan et al., 2019），出现植物叶片叶脉间的伤斑、病斑、斑点状黄白化甚至坏死，进而造成食品作物减产。二氧化硫也会对作物的生长发育造成影响，当用一定浓度的二氧化硫处理小麦花粉后，发现小麦花粉出现退化解体而形成异形花粉，导致授粉率大幅度降低，造成小麦产量下降。孙建伟（2020）研究发现，当将小麦长期暴露于 $50mg/m^3$ SO_2 熏气中，小麦的过氧化氢酶活性显著降低，其抵御干旱、低温、高氧的能力也随之下降，即长期暴露于二氧化硫的环境中会影响小麦的生长发育，造成小麦产量降低。除此之外，二氧化硫也会对动物的脑组织、肺、胃、血液红细胞、肝和脾甚至是雄性动物的生殖器官造成极大的损害，导致动物来源的食物资源稀缺（解静芳等，2011）。

二、氟化物的影响

氟化物主要是从两方面影响食品安全。一方面，以氟化氢为代表的氟化物会直接损害植物，造成植物出现大量落叶，并在植物生长发育后期产生损害，导致农作物大量减产（Li et al., 2011）。Fina 等（2016）研究比较了不同氟浓度下玉米、大豆等作物的生长发育情况，发现氟浓度大于 2mg/kg 时会限制玉米和大豆的发芽生长，影响作物的产量。另一方面，氟极易在植物体内富集，一般来说，植物体内的含氟量比受氟污染的空气中氟的浓度高得多。印度学者对印度受氟污染严重村落进行调查发现，谷物中氟化物浓度为 27.5～121.4μg/g、玉米中氟化物浓度为 37.6～121.4μg/g、菠菜叶中氟化物浓度为 56.2～143.4μg/g（Pandey and Pandey, 2011）。这些氟污染的农作物会通过食物链进一步对氟进行富集，造成食品安全问题，最终对人的身体健康产生极大的威胁。

三、煤烟粉尘和金属飘尘的影响

煤烟粉尘中直径大于 10μm 的颗粒会沉降在污染源附近，造成污染源附近农作物受到粉尘的侵害，使农作物的叶片、果实上形成污斑，堵塞叶片使农作物无法进行呼吸作用和光合作用而死亡，作用于果实本身，则会导致果实木栓化或者腐烂。煤烟粉尘还会损害植物叶片表面的蜡质层，影响植物的正常生理活动（申立华，2009）。

金属飘尘是直径小于 10μm 且能长时间飘浮在空气中的金属粉尘。金属飘尘中的有害物质能够在植物中富集，进而影响食品安全。当金属飘尘中的镉随雨水落入土壤时，农作物会通过根部吸收土壤中的镉从而造成镉在农作物体内富集，土壤中高含量的镉也会造成农作物的大量减产。例如，邓承佳等（2021）通过研究不同浓度的镉处理马铃薯，发现随着处理镉的浓度升高，种植马铃薯的产量与品质严重下降，当镉浓度超过 20mg/kg 时，马铃薯的质量、相对密度、干物质积累率及淀粉含量极显著降低。

四、酸雨的影响

酸雨主要通过影响生态系统来威胁食品安全。对于水生生态系统而言，酸雨降落造成湖泊和河流的 pH 不断降低，进而影响水域中水生动植物的生长发育。利用 pH 2.5 的模拟酸雨处理小黑杨幼苗发现，幼苗颜色逐渐变黄、叶片的细胞膜被破坏、叶绿体异常膨大，说明酸雨会明显影响小黑杨幼苗的生长发育（张濛等，2021）。同样，酸雨会引起土壤酸化进而损害植物根系，对植物的健康带来负面影响，导致生长速率、底径生长速率、总根长和总根表面积的明显下降（Liu et al.，2022）。

五、沥青烟雾的影响

沥青烟雾主要含有苯并芘、二噁英、苯酚、萘等致癌物及炭粒，沥青烟雾对食品安全的影响主要是其含有的有机致癌物产生的，如苯并芘、二噁英。一般来说，苯并芘可蓄积在粮食作物中，影响食品安全。例如，瓜果蔬菜等农作物在苯并芘含量高的环境生长会导致其自身的苯并芘含量超标，在柏油马路晾晒粮食也会造成苯并芘的污染。有研究指出，在柏油马路晾晒越久，粮食作物中苯并芘的含量越高（赵亮等，2020）；冯亚净等（2017）认为，作物含有的苯并芘与环境中苯并芘的浓度有直接关系，在苯并芘污染环境中种植的作物，发现所有作物体内均含有苯并芘，且叶类蔬菜中的含量比瓜果豆类蔬菜中的苯并芘含量高，具有极高的食品安全风险。二噁英对食品安全的影响主要表现为其高度的亲脂性，当环境中二噁英含量较高时，包括鱼、肉、禽、蛋、乳在内的产品会不断蓄积二噁英，并通过食物链使二噁英的含量进一步升高，一旦摄入这些被二噁英污染的食品则会产生强烈的致畸、致癌反应（Gyeyoon et al.，2022）。

第三节　水体污染对食品安全的影响

水体污染的主要来源是工业废水、农业废水和生活污水。一般来说，污水中的主要有害物质为富营养化污染物、石油类污染物、酚类污染物、苯及其同系物、氰化物、重金属、病原微生物，对食品安全和人体健康带来了巨大的潜在危害（Esform et al.，2022；Hou et al.，2022）。

一、富营养化污染物的影响

富营养化水中含有的有机磷等元素会引起藻类等浮游植物大量繁殖，造成水中溶解氧含量急剧下降，藻类死亡后会释放羟胺、硫化氢等物质，最终导致生活在该水环境中的鱼虾贝类及其他植物窒息死亡或者中毒死亡。可见，水体富营养化会直接造成食品资源稀缺的严重后果。另外，富营养化水体中疯长的藻类在生长过程中会分泌毒素，导致水质不断恶化，严重影响人类生活用水的质量，威胁人类的饮用水安全。Buss 等（2019）通过研究蓝藻毒素对两栖动物的影响，揭示了蓝藻毒素对两栖动物动态疾病的影响，发现当蝌蚪暴露于高蓝藻毒素的环境中，其致死率明显提高；此外，Jonas 等（2015）探究发现，蓝藻等浮游植物会产生雌激素、类视黄醇或致畸化合物，这些化合物可能会释放到水生环境中并影响生活在地表水中的生物体发育。

二、石油类污染物的影响

水体中石油类污染物对食品安全的影响主要体现在：①使用石油污染的水源浇灌农作物，

石油中的多环芳烃会在农作物体内积累；②石油类污染物对水生动植物的影响几乎是致命的，漂浮在水面上的石油会迅速形成油膜，造成水中溶解氧量大幅度下降，最终造成水生动植物缺氧而窒息死亡。为了进一步明确被石油污染的废水对生物的毒性机制，毕研军等（2019）探究了石油烃对海洋生物的毒性，发现 0 号柴油通过对生物的超氧化物歧化酶、碱性磷酸酶造成损害，引发缢蛏慢性中毒；此外，Lebedeva 和 Mukhambetiyar（2018）在不同浓度的原油环境中对斑马鱼胚胎进行培养，发现随着原油浓度的提高，胚胎对各种感染的抵抗力降低，即使是轻微的温度和盐度波动也会导致胚胎发生变异。

三、酚类污染物的影响

在研究酚类污染物对水生生物的危害时，张颍（2002）利用苯酚等多种酚类污染物对包括金鱼、大型蚤在内的水生生物展开毒理性实验，发现烷基酚（主要是指 4-辛基酚和 4-壬基酚）通过损害水生生物的生物膜通透性，产生生殖毒性；而斑马鱼若长期暴露于双酚类物质的环境中，其神经发育、生长发育、遗传变异将受影响（Gyimah，2021）；若用高浓度的含酚类污水灌溉农作物，也会严重抑制农作物的生长发育，影响农作物的品质，使粮食和蔬菜带有明显的酚臭味。当用含几种外源酚酸混合物的水源对马铃薯等作物进行浇灌时，发现被浇灌植株茎的生长发育受到了抑制，其主要原因是外源酚酸的浇灌会影响马铃薯的根系活力（李自龙和回振龙，2013）。此外，酚类化合物具有容易蓄积的特点，极易通过食物链造成食品严重污染而对人的身体健康带来威胁。

四、苯及其同系物的影响

苯会影响人的神经系统，苯中毒时会出现头晕、无力和呕吐的症状，严重者甚至死亡（Liu et al.，2011）。苯及其同系物污染的水源通过影响生活用水、农作物而造成食品安全问题。鲁敏等（2021）发现，随着空气中苯的浓度不断提高，耐阴观叶植物的抗氧化能力大幅度下降，其对环境变化的抗性也随之下降。Collins 和 Crews（2000）发现，长期暴露在高苯浓度环境中的农作物（如苹果和草莓等），苯大多蓄积在该植株的叶片中，在果实中的积累较少；有报道称利用含苯的污水浇灌黄瓜会导致其含糖量下降，影响食品品质。同时，污水中的苯含量会直接影响农作物中苯的残留量，用苯含量高（25mg/L）的污水浇灌农作物会导致小麦、白菜、番茄等的苯残留量达 0.1mg/kg，极大地影响食品安全性。

五、氰化物的影响

氰化物主要通过两方面对食品安全造成影响。一方面，当水体中的氰化物浓度达到 0.3～0.5mg/L 时，对水生动物的影响是致命的；另一方面，由于植物体内存在生氰糖苷可以与氰化物结合，因此植物对氰化物具有较强的耐受性。当利用含有氰化物的污水灌溉农作物时，农作物本身的生长发育不会受到影响，但其会不断蓄积氰化物，形成受到氰化物污染的农作物，最终影响食品的安全性。

六、水体中重金属的影响

水体中的重金属一般是指汞、镉、铅、砷、铜等有害重金属，其主要来源是金属的冶炼及电镀等工业中废水的排放。水环境中重金属含量超标会引起水生动植物死亡，导致食品原料的供应受到影响，造成食品资源量减少。Alm-Eldeen 等（2018）研究发现污水中的重金属在罗非鱼肝中积累；当用含重金属的污水灌溉农作物时，会不同程度地对农作物生长发育带来不利影响，影响农作物产量。韩东英（2018）采用盆栽实验探究了不同砷浓度下老芒麦根茎叶的生长发育情况，发现高浓度下砷在植株的根、茎处不断累积，同时其细胞通透性也随砷浓度的升高而不断增加，表明高浓度的砷对老芒麦具有一定的胁迫作用，不利于其生长发育。另外，有毒有害重金属污染物会在水生动物体内不断蓄积并能够通过食物链使重金属含量逐步升高，影响食品资源的安全性。

第四节 土壤污染对食品安全的影响

土壤污染的主要来源是工业中的废水、废气、废渣，以及在农业中农药的使用，直接使用未经处理的动物粪便作为肥料也会引入生物病原体，导致土壤污染。本节主要介绍有机污染物（如化肥、农药、酚类及氰化物）、重金属污染物、污泥等主要污染物通过影响土质进而对食品安全造成影响的情况。

一、化肥污染的影响

化肥的滥用对食品安全的影响是多方面的：一方面，滥用化肥最终引起可食用资源短缺，造成食品安全危机，化肥的过度使用会引起土壤结块、破坏土壤结构导致该土壤下的农作物产量严重下降，有学者提出滥用氮素化肥，会造成土壤的酸度下降，土壤中的胶体钙不断溶解析出，造成土壤结块；另一方面，过量的化肥会导致其中有害物质（如汞、镉、铅、砷等重金属）通过食物链在作物体内富集，严重影响食品安全。

无节制施用氮肥会使土壤和农作物蓄积大量硝酸盐。硝酸盐对农作物本身并不会产生毒害作用，但硝酸盐在农作物体内蓄积并通过食物链不断富集会导致硝酸盐污染食品。由于烹饪过程中农作物中硝酸盐会在细菌及相关酶的催化下转变成有毒的亚硝酸盐，所以食用这类高硝酸盐含量的粮食蔬菜会对人的身体健康造成损害（高艳等，2017）。土壤中过高含量的磷肥会导致果蔬中有机酸、维生素 C 等含量下降，同时还对果实的形状、大小、色泽及香味造成不良的影响。张芳（2014）研究发现，常年施用高浓度磷肥会导致土壤中硫大量流失，降低土壤肥力，造成土壤结块情况严重。研究发现，施用过量的含氯化肥，会影响作物的品质，严重时会引起农作物出现少根、烂根及叶片发黄脱落的现象，严重影响农作物的生长发育，造成粮食短缺。另外，施用过多的含氯化肥也会导致红薯的品质严重降低，造成食品安全问题（杨忠妍，2020）。

二、农药污染的影响

农药是一种防治病虫害及调节植物生长的化学药剂，农药的合理使用对提高农作物的产量具有积极的影响。一旦人长期接触或者食用高农药残留的农作物，会对肝功能、肾功能及神经系统带来严重的伤害。有学者为探究拟除虫菊酯的亚急性口服毒性，在饲料中混入了不同组合的杀虫剂，发现当大鼠长期暴露在拟除虫菊酯等农药时，大鼠的蛋白质代谢功能、肾功能受到损害（Yavuz et al.，2015）。

姜林和杰岳（2019）研究发现，在番茄和黄瓜田中喷施大量新烟碱类农药如吡虫啉和噻虫胺，会使土壤中的蚯蚓数量大幅度降低，最终导致土壤肥力下降及板结。另外，在喷施农药液剂时，约 1/2 的农药会直接流入土壤导致土壤中农药残留量不断累积。一旦被污染的农作物进入食物链，有机氯等有害物质富集，便会造成食物污染而引发食品危机。如果孕妇食用了被有机氯等有害物质污染的食物，可能损害胎儿的神经系统，导致胎儿智力发育受损。

三、酚类及氰化物污染的影响

酚类污染物不仅会引起土壤酸碱度、硬度及组分结构等发生变化，还会使农作物不适宜生长而导致作物产量下降，造成可食用资源下降。当土壤长期被二硝基重氮酚污染的工业废水灌溉时，土壤中二硝基重氮酚的含量会不断累积，当其在土壤中含量超过 24mg/kg 时，会抑制种植在该土地上的‘上海青’小白菜的发芽、光合作用、呼吸作用等正常的生理活动（李清和杨爱江，2013）。

土壤中残留的氰化物主要来自含氰化物废渣的随意堆放及使用含氰化物污水对农田进行灌溉。氰化物在土壤中具有易富集、难降解的特点。故当在被氰化物污染的土壤上种植果蔬、粮食等作物时，土壤中残留的氰化物会不断在农作物体内累积，最终造成食品安全问题，当人食用了被氰化物污染的作物，生命安全会受到严重威胁。

四、重金属污染的影响

与水体污染中重金属的来源类似，土壤中的重金属污染源也多与金属矿业开采、冶金工业相关，当用工业废水对农作物进行浇灌时，会造成土壤中的重金属含量不断累积；同时工业废渣在土地的堆放，也会使废渣中的金属离子不断渗入土壤中导致土壤发生严重的金属污染（王庆鹤等，2021）。Ma 等（2022）在调查内蒙古呼和浩特草地中重金属含量时发现，即便没有受到人为因素影响，草地中镉、铜等重金属含量仍然很高，并且土壤中重金属的来源与环境的 pH 及水源息息相关。土壤中的重金属不仅会影响土壤中种植的农作物的生长发育，还会造成重金属在农作物中不断富集，进而影响食品安全（Plekhanova et al.，2019），此部分在水污染中已做详细介绍，不再赘述。

五、污泥污染的影响

污泥主要是在处理工业废水与生活污水的过程中产生的一类含有氮、磷、钾等对植物有益的元素的工业副产物。有调查指出，由于长期使用未杀菌的污水等灌溉农田，广东省韶关市农耕地中的钩虫、蛔虫、东方毛圆线虫等寄生虫含量严重超标（黄紫晴等，2021）。Lindgren 等（2020）研究发现猪粪便中含有大量寄生虫卵（猪寄生虫、猪蛔虫和猪鞭虫），若将这些粪便不加处理而直接作为肥料，会导致有机农场土壤中寄生虫的数量明显超标，造成寄生虫不断繁殖传播而引起疾病。Lykov 等（2021）研究了俄罗斯居民区的土壤污染情况，通过在林荫大道土壤中取样发现，该土壤中弓蛔虫卵含量是沙坑中虫卵含量的 4.9 倍。

第五节　天然有毒动物对食品安全的影响

天然的动物性有毒成分主要来源于鱼类和贝类，如河鲀毒素、石房蛤毒素等。大多专一作用于人体的神经系统，中毒者常死于呼吸肌麻痹引起的呼吸衰竭。此外，一些鱼类（如石斑鱼、鲇鱼等）卵中含有的鱼卵毒素也属于动物性有毒成分。人若误食可能会引起恶心、呕吐、腹痛、腹泻、眩晕、胸闷等症状；严重者会出现痉挛、抽搐至昏迷而导致死亡。因产卵季节鱼卵毒性较大，烹制此类鱼时，应将鱼卵去除。动物性食物中毒特点：有毒动物的散布、捕获特性、生活习惯不同导致区域性显著，四季发生情况不同；多为零散发生，潜伏期短；具有较高的发生率和致死率，但因物种差异有所不同。

一、鱼类来源物质的影响

（一）河鲀毒素

河鲀毒素是一种毒性很强的非蛋白神经性毒性物质，河鲀毒素能特异性结合肌肉神经细胞表面的 Na^+通道受体，抑制 Na^+在神经细胞内的内流，从而阻断神经与肌肉之间的兴奋传递，影响神经中枢和神经末梢，引起血压下降、呼吸中枢麻痹使得呼吸衰竭导致死亡。根据欧洲食品安全局评估，当河鲀毒素浓度低于 44μg/kg 时不会对人体造成不良影响（Knutsen et al.，2017）。误食患者通常出现运动麻痹、语言障碍，在严重的情况下会出现缺氧、无意识、呼吸弱和心力衰竭甚至死亡（王纯纯等，2021）。

（二）雪卡毒素

雪卡毒素是一种高毒性的非蛋白质神经毒素，能提高兴奋组织细胞膜对钠离子的渗透性，扰乱离子平衡，而干扰神经传导。雪卡毒素是一种能够污染全世界鱼类并导致食源性疾病的毒素，可以通过食物链在鱼类体内积累并经过氧化修饰，产生许多类似物。在太平洋海域食肉型鱼类中雪卡毒素含量达到 0.1μg/kg 时，就会造成消费者中毒（Lykov et al.，2017）。太平洋雪卡毒素毒性是加勒比海雪卡毒素的 10 倍，主要中毒症状为唇、舌、手、足产生刺感和麻感，呕吐，腹泻，失音，体温升高，呼吸麻痹，甚至死亡。

二、贝类来源物质的影响

（一）贝类毒素

贝类毒素按其侵袭的器官组织及中毒机制不同分为 4 类，即麻痹性贝类毒素、神经毒性贝类毒素、失忆性贝类毒素和腹泻性贝类毒素。其中对人类危害较大的是麻痹性贝类毒素和腹泻性贝类毒素。每年因麻痹性贝类毒素中毒事件有 2000 多起，死亡率达 15%。目前研究较多的是石房蛤毒素，主要存在于石房蛤、文蛤与花蛤等蛤类，以及扁足蟹、蝉蟹等海蟹中。该毒素为白色、易溶于水，对酸、热非常稳定，一般在烹调加工中不易被完全破坏。石房蛤毒素是一种神经毒素，在分子量较小的毒素中为毒性较高者。对人经口致死量为 0.54～0.90mg。Chen 等（2018）对小鼠神经母细胞瘤 N2A 细胞进行了低剂量石房蛤毒素暴露的蛋白质组学研究，分析发现在低剂量暴露下，共改变了 9 种蛋白质，这些蛋白质参与细胞凋亡途径、细胞骨架维护、膜电位和线粒体功能。

腹泻性贝类毒素是一类脂溶性毒素，可导致严重的胃肠功能紊乱，出现腹泻、呕吐和腹痛等中毒症状，引起肝损伤，对心肌细胞和神经系统有毒害作用，主要包括冈田软海绵酸（Okadaic acid，OA）和鳍藻毒素-1（dinophysistoxins-1，DTX1）。由腹泻性贝类毒素引起的中毒事件不断发生，2019 年英国报道的 6 例食用贻贝导致腹泻的案件显示，在养殖场中藻类衍生毒素是潜在的致病原因（Young et al.，2019）。有研究发现，扇贝组织中检测到的 DTX1 有 97%以上是在肝胰腺中检测到的，与肌肉、鳃、肝胰脏和肠道组织对比分析发现，腹泻性贝类毒素大部分积累在肝胰腺中。食用高度污染的内脏会增加中毒的风险（Matsushima et al.，2018）。

（二）海兔毒素

海兔属于后鳃贝类，以各种海藻为食，可富集溴元素，因为食用海兔导致的食物中毒可能是一种亚急性有机溴中毒。此外，海兔皮肤组织中含有一种挥发物质，对神经系统有麻痹作用，误食其有毒部位或皮肤有伤口接触海兔时均会引起中毒。中毒主要表现为发热、全身刺痛、腹泻、呼吸困难、全身痉挛甚至死亡。

三、其他动物组织的影响

（一）甲状腺

如果食用未摘除甲状腺家畜的血脖肉，可能引起中毒。在脊椎动物中，由甲状腺腺泡上皮细胞合成并分泌的含碘酪氨酸衍生物，称为甲状腺激素。对误食猪甲状腺中毒案例分析发现，其临床表现与人的甲状腺功能亢进症相似。食入动物的甲状腺后，突然大量外来的甲状腺激素扰乱了人体正常的内分泌活动，产生甲状腺功能亢进的临床表现，特别是严重影响下丘脑功能，造成一系列神经精神症状。中毒症状为头痛、乏力、肌肉关节痛、胸痛、烦躁、恶心、呕吐、抽搐、心悸等。

（二）肾上腺

人若误食了家畜肾上腺，会使机体内肾上腺皮质激素浓度增高，从而干扰人体正常的肾上腺皮质激素的分泌活动，引起一系列的中毒症状。肾上腺皮质激素可使人体内水盐代谢发生障碍，引起血压升高，肌肉无力，促进脂肪的分解和重新分布。肾上腺中还含有肾上腺髓质激素，可使人全身血管收缩，心跳加快，促使糖原分解，引起血糖升高。当人误食了肾上腺而导致中毒时，中毒者会表现出明显的血压升高、呕吐、头晕目眩、四肢发麻等明显症状；若中毒者症状逐渐转变为面色苍白、瞳孔放大，则说明此时中毒者由原本的轻症转变为重症，生命健康受到极大的威胁。

（三）病变淋巴结

一般来说，生理功能正常的淋巴器官参与机体的各种免疫活动，主要通过其自身的吞噬作用及对入侵机体的各种危险成分（病毒、致病菌等微生物）进行过滤起到防御抵抗作用。病变淋巴结含有多种病毒及细菌，如果食用了牲畜的病变淋巴结，则极易感染各种疾病，严重时甚至危害人的身体健康。

第六节 天然有毒植物对食品安全的影响

植物性食品中含有多种天然有毒成分，目前已发现的植物毒素约有1000种。植物中常见的天然有毒物质主要有苷类、生物碱、酚类、有毒蛋白及酯类、萜类植物毒素等，与食物密切相关。因意外和过量食用有毒植物或不适当的烹调和加工方法如烹饪豆类，如果没有彻底加热，可能会导致食物中毒。除了急性肠道症状外，神经系统症状在某些类型的植物性食物中毒中更为常见和严重，如果急救不及时，可能导致死亡。植物中毒性物质种类繁多，多数具有药理和生物活性，毒性差异较大，临床表现不同，治疗方法不同，预后不同。

一、苷类物质的影响

（一）皂苷

皂苷因易与红细胞膜的胆固醇结合成不溶性化合物，而具有溶血作用。皂苷经肾排出而对肾有毒害作用。皂苷对黏膜刺激性较大。内服量过大可引起食物中毒。烹饪菜豆类蔬菜或煮豆浆及含生豆粉原料等食物的过程中烧煮不彻底，是引起中毒的主要原因，潜伏期一般为2～4h。因皂苷对黏膜的强烈刺激作用，中毒症状表现为一系列肠胃刺激症状如恶心、呕吐、腹泻等，并伴有神经系统症状如头痛、胸闷、四肢发麻等。

（二）氰苷

氰苷是结构中含有氰基的苷类，水解后产生氢氰酸而危害人类健康。氢氰酸对人的经口最低致死剂量为0.5mg/kg BW。与食物中毒有关的化合物主要有苦杏仁苷和亚麻苦苷。人口服苦杏仁55枚（约60g，含苦杏仁苷约1.8g）即可致死。木薯及玉米、高粱、燕麦、水稻等农作物的幼苗中主要含有亚麻苦苷等其他氰苷类。

饮食中氰化物的主要部分转化为硫氰酸盐，其作用类似于碘缺乏（Vetter，2000）。氢氰酸及醛类化合物是氰苷的主要毒性来源。进入血液循环组织细胞的氢氰酸，通过细胞膜进入线粒体与铁离子结合，铁离子位于细胞色素氧化酶活性中心并对细胞呼吸起到关键作用，因而氢氰酸进一步导致细胞呼吸链中断、组织缺氧，体内的二氧化碳和乳酸量增高。在热带地区生活的人们因长期食用木薯，易患有热带性共济失调性神经病，表现为感觉异常、感觉性共济失调、视神经萎缩、感觉神经性听力丧失，常伴有舌炎、皮炎。Kambale等（2017）研究发现，预防木薯神经毒性的影响，可通过安全加工减少氰化物，并加强以木薯为主要食物来源的人的氰化物解毒作用。

（三）芥子苷

芥子苷主要存在于油菜、甘蓝等十字花科植物中。种子中含量较多，比茎、叶高20倍以上。芥子苷在芥子酶或胃肠道中细菌酶的催化作用下，水解生成有毒且有一定挥发性的油状液体，一般具有特殊气味。菜籽中硫代葡萄糖苷含量高，如果处理不当，家畜食用油菜或甘蓝的菜籽饼、粕常引起中毒。芥子苷在植物组织中葡萄糖硫苷酶的作用下，可水解为硫氰酸酯、异硫氰酸酯及腈，并释放出葡萄糖和HSO_4^-。芥子苷中毒表现为甲状腺肿大，导致生物代谢紊乱，阻止机体正常的生长发育，食欲减退，呼吸减弱，伴有胃肠炎、血尿等，严重者甚至死亡。当温度超过50℃时芥子酶的活性迅速下降。

二、生物碱的影响

（一）茄碱

茄碱，又称为龙葵碱。正常成熟马铃薯中茄碱的含量极微，为20～100mg/kg，一般不会引起中毒。马铃薯中茄碱含量超过200mg/kg时，会出现中毒甚至急性中毒（Liu et al.，2020）。在马铃薯储存过程中，储存不当引起发芽或皮肉变绿时，茄碱含量明显增加，其幼芽和芽眼部分的茄碱含量可高达3000～5000mg/kg。人一次食入茄碱200～400mg即可引起中毒。另外，未收获时，因播种深度不够、垄小、培土浅薄、日晒造成马铃薯皮质发绿，其茄碱含量也非常高。茄碱对消化道黏膜刺激作用较强，可麻痹呼吸中枢，引起充血等症状，可溶解红细胞。

食用未成熟的绿色马铃薯，以及因储存不当其发芽或部分块茎的皮肉中出现黑绿斑、烹调时又未能去除或破坏毒素时，极易因食入茄碱而中毒（食入0.2～0.4g茄碱时即可发生中毒），春末夏初季节多发。储存马铃薯时，要放在低温、无阳光直射的地方或进行辐照处理，以防马铃薯发芽；不吃发芽或皮质已经变黑或青紫变绿的马铃薯；发芽少者可彻底剔除芽及芽周部分，将变青紫的皮彻底削去，去皮后水浸30～60min，不宜凉拌及炒食，宜放水烧、煮，烹调时可适量加醋，破坏茄碱。

（二）秋水仙碱

秋水仙碱本身并无毒性，但当它进入人体并在组织间被氧化后，迅速生成毒性较大的二秋水仙碱，可破坏细胞核及细胞分裂能力，使细胞死亡。秋水仙碱口服剂量为0.5～0.8mg/kg BW时出现严重毒性反应，摄入超过0.8mg/kg BW则致命。近年有误食藏红花中毒死亡案例发生，藏红花中有毒物质即秋水仙碱（Danilovic et al.，2020）。但也有研究发现，秋水仙碱对心血管疾病的治疗有一定的帮助（Katira and Katira，2021）。

秋水仙碱溶于水，食鲜黄花菜时需用沸水焯烫，再用清水浸泡2～3h（中间需换一次水），制鲜黄花菜必须加热至熟透再食用。烫泡过鲜黄花菜的水不能做汤，必须弃掉。最好食用干制品，用水浸泡发后食用，可保证安全。烹调时与其他蔬菜或肉食搭配制作，并且每次食用不超过50g为好。

三、酚类物质的影响

棉酚是棉花植物产生的多酚次级代谢产物，对许多生物体有毒。棉酚的醛基团具有特别反应性，与蛋白质氨基酸形成席夫碱，抑制酶活性并导致毒性（Ck et al.，2016）。粗制生棉籽油中的有毒物质主要有棉酚、棉酚紫和棉酚绿。棉籽油的毒性取决于游离棉酚的含量，在棉籽饼与粗制生棉籽油中的棉酚含量均较高。按照《食品安全国家标准 植物油》（GB 2716—2018），棉籽油中棉酚含量超标者，一律严禁出售。

四、有毒蛋白的影响

（一）血凝素

在烹制大豆和扁豆类食物时，未彻底加热熟透是发生血凝素中毒的主要原因。儿童对血凝素较敏感，摄入富含血凝素的食物 1～3h 后即可发生中毒，可出现强烈的恶心、呕吐、腹泻及虚脱等症状，一般预后良好。虽然对食品进行有效的热处理能破坏血凝素，但加热到 80℃时，显示毒性更大（是生食物的 5 倍）。一般在大豆食品生产中的加热处理方法即可消除。另外，在烹调菜豆时应炒熟煮透，最好炖熟。豆浆应煮沸后继续加热数分钟才可食用。

（二）胰蛋白酶抑制剂

一般来说，大豆和谷物等作物中含有丰富的胰蛋白酶抑制剂，胰蛋白酶抑制剂能够抑制胰蛋白酶活性，即可以抑制胰蛋白酶对蛋白质的分解作用。因此，摄入过多含有胰蛋白酶抑制剂的食物，会引起人体蛋白质消化吸收率下降，从而降低蛋白质的营养价值。但也有报道发现，微量的胰蛋白酶抑制剂能够在一定程度上起到治疗急性胰腺炎、糖尿病等胰腺问题造成的疾病。胰蛋白酶抑制剂对热稳定性较高，采用 100℃处理 20min 或 120℃处理 3min 的灭活方法可使其活性丧失 90%以上。

（三）蓖麻毒素

蓖麻毒素是一种强效的植物源性毒素，主要从蓖麻种子中提取得到，通过核糖体的位点特异性脱嘌呤作用，进而导致蛋白质合成停滞（Falach et al.，2018）。蓖麻毒素被认为是一种潜在的生物恐怖剂，目前还没有有效的蓖麻毒素解毒剂（Zhao et al.，2020）。只要有一个蓖麻毒素分子进入细胞，就会使该细胞的蛋白质合成停止并将其杀死。另外，蓖麻毒素可诱导细胞因子的产生，引起体内氧化损伤，诱导细胞凋亡。蓖麻毒素中毒的主要症状取决于接触方式与中毒量。吸入蓖麻毒素中毒的最初症状可能在接触后 8h 内才会出现，主要为呼吸系统症状：呼吸窘迫（呼吸困难）、发烧、咳嗽、恶心和胸闷，还会出现肺水肿，因此应注意及时采收和妥善保管蓖麻子，以免误食（Jiao et al.，2021）。

五、酯类、萜类植物毒素的影响

常见的酯类、萜类植物毒素有莽草亭、苦楝素等。莽草亭是一种剧毒物质，能刺激延髓、间脑和神经末梢，可作用于呼吸和血管运动中心，大剂量时也作用于大脑和脊髓。一般来说，生食 5～8 粒粗草籽可导致人体中毒。苦楝全株有毒，以果实毒性最强，所含有毒成分主要是苦楝素等物质，对胃肠道有刺激作用，对心肌、肝、肾有不同程度的毒害作用，可引起中毒性肝病等。食入苦楝果实 6～8 个便可发生中毒。

参考文献

毕研军，赵瑞婷，刘心田，等. 2019. 石油烃对海洋生物的毒性. 河北渔业，(4)：7-13.

邓承佳，李威，陆引罡. 2021. 硒、镉处理对马铃薯植株生长及硒镉吸收的影响. 作物研究，35（4）：311-317.

冯亚净，王瑞鑫，李书国. 2017. 食品中苯并芘的来源及减控方法的研究. 粮食与油脂，30（2）：72-75.

高艳，王志新，常成，等. 2017. 亚硝酸盐暴露致雄性小鼠生殖毒性的探讨. 解剖学报，48（5）：576-584.

韩东英. 2018. 砷胁迫下老芒麦和香根草根茎叶砷吸收特征及抗氧化响应. 草业科学，35（3）：614-623.

黄紫晴，宾羽琳，王倩茹，等. 2021. 广东省韶关市不同地域土壤中寄生蠕虫的污染现状. 中国热带医学，21（7）：4.

姜林，杰岳. 2019. 设施番茄和黄瓜田土壤中农药残留及其对蚯蚓的急性风险. 农业环境科学学报，38（10）：2278-2286.

李清，杨爱江. 2013. 二硝基重氮酚（DDNP）废水中的硝基酚类化合物污染土壤对 2 种蔬菜种子萌发与生长的影响. 西北农业学报，22（2）：159-163.

李自龙，回振龙. 2013. 外源酚酸类物质对马铃薯植株生长发育的影响及机制研究. 华北农学报，28(6)：147-152.

鲁敏，谭蕾，王晗，等. 2021 .苯污染胁迫下耐阴观叶植物 APX 活性变化研究. 山东建筑大学学报，36（5）：55-60.

庆鹤. 2021. 贵州某垃圾填埋场及其附近农田土壤中重金属形态分析和评价. 环境污染与防治，43（6）：6.

申立华. 2009. 关于城市绿化树木滞尘作用研究. 民营科技，（10）：186.

孙建伟. 2020. 同工酶电泳分析二氧化硫对小麦的影响. 黑龙江农业科学，1：25-27.

王纯纯，乔琨，陈贝，等. 2021. 河豚毒素的性质及应用研究进展. 渔业研究，43（5）：539-548.

王庆鹤，颜雄，蔡深文，等. 2021. 贵州某垃圾填埋场及其附近农田土壤中重金属形态分析和评价. 环境污染与防治，（6）：741-746.

解静芳，许丽娟，韩琦，等. 2011. 二氧化硫致小鼠脑胃蛋白质氧化损伤作用. 中国公共卫生，27（3）：320-321.

杨忠妍. 2020. 化肥施用过量对农作物的危害. 现代农业科技，（21）：203-204.

张芳. 2014. 常年施用高浓度磷肥土壤会缺硫. 农家参谋，（5）：8.

张濛，续高山，滕志远，等. 2021. 模拟酸雨对小黑杨幼苗生长和光合特性的影响. 南京林业大学学报，45（6）：57-64.

张颖. 2002. 酚类化合物对水生生物的毒性研究. 长春：东北师范大学硕士学位论文.

赵亮，牛宏亮，杨金部，等. 2020. 不同油籽生产工艺中苯并芘含量变化研究. 食品与发酵科技，56（4）：26-31.

郑建军. 2019. 应用病例对照研究调查一起四季豆皂苷毒素引起的食物中毒. 上海预防医学，31（6）：4.

Gyimah E. 2021. 双酚类污染物对斑马鱼胚胎的神经发育毒性及表观遗传机理研究. 镇江：江苏大学博士学位论文.

Alach R, Israeli O, Gal Y, et al. 2018. Identifying exposures to ribosome-inactivating proteins in blood samples: amplification of ricin~induced ribosomal damage products enables sensitive detection of active toxin and circulating depurinated 28S rRNA. Forensic Toxicology, 36: 375-384.

Alm-Eldeen A, Donia T, Alzahaby S. 2018. Comparative study on the toxic effects of some heavy metals on the Nile tilapia, oreochromis niloticus, in the Middle Delta, Egypt. Environmental Science and Pollution Research, 25(15): 14636-14646.

Avuz O, Aksoy A. 2015. Subacute oral toxicity of combinations of selected synthetic pyrethroids, piperonyl butoxide, and tetramethrin in rats. Toxicology and Industrial Health, 31: 289-297.

Buss N, Wersebe M, Hua J. 2019. Direct and indirect effects of a common cyanobacterial toxin on amphibian-trematode dynamics. Chemosphere, 220: 731-737.

Chen X, Sun Y, Huang H, et al. 2018. Uncovering the proteome response of murine neuroblastoma cells against low-dose exposure to saxitoxin. Toxicology Mechanisms and Methods, 28(5): 335-344.

Ck A, Hf A, Ja B, et al. 2016. Gossypol toxicity and detoxification in *Helicoverpa armigera* and *Heliothis virescens*. Insect Biochemistry and Molecular Biology, 78: 69-77.

Collins C, Crews C. 2000. Benzene accumulation in horticultural crops. Chemosphere, 40: 109-114.

Danilovic M, Isailovic J, Aleksic I, et al. 2020. Accidental colchicine poisoning with fatal outcome after ingestion of meadow saffron (*Colchicum autumnale* L.). Vojnosanitetski Pregled, 77(10): 1104-1108.

Duan J, Fu B, Kang H, et al. 2019. Response of gas-exchange characteristics and chlorophyll fluorescence to acute sulfur dioxide exposure in landscape plants. Ecotoxicology and Environmental Safety, 171: 122-129.

Esform A, Farkhondeh T, Samarghandian S, et al. 2022. Environmental arsenic exposure and its toxicological effect on thyroid function: a systematic review. Reviews on Environmental Health, 37(2): 281-289.

Falach R, Sapoznikov A, Alcalay R, et al. 2018. Generation of highly efficient equine-derived antibodies for post-exposure treatment of ricin intoxications by vaccination with monomerized ricin. Toxins, 10(11): 466.

Fina B L, Lupo M, Dri N M, et al. 2016. Comparison of fluoride effects on germination and growth of *Zea mays*, glycine max and *Sorghum vulgare*. Journal of the Science of Food & Agriculture, 96(11): 3679-3687.

Gyeyoon Y, Machiko M, Andrea B, et al. 2022. The associations of prenatal exposure to dioxins and polychlorinated biphenyls with neurodevelopment at 6 months of age: multi-pollutant approaches. Environmental Research, 209: 112757.

Hou L, Zhou Z, Wang R, et al. 2022. Research on the non-point source pollution characteristics of important drinking water sources. Water, 14(2): 211.

Jiao Z, Li S, Su D, et al. 2021. Time-course transcriptome analysis of lungs from mice exposed to ricin by intratracheal inoculation. Toxicology Letters, 337: 57-67.

Jonas A, Scholz S, Fetter E, et al. 2015. Endocrine, teratogenic and neurotoxic effects of cyanobacteria detected by cellular *in vitro* and zebrafish embryos assays. Chemosphere, 120: 321-327.

Kambale K J, Ali E R, Sadiki N H, et al. 2017. Lower sulfurtransferase detoxification rates of cyanide in konzo: a tropical spastic paralysis linked to cassava cyanogenic poisoning. Neurotoxicology, 59: 256-262.

Katira A, Katira R. 2021. Colchicine in coronary artery disease. Postgraduate Medical Journal, 98(1163): 718-721.

Knutsen H K, Alexander J, Barregård I, et al. 2017. Risks for public health related to the presence of tetrodotoxin (TTX) and TTX analogues in marine bivalves and gastropods. EFSA Journal, 15(4): e4752.

Lebedeva L, Mukhambetiyar K. 2018. Studying embryotoxicity of petroleum products for carp fish family. Comparative Clinical Pathology, 27: 1205-1212.

Li C, Zheng Y, Zhou J, et al. 2011. Changes of leaf antioxidant system, photosynthesis and ultrastructure in tea plant under the stress of fluorine. Biologia Plantarum, 55: 563-566.

Lindgren K, Gunnarsson S, Hglund J, et al. 2020. Nematode parasite eggs in pasture soils and pigs on organic farms in Sweden. Organic Agriculture, 10(3): 289-300.

Liu J M, Wang S S, Zheng X, et al. 2020. Antimicrobial activity against phytopathogens and inhibitory activity on solanine in potatoes of the endophytic bacteria isolated from potato tubers. Frontiers in Microbiology, 11: 570926.

Liu Q Y, Liang X Y, Wang X Q, et al. 2011. Short-term central nervous system symptoms and changes in blood indicators after benzene poisoning in rats. Journal of Southern Medical University, 31(11): 1935-1937.

Liu X, Ma S, Jia Z, et al. 2022. Complex effects of different types of acid rain on root growth of *Quercus acutissima* and *Cunninghamia lanceolata* saplings. Ecological Process, 11(1): 8.

Lykov A, Bondarenko N, Surovtseva M, et al. 2017. Comparative effects of platelet-rich plasma, platelet lysate, and fetal calf serum on mesenchymal stem cells. Bulletin of Experimental Biology & Medicine, 163(6): 757.

Lykov I N, Pavlova O P, Rudova S A. 2021. Sanitary and hygienic aspects of urban environment pollution by dog feces. IOP Conference Series Earth and Environmental Science, 677(5): 052033.

Ma J, Hao Z, Sun Y, et al. 2022. Heavy metal concentrations differ along wetland-to-grassland soils: a case study in an ecological transition zone in Hulunbuir, inner Mongolia. Journal of Soils and Sediments, 22(4): 1176-1187.

Matsushima R, Uchida H, Watanabe R, et al. 2018. Distribution of diarrhetic shellfish toxins in mussels, scallops, and ascidian. Food Safety, 6(2): 101-106.

Pandey J, Pandey U. 2011. Fluoride contamination and fluorosis in rural community in the vicinity of a phosphate fertilizer factory in India. Bulletin of Environmental Contamination and Toxicology, 87: 245-249.

Plekhanova I O, Zolotareva O A, Tarasenko I D, et al. 2019. Assessment of ecotoxicity of soils contaminated by heavy metals. Eurasian Soil Science, 52(10): 1274-1288.

Tsuyoshi I, Kyoko K, Naomasa O, et al. 2017. Biooxidation of ciguatoxins leads to species-specific toxin profiles. Toxins, 9(7): 205.

Vetter. 2000. Plant cyanogenic glycosides. Toxicon, 38(1): 11-36.

Yavuz O, Aksoy A, Das Y K, et al. 2015. Subacute oral toxicity of combinations of selected synthetic pyrethroids, piperonyl butoxide, and tetramethrin in rats. Toxicology and Industrial Health, 31(4): 289-297.

Young N, Robin C, Beck C, et al. 2019. Outbreak of diarrhetic shellfish poisoning associated with consumption of mussels, United Kingdom, May to June 2019. Euro Surveillance, 24(35): 2-6.

Zhao X, Li H, Li J, et al. 2020. Novel small molecule retrograde transport blocker confers post-exposure protection against ricin intoxication. Acta Pharmaceutica Sinica, (3): 14.

思 考 题

1. 环境污染如何影响食品安全?
2. 土壤中的重金属如何影响食品安全?
3. 水体富营养化可能引起的食品安全问题是什么?
4. 常见的可能引起食品安全问题的大气污染物有哪些?
5. 农药的滥用如何影响食品安全?
6. 河鲀毒素影响食品安全的机制是什么?
7. 食品中天然存在的动物毒素有哪些?
8. 腹泻性贝类毒素有哪些?食用后中毒危害表现在哪些方面?
9. 食品中天然存在的植物毒素有哪些?

第二篇

食品安全性问题

第五章　动植物类食品的安全性问题

本章思维导图

- 动植物类食品的安全性问题
  - 肉类食品的安全性问题
    - 生物性因素
    - 化学性因素
  - 乳及乳制品的安全性问题
    - 微生物污染
    - 抗生素残留
    - 乳及乳制品掺伪
  - 蛋类食品的安全性问题
    - 蛋类食品的主要安全性问题
    - 减少蛋类食品微生物的新技术
    - 目前蛋类食品安全的国家标准
  - 水产食品的安全性问题
    - 微生物与寄生虫危害
    - 化学危害
    - 物理危害
  - 粮谷类食品的安全性问题
    - 内源性有害物
    - 外部因素产生的有害物
    - 威胁粮谷类食品安全的其他因素
  - 果蔬类食品的安全性问题
    - 物理损伤导致的安全性问题
    - 化学污染导致的安全性问题
    - 微生物侵染导致的安全性问题
    - 威胁果蔬类食品安全的其他因素
  - 豆类食品的安全性问题
    - 细菌及其代谢物
    - 真菌毒素
    - 氰苷
    - 农药残留
    - 重金属污染
  - 食用油脂的安全性问题
    - 食用油脂油料的安全性
    - 油料加工过程的安全性
    - 油料改性过程的安全性
    - 食用油脂包装过程的安全性
    - 食用油脂储存过程的安全性
    - 食用油脂掺伪的安全性

第一节　肉类食品的安全性问题

一、生物性因素

（一）微生物污染

微生物污染可分为细菌污染、病毒污染和霉菌污染。细菌主要包括芽孢杆菌、肠杆菌、球菌、棒状杆菌等，其危害是引发人畜共患病或细菌毒素引起食物中毒；病毒污染包括口蹄疫病毒、猪丹毒、狂犬病毒、流感病毒等，对消费者的危害是引发人畜共患病；霉菌污染包括曲霉菌、青霉菌、镰刀菌等，这类污染主要是霉菌产生毒素，造成消费者急性中毒。

（二）寄生虫污染

寄生虫污染包括血吸虫、有钩绦虫、弓形虫、旋毛虫等，这类污染对消费者的危害主要是因烹调食用不当，可能使人感染人畜共患寄生虫病（孙焕等，2007）。

二、化学性因素

（一）肉类食品中农药污染

肉类食品中的化学农药残留以有机氯农药为主。有机氯农药具有高度的化学、物理和生物学的稳定性，其半衰期长达数年，在自然界极难分解。有机氯农药损害肝组织和肝功能，其急性中毒主要是损害神经系统和肝、肾，慢性中毒主要表现为肝病变、血液和神经系统损害（张妍和姜淑荣，2014）。

（二）肉类食品中兽药残留

对人体危害较大的兽药包括抗生素类、磺胺类、呋喃类、抗寄生虫类和激素类药物。兽药在体内富集会引发各种组织器官病变，危害人体健康。其主要表现为：通过食物链的富集作用蓄积于体内，对人体产生毒作用；长期摄入含有抗菌药物的肉类食品会使体内的敏感菌株受到选择性抑制，从而诱导病原菌产生耐药性并大量繁殖；诱发人体的过敏反应；某些抗菌类兽药通过食物链在人体富集，从而引发癌症、胚胎畸变、基因突变；长期或过量摄入含抗菌兽药的肉类食品破坏微生态平衡，造成消化道内微生态环境紊乱，导致腹泻或引起维生素缺乏。常见的激素类药物残留主要包括己烯雌酚、己烷雌酚、双烯雌酚、雌二酚和盐酸克伦特罗等。摄入激素残留超标的肉类食品，可能会影响消费者的正常生理机能，并具有一定的致癌性，可能导致儿童早熟、发育异常和异性趋向等。

【案例】

2011 年央视 3·15 特别节目《“健美猪”真相》报道了河南省孟州市等地养猪场采用违禁动物药品“瘦肉精”饲养生猪，有毒猪肉流入济源双汇食品有限公司。

事件经相关媒体曝光后，引发广泛关注。自 2011 年 3 月 15 日“瘦肉精”事件曝光至 23 日 18 时，河南全省共排查 50 头以上规模养殖场近 6 万个，确认“瘦肉精”呈阳性的生猪 126 头，涉及 60 多个养殖场；排查 50 头以下散养户 7 万多个，确认“瘦肉精”呈阳性生猪 8 头；同时还查获含“瘦肉精”饲料若干批次。

2011 年 3 月 25 日从“瘦肉精”事件国务院联合工作组获悉，河南“瘦肉精”事件所涉案件调查取得重要突破，肇事“瘦肉精”来源基本查明，并已发现 3 个“瘦肉精”制造窝点。

（三）肉类食品中的添加剂污染

在肉制品加工过程中存在食品添加剂的过量使用和滥用现象。例如，复合磷酸盐超标严重、不按照规定乱加防腐剂、着色剂超标等。硝酸盐和亚硝酸盐的主要作用是保持肉品粉红色的色泽及抑制肉毒梭状芽孢杆菌的生长。在胃酸等环境下亚硝酸盐与食物中的仲胺、叔胺和酰胺等反应生成强致癌物 N-亚硝胺。N-亚硝胺还能够透过胎盘进入胎儿体内，对胎儿有致畸作用。此外，亚硝酸盐能使血液中正常携氧的低铁血红蛋白氧化成高铁血红蛋白，因而失去携氧能力而引起组织缺氧，引起亚硝酸盐食物中毒（姚喜梅和孙源源，2009）。

（四）加工、贮藏过程中产生的有害化学物质

肉类食品加工和贮藏过程中产生的有害化学物质主要包括 N-亚硝基化合物、多环芳烃、杂环胺、油脂氧化及加热时产生的有害物质、丙烯酰胺和包装材料或容器对食品的污染。

（五）肉类注水、注胶和掺伪

注水肉是向畜禽注射阿索本针剂，然后将水管插入畜禽胃部直接灌水，来增加畜禽质量。注胶肉是利用胶体的保水性和凝固性将水分锁住，使畜禽肉吸水量增加 20%以上（李丹等，2015）。注水、注胶肉的食品安全风险在于使用污水灌注，同时伴随使用阿索本针剂（封闭针）、沙丁胺醇等禁用药物。

掺伪作伪或加工差、劣、病死等畜禽危害人体健康。例如，使用皮毛动物如貉、狐狸等假冒其他肉制品，如“酱牛肉”“酱驴肉”，这些皮毛动物重金属含量往往超标，未经检验检疫就流入市场；通过注射牛肉香精、加入色素等方法，用母猪肉冒充其他畜肉；用价格较低的鸡肉、鸭肉通过添加牛油、羊油冒充牛羊肉等。收购病害畜禽，进行制售活动；回收过期肉作为工业生产原料；使用含有致癌物的皮革蛋白粉作为加工原料；使用重金属超标、农药残留的香辛料、辅料等。

第二节　乳及乳制品的安全性问题

一、微生物污染

微生物污染后，在乳中大量繁殖并分解营养成分，造成乳的腐败变质。例如，乳中的乳糖分解成乳酸，使乳 pH 下降呈酸味，并导致蛋白质凝固。蛋白质分解产物如硫化氢、吲哚使乳产生臭味。

污染原料乳的微生物一般包括细菌、酵母菌和霉菌三种，根据其对原料乳品质的影响可分为腐败型微生物和致病型微生物。例如，生乳被假单胞菌、无色杆菌、黄杆菌属、芽孢杆菌等污染，产生酯酶引起脂肪分解，导致酸败；荧光假单胞菌、类蓝假单胞菌、红酵母菌等

可使其颜色改变；大肠杆菌、酵母菌、梭状芽孢杆菌等与乳及乳制品的异常气味有关；假单胞菌属、芽孢杆菌属、变形杆菌属、无色杆菌属、黄杆菌属、产碱杆菌属等产生蛋白酶，分解酪蛋白，使牛乳胨化，同时产生苦味。乳中的致病菌主要是人畜共患传染病的病原体。摄入被有害微生物污染的乳及乳制品，可发生以消化道症状为主的食物中毒。例如，食用被大肠杆菌、金黄色葡萄球菌、变形杆菌、霉菌及其毒素等污染的乳及乳制品，可导致急性或亚急性非传染性疾病；而传染性病原菌可通过牛乳传播到人体致机体患病，患有乳腺炎的乳畜携带结核杆菌、布鲁氏杆菌时，其致病菌通过乳腺排出到乳中，当人食用这种未经卫生处理的乳时可患结核病和布鲁氏杆菌病（于海涛和张甦，2011）。

二、抗生素残留

（一）影响乳制品加工

若原料乳中存有抗生素，发酵乳菌种由于受到抗生素抑制，只能缓慢生长甚至停止生长，这样会使整批乳不能发酵，从而影响发酵乳的正常生产（艾连中，2016）。

（二）导致过敏反应

乳及乳制品主要的抗生素残留包括青霉素类、四环素类、氨基糖苷类、喹诺酮类药物等。经常食用低剂量青霉素、四环素及某些氨基苷类抗生素等残留的食品，能使易感人群出现超敏反应。严重者可发生休克，短时间内出现血压下降、皮疹、喉头水肿、呼吸困难等严重症状。青霉素类是最容易引起过敏反应的一类抗生素，具有半抗原特性，进入机体后，轻者表现为接触性皮炎和皮肤反应，严重者可表现为致死性过敏休克；四环素的变应原性反应比青霉素低，但可引起过敏和荨麻疹。

（三）细菌耐药性

与乳制品相关的乳酸菌、金黄色葡萄球菌、肠杆菌科细菌和沙门菌等，很容易产生耐药性。细菌中的耐药菌株在不断增加，并且可产生交叉耐药性，甚至可通过畜禽产品传染给人体，使抗生素作用大大降低，甚至无效，并导致严重病学及公共卫生问题。

（四）破坏微生态平衡

长期摄入抗生素类残留严重超标的乳，敏感菌受到抑制，而不敏感菌和真菌在人体内大量繁殖，致使某些维生素缺乏，如维生素 B 族和维生素 K，降低免疫力，甚至引起菌群失调，破坏微生态平衡，从而导致肠胃炎等病症。

三、乳及乳制品掺伪

乳制品的掺伪主要有三个方面：一是非法添加外来物，如已经被媒体公开报道过的掺水、尿素、糖、淀粉及三聚氰胺等；二是伪造高品质，如复原乳冒充液态乳、非有机乳冒充有机乳，以及为了提高表观蛋白含量的外源氮非法添加等；三是产地造假，有研究表明，相较于中国品牌，消费者对欧盟品牌具有最高的购买意愿，新西兰品牌次之，因此欧洲和新西兰乳粉可能更容易被其他产地冒充。造假乳粉仍然是以真实的乳源作为原料，仅是对其价值属性进行伪造，导致产地的鉴别比掺伪复杂。

【案例】

2008 年 9 月 8 日甘肃岷县 14 名婴儿同时患有肾结石病症，引起外界关注。至 2008 年 9 月 11 日甘肃全省共发现 59 例肾结石患儿，部分患儿已发展为肾功能不全，同时已死亡 1 人，这些婴儿均食用了三鹿牌 18 元左右价位的乳粉。而且人们发现两个月来，中国多省已相继有类似事件发生，高度怀疑三鹿牌婴幼儿配方乳粉受到三聚氰胺污染。三聚氰胺是一种化工原料，可以提高蛋白质检测值，人如果长期摄入会导致膀胱、肾产生结石，并可诱发膀胱癌。随后，调查人员发现，三鹿集团生产的问题乳粉中，含有禁止添加的三聚氰胺。最终，三聚氰胺事件被定性为重大食品安全事故。2008 年 12 月，三鹿集团宣布破产。2009 年 1 月，多名被告人被判刑。

第三节　蛋类食品的安全性问题

一、蛋类食品的主要安全性问题

（一）微生物污染

蛋类食品中的微生物污染是一个常见问题，这些微生物主要来自两个途径：垂直传播和水平传播（Howard et al.，2012）。垂直传播是指家禽在产蛋前已经感染某些传染病或者被喂养含有污染物的饲料，这些病原体通过血液进入卵巢，在蛋的形成过程中直接污染蛋黄、蛋白、蛋壳膜或蛋壳。水平传播是指在蛋的生产、运输、贮藏环节，微生物通过蛋壳进入内部造成污染。虽然新鲜禽蛋中含有大量的溶菌酶可以在一定程度上抑制细菌的污染，但随着贮藏时间的增加，溶菌酶的活性下降，从而加速细菌的生长。

（二）农兽药残留

家禽养殖过程中抗生素和抗寄生虫药已被广泛用于疾病的治疗与防控，然而超剂量的兽药无法在家禽体内正常代谢，进一步被肠道吸收，并通过血浆输送到卵巢（卵泡和输卵管），从而增加药物残留沉积在体内的风险。同时在养殖过程中喂养的饲料如果受到农药污染，同样也会在家禽肌肉组织、卵巢内残留。许多药物优先沉积在蛋黄或蛋白中，这取决于药物的物理化学性质，如药物与血浆蛋白结合的趋势、疏水性或亲水性及穿过不同组织类型的能力。目前鸡蛋中经常检出的农兽药残留包括四环素、氟喹诺酮、硝基咪唑等。

【案例】

氟虫腈是一种广谱杀虫剂，在杀虫过程中，可能会影响周围畜禽，从而进入人类食物链，被世界卫生组织列为“对人类有中度毒性”的化学品。2017 年 7 月，荷兰陆续检测出大量鸡蛋中含有氟虫腈，随即下达禁售令。由于荷兰是欧洲禽类产品出口大国，受污染鸡蛋及蛋制品所波及的国家几乎覆盖整个欧盟。截至 2017 年 8 月 7 日，欧洲共有 8 个国家发现受污染鸡蛋，分别为比利时、荷兰、德国、法国、英国、瑞典、瑞士、斯洛伐克，引发了欧洲民众对食品安全的担忧。2017 年，仅在比利时就有超过 7700 万枚鸡蛋被销毁，160 万只母鸡被扑杀，比利时的家禽养殖业造成重大经济损失。

（三）重金属污染

禽蛋中的重金属污染主要与养殖环境有关。在养殖过程中使用的肥料与农药中含有的重金属会沉积在家禽体内。同时在工业或城市地区，由于土壤、水源、空气的污染，散养方式养殖的家禽中受污染的蛋的比例要高于圈养方式，而在污染排放量较低的地区，则不存在这种差异（Roszko et al.，2014）。《食品安全国家标准 食品中污染物限量》（GB 2762—2022）明确规定了禽蛋样品中铅、镉和汞等重金属的限量标准分别为0.2mg/kg、0.05mg/kg、0.05mg/kg。

（四）添加剂滥用

为了增加蛋及蛋制品的营养成分，改善其感官性状，延长其保质期，常在蛋制品加工过程中使用一些添加剂，如湿蛋制品加工过程中常需要添加防腐剂。对于食品添加剂的种类和用量，国际和国内食品安全法均有严格的规定，允许加入食品的添加剂用量必须控制在一定的剂量水平之下。蛋及蛋制品生产和加工中已发现一些使用非法添加物的现象。例如，2006年的“苏丹红鸭蛋事件”，一些不法商贩将苏丹红加入鸭饲料中，来生产所谓的“红心鸭蛋”。苏丹红是一种工业染料，有动物实验表明摄入苏丹红后，可能会增加动物患癌症的可能性。

二、减少蛋类食品微生物的新技术

采用先进的冷链管理技术，确保蛋类食品在生产、运输和储存过程中保持适当的温度，这有助于减缓微生物生长并降低腐败的风险；通过对蛋类食品施加高压来杀灭微生物，可以在不改变食品质地和营养价值的情况下有效地减少微生物的数量；食品辐照是利用电子束、γ射线或X射线等辐射对蛋类食品进行杀菌处理的技术，可以有效地杀灭微生物，延长食品的保质期，并减少食品中致病菌的风险；低温等离子技术是一种非热处理技术，通过在低温条件下使用等离子体来灭活微生物，可以在不影响蛋类食品质地和营养成分的情况下有效地减少微生物污染；利用益生菌或其他有益微生物作为生物保鲜剂，可以抑制腐败菌和致病菌的生长，延长蛋类食品的保质期。

三、目前蛋类食品安全的国家标准

目前我国已经推出多条国家强制性标准，包括《食品安全国家标准 蛋与蛋制品》（GB 2749—2015）、《食品安全国家标准 蛋与蛋制品生产卫生规范》（GB 21710—2016）、《食品安全国家标准 食品中农药最大残留限量》（GB 2763—2021）等，但是我国的禽蛋生产大多数依然处于家庭作坊模式，在产业化水平较低的情况下，标准的实施面临着较大难度。同时由于蛋类食品的生产方法与规模的不同，产品污染的因素和机制需要具体问题具体分析，因此需要进一步完善相关法律法规，建立更加科学有效的标准体系，为消费者的食品质量安全保驾护航。

第四节 水产食品的安全性问题

一、微生物与寄生虫危害

（一）细菌

涉及水产品的致病菌通常可分为两组，一组是水产品自身原有的细菌，广泛分布于世界各地的水环境中，并受气温影响，如李斯特菌、霍乱弧菌；另一组是水产品在加工过程中由于处理不当而污染的细菌，如沙门菌、金黄色葡萄球菌。

（二）病毒

食源性病毒一般源自人类胃肠道，由于污水污染、卫生条件差或食品加工商的污染而存在于水和食品中。水产品的病毒污染是一个被广泛关注的食品安全问题，大多数涉及水产品的疾病都是由病毒引起的，尤其是诺如病毒，它是世界各地人类病毒性胃肠炎的最常见原因，并可能损坏小肠内壁，导致患者腹泻和呕吐。

（三）寄生虫

将水产品暴露在正常的烹饪温度或冷冻条件下，寄生虫会在极端条件下被杀死，因此不再被视为健康风险。食用来自生鱼或鱼的未煮熟部分会导致消费者感染寄生虫，特别是对于免疫系统较弱或有肝疾病的人。

二、化学危害

引发化学性风险的物质可以分为内源性和外源性，内源性毒素是指食品本身含有的对人体有一定危害的物质；外源性毒素包括渔业用药、各种有机/无机污染物及添加剂等。这些化学危害因素主要分为生物胺、生物毒素和兽药残留。

（一）生物胺

组胺、腐胺和尸胺等生物胺被广泛认为是鱼类腐败的指标（Biji et al.，2016）。在发酵、盐渍、腌制和熟化等制造过程中，以及在储存温度不当的情况下，生物胺形成的可能性会增加。就水产品的毒性而言，组胺是所有生物胺中最重要的一种，也是由摄入水产品引起的食源性疾病的最常见原因之一。为了降低生物胺的水平，已经提出许多方法，如添加剂、包装、辐照、巴氏杀菌、发酵剂培养、控制温度，这些方法可以抑制微生物生长和生物胺的形成（Doeun et al.，2017）。

（二）生物毒素

在世界范围内的淡水和海洋环境中存在大量带有生物毒素的鱼类，主要包括河鲀、石斑鱼和马鲛鱼等。人类食用有毒的鱼和贝类，会出现腹泻、呕吐等各种中毒症状。常见的鱼类生物毒素主要包括河鲀毒素、雪卡毒素、鲭鱼毒素等。

【案例】

据澳大利亚《悉尼晨锋报》报道，霍利斯是新南威尔士州一家退伍及现役军人俱乐部的工作人员，2014 年初，在食用一份马鲛鱼的午餐后，霍利斯出现了类似食物中毒的疼痛，住院几天后她被确诊持续性神经损伤。

这种疾病是由一些鱼类体内的毒素引起的，这些毒素通过海洋微藻产生，尤其是冈比甲藻属。这些藻类被鱼类吞食后，便从食物链向上一层层传递，进而危害人类健康。

（三）兽药残留

在水产养殖鱼类中使用未经批准的药物或滥用批准的药物会对人类健康构成潜在危害。这些物质可能有毒、致敏或致癌，并导致人类的病原体对抗生素产生耐药性。常见的兽药和药物添加剂有抗生素、磺胺类、呋喃类、激素等。

三、物理危害

在水产品的养殖、捕捞、加工、贮运等阶段，消费者容易产生物理危害，导致个人损伤。与物理危害相关的事件中，大多数涉及牙齿不适、口腔损伤，以及食道、腹部或其他器官创伤。这些危害来源包括在加工时残留在鱼肉中的鱼刺、贝壳碎片、蟹壳碎片，机械设备上脱落的金属碎片、注射针，以及在包装、贮运阶段中的玻璃碎片等。目前，降低物理危害的手段通常包括人工筛选、在线金属检测、磁铁设备、X 射线技术、筛网等。但此类手段常常会使食品工业成本提高。

第五节　粮谷类食品的安全性问题

一、内源性有害物

内源性有害物是指本身固有的对人畜有毒的化学成分。例如，植酸主要存在于豆科植物的种子、谷物的麸皮和胚芽中，一方面，由于人类缺少植酸酶，基本不能消化植酸，因此植酸对人类而言几乎没有营养价值；另一方面，植酸能与许多矿物质结合成不可溶且非常稳定的化合物，可能会使人因缺乏矿物质而威胁健康。此外，植酸还会抑制许多消化酶的活性，因此大量摄入植酸会造成肠道微生物菌群失衡，继而造成自身免疫性问题。与植酸类似的还有单宁，它被认为是一种抗营养素，因为它同样会抑制某些消化酶。

此外，转基因食品本身可能具有潜在的危险。由于转基因食品的基因发生了变化，可能会触发人体的过敏反应（王晨宇，2018）。

二、外部因素产生的有害物

（一）粮谷中的农药残留

目前，危害粮谷安全的农药主要包括有机氯农药（organochlorine pesticide，OCP）、有机磷农药（organophosphorus pesticide，OPP）、氨基甲酸酯类农药和三嗪类农药等。

（二）粮谷中的真菌毒素

由丝状真菌代谢产生的次级代谢产物称为真菌毒素，农作物、食品及饲料等植物性产品都会受到真菌毒素的侵染（郭丽丹，2018；李旭，2016）。真菌毒素污染粮谷是影响人类食物安全的重要因素，受到各个国家重视。真菌毒素不仅可以污染粮谷造成经济损失，还对人类有“三致”（致癌、致畸、致突变）作用，危害人类健康（Wan et al.，2020）。

【案例】

1974年10月，印度西部地区以玉米为主食的200个村庄，发生黄曲霉毒素引起的肝炎暴发，持续两个月。患者397例，以男性居多，数量为女性的2倍，未见婴儿患病，接触者均未发病，106例死亡。此次肝炎流行前，该地曾意外下雨致使储存玉米发霉。霉变玉米外观变色皱缩，从中分离出黄曲霉菌，黄曲霉毒素含量为6.25～16.5mg/kg，远远超过世界卫生组织的最高允许浓度（0.03mg/kg）。7份患者血清中有2份发现黄曲霉毒素，进一步支持黄曲霉毒素与肝炎之间的因果关系。

黄曲霉毒素（aflatoxin，AFT），是黄曲霉和寄生曲霉等某些菌株产生的双呋喃环类毒素，也是自然界中已经发现的真菌毒素中毒性最强、理化性质最稳定的一类霉菌毒素，粮谷及其制品若受淋、受潮、通气不良、堆压时间过长，均会产生黄曲霉毒素。此外，伏马菌素、单端孢霉烯族毒素、赭曲霉毒素、玉米赤霉烯酮、麦角生物碱等也常在粮谷类作物感染后被检测到。

（三）粮谷中的重金属残留

工业“三废”和城市生活污水的排放等使得农田土壤环境日益恶化，包括铅、砷、镉在内的多种重金属通过作物生长过程的吸收和累积而直接进入粮食内部，经过食物链蓄积进入人体内，引起严重的疾病。我国每年都会有1200万吨粮食遭到不同程度的污染导致重金属超标，直接经济损失可高达到200亿元。

三、威胁粮谷类食品安全的其他因素

除上述因素外，谷物在干燥过程中不适当燃料的燃烧会导致多环芳烃、二噁英等有毒物质的积累；粮谷贮藏过程中，害虫的代谢活动也会导致粮食质量下降；粮谷加工环节违法添加非食用物质、滥用食品添加剂等问题。

第六节　果蔬类食品的安全性问题

一、物理损伤导致的安全性问题

（一）温度胁迫

1. 过冷　低温通常对果蔬贮运是有利的，但不适宜的低温则会对其造成低温伤害（邓扬悟等，2012），根据低温程度和受害情况，可分为冷害和冻害。冷害是指在果蔬生长发育期间，某个时期温度降至0℃以上，但低于适宜生长的最低温度，导致出现叶片黄化、萎蔫、落花落果、果畸形等危害的情况；冻害是指果蔬在冰点以下低温时由于发生冻结而造成的伤害，发生冻害的果蔬表现为叶片如烫伤状，组织因细胞失去膨压而变软，叶色变为褐色，严重时死亡。

2. 过热　过热对果蔬品质的影响在种植和采摘两个过程中均有体现。果蔬种植环节中，高温伴随的长日照使果实表皮产生日灼斑，先变白，继而褐变。果蔬采摘时品温高、带有大量的田间热，果实呼吸旺盛，持续释放大量的呼吸热，如果不及时冷却，将会加速果实成熟和衰老，影响贮藏或运输，降低果蔬品质，严重时还会造成腐烂。

（二）湿度胁迫

当蔬菜根系从土壤中吸收的水分不能满足植株蒸发的需求，就会造成蔬菜植株叶片卷曲、脱落，品质变劣、产量下降，甚至枯萎、干死。例如，大白菜的干烧心病、番茄的脐腐症等。另外，在贮藏期间，若湿度过低，果蔬水分蒸发加快，易发生萎蔫，并加强呼吸作用，营养物质消耗增多，不利于贮藏与保鲜；反之，果蔬贮藏过程中，高湿环境为病菌侵染提供温床，造成果蔬的腐烂。

（三）机械损伤

果蔬的机械损伤是指其在采收、分级包装、装卸搬运、贮藏、运输、加工和销售等各个环节因受到挤压、跌落、碰撞、摩擦而造成的果实变形、果皮和果肉破损的现象。机械损伤对果蔬的安全性影响主要体现在以下三个方面：一是受损的伤口周围会发生愈伤反应，旺盛的生长会引起果蔬呼吸作用明显增强并导致发热；二是果蔬伤口失去外表皮的保护作用，更容易被病原菌侵染，引起病害、腐烂，此外，机械损伤会直接造成果实受伤部位的细胞结构破坏，导致水分和汁液流失，为微生物的繁殖提供有利条件；三是植物组织受伤后会诱导乙烯释放增加，加速果蔬衰老。机械损伤加速了微生物对果蔬的侵害，导致果蔬发生霉变，使果蔬的品质和安全性大大降低（张茜等，2018）。

（四）气体伤害

气体伤害主要是破坏了果蔬的正常呼吸代谢，在细胞中积累有害物质损伤细胞壁的完整性，从而影响果蔬的品质（张克宏和杜俊娟，2007）。低氧伤害是果蔬贮藏过程中氧气含量过低引起的生理伤害，主要症状是果蔬表皮组织局部塌陷、褐变、软化，不能正常成熟，产生乙醇和异味。高二氧化碳伤害与低二氧化碳伤害类似。此外，还有氨气伤害、乙烯伤害和二氧化硫伤害等，均会影响果蔬类食品的安全性（Oliveira et al.，2015）。

二、化学污染导致的安全性问题

在果蔬生长过程中，为促进农产品的生长品质或提高农产品的生产量而超量使用农药和肥料，容易造成果蔬产品的农药残留和重金属残留超标，此处不再赘述，可参见本章第五节“二、外部因素产生的有害物”部分。

此外，针对果蔬在采摘后的腐烂损耗，如果添加过量保鲜剂、清洗不当或为谋取利益添加非法化学试剂，均会产生食品安全隐患（邰海燕等，2005）。另外，果蔬清洗用的清洗剂、包装材料灭菌用的消毒剂残留，也造成化学危害。

三、微生物侵染导致的安全性问题

蔬菜组织中含酸量较低，更易遭受细菌的侵染；鲜切水果中含酸量高，有利于真菌的生长。单核细胞增生李斯特菌、金黄色葡萄球菌、大肠杆菌 O157: H7、沙门菌被世界卫生组织列为四大重要的食源性致病菌（Balali et al.，2020），造成果蔬的安全隐患。

【案例】

2022 年 2 月 1 日，根据美国疾控中心的报告，新鲜蔬果供应商都乐（Dole）加工生产的袋装蔬菜沙拉感染李斯特菌，已导致美国 13 个州的 17 人患病，2 人死亡。报告称，该沙拉以 11 个品牌销售，包括都乐、克罗格（Kroger）和 Nature's Promise 等。去年 10 月底，在抽检中，这批产品中被检测出单核细胞增生李斯特菌呈阳性，此后，都乐公司召回了在十几个州销售的沙拉产品，召回产品的“最佳使用时间”为 2021 年 11 月 30 日至 2022 年 1 月 9 日。

四、威胁果蔬类食品安全的其他因素

氮肥的过量施用可能会导致硝酸盐在蔬菜植株体内富集，影响农产品质量安全。此外，果蔬自身的内源性毒素也会对人体带来威胁。例如，萝卜、大豆等十字花科蔬菜，它们进入人体代谢产生甲状腺毒性物质硫氰酸，可引起甲状腺激素分泌不足、甲状腺代偿性增大。生豆角中的皂素和香豆素，有凝集和溶解红细胞作用，刺激胃肠黏膜，使人出现恶心、呕吐、腹痛、腹泻的症状，甚至有可能会引起溶血。

第七节 豆类食品的安全性问题

一、细菌及其代谢物

某些乳酸菌（干酪乳杆菌和乳酸杆菌）、芽孢杆菌、链球菌、金黄色葡萄球菌等会在适当的环境下将生物胺前体转化为生物胺（biogenic amine，BA）。生物胺是危害人体健康的有毒物质，研究表明当 BA 总含量达到 1000mg/kg 时会对人体健康构成极大的威胁（Yang et al., 2014）。

二、真菌毒素

真菌毒素会通过食物链富集作用威胁人类健康和畜禽养殖安全，其种类包括赭曲霉毒素 A、橘青霉素、丝核素、玉米赤霉烯酮、脱氧雪腐镰孢菌烯醇、3-乙酰基脱氧雪腐镰孢菌烯醇和 15-乙酰基脱氧雪腐镰孢菌烯醇等（Akinfala et al.，2020）。

三、氰苷

食用豆类制品（如普通蚕豆、鹰嘴豆）等含有少量氰苷，氰苷被机体摄入后，通过酸或 β-葡糖苷酶降解，在某些情况下会释放氢氰酸，从而对人的神经中枢和血管运动中枢产生危害。蚕豆（如利马豆）含有高含量的氰苷，被食用后会引起严重的溶血性贫血。

四、农药残留

豆类生产中施用的农药主要包括有机磷类、有机氯类、氨基甲酸酯类及拟除虫菊酯类等。

具体涉及啶虫脒、氯氰菊酯、λ-三氟氯氰菊酯、水胺硫磷和福美双等。

【案例】

2010年初，武汉首先披露查出海南产豇豆含有禁用农药后，广州、深圳、杭州等地也先后查出了毒豇豆。经武汉市农业检测中心对集贸市场销售的海南产豇豆的多次检测结果显示，均发现含有高毒农药——水胺硫磷。武汉市农业局规定，从2010年2月7日起，三个月内禁止任何地区生产的豇豆流入武汉市场。

乐东县是海南豇豆主产区，种植面积共有7万亩①左右。据调查，在乐东县冲坡镇抱旺村的豆角产地，在一段不到100m的田头，多个高浓度甲胺磷药品空瓶被丢弃在路边。虽然早在2004年，海南省就已经明确立法禁止高毒农药在省内销售和使用，但因为高毒农药成本低、利润高，通过熟人仍然可以在当地农药店买得到。三亚市崖城镇是海南另外一个豇豆主产区，也是豇豆事件曝光的主产地。崖城镇有大大小小的农药店近200家，高毒农药不但可以在很多药店买到，还明码标价。在崖城地区，甲胺磷等高毒农药在广泛使用。

湖北、广东、杭州、合肥等地都发现海南一些地方生产的豇豆农药残留超标，农业部（现为农业农村部）下发了紧急通知，要求各地加强产品生产环节的监督。武汉共销毁有毒豇豆3.6吨，阻止近25吨海南豇豆进入武汉市场。

五、重金属污染

豆类作物在生长过程中会富集种植区土壤、肥料、农药、灌溉水及周边环境输入的重金属，容易受其污染，其中，铬、镍、镉、铅、锰、铜、锌、砷和铁是较为常见的重金属污染元素（Wei and Cen，2020）。这些重金属的污染都极具隐蔽性，一般不会引起急性中毒，同时又具有生物不可降解的特性，食物链污染是这些有毒污染物进入人体的重要途径之一，长期进食重金属污染的食物极易对机体产生健康危害，造成不可逆的损伤。

第八节 食用油脂的安全性问题

一、食用油脂油料的安全性

有机氯、有机磷等化学农药会通过人为喷洒、地下水等多种途径进入油料作物中（刘长鹏等，2004）。有研究证明，过量使用高毒、高残留有机氯和有机磷农药会致使农药在收获后的油料上残留量大大超标，且经过精炼也不能完全去除。

油料作物中存在天然的有毒有害成分，如棉籽中的棉酚，油菜籽中的硫苷、芥酸和硫代葡萄糖苷等。其中棉酚常常在榨油时进入毛棉油中，含量为0.24%～0.40%，远超过棉籽油的国家卫生标准（0.02%）（刘薇等，2004）。食用高棉酚含量的毛棉油会对机体的心脏、肝和肾等的实质细胞、神经和血管造成危害，并且会伴随着体温调节障碍、生殖系统受损、血清钾降低等一系列急性中毒症状，严重者可能会威胁生命安全。另外，油菜籽中的硫代葡萄糖苷是辛辣味与臭味物质的来源，经过分解产生的异硫氰酸酯产物会引起甲状腺肿大。

油料如花生和玉米等在储存过程中极易受到湿度的影响从而滋生霉菌，霉菌产生的相应

---

① 1亩≈666.7m^2

代谢产物霉菌毒素如黄曲霉毒素、玉米赤霉烯酮等经过榨取后进入毛油中，会对油脂的气味和滋味产生影响，并对人体和动物有高度致死性、致畸性等危害。

二、油料加工过程的安全性

油料的加工工艺主要有压榨法和浸出法两种。压榨法可以得到天然的植物油脂，其安全性主要与空气湿度、温度等生物化学指标密切相关；浸出法最大的安全性主要与浸出所用的溶剂含量有关，在油脂加工过程中使用的浸出溶剂应当是符合国家标准允许使用的溶剂，且浸出原油的溶剂残留不得超过 100mg/kg。

经过浸出法简单提取后的毛油中含有过多的杂质、水分及磷脂等成分，会对油脂的品质及储存时间产生较大的影响。由于其自身固有的天然危害物组分，食用经过简单加工后的毛油可能会导致食物中毒甚至损害机体健康。

三、油料改性过程的安全性

在氢化加工过程中，油脂会产生多种双键位置和空间构型不同的异构体，以反式脂肪酸为主。其中，氢化植物油的反式脂肪酸含量高达 34.3%，起酥油中的反式脂肪酸含量也高达 31.7%。研究表明，反式脂肪酸与多种疾病密切相关，如心血管疾病、糖尿病。

另外，在食用油脂热脱色过程中，通常将油脂加热至 240～270℃（刘玉兰和汪学德，2003）。这一过程会导致油脂中的二烯酸酯、三烯酸酯发生热聚合反应产生聚合甘油酯。这些高熔点的酯类消化利用率较低，容易在肝等器官囤积，或者与胆固醇协同沉积在血管内壁，导致一系列心血管疾病。

四、食用油脂包装过程的安全性

食用油脂通常与包装材料直接进行接触，因而包装选用的材料种类、卫生状况等都会在一定程度上对油脂的品质和储藏产生影响。例如，气体阻隔性差的包装材料会使食用油脂在贮藏过程中发生氧气的渗透，从而加速油脂的氧化进程使油脂酸败，缩减其保质期。

五、食用油脂储存过程的安全性

食用油脂在储存过程中受到微生物、空气、水、光照、温度等因素影响，发生氧化酸败产生游离脂肪酸，酸价和过氧化值显著增加、产生哈喇味等导致油脂无法食用，甚至危害人体健康。例如，食用酸败的鱼肝油会导致心肌损伤、动脉粥样硬化及心脏病相关疾病（陈媛等，2001）。

六、食用油脂掺伪的安全性

食用油脂的掺伪主要包括以下几种途径，如将价格相对低廉的油脂如大豆油、玉米油等添加到价格相对较高的橄榄油中；将劣质橄榄油添加到初榨橄榄油中；更恶劣的是将废弃的油脂如潲水油、反复煎炸后的变质油等加入常规食用油中进行售卖。潲水油、反复煎炸后的变质油经过下水道收集及简单的加工提炼后，仅仅会使其一定程度上澄清，但实际上油脂中含有多种有毒危害物质，如果直接食用会诱发多种疾病。

【案例】

关于假冒食用油，2018年的央视报道曾引起一片轰动。据央视财经《经济信息联播》曝光，浙江省某批发市场中，橄榄调和油非常热销，虽然这些橄榄油来自不同厂家，但产品包装上都标称“特级初榨橄榄”和“橄榄原香”，且字号都很大，而作为产品属性的“食用调和油”的字号却很小。

记者采访生产厂家，发现了其中的蹊跷。按照正常市场规律，这些油的原料成本早已超过售价，但却依然能营利，公司负责人承认：“商人不会做亏本买卖，配料上动点手脚很正常”。

随后，记者对周边工厂进行调查，发现这种“偷天换日”的情况并不少见。某厂回应记者：“总配方基本上差不多，这么低价肯定不可能都是‘好东西’，但比勾兑地沟油好太多，吃不死人……”

原来，无论是在温州市场上的所谓高端调和油，还是福建企业重新推出的食用调和油，其实很大一部分都是同一种油。这种油出厂价基本一致，配料表大同小异，对外打着“高端调和油”的旗号，而瓶身里面装的，竟然都是勾兑出来的假冒伪劣产品。

记者从福州市市场监督管理局获悉，福建省、市、县三级食品监管部门执法人员已组成执法检查组第一时间赶赴上述企业开展全面调查。截至2018年4月1日22:30，检查组已对曝光的相关厂家的疑似问题食用油、台账和标签进行了封存，责令相关企业停止生产并召回相关问题产品。相关案情初查情况已通报公安部门。福州市市场监督管理局相关负责人表示，下一步将继续深入彻查，督促落实食品安全主体责任，监督追踪问题产品召回情况，同时在全市食用油企业中开展专项治理，进一步规范标签标识，保障食品安全。

参考文献

艾连中. 2016. 发酵乳制品质量安全问题及控制技术. 食品科学技术学报，34（1）：16-20.
陈媛，陈智斌，张立伟. 2001. 食用油脂安全性及对人体健康的影响. 西部粮油科技，（2）：42-45.
邓扬悟，张萍，陈火平，等. 2012. 果蔬冷藏损伤及其生理机制与对策研究. 安徽农业科学，40(29)：14473-14477.
郜海燕，于震宇，陈杭君，等. 2005. 果蔬农产品的食品安全问题. 农产品加工，（4）：17-19.
郭丽丹. 2018. 谷物中25种真菌毒素的固相萃取液相色谱——串联质谱同时分析方法及其应用研究. 厦门：厦门大学硕士学位论文.
李丹，王守伟，臧明伍，等. 2015. 我国肉类食品安全风险现状与对策. 肉类研究，（11）：34-38.
李旭. 2016. 影响粮食质量安全的生产性因素分析. 淄博：山东理工大学硕士学位论文.
刘薇，伊平河，赵玲，等. 2004. 电导率法快速鉴别潲水油. 城市环境与城市生态，17（3）：4-6.
刘玉兰，汪学德. 2003. 油脂制取与加工工艺学. 北京：科学出版社.
刘长鹏，周建新，王明洁，等. 2004.食用植物油质量安全存在的隐患与对策. 中国油脂，（5）：10-13.
孙焕，薛元力，赵榕，等. 2007. 肉类生产的安全问题及发展建议探讨. 肉类研究，（9）：36-38.
王晨宇. 2018. 转基因食品的危害分析. 辽宁广播电视大学学报，（2）：82-84.
姚喜梅，孙源源. 2009. 我国肉类产品存在的安全问题及对策. 肉类研究，（7）：6-8.
于海涛，张甦. 2011. 乳与乳制品质量安全问题探析. 黑龙江八一农垦大学学报，23（4）：53-56.
张克宏，杜俊娟. 2007. 叶菜类蔬菜气调保鲜包装研究. 包装工程，（1）：49-52.
张茜，李洋，王磊明，等. 2018. 果蔬机械损伤特性研究进展. 食品研究与开发，39（1）：193-199.

张妍，姜淑荣. 2014. 食品卫生与安全. 2 版. 北京：化学工业出版社.

Akinfala T O, Houbraken J, Sulyok M, et al. 2020. Moulds and their secondary metabolites associated with the fermentation and storage of two cocoa bean hybrids in Nigeria. International Journal of Food Microbiology, 316:108490.

Balali G I, Yar D D, Afua Dela V G, et al. 2020. Microbial contamination, an increasing threat to the consumption of fresh fruits and vegetables in today's world. International Journal of Microbiology, 22: 15-18.

Biji K B, Ravishankar C N, Venkateswarlu R, et al. 2016. Biogenic amines in seafood: A review. Journal of Food Science and Technology, 53(5): 2210-2218.

Doeun D, Davaatseren M, Chung M S. 2017. Biogenic amines in foods. Food Science and Biotechnology, (6): 1463-1474.

Howard Z R, O'Bryan C A, Crandall P G, et al. 2012. *Salmonella enteritidis* in shell eggs: Current issues and prospects for control. Food Research International, 45(2): 755-764.

Oliveira M, Abadias M, Usall J, et al. 2015. Application of modified atmosphere packaging as a safety approach to fresh-cut fruits and vegetables: A review. Trends in Food Science & Technology, 46(1): 13-26.

Roszko M, Szymczyk K, Jędrzejczak R. 2014. Influence of hen breeding type on PCDD/F, PCB & PBDE levels in eggs. Science of the Total Environment, 487: 279-289.

Wan J, Chen B, Rao J. 2020. Occurrence and preventive strategies to control mycotoxins in cereal - based food. Comprehensive Reviews in Food Science and Food Safety, 19(3): 928-953.

Wei J, Cen K. 2020. Contamination and health risk assessment of heavy metals in cereals, legumes, and their products: A case study based on the dietary structure of the residents of Beijing？ Journal of Cleaner Production, 260: 121001.

Wu T, Jiang Q, Wu D, et al. 2019. What is new in lysozyme research and its application in food industry? Food Chemistry, 274: 698-709.

Yang J, Ding X, Qin Y, et al. 2014. Safety assessment of the biogenic amines in fermented soya beans and fermented bean curd. Journal of Agricultural and Food Chemistry, 62(31): 7947-7954.

思 考 题

1. 污染肉类食品的微生物有哪些？
2. 抗生素残留对乳及乳制品的负面影响有哪些？
3. 微生物污染禽蛋的途径有哪些？
4. 避免水产品寄生虫危害的方法有哪些？
5. 威胁粮谷类食品安全性的因素有哪些？
6. 果蔬类食品在采收后仍具有生命特征，请简述造成其采后食用安全的隐患。
7. 豆制品中农药残留的危害有哪些方面？
8. 潲水油中常常含有哪些危害物质？

第六章　饮料和饮品类食品的安全性问题

本章思维导图

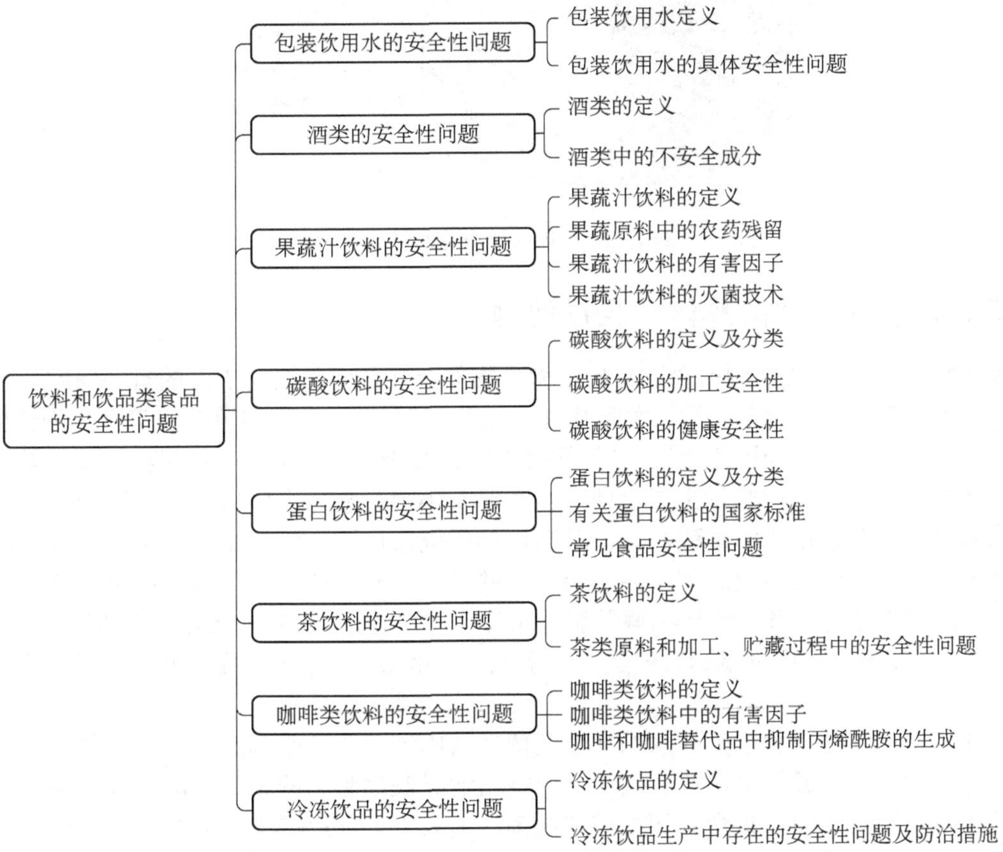

第一节　包装饮用水的安全性问题

一、包装饮用水定义

包装饮用水是指采用瓶、桶包装的饮用水。按照《饮料通则》(GB/T 10789—2015)，我国包装饮用水分为饮用天然矿泉水、饮用天然泉水、其他天然饮用水、饮用纯净水、饮用矿物质水、其他包装饮用水六类。《食品安全国家标准 包装饮用水》(GB 19298—2014)规定：除天然矿泉水另有国家标准外，市场上的包装饮用水只分为饮用纯净水和其他饮用水两类。我国包装饮用水的水源主要有以下两种：一是来自公共供水系统的水；二是来自非公共供水系统的地表水或地下水。根据中国饮料工业协会公布的数据显示，2017 年全国饮料行业产量中，包装饮用水占 53%，果蔬汁饮料占 12%，碳酸饮料占 10%（图 6-1）。目前，国内包装饮用水产业总体情况呈现出产业群体量大、布局分散、经营者良莠不齐的现象。据统计，2017 年国内食品生产加工企业约 18 万家，而包装饮用水生产企业超过 1 万家（廖振宇等，2017）。

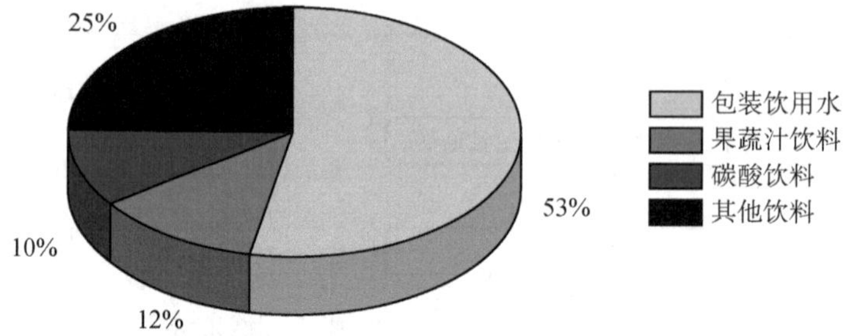

图 6-1 2017 年饮料产业产量分布图

二、包装饮用水的具体安全性问题

WHO《饮用水水质准则》明确指出，微生物安全性是威胁饮用安全的首要问题。包装饮用水的主要质量问题是菌落总数、大肠菌群、霉菌、酵母菌、铜绿假单胞菌等微生物超标（吴清平，2015）。《食品安全国家标准 包装饮用水》（GB 19298—2014）对菌落总数、霉菌、酵母菌等指标进行删除，此类卫生指示菌一般情况下不会影响公众健康，而过度控制卫生指示菌和杀菌可能导致饮用水中溴酸盐含量升高，构成健康风险。而且由于国际上没有饮用水中金黄色葡萄球菌、沙门菌及志贺菌相关指标，并且没有充分的科学依据，故也将其删减。但保留了大肠菌群指标，并新增铜绿假单胞菌指标（王翠竹，2015）。此外，重金属超标（铅、砷、铜等）、其他危害物质超标（溴酸盐、余氯、甲醛等），均是包装饮用水中存在的安全性问题。

铜绿假单胞菌是一种常见的水源性致病菌，其广泛存在于水源水及各类型包装饮用水中（张淑红等，2011）。近年来，包装饮用水中检出铜绿假单胞菌的报道日渐增多，甚至引起了食源性中毒。饮用水中如果含有铜绿假单胞菌，被人大量饮用或被胃肠黏膜有损伤的人、婴幼儿饮用，可能会导致腹泻，严重者甚至可能感染该菌并引发相关疾病。

2020 年 6 月 15 日，青岛市崂山区市场监督管理局接到食品生产监管科转来的食品案源信息移交表，青岛天隐泉饮料有限公司生产的食品（包装饮用水、规格型号：18.9L/桶，生产日期：2020-06-01）经抽样检验，标签项目不符合《食品安全国家标准 预包装食品营养标签通则》（GB 28050—2011）要求，铜绿假单胞菌项目不符合《食品安全国家标准 包装饮用水》（GB 19298—2014）要求，检验结论为不合格。如果水源受到污染或只进行了较为简单的水生产加工工艺；或生产过程中卫生控制不严格，从业人员的手未经消毒直接与矿泉水或容器内壁接触；或包装材料未进行彻底清洗消毒，都可能导致铜绿假单胞菌进入饮用水中。

桶装水安全性问题是包装饮用水安全性问题的主体。国内许多包装饮用水生产小作坊均未取得国家食品生产许可，生产设备大多简单，在生产加工过程中，只是将自来水进行简单的沉淀、过滤后进行灌装，生产场所微生物控制不严格，卫生条件不达标，精滤、杀菌、反渗透等工艺环节不完善，所生产的桶装水中重金属、铜绿假单胞菌等有害物质严重超标，不能达到包装饮用水食品安全标准，长期饮用这样的水将对人们的身体健康造成很大的危害。

桶装水行业准入门槛较低，大量桶装水生产商户的涌入也使得桶装水市场频频出现各种问题，如水品质存在问题、水质量不达标、冒充品牌的“假水”等。在2021年四川省发布的桶装水质量监测报告中也显示，共有4家生产企业的13款桶装水品质不合格，未达标的项目主要是铜绿假单胞菌、大肠菌群等指标。

第二节 酒类的安全性问题

一、酒类的定义

酒类是指酒精度（乙醇含量）达到一定量的含酒精饮料。按酿制工艺划分，可分为蒸馏酒、发酵酒和配制酒。按乙醇含量划分，可分为高度酒、中度酒和低度酒。按商品大类划分，可分为白酒、黄酒、啤酒、葡萄酒及果露酒。酒体中的邻苯二甲酸酯类化合物（余涵，2021）、氨基甲酸乙酯（ethyl carbonate，EC）、甲醇、甲醛等物质，加工环节中混入的污染物和原料中的赭曲霉毒素都会造成酒类的安全性问题。因此酒类的质量监督、风险监测和市场监督等环节尤为重要，酒类的安全性问题也越来越受到国家、市场和消费者的重视。

二、酒类中的不安全成分

（一）邻苯二甲酸酯

邻苯二甲酸酯（PAE）又称为酞酸酯，作为塑化剂在环境中普遍存在，白酒中塑化剂既可以来自环境污染，也可来自包装材料迁移污染。经溯源分析发现塑料管道中的PAE容易迁移至酒中，是导致白酒中存在PAE的主要因素。另外，其他生产环节中各种管道的塑料密封垫中的PAE迁移也是白酒中存在PAE的因素之一。我国对食品中的PAE含量有着严格的规定，根据《食品安全国家标准 食品中邻苯二甲酸酯的测定》(GB 5009.271—2016)，检测方法不同，含量标准也不同。第一种方法（气相色谱-质谱法、同位素内标法）规定，食品中邻苯二甲酸二正丁酯（DBP）定量限为0.3mg/kg，除DBP外其他15种邻苯二甲酸酯定量限均为0.5mg/kg。第二种方法（气相色谱-质谱法、外标法）规定，食品中邻苯二甲酸二异壬酯（DINP）的定量限为9.0mg/kg，其他成分含量限定与第一种方法一致。

（二）甲醇

酒类在酿造过程中，由于原料的植物细胞壁及细胞间质的果胶中含有甲醇酯，在曲霉的作用下放出甲氧基，进而形成甲醇。甲醇对中枢神经系统有麻醉作用，过量可致视神经和视网膜病变。因此，我国对酒类中甲醇的检测方法和定量都有严格的规定。根据《食品安全国家标准 食品中甲醇的测定》(GB 5009.266—2016)，使用内标法定量：蒸馏除去发酵酒及其配制酒中不挥发性物质，加入内标（乙醇、蒸馏酒及其配制酒直接加入内标），经气相色谱分离，氢火焰离子化检测器检测，方法检出限为7.5mg/L，定量限为25mg/L。

（三）氨基甲酸乙酯

氨基甲酸乙酯又称为尿烷，是发酵食物和酒精饮品在发酵或储存过程中天然产生的污染物。酒精饮品中的各种物质及其分解物经发酵后均可产生氨基甲酸乙酯。这些前体物质（如尿素、氰酸酯和瓜氨酸）与乙醇发生化学作用，在酒精饮品中产生氨基甲酸乙酯，而产生的数量取决于光线和高温两大要素。

《食品安全国家标准 食品中氨基甲酸乙酯的测定》（GB 5009.223—2014）规定了啤酒、葡萄酒、黄酒、白酒等酒类及酱油中氨基甲酸乙酯含量采用气相色谱-质谱法测定。试样加氨基甲酸乙酯-D5内标后，经过碱性硅藻土固相萃取柱净化、洗脱，洗脱液浓缩后，用气相色谱-质谱仪进行测定，使用内标法定量。当试样取2g时，氨基甲酸乙酯检出限为2.0μg/kg，定量限为5.0μg/kg。

（四）赭曲霉毒素

赭曲霉毒素在霉变谷物、饲料等最常见。其中与人类健康关系最密切的是赭曲霉毒素A。在酒类酿造过程中，赭曲霉毒素会和酿造的原料一起留在酒体当中。赭曲霉毒素A对动物和人类的毒性主要有肾毒、肝毒、致畸、致癌、致突变和免疫抑制作用。因此，我国对酒类及其他食品中的赭曲霉毒素A的量都设有相应规定。《食品安全国家标准 食品中赭曲霉毒素A的测定》（GB 5009.96—2016）规定酒类的检出限和定量限分别为0.5μg/kg和1.5μg/kg。此外，针对出口葡萄酒，国家还有额外的规定。《出口化妆品中多种禁限用着色剂的测定 高效液相色谱法和液相色谱-串联质谱法》（SN/T 4575—2016）规定了出口葡萄酒需采用液相色谱-质谱/质谱法测定赭曲霉毒素A，定量限为0.20μg/L。

第三节　果蔬汁饮料的安全性问题

一、果蔬汁饮料的定义

果蔬汁饮料根据加工方式及成分分为果蔬汁和复合果蔬汁两类，前者是指以蔬菜瓜果为原料，通过物理方法对其进行破碎或浸提，所得到的不添加其他物质的汁液或者浆液产品；而复合果蔬汁是指以水果、蔬菜为基料，通过加糖、酸、香精、色素等调制所得到的产品。

对作为果蔬汁饮料原料的水果与蔬菜，需要进行严格的安全控制。部分作物种子及果实在采摘后需要进行一段时间的贮藏来完成后熟过程，在贮藏过程中，种子极易因为呼吸作用与堆积导致贮藏环境变得潮湿，这会引起作物种子的霉变，而发生霉变的种子表面存在许多霉菌，这些霉菌会分泌真菌毒素（黄曲霉毒素、玉米赤霉烯酮等）污染未发生霉变的种子与果实，这便造成了一大安全隐患（Zhang et al.，2020）。对于种子发霉，可以通过分类堆放、保持通风干燥的环境、检测种子温度及湿度等方法来避免。

二、果蔬原料中的农药残留

果蔬在生长过程中会使用一些杀虫剂或者除草剂来保证作物的健康生长。检测与去除果蔬中的农药残留，是解决该安全问题的有效手段。检测技术主要分为两大类，第一类是快速检测技术，如酶抑制法、生物传感器法、酶联免疫法、活体生物测定法、化学测定法。第二类为精密仪器检测，主要是利用大型精密仪器（气相色谱仪、液相色谱仪等）对农药化学性质及结构特点进行分析，检测结果可靠度高、数据精确。去除果蔬中的农药残留，可以划分为三大类，分别是物理去除法、化学降解法和酶降解法。

对于物理去除法，吸附剂材料的选择是至关重要的。例如，橘子活性炭已被用于去除水中的氨基甲酸酯类农药，它对西维因的去除率可以达到99.82%（Wang et al.，2020）。对于化学降解法，臭氧处理是现在应用较多的一种化学降解法，臭氧是一种强氧化剂，在水中有极强的氧化分解能力。臭氧在水中发生还原反应，产生氧化能力极强的单原子氧和羟基，瞬间可分解水中的有机物质，它可选择性地与化合物中的杂原子发生反应，主要使农药分子化学键断裂，生成小分子产物挥发或溶于水中。由于大部分农药本身含有杂原子，所以容易被臭氧降解（马福传，2007）。酶降解法由于具有高效、绿色、安全等特点，所以被广泛使用于各种农药的降解中（Zhao et al.，2021）。西维因水解酶可以将西维因快速水解为无毒的1-萘酚，实现西维因的解毒作用（Jiang et al.，2020）。

三、果蔬汁饮料的有害因子

果蔬汁饮料的有害因子主要为两类，一是其中的微生物残留，二是其中的重金属残留。微生物残留问题主要体现在菌落总数和大肠菌群等指示菌数量。指示菌超标说明该果蔬汁饮料已受到外界污染，并可能含有潜在的致病性微生物，食入后将对人体造成安全性危害（赵素萍和高相岭，2014）。重金属残留问题主要体现在食物链造成的持续性食源性危害，引起了人们极大的关注。果蔬汁中对人体有害的重金属主要是铜、铅、砷、汞等。目前去除重金属离子的方法主要是吸附法，包括活性炭吸附、壳聚糖吸附、螯合纤维吸附、膨润土吸附、树脂吸附等，主要是利用吸附材料与重金属离子之间的相互作用力，使重金属离子截留于吸附材料，从而达到去除的作用。

四、果蔬汁饮料的灭菌技术

新型灭菌技术首先是超高压灭菌技术，超高压灭菌技术对微生物灭活的主要机制为超高压能够破坏蛋白质、多糖、脂质、核酸等生物大分子的非共价键，使微生物细胞形态发生改变，抑制酶的活性和DNA等遗传物质的复制等，从而达到消灭微生物的作用。研究表明，利用超高压灭菌技术辅以一定的热处理，可以达到较好地杀灭芽孢杆菌孢子的目的（张俊超等，2020）。脉冲电场灭菌技术也是一种新兴的非热处理灭菌技术，优点在于能耗小、效率高、对食品品质几乎没有影响，能够满足果蔬汁热敏性加工的需求。但脉冲电场灭菌技术对设备要求较高，投资成本较大，因此应用并不广泛（王彦蓉等，2016）。

高压二氧化碳灭菌技术是果蔬汁饮料加工中的一种新型灭菌技术，通常是指在低温下利用高于7MPa的CO_2进行杀菌的技术，高压二氧化碳灭菌技术除具有所有非热力杀菌方式所具有的优点（如杀菌温度低、无残留、无污染、营养损失少、安全性高等）之外，还具有其他非热力灭菌方式所不具有的优点，如与超高压灭菌技术（400～800MPa）相比，高压二氧化碳灭菌技术杀菌压力更低、时间更短，对食品品质影响更小、安全性更高。

第四节　碳酸饮料的安全性问题

一、碳酸饮料的定义及分类

碳酸饮料（汽水）是指在一定条件下充入二氧化碳气体，不包括由发酵法自身产生的二氧化碳气体的饮料。碳酸饮料可以分为以下四类：果汁型碳酸饮料、果味型碳酸饮料、可乐型碳酸饮料和其他型碳酸饮料。目前，人们对碳酸饮料的安全性问题的关注主要有两方面：一方面是碳酸饮料的加工安全性；另一方面是碳酸饮料的健康安全性。

二、碳酸饮料的加工安全性

在碳酸饮料的加工生产过程中，存在相关的安全健康风险。例如，环境、原辅材料、包装材料、水处理工序、人员等环节的管理控制不到位，导致化学和生物污染，进而使产品的卫生指标等不合格；制冷充气工序控制不好、包装材料密封性差等问题易造成二氧化碳气容量不达标，失去抑菌作用；技术管理和配料计量管理等问题造成食品添加剂超范围和超量使用等。

（一）微生物污染

二氧化碳的加入能有效降低饮料的 pH，当碳酸饮料的 pH 在 3 以下时，多数微生物的繁殖均能被有效抑制。大肠杆菌和沙门菌已被证明能够在可乐软饮料中存活长达 48h。真菌孢子或分生孢子及菌丝体碎片可以在生产过程的任何阶段污染饮料，它们无法在碳酸饮料中生长，却可以存活。曲霉属、青霉属、根霉属、枝孢霉菌属和镰刀菌属也经常在软饮料和工厂环境中检测到。它们会产生果胶酶，导致味道和风味发生不良变化，并减少气体形成。此外，真菌污染还可能导致变色、过敏原的形成和有毒化合物的产生。

（二）防腐剂

苯甲酸盐类被用于碳酸饮料的防腐以抑制微生物的生长，已被发现存在健康风险。苯甲酸盐会与软饮料中的抗坏血酸反应并形成苯，并且流行病学研究显示暴露在 1～2mg/kg 苯环境中超过 40 年的人患白血病和遗传毒性的风险更大。高浓度的苯甲酸盐和较高的储存温度会在抗坏血酸存在的情况下加速苯形成。另外，碳酸类饮品在货架上保存的时间越长，其前体形成苯的可能性就越高。

三、碳酸饮料的健康安全性

（一）添加糖

碳酸饮料中多以葡萄糖、白砂糖及葡萄糖浆作为甜味剂，而研究显示来自碳酸饮料的添加糖供能比占总添加糖供能比的 1/3，而国内外多项研究证实含糖饮料消费频率和消费量与儿童、青少年的超重和肥胖关联，更易增加机体的能量负担，从而造成超重和肥胖，并可能引发心血管、2 型糖尿病、痛风等慢性疾病。

（二）牙齿与骨骼健康

经常饮用碳酸饮料不利于牙齿与骨骼发育，摄入过多会导致龋齿等问题。研究表明，经碳酸饮料浸泡一周后的年轻恒牙，牙釉质表面脱矿程度严重，表层釉面呈现大片脱矿区，釉柱不均匀断裂，局部有较深凹坑（彭杰等，2013）。另外一些研究则证实碳酸饮料与骨丢失可能存在关联。饮用碳酸饮料也可能通过摄入碳酸而增加酸负荷，进而增加尿钙排出从而加大骨丢失风险。

（三）非营养型甜味剂

非营养型甜味剂为高强度甜味剂，少量使用可降低食品和饮料的热量和糖分含量。例如，阿斯巴甜因其强大的甜味与低廉的价格而备受关注，其甜度是蔗糖的 200～300 倍，并且其糖味十分干净，没有不良的金属或苦涩异味。利用这一优势，许多公司纷纷推出了含有非营养性甜味剂的无糖饮料。高剂量的阿斯巴甜或其代谢物会导致氧化剂/抗氧化剂失衡，诱导氧化应激，并损害细胞膜的完整性，导致细胞功能失调，最终导致炎症。

第五节 蛋白饮料的安全性问题

一、蛋白饮料的定义及分类

（一）动物蛋白饮料

动物蛋白饮料是以肉类、鱼类及蛋奶等动物蛋白为原料加工制得的液体或固体产品的总称，主要包括含乳饮料、蛋类饮料、骨肽饮料等（刘洋和王卫，2013）。动物蛋白饮料具有补充人体蛋白质和维生素，促进大脑发育、抗衰老及降血脂等多种功能，在国内外市场上发展迅速。

（二）植物蛋白饮料

植物蛋白饮料是指以植物果仁、果肉及大豆为原料（如大豆、花生、杏仁、核桃仁和椰子等）加工调配制得的乳状或固体饮料（肖雨萌，2020）。根据其制作工艺的不同，植物蛋白饮料又可分为自然植物蛋白饮料、人造植物蛋白饮料、水果和蔬菜型植物蛋白饮料及发酵型植物蛋白饮料。植物蛋白饮料不但含有充足的优质植物蛋白和必需脂肪酸，而且可以解决由于饮用动物蛋白饮料引起的乳糖不耐受症的问题，发展前景良好。

（三）双蛋白饮料

双蛋白饮料以优质动植物蛋白（大豆蛋白和牛乳蛋白）为蛋白质资源，利用动植物蛋白营养互补的特点，为提高现有蛋白质利用率，进一步优化国民膳食结构提供了新的思路（王罗等，2021）。

二、有关蛋白饮料的国家标准

（一）植物蛋白饮料国家标准

植物蛋白饮料国家现行标准包括《植物蛋白饮料 杏仁露》（GB/T 31324—2014）、《植物蛋白饮料 核桃露（乳）》（GB/T 31325—2014）、《植物蛋白饮料中脲酶的定性测定》（GB/T 5009.183—2003）、《植物蛋白饮料 豆奶和豆奶饮料》（GB/T 30885—2014）和《速溶豆粉和豆奶粉》（GB/T 18738—2006）。

（二）动物蛋白饮料国家标准

关于动物蛋白饮料的国家标准主要集中于牛乳和乳粉。自 2009 年起，国家发布了 31 种关于牛乳和乳粉中不同化学物质的检测标准，包括各类不同毒素、抗生素及农兽药残留等。而其他新兴种类的动物蛋白饮料，如蛋类和骨肽饮料等，目前还没有相关国家标准的发布。

三、常见食品安全性问题

（一）坏包

由于富含蛋白质、脂肪等营养物质，蛋白饮料很容易发生胀罐、胀袋、酸败等变质现象。原料的选取是保证蛋白饮料质量的基础。生产植物蛋白饮料宜选择新鲜、无霉变、成熟度较高的植物籽仁和果实，而动物蛋白饮料则应选取新鲜未变质原料。产品的杀菌和设备、管道的清洗与消毒也是避免产品变质的重要步骤。在我国现有的生产工艺条件下，蛋白饮料主要采用灌装后高压杀菌及超高温瞬时杀菌后无菌灌装。

（二）产品稳定性

在生产工艺、设备控制相对较好的前提下，蛋白饮料在货架期内出现的主要问题为产品的稳定性问题（脂肪上浮与蛋白质聚集、絮凝、凝结、沉淀等）。对于液体型蛋白饮料，硬度过大的水不但会降低蛋白质的提取率（降低蛋白质的溶解度），而且会引起蛋白质一定程度的变性，从而造成蛋白饮料分层及沉淀量增加。对于植物蛋白饮料，烘烤、破碎等预处理过程都可能对产品中蛋白质的稳定性造成影响。除了水质和原料的处理之外，乳化剂也对蛋白饮料的稳定性起到关键作用。对于植物蛋白饮料和部分发酵乳饮料而言，必须使用乳化剂才能达到饮料的质量要求，乳化剂种类及用量都是检验蛋白饮料的重要标准。

（三）违法添加剂

除了上节所提到的乳化剂之外，甜味剂、酸味剂、防腐剂、抗氧化剂、增稠剂、香料和香精、漂白剂等都是蛋白饮料行业常用的添加剂。各类添加剂的合理使用是制作高品质蛋白饮料的关键，而违法添加剂及添加剂的滥用往往会造成食品安全问题。

（四）有害化学物

除了人为添加的物质之外，食品原料中携带的一些毒素及化学物质也会对人体产生危害。例如，在植物果实或蛋、乳原料中存在的农药和兽药残留，植物果实因霉变产生的黄曲霉毒素，甚至杏仁等植物原料中天然带有的氰化物，都会危害人体健康。

第六节　茶饮料的安全性问题

一、茶饮料的定义

茶饮料是以茶树的水提取液、浓缩液、速溶茶叶粉等为主要原料，经过筛选、调制、杀菌、灌装等过程加工而成，具有一定量的茶叶活性成分并具有茶叶香味的液体产品，大致分为普通茶饮料（茶汤）、茶浓缩液、调味茶饮料、复（混）合茶饮料（徐阳等，2021）。

二、茶类原料和加工、贮藏过程中的安全性问题

（一）茶类原料安全问题

6-1

茶类原料安全问题见二维码 6-1。

1）*农药残留*　由于空气温度高、湿度大，这样的环境适宜茶树病害虫的生长，茶叶种植者基本上会选择在春季和秋季喷洒杀虫剂（Zhang et al.，2020）。因此，春秋两季农药残留超标的可能性较大，茶叶深加工产品以春秋两季采摘的中低档茶叶为主要原料，上游加工原料的特性会传递并影响下游深加工产品，容易造成茶饮料的质量和安全问题。

2）*氟残留*　茶叶中氟的残留量取决于茶叶的嫩度，这是由于氟倾向于在成熟叶片中积累，在老叶中，氟的含量可以达到幼叶的几十到几百倍。在传统茶饮料的提取过程中，茶叶中氟的提取率为 70%～90%。然而，茶原料大多使用较低档的茶叶如修剪叶等，因此茶饮料中的残留氟含量也将处于相对较高的水平。世界卫生组织指出，人体允许摄入氟含量为 2～4mg/d，如果在极端条件下，长期过量饮用高氟茶饮料，则有可能摄入过量的氟化物，美国科学院曾报道因大量饮用某速溶红茶而导致氟中毒的病例。

3）*重金属残留*　在茶树的生长发育过程中，除了水和空气中的重金属外，残留在土壤中的 Pb、Cd、Cu、Hg 和 As 等重金属都会被富集，导致茶饮料容易出现有害重金属的污染和残留。同时，茶饮料在加工、运输和储存过程中也容易受到环境中重金属的污染。重金属残留不但影响茶叶口感、降低营养价值和品质，而且当含量超过一定限度时，人体健康也会受到损害。

（二）加工过程中的安全问题

液体茶饮料、速溶茶、浓缩茶汁等产品是以茶叶或鲜茶为原料，或用水提取或从鲜茶中挤出，并通过净化、浓缩、消毒和干燥过程进一步加工，均属于食品加工的范畴。易出现微生物超标、加工步骤和食品添加剂等问题（Liang et al.，2021）。

1）*微生物超标问题*　对于国内大型茶饮料企业，出现微生物安全性指标［大肠菌群、霉菌、酵母、致病菌（沙门菌、志贺菌、金黄色葡萄球菌等）］和卫生指标的超标现象较少，但是对于中小型企业及部分作坊，茶饮料仍易出现微生物超标问题。

2）*加工步骤问题*　加工过程中，萃取和灭菌步骤影响茶饮料的香气，高温条件下，醇类和酯类等挥发性物质易生成状态不稳定的化合物，对于非挥发性化合物，其前驱体在这个过程中也可能会衍生成为挥发性物质，因此茶饮料香气在这个过程中会逐步恶化（罗晓莉和

高彦祥，2022）。

3）食品添加剂问题　主要有以下几种情况：使用超出茶饮料范围的食品添加剂；食品添加剂的使用量超标；食品添加剂的标签违反食品的标签规定；添加的食品添加剂不符合规范与质量标准。2020年，《消费者报道》整理了各地市场监督管理局的数据发现，现泡茶等产品不合格原因以微生物超标为主，其次是检出人工色素、甜味剂、防腐剂，以及营养指标不达标。

（三）茶饮料贮藏过程中的质量安全问题

茶饮料的营养成分丰富，但是大多数营养成分不稳定，在贮藏过程中，这些营养成分易受多种因素的影响。这些因素可分为物理因素、化学因素、生物因素等。物理因素为茶饮料在其搬运过程中的跌落、冲击和震荡等引起包装内的物质发生不良变化甚至变质等。化学因素主要为在茶饮料的贮藏过程中，随着时间的增加，茶饮料中的多酚发生氧化反应生成黑色物质如茶多酚，茶饮料的颜色会逐渐加深、变暗甚至变黑。生物因素则主要为茶饮料中的微生物（厌氧微生物）在贮藏和销售过程中生长，导致饮料出现混浊或者分层现象，茶饮料应有的清澈透明或者混合色泽也因此消失。

第七节　咖啡类饮料的安全性问题

一、咖啡类饮料的定义

咖啡类饮料是指以咖啡豆或咖啡制品（研磨咖啡粉、咖啡的提取液或其浓缩液、速溶咖啡等）为原料，添加食糖、乳或乳制品、植脂末、食品添加剂等，经加工制得的液体饮料。

二、咖啡类饮料中的有害因子

咖啡和咖啡替代品是通过烘焙和研磨的咖啡豆及非咖啡成分来制备的。在烘焙过程中，食品体系基质被置于超过200℃的温度下，此时会产生诸多复杂的化学反应，可能会诱发有毒分子的形成，即丙烯酰胺、呋喃和5-羟甲基糠醛（陈苑玲和吴慧，2021）。

人类从咖啡和咖啡替代品中接触到的丙烯酰胺占膳食中的丙烯酰胺总摄入量的比例很高。与其他热加工食品一样，L-天冬酰胺与碳水化合物或羰基化合物之间的美拉德反应是咖啡和咖啡替代品中形成丙烯酰胺的主要途径，并且已有研究表明，L-天冬酰胺为咖啡中形成丙烯酰胺的限制因素，即丙烯酰胺的形成与L-天冬酰胺的浓度之间存在正相关关系。咖啡中形成丙烯酰胺的其他机制可能涉及美拉德反应的中间产品，如丙烯醛、丙烯酸和3-氨基丙酰胺。其中，丙烯醛和丙烯酸与氨反应后可能进一步生成丙烯酰胺。

三、咖啡和咖啡替代品中抑制丙烯酰胺的生成

由于丙烯酰胺的形成与颜色、味道和质地相伴而生，因此很难在不影响咖啡感官特性的情况下尽量减少其形成，研究者仍在寻找可以有效应用的策略来减少咖啡中的丙烯酰胺。

（一）储存策略

在烘焙咖啡和以大麦为原料的咖啡替代品的储存过程中，随时间的延长，丙烯酰胺浓度下降，可能是由于基质成分间的相互作用。丙烯酰胺的损失受到储存温度的影响。这表明，市场上的咖啡中丙烯酰胺浓度可能因其实际“年龄”而有很大的不同。必须指出的是，在储存过程中，咖啡也会发生风味衰减。由于风味是咖啡质量的关键参数之一，所以储存并不是除去丙烯酰胺的有效途径。

（二）生物策略

可以使用L-天冬酰胺酶制剂对咖啡原料进行预处理，以减少前体L-天冬酰胺的含量。L-天冬酰胺酶能将丙烯酰胺水平降低70%，而不损害烘焙咖啡的感官特性。但是，在工业规模上利用L-天冬酰胺酶时，“紧密”的咖啡结构可能会阻碍酶在咖啡基质的扩散及与底物的接触。此外，脂肪的存在可能会产生疏水区，导致酶活性受到抑制。L-天冬酰胺酶的效率可以通过干燥、水化、蒸煮和加热等操作来提升。影响L-天冬酰胺酶在工业规模上使用的其他原因与工艺条件有关，即温度和培养时间及酶的浓度。正确选择这些变量对于有效降低丙烯酰胺水平至关重要。特别是使用酶的最佳剂量需要考虑成本，并避免因天冬酰胺水解后形成的氨过多而产生异味。最后，在人类消费的食品中使用酶必须符合现行法规。

（三）超临界二氧化碳萃取策略

在超临界状态下（温度≥31.1℃；压力≥7.37MPa），二氧化碳具有类似液体的密度和类似气体的黏度，这赋予其高扩散性和高萃取力。此外，由于二氧化碳是廉价、不易燃和无毒的溶剂，所以超临界二氧化碳萃取是一种环境友好型技术（Wang et al.，2020）。此外，工业界已经熟悉这项技术，它被广泛用于咖啡脱咖啡因的过程中。但是，长时间的高温处理可能会导致进一步的美拉德反应，从而导致颜色和味道的变化。

第八节　冷冻饮品的安全性问题

一、冷冻饮品的定义

冷冻饮品简称冷饮，根据《冷冻饮品分类》（GB/T 30590—2014）定义为以饮用水、乳和（或）乳制品、蛋制品、果蔬制品、豆制品、食糖、可可制品、食用植物油等的一种或多种为原辅材料，添加或不添加食品添加剂等，经混合、灭菌、凝冻或冻结等工艺制成的固态或半固态的制品。分为冰淇淋、雪糕、雪泥、冰棍、甜味冰、食用冰和其他冷冻饮品。

二、冷冻饮品生产中存在的安全性问题及防治措施

冷冻饮品生产中存在的安全性问题及防治措施见二维码6-2。

6-2

（一）原辅材料

1）*原辅材料微生物污染*　冷冻饮品的原辅材料众多，微生物污染严重，不仅为生产过程增加难度，也极易导致最终产品不合格。而不当的贮藏措施，也会使得原辅材料在进入生产线之前就已经变质。

2）*防治措施*　原辅材料的采收应当依据国家或行业标准，甚至严于相关标准，采收时应当要求供应商提供化验合格证明、企业的生产许可证和卫生合格证，建立供应商的供货档案，对各批次原辅材料的产品质量信息记录在册。乳粉则应检测菌落总数及大肠菌群，决定是否使用。

（二）杀菌

1）*生产中的微生物污染*　冷冻饮品的杀菌工艺特殊，需在配料后立即杀菌，即杀菌前置，这意味着如果杀菌后的工序不符合卫生标准，如生产线清洗不彻底等，极易造成微生物污染（朱丽娜和王涛，2009）。冷冻饮品所含水分、蛋白质、pH 均适宜真菌繁殖，冷冻饮品中真菌检出率高达 38.7%，生产过程中的清洗用水不合格、车间积水均会造成霉菌污染。真菌污染后果极为严重，青霉和曲霉的代谢产物毒性极强，具有致癌、致畸和致突变性，部分食源性酵母也会引起产品变质，为细菌繁殖提供有利条件。但霉菌污染未列入标准之中，该问题依然为众多厂商所忽视。

2）*防治措施*　冷冻饮品工艺复杂，应当根据各个工艺阶段的生产特征设置相应的食品质量安全关键控制点，建立严格的监督管理标准。首先，应当根据各个产品的原料和工艺特征选择合适的杀菌工艺参数，从而达到料液杀菌彻底且不影响产品品质，同时也要防止高温杀菌时间过长，使得产品出现令消费者不悦的风味。加工过程中应执行严格的微生物抽检，及时反馈控制。其次，冷冻饮品的生产过程，如灌装操作，此时料液几乎完全暴露在外部空气中，需要清洁无菌的环境（廖振宇等，2018）。而冷冻饮品的厂房湿度高，易染霉菌。因此不仅需要制订严格有效的清洁消毒制度，将厂房合理地分为净区、超净区和常规区域（徐林等，2017），也应当根据《冷冻饮品生产管理要求》（GB/T 30800—2014）执行。

（三）食品添加剂的使用

1）*食品添加剂超量使用*　《食品安全国家标准 食品添加剂 明胶》（GB 6783—2013）明确规定食品添加剂用明胶中铬含量应小于等于 2.0mg/kg。2020 年 1 月，宁波海关所属北仑海关对一批来自意大利的冰淇淋奶浆进行现场查验时，发现其中 3 种品名的冰淇淋奶浆分别超范围使用了食品添加剂山梨酸钾、叶绿素铜钠、二氧化钛。宁波海关依法销毁超范围使用食品添加剂的冰淇淋奶浆。

2）*防治措施*　生产厂家应综合考虑产品的质量要求、原辅材料的含水量，制订符合产品标准要求的产品配方。上述所提到的冷饮类食品安全问题，不仅需要生产商、企业提高自我防控意识，优化生产环境，加强产品质量管理意识，也需要有关各部门的重视和监督管理，如前文所述霉菌污染超标，亟须制定相关卫生标准，进一步将真菌列为常规检验对象。

参考文献

陈苑玲，吴慧. 2021. 咖啡中丙烯酰胺的研究进展. 食品安全导刊，30：179-180.

廖振宇，曹东丽，张华，等. 2017. 我国包装饮用水行业发展现状及存在的问题. 食品安全质量检测学报，8：737-741.

廖振宇，曹东丽，甄鹏，等. 2018. 冷冻饮品质量安全风险分析及防控措施. 食品研究与开发，39：210-214.

刘洋，王卫. 2013. 动物型蛋白饮料及其研究开发. 食品与发酵科技，49：25-29.

罗晓莉，高彦祥. 2022. 茶饮料色泽劣变及护色技术研究进展. 中国食品添加剂，33：218-229.

马福传. 2007. 有效去除果蔬农药残留的方法. 农村经济与科技，18：111-112.

彭杰，张敏，柳洪周，等. 2013. 不同碳酸饮料对青少年牙釉质脱矿作用的比较. 临床口腔医学杂志，29（5）：284-286.

王翠竹. 2015. 包装饮用水新国标，让水喝得明明白白. 食品安全导刊，6：13.

王罗，魏威，孙露，等. 2021. 双蛋白营养特性及其在饮料中的开发应用研究进展. 食品工业，42（11）：263-266.

王彦蓉，李强，刘鹏，等. 2016. 果蔬汁生产过程主要危害物质控制技术研究进展. 中国食物与营养，22（11）：13-17.

吴清平. 2015. 食品微生物安全风险数据库在包装饮用水行业的应用. 饮料工业，18（2）：74-77.

肖雨萌. 2020. 植物蛋白饮料的营养状况及未来发展. 食品安全导刊，6：82.

徐林，潘登，陆卫礼. 2017. 冷饮工厂布局设计. 轻工科技，33（4）：125-126.

徐阳，杨冬，王培强，等. 2021. 我国茶饮料及其标准的现状与思考. 茶叶，47（3）：169-173.

余涵. 2021. 食品中的邻苯二甲酸酯来源及对人体危害. 现代食品，19：41-43.

张俊超，张献忠，沈金金，等. 2020. 果蔬汁饮料新型非热灭菌技术研究及应用进展. 农产品加工，22：93-102.

张淑红，吴清平，徐晓可，等. 2011. 桶装水中铜绿假单胞菌检测方法的比较. 现代食品科技，27（11）：1403-1405.

赵素萍，高相岭. 2014. 餐饮业自制饮料抽检情况分析及对策探讨. 中国卫生监督杂志，21（2）：146-149.

朱丽娜，王涛. 2009. 冷饮的生产质量控制. 品牌与标准化，16：47-48.

祝美云. 2008. 我国中小型冷饮企业冰淇淋安全问题与对策. 农产品加工，1：64-65.

Jiang K, Gao Q, Zhang L, et al. 2020. Identification of the key amino acid sites of the carbofuran hydrolase CehA from a newly isolated carbofuran-degrading strain *Sphingbium* sp. CFD-1. Ecotoxicology and Environmental Safety, 189: 109938.

Liang S, Granato D, Zou C, et al. 2021. Processing technologies for manufacturing tea beverages: From traditional to advanced hybrid processes. Trends in Food Science & Technology, 118: 431-446.

Wang W, Rao L, Wu X, et al. 2020. Supercritical carbon dioxide applications in food processing. Food Engineering Reviews, 13(3): 570-591.

Zhang Z, Xu W, Wu H, et al. 2020. Identification of a potent enzyme for the detoxification of zearalenone. Journal of Agricultural and Food Chemistry, 68(1): 376-383.

Zhao S, Xu W, Zhang W, et al. 2021. In-depth biochemical identification of a novel methyl parathion hydrolase from *Azohydromonas australica* and its high effectiveness in the degradation of various organophosphorus pesticides. Bioresource Technology, 323: 124641.

思 考 题

1. 什么是包装饮用水？
2. 包装饮用水主要的安全性问题有哪些？
3. 酒类按酿制工艺可以被划分为哪几类？
4. 酒类的哪些安全性问题是由酿酒原料引起的？
5. 果蔬汁饮料按成分或加工方式可分为哪几类？
6. 果蔬汁饮料在实际生产及售卖过程中存在哪些安全性隐患和问题？
7. 若想保证果蔬汁饮料微生物指标符合标准，应如何选择灭菌方式？
8. 什么是碳酸饮料？
9. 什么是蛋白饮料？
10. 什么是茶饮料？
11. 茶饮料主要的安全性问题有哪些？
12. 什么是咖啡类饮料？
13. 如何提升咖啡类饮料的安全性？
14. 冷冻饮品的定义是什么？

第七章 转基因食品的安全性议题

本章思维导图

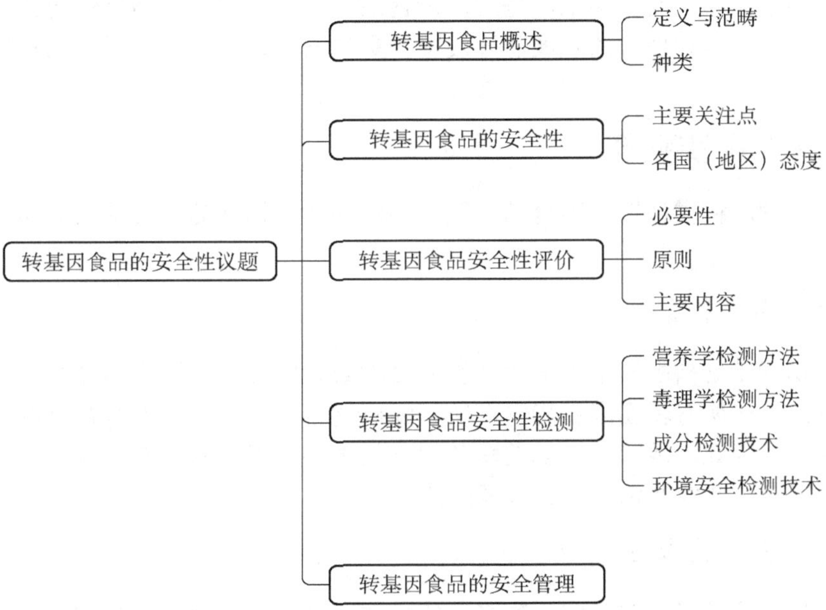

第一节 转基因食品概述

一、转基因食品定义与范畴

转基因技术是利用现代生物技术，将人们期望的目的基因，经过人工分离、重组后，导入并整合到生物体的基因组中，从而改善生物原有性状或赋予其新的优良性状。转基因食品是指利用基因工程等技术改变基因组构成的动物、植物和微生物生产的食品和食品添加剂，包括转基因动植物、微生物本身，转基因动植物、微生物直接加工品，以及以转基因动植物、微生物或者其直接加工品为原料生产的食品和食品添加剂。一般认为转基因食品主要涉及农业基因工程和食品基因工程，前者强调提高农作物产量和改善农作物的抗虫、抗病、耐受除草剂和抗旱的能力；而后者则强调改善食品的营养学价值和食用风味，如营养素含量、风味品质、保存性质，以及用食品工程菌生产食品添加剂、酶制剂和功能因子等。

广义的转基因技术包括传统的基因工程技术、后续发展的基因编辑技术及新兴的合成生物学技术。19 世纪末至 20 世纪初的基因工程技术多采用基因枪法等转化技术，易产生脱靶效应，导致转基因生物性状或成分的非期望变化，这也是最初的转基因食品安全性受到广泛关注的原因之一。随着技术的发展，巨型核酸酶（meganuclease）、锌指核酸酶（zinc finger nuclease，ZFN）、转录激活因子样效应物核酸酶（transcription activator-like effector nuclease，TALEN）和成簇规律间隔短回文重复（clustered regularly interspersed short palindromic repeat，CRISPR）/Cas9 系统等相继应用于转基因食品的开发，逐步实现了对生物体基因组的精准定向改变，脱靶效应出现的概率大大降低，这一类技术被称为基因编辑技术（沈平等，2017）。近年来，工程化思想逐步与转基因技术相结合，形成了一套新的基因工程理论，通过系统地对生命体进行遗传学设计、改造，使细胞和生物体合成特定的生物成分，或产生特定的生物功能，这一类技术称为合成生物学技术。由此可见，广义上，转基因食品应该包括基因编辑食品和合成生物学食品；而狭义上，基因编辑食品和合成生物学食品是传统转基因食品的更新与迭代，是随着技术和理念的发展而开发出的更加安全、高效、环保的生物技术食品（陈坚，2019）。

二、转基因食品种类

按照受体生物的种类，转基因食品一般分为转基因植物食品、转基因动物食品和转基因微生物食品。

（一）转基因植物食品

转基因植物食品是指由转基因植物产生的食物或利用转基因植物为原料生产的食品或食品添加剂。目前，在所有转基因生物中，转基因植物占95%以上，而且被批准上市的基本为转基因植物食品。因此，现阶段所说的转基因食品主要是指转基因植物食品。目前大豆、玉米、棉花和油菜是主要商业化种植的转基因植物。

（二）转基因动物食品

转基因动物食品是指由转基因动物产生的食物或利用转基因动物为原料生产的食品或食品添加剂。目前已开发的转基因动物包括含高不饱和脂肪酸猪、快速生长的转基因鱼、高乳铁蛋白奶牛等，但转基因动物食品的产业化应用还有待时日。

（三）转基因微生物食品

转基因微生物食品是指由转基因微生物产生的食物或利用转基因微生物为原料生产的食品或食品添加剂。目前国内外已研究开发并商品化生产的转基因微生物品种主要是基因改造的食用菌和食品工程菌（刘洋儿等，2019）及其生产的酶制剂（张剑波，2019）、人乳寡糖等食品添加剂。

第二节　转基因食品的安全性

一、转基因食品安全性的主要关注点

转基因食品安全性是指转基因食品可能对人类、动植物、微生物和生态环境构成的危险或者潜在风险。转基因食品安全性主要包括三方面内容：转基因生物体本身、环境安全、食用与饲用安全。

第一，转基因生物体本身的安全性议题，主要包括以下几个方面：①受体生物的安全性，包括受体生物是否有安全食用或饲用的历史，是否曾经造成环境生态方面的危害；②基因操作的安全性，插入或者融合的基因是否能够稳定遗传，是否会影响其他基因的稳定和表达等。

第二，环境安全方面的议题，主要是转基因生物对农业和生态环境的影响：①是否会成为超级杂草或诱导产生超级害虫；②是否会破坏生物多样性，造成自然环境生物多样性的丧失；③是否会对其他昆虫和鸟类产生不好的影响等。

第三，食用与饲用安全方面的议题，主要是转基因食品经人体摄入或者转基因饲料经动物食用后，是否会对人体（动物）健康有害，主要体现以下几个方面：①转基因食品（饲料）是否与传统食品一样可以满足人体（动物）对营养的基本要求；②转基因食品（饲料）是否增加了毒性成分，造成对人体（动物）健康的影响；③转基因食品（饲料）是否增加了过敏原成分；④转基因食品（饲料）是否会影响人体（动物）的肠道菌群；⑤转基因食品（饲料）的外源基因片段是否会穿过肠系膜而对人体（动物）基因的表达调控产生干扰。

本章主要关注的是转基因食品的食用安全性问题。

二、世界各国（地区）对转基因食品安全性的态度

国际上对于食用转基因生物没有统一的安全管理模式，法律法规的制定及管理的具体细节上各国（地区）间也存在明显的差异。整体而言，美国对转基因食品持较为开放的态度，而欧盟对转基因食品持较为谨慎的态度，其他主要国家对转基因食品的态度介于美国和欧盟之间（罗云波，2016）。

（一）美国

美国食品药品监督管理局（Food and Drug Administration，FDA）在20世纪80年代颁布了《联邦食品、药品和化妆品法案》，对转基因食品实行安全管理。1986年，美国白宫科技政策办公室发布《生物技术协调管理框架》，并于1992年对此做出了修订，该协调管理框架阐明了美国生物安全管理的基本原则，即环境保护局（EPA）、农业部（USDA）、FDA根据规章行使生物安全监督职责应基于食品本身的特征和风险，而不应根据所采用的技术，而且生物技术食品的安全应根据各个食品的情况个案评估。

根据一份美国国家科学院1987年的报告，没有证据表明生物体之间的基因转换会带来特异性的危害。人们认为如果一个微生物是非产毒且非致病的，在良好操作规范下由其制作的食品或食品成分也是可以安全食用的。很多微生物都有安全应用于食品的翔实历史。因此无论是酶还是食物成分的制作或者直接应用于食品，都是将基因从一个非致病、非产毒的来源转移到一个类似安全的宿主（尤其当该宿主已经是食物链的一部分），是一个安全的系统。在一些情况下也可以基于全序列测序和表征来确认所使用载体的安全性。在这些情况中，新的基因构建物的准确结构是已知的并且被认为是安全的。

（二）欧盟

由于欧盟对转基因食品的安全性一直持谨慎态度，欧盟的转基因法规体系也比较系统和全面。其实施转基因生物安全管理基于研发过程中是否采用了转基因技术。

2004年开始，欧洲食品安全局（EFSA）及欧洲委员会负责评估所有新推出的生物技术产品的安全性评价，决定是否允许该产品进入欧盟市场。现行的转基因生物安全管理法规依然

7-1

有水平系列和产品系列两类法规，主要包括：《转基因生物有意环境释放指令》（2001/18/EC）、《关于转基因微生物封闭使用的指令》（1998/81/EC）、《转基因食品和饲料管理条例》（1829/2003/EC）（二维码 7-1）及其实施细则条例（641/2004/EC）和《转基因生物追溯性及标识办法以及含转基因生物物质的食品及饲料成品的追溯性管理条例》（1830/2003）。

欧盟《拟用于食品和饲料的转基因微生物及其产品风险评估指南》（EFSA，2011）将转基因微生物分为四类：类别 1 为通过化学方法确定提纯化合物及它们的混合物（如氨基酸、维生素），此时已移除转基因微生物和新引进基因；类别 2 为复合产品中已不存在转基因微生物和新引入的基因（如细胞提取物、大多数酶制剂）；类别 3 为产品衍生自转基因微生物，其中已不存在能够增殖或转基因的转基因微生物，但依然存在新引入的基因（如热灭活发酵剂）；类别 4 为产品由能够增殖或能够转基因的转基因微生物构成，或包含这种转基因微生物（如活性发酵剂发酵的食品和饲料）。

转基因微生物和/或其产物提交申请所需的信息包括一般性信息，与转基因微生物相关的信息（受体或父本生物的特性、嵌入基因序列的原始特性、转基因描述），与产品相关的信息（当转基因微生物本身作为产品时，包括包装箱），食品和饲料代谢相关的暴露评估/特征描述，转基因微生物和其产品对环境的潜在影响，以及转基因微生物产品用于人类健康的注意事项。

第三节　转基因食品安全性评价

一、转基因食品安全性评价的必要性

转基因食品的安全性评价至关重要，这是因为它们涉及对人类健康和环境的影响。以下是评价必要性的几个关键原因。

（1）新基因的引入：转基因食品通常包含从其他物种中引入的新基因，这可能导致未知的风险。因此，对这些新基因的评估至关重要，以确保它们不会对人类健康造成负面影响。

（2）潜在的过敏原：在转基因过程中引入的蛋白质可能是潜在的过敏原。因此，应对这些蛋白质的过敏原性进行评估，以确保转基因食品不会引发过敏反应，尤其是对于那些对常见过敏原敏感的人群。

（3）环境影响：除了对人类健康的影响外，转基因食品的种植和生产也可能对环境产生影响。这些影响可能包括对非转基因植物和生物多样性的影响，以及可能导致超级杂草或超级害虫产生的风险。

（4）公众信任：公众对转基因食品的安全性普遍存在疑虑。通过对其安全性进行全面评估，并公开透明地通报评估结果，可以增强公众对转基因食品的信任。

因此，对转基因食品进行全面的安全性评价是必要的，可以确保它们的安全性和可接受性，同时保护人类健康和环境的利益。

二、转基因食品安全性评价的原则

自生物技术食品出现以来，国际上许多组织就如何开展现代生物技术食品安全性评价展开了广泛的讨论。在食用安全方面，主要以国际食品法典委员会政府间特别工作组、联

合国粮食及农业组织/世界卫生组织、经济合作与发展组织（Organization for Economic Cooperation and Development，OECD）为代表的政府组织和非政府组织召集各国的政府代表和科学家就如何评价现代生物技术食品的安全性进行了筹商。对于转基因食品的开发与应用，各国与国际组织建立了一套经典的评价指导原则，用于对从转基因研发阶段到商业化整个过程进行严格的监控。转基因食品安全性评价一般依据规范程序和标准，并遵循科学透明原则、比较分析原则、个案分析原则、逐步分析原则、熟悉性原则、预先防范原则和风险效益平衡原则，对所有与转基因食品安全性相关科学数据进行系统统计、分析、评价。

（一）科学透明原则

对转基因生物及其产品的评价应建立在科学、客观和透明的基础上，应该充分应用现代科学技术的研究手段和成果对转基因生物及其产品进行科学检测、分析和评价，不能用非科学臆想的安全议题或现代科学技术无法做到的来对转基因生物及其产品进行评价。

（二）比较分析原则

比较分析原则也称为实质等同性原则，是 1993 年由 OECD 提出的食品安全性评价的原则，即如果一种转基因食品与现存的传统同类食品相比较，其特性、化学成分、营养成分、所含毒素及人和动物食用和饲用情况是类似的，它们就具有实质等同性。若某一转基因食品或成分与某一现有食品具有实质等同性，那么就不用考虑毒理和营养方面的安全性，两者应等同对待。对转基因食品的安全性评价主要进行的是实质等同性评价（包琪等，2014）。实质等同性原则实际上是一个比较的原则，即将转基因食品与有长期安全食用史的对照物进行比较，分析它们的差别，在此基础上再决定是否进行进一步的评价分析。因此，它是转基因作物安全性评价的起点而不是终点，在此基础上，进一步进行逐步的个案分析。实际上多数转基因食品与现有食品及成分具有实质等同性，但存在某些特定差异。在这种情况下，主要针对一些可能存在的差异和主要营养成分进行比较分析。目前，经过比较的转基因食品大多属于这种情况。若某种转基因食品或食品成分与现有食品和成分无实质等同性，并不意味着它一定不安全，但必须考虑这种食品的安全性和营养性，应分析受体生物、遗传操作和插入 DNA、遗传工程体及其产物，如表型、化学和营养成分等。

（三）个案分析原则

个案分析原则是针对每一个转基因食品个体，根据其生产原料、工艺、用途等特点，借鉴现有的已通过评价的相应案例，通过科学分析，发现其可能发生的特殊效应，以确定其潜在的安全性，为安全性评价工作提供目标和线索。目前已有多个基因被克隆，用于转基因食品研发的研究，这些基因来源和功能各不相同，受体生物和基因操作也不相同。因此，必须采取针对不同转基因食品进行逐个评估的评价方式，该原则也是世界许多国家采取的方式。

（四）逐步分析原则

逐步分析原则即分阶段评估原则。转基因生物及其食品的研发要经过实验室研究、中间试验、环境释放、生产性试验和商业化生产等几个环节，每个环节对人类健康和环境所造成的风险是不相同的。试验规模既影响所采集的数据种类，又影响检测某一个事件的概率。一些小规模的试验有时很难评估大多数转基因生物及其产品的性状或行为特征，也很难评价其潜在的效应和对环境的影响。逐步分析原则就是要求在每个环节上对转基因生物及其食品进行风险评估，并且以前一步的试验结果作为依据来判定是否进行下一阶段的开发研究。一般来说，有三种可能：①转基因生物及其食品可以进入下一阶段试验；②暂时不能进入下一阶段试验，需要在本阶段补充必要的数据和信息；③转基因生物及其食品不能进入下一阶段试验。

（五）熟悉性原则

目的是了解转基因食品的有关性状、与其他生物或环境的相互作用、预期效果等背景知识。转基因食品的风险评估既可以在短期内完成，也可能需要长期的监控。这主要取决于人们对转基因食品有关背景的了解和熟悉程度。在风险评估时，应该掌握这样的概念：熟悉并不意味着转基因食品安全，而仅仅意味着可以采用已知的管理程序；不熟悉也并不能表示所评估的转基因食品不安全，仅意味着对此转基因食品熟悉之前，需要逐步地对可能存在的潜在风险进行评估。因此，“熟悉”是一个动态的过程，不是绝对的，而是随着人们对转基因食品的认知和经验的积累而逐步加深的过程。

（六）预先防范原则

转基因技术是特殊的，必须对转基因食品采取预先防范作为风险性评估的原则，采取以科学为依据、对公众透明、结合其他的评价原则，对转基因食品进行评估，防患于未然。

（七）风险效益平衡原则

发展转基因技术就是因为该技术可以带来巨大的经济和社会效益。但作为一项新技术，其可能带来的风险也是不容忽视的。因此，在对转基因食品进行评估时，应该采用风险效益平衡原则，综合评估，在获得最大利益的同时，将风险降到最低。

三、转基因食品安全性评价的主要内容

转基因食品安全性评价的主要内容包括营养学评价、抗营养因子评价、毒理学评价、过敏性评价及其他评价内容（黄昆仑和许文涛，2009）。

（一）营养学评价

人们对食品的需求就在于它为人类提供生存所必需的能量和各类营养物质，因此，对营养成分的评价是转基因食品安全性评价的重要组成部分。评价的营养物质主要包括蛋白质、淀粉、纤维素、脂肪、脂肪酸、氨基酸、矿质元素、维生素、灰分等与人类健康密切相关的物质；对转基因食品安全性主要进行实质等同性评价。评价时，将不同年份或不同生长地点的转基因食品的主要营养成分和对照的非转基因食品进行比较，评估转基因食品是否与非转基因食品具有同等的营养价值。但由于食品中的营养物质含量受原料品种、加工工艺、季节、生产年份等多因素影响而产生差异，如水稻不同品种、不同种植环境、不同生长期、不同农艺措施等都会影响稻米中的营养成分含量，也就是说，市场上人们消费的各种普通大米在营养成分的含量上并不是完全一致的。因此，在评估转基因食品的营养时就需要考虑这一客观存在的因素。针对这种情况，OECD 在全球进行了调研和专家论证后，出台了一系列农产品营养成分手册，给出了不同种类的作物及其加工产品的营养成分变化范围，并提供了相应的

历史数据和参考文献。同时国际生命科学学会（International Life Sciences Institute，ILSI）也建立了各种农作物的营养成分数据库，作为对各种转基因作物营养成分的参考范围。因此，对转基因食品的营养学评价，除了要与对照的非转基因食品进行比较外，还需要参考 OECD、ILSI 及本国已有的同类作物营养成分范围，确定转基因食品的营养成分是否在这些范围内。如果在范围内，则可以认为转基因食品具有与非转基因食品同等的营养功效。

（二）抗营养因子评价

抗营养因子主要是指一些能影响人们对食物中营养物质吸收和对食物消化的物质，如豆科作物中的一些蛋白酶抑制剂、脂肪氧化酶、植酸等；食品不仅含有大量的营养物质，也含有广泛的非营养物质，有些物质会影响营养物质的吸收利用，称为抗营养因子或者抗营养素。抗营养因子降低了蛋白质、维生素和矿物质等营养物质的最大利用及食物的营养价值。几乎所有的植物性食品中都含有抗营养因子，这是植物在进化过程中形成的自我防御物质。目前，已知的抗营养因子主要有蛋白酶抑制剂、植酸、凝集素、芥酸、棉酚、单宁、硫苷等。然而大多数抗营养因子的有害作用是由加工不善引起的，经过简单的处理就会消失，如加热、浸泡和发芽处理等。例如，我们经常食用的豇豆中由于含有豇豆蛋白酶抑制剂而不能生食，需要烹调熟制后，才能食用。对转基因食品抗营养因子的安全性评价，是将转基因品种中的抗营养因子含量与其对照非转基因食品进行比较，其评估方法与营养成分的评估方法一样。

（三）毒理学评价

毒素是对人有毒害作用的物质，如马铃薯茄碱、番茄碱等；过敏原是指能造成某些人群食用后产生过敏反应的一类物质。转基因食品的毒理学评价主要从两方面着手：一是对外源基因表达产物的毒性检测和评价，二是对整个转基因食品的毒性检测和评价。对外源基因表达蛋白的毒性检测和评价一般有三个指标：一是通过与国际权威大型公共数据库中已知的毒性蛋白进行蛋白质氨基酸序列的同源性比较，分析是否与毒性蛋白具有相似的氨基酸序列；二是在加热条件下和模拟人体胃肠消化液中，检测分析转入蛋白质是否耐热或抗消化；三是转入蛋白质的急性经口毒性试验。对整个转基因食品的毒性检测和评价也是采用传统化学物质的评价手段，一般采用亚慢性毒性试验来评价转基因食品的整体安全性。新表达的物质为非蛋白质，如脂肪、碳水化合物、核酸、维生素及其他成分等，其毒理学评价可能包括毒物代谢动力学、遗传毒性、亚慢性毒性、慢性毒性/致癌性、生殖发育毒性等方面。具体需进行哪些毒理学试验，采取个案分析原则。根据个案分析原则，对一些转入特殊功效成分的转基因食品，可以考虑其他方面的毒理学检测试验，如遗传毒性试验、传统致畸试验、繁殖试验和代谢试验等。对目前商业化生产的转基因作物，这些试验是不需要的。我国目前批准的转基因水稻和玉米都已经做过转入蛋白和整个转基因食品的毒理学检测和评价。试验数据证明，该转基因水稻、玉米与非转基因对照一样不具有毒理学意义上的安全风险。实际上，我国批准的转基因水稻还进行了遗传毒性试验、慢性毒性试验、传统致畸试验、三代繁殖试验等毒理学试验，安全检测指标已经超出欧美发达国家和国际食品法典委员会（CAC）、世界卫生组织等建议的评价内容要求。

（四）过敏性评价

目前，世界各国均采用了国际食品法典委员会推荐的转基因食品过敏性评价的原则和程序，并根据各国的实际情况进行转基因食品的过敏性评价。主要从三个方面评估转基因食品中转入蛋白是否是过敏原：一是外源基因是否来自含有过敏原的生物；二是通过与国际权威大型公共数据库中已知的过敏原进行比较分析，是否具有序列相似性；三是检测分析转入蛋白对模拟人体胃液中胃蛋白酶的消化稳定性。目前，国际上公认的转基因食品中外源基因表达产物的过敏性评价是CAC于2003年颁布的《重组植物DNA制作食品的安全性评价指南》（CAC/GL 45—2003）中附件1所述的程序和方法。主要评价方法包括基因来源、与已知过敏原的序列相似性比较、过敏患者的血清进行特异IgE抗体结合试验、定向筛选血清学试验、模拟胃肠液消化试验和动物模型试验等。最后综合判断该外源蛋白的潜在过敏性高低。

（五）其他评价内容

国际上普遍认为非预期效应，尤其是潜在的、非预见性非预期效应可能是影响包括转基因植物在内的所有现代生物技术产品食用安全的最重要的因素。在颁发的管理法规、安全性评价原则及技术方案中，非预期效应的检验和评价都被列为重要内容。随着转基因技术的发展，转基因食品的安全性评价也在深入，如长期食用转基因植物对人体肠道菌群的影响及转基因操作可能造成的非期望效应的检测方法等，都是目前国际上转基因植物食用安全性评价的热点。

第四节　转基因食品安全性检测

一、营养学检测方法

（一）植物营养学检测

对转基因植物及其产品中的营养学检测（包括营养元素、抗营养因子和天然毒素）是转基因食品安全性评价的一个重要组成部分。国外常用美国分析化学家协会（Association of Official Analytical Chemists，AOAC）及美国油脂化学家协会（American Oil Chemists Society，AOCS）推荐的检测方法，而国内常用国家标准（GB）中的食品成分检测方法。对于没有正式规定的方法则采用OECD文件中推荐的参考文献中的方法。

对转基因作物及其亲本进行了成分检测后，就要进行两种作物之间的相应成分差异分析，常采用t检验的方法。但是，统计学上的差异显著性不一定有生理意义，所得的比较结果还要与其他品种或参考资料的范围进行比较。

随着转基因技术的发展，单纯提高农作物的抗逆性质已不能满足市场需求，第二代转基因产品正在成为研发的主流，如提高必需氨基酸含量的高蛋白水稻等。对于这一类产品的营养品质分析就不能用简单的营养等同性来评价其是否安全。例如，对转入大豆球蛋白的转基因水稻进行营养成分分析时，发现转基因水稻的蛋白质含量比非转基因亲本高出20%，并且相应的一些氨基酸含量也有所提高。这种情况下，蛋白质与氨基酸含量升高就是期望的目的性状，并非不安全的表现。对于这一类产品的安全性评价一方面可以重新选择合适的对照，另一方面要结合营养学、毒理学及免疫学评价方法。

（二）动物营养学检测

动物营养学检测主要是指两个方面：一是通过动物生长情况、营养指标或者动物产品的营养情况来评价转基因食品对实验动物的营养作用；二是通过动物的生长与代谢指标来评价转基因食品中某种营养物质的生物利用率。常规营养学检测的动物模型可以分为两类：啮齿类和畜禽类。大鼠的营养学评价试验设计主要参考的是《食品安全性毒理学评价程序》中“30天与90天喂养实验”的方法进行设计。

二、毒理学检测方法

毒理学检测是转基因食品食用安全性评价必不可少的一部分，也是保障转基因食品安全性的有效手段。目前转基因食品毒理学检测方法主要是基于传统单一成分化学物质的毒理学检测手段，国际上主要依据的是OECD关于化学物质评价方法，我国的转基因食品安全性评价采用的是《食品安全国家标准 食品安全性毒理学评价程序》（GB 15193.1—2014）。毒理学检测主要包括外源基因表达产物的毒理学检测和过敏性检测。

外源基因表达产物的毒理学检测可以依照传统化学物质的安全性评价方法。由于大部分插入性状为外源蛋白质，因此这里主要针对外源蛋白质的安全性进行评价。

根据FAO/WHO 2001制定的决策树，对转入转基因生物中的外源蛋白质的过敏性预测与检测主要包括以下几个内容：①外源蛋白质与已知过敏原的序列同源性分析；②血清筛选试验；③外源蛋白质的模拟胃肠道消化稳定性；④外源蛋白质的动物模型过敏性。

三、食品中转基因成分检测技术

在检测转基因食品时，主要针对外源启动子、终止子、筛选标记基因、报告基因和结构基因的DNA序列和产物进行检测。检测的方式主要有基于蛋白质的酶学和免疫学检测技术、基于核酸的PCR检测技术、向自动化技术发展的生物传感器与生物芯片技术、基于现代分析仪器的近红外光谱和质谱分析技术等。基于蛋白质的免疫学检测技术和基于核酸的PCR检测技术是目前应用于生物技术食品检测的两大技术。

（一）以蛋白质为基础的检测技术

1）*免疫学检测技术*　目前，在转基因植物源食品商业化前的安全性评价中，对抗性标记筛选基因、报告基因、外源结构基因表达产物的检测，以及在模拟消化道的降解试验、过敏试验、环境安全等的检测中大多应用酶联免疫吸附测定（enzyme-linked immunosorbent assay，ELISA），主要有竞争法、双抗体夹心法、改良双抗体夹心法、间接法4种。但是ELISA不能对加工过的食品进行检测，因为在加工过的食品中，抗原蛋白质发生了变性，不能被抗体所识别，因此在应用上有其局限性。

2）*蛋白质印迹*　在基因工程研究中，经常需要检测外源基因是否能表达，即转录的mRNA能否翻译出特异蛋白质。外源基因表达产物若是酶，可测定该酶活性；若表达产物不具酶活性，就要采用免疫学方法检测，一般采用蛋白质印迹（Western blot）杂交。转化的外源基因正常表达时，转基因植株细胞中含有一定量的目的蛋白。从植物细胞中提取总蛋白，将蛋白质样品溶解于含去污剂和还原剂的溶液中，经SDS聚丙烯酰胺凝胶电泳使蛋白质按分子大小分离，将分离的各蛋白质条带原位转移到固相膜（硝酸纤维素膜或尼龙膜）上，膜在高浓度的蛋白质（如牛血清白蛋白）溶液中温浴，以封闭非特异性位点。随后步骤同ELISA间接法，即加入目的蛋白的特异性抗体（一抗），印迹上的目的蛋白（抗原）与一抗结合后，再加入能与一抗专一结合的酶标记第二抗体，最后通过第二抗体上标记化合物的性质进行检测。根据检测结果，可分析出被检植物细胞内目的蛋白表达与否、浓度大小及大致的分子量。

3）蛋白质芯片技术　蛋白质芯片技术的基本原理是将各种蛋白质有序地固定于滴定板、滤膜和载玻片等各种载体上成为检测用的芯片，然后，用标记了特定荧光的蛋白质或其他成分与芯片作用，经漂洗将未能与芯片上的蛋白质互补结合的成分洗去，再利用荧光扫描仪或激光共聚焦扫描技术，测定芯片上各点的荧光强度，通过荧光强度分析蛋白质与蛋白质之间相互作用的关系，由此达到测定各种蛋白质功能的目的。

（二）以核酸为基础的检测技术

随着分子生物学的发展，各种针对核酸分子的检测方法出现和完善，逐步形成了一套核酸分子的检测方法，主要包括聚合酶链反应（polymerase chain reaction，PCR）、DNA印迹（Southern blot）、RNA印迹（Northern blot）、连接酶链反应（ligase chain reaction，LCR）、PCR酶联免疫吸附测定（PCR-ELISA）、核酸序列扩增法（nucleic acid sequence-based amplification，NASBA）等，这些技术广泛用于对转基因生物和非转基因生物的检测和功能分析。但是研究和利用最为广泛的是PCR技术，利用PCR技术进行转基因产品成分检测是目前应用最成熟、最活跃、最为认可的技术。

PCR的原理非常简单：在有DNA模板、引物和4种脱氧核糖核苷酸的存在下，耐热的DNA聚合酶在5′→3′聚合酶活力的催化下，按碱基互补的原则进行合成。一般反应分三步：第一步为变性，95℃左右的高温使模板DNA和引物变性，形成单链；第二步为退火，一般温度在50～64℃，使引物和模板互补配对；第三步为延伸，耐热*Taq* DNA聚合酶在最适温度72℃、有一定浓度的Mg^{2+}和4种脱氧核糖核苷酸的存在下，按碱基互补的原则进行链的延伸。以上三步反应为一个循环，在经过25～30个循环后，扩增片段数量可达2×10^6～2×10^7。

目前发展了一些基于PCR技术的侧翼序列分析方法，如反向PCR（inverse PCR，iPCR）、热不对称交错PCR（thermal asymmetric interlaced PCR，tail PCR）、连接介导PCR（ligationmediated PCR）等，用于许多转基因作物的检测。

1）反向PCR　反向PCR进行扩增的DNA模板必须先经过酶切，然后连接环化，使其反向引物相对，故反向PCR主要包括酶切、自身连接环化、PCR扩增、直接序列分析或克隆后再测序，如图7-1所示。

（1）提取基因组DNA，用适宜的限制性内切酶X进行切割。图7-1中黑框部分表示已知序列。

（2）用连接酶将酶切片段进行自身连接，形成环形结构，从而使正向和反向引物成为一对。

（3）先用巢式PCR的内引物b和c进行首轮PCR，然后以其PCR产物为模板利用外引物a和d进行第二轮PCR，如需要可进行第三轮、第四轮PCR等，增加PCR产物的特异性和成功率。

（4）第二轮PCR产物纯化后可直接进行序列分析或克隆后再进行序列分析。如果要得到更多的外源片段信息，可以获得的新序列为基础，搜索新的酶切位点，进行再一轮的iPCR。

2）热不对称交错PCR　热不对称交错PCR是指利用一系列序列特异性的巢式引物和

一个短的随机引物（arbitrary primer）引导扩增已知序列的侧翼序列的反应，它是一种半特异性的 PCR 反应，由于两类引物的退火温度不同从而可以通过控制反应过程中的退火温度，有效地调控特异性和非特异性产物的扩增。在 tail PCR 中序列特异性的巢式引物较长，退火温度较高，因此在 PCR 反应中退火温度的高低（相对）对它与目的序列的退火没有太大的影响，在高低两种退火温度下都可以与已知序列发生特异性的退火，而序列短的任意引物则仅可以在退火温度较低时与未知序列（已知序列的侧翼序列）发生退火，通过高低退火温度的交替进行，使目的基因得到有效的扩增。

如图 7-2 所示，tail PCR 的关键是应用了一系列巢式引物，它们的序列相对较长，退火温度比较高，随机引物序列比较短，退火温度比较低，一个低特异性 PCR 循环的目的是促成随机引物与未知目的序列上的位点非特异性退火。接下来，通过高特异性循环与低特异性循环的交替进行，目的序列（Ⅰ型产物）得到线性扩增，而由随机引物单独引导的非目的序列（Ⅲ型产物）几乎不合成。在接下来的低特异性循环中两种引物都可以与模板序列发生退火，在高特异性循环中产生的单链 DNA 被复制成双链，为接下来的几个线性扩增循环提供了几倍量的模板。通过重复 tail PCR，目的片段就可以得到有效扩增。在这个过程中非特异性的Ⅱ型产物也会增加，但是这种非目的产物在接下来的第二次和第三次反应中会被逐渐冲淡。

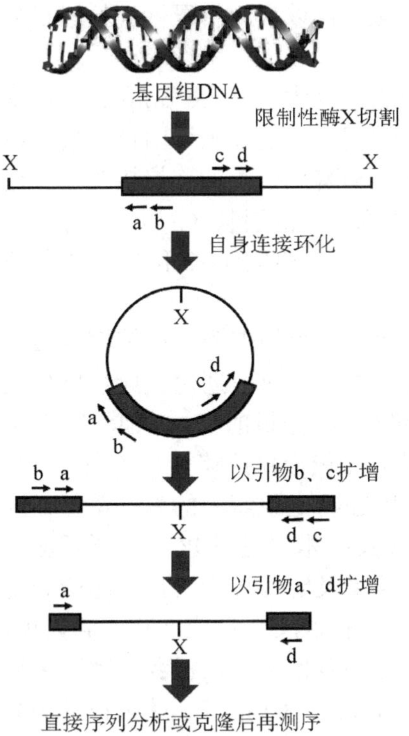

图 7-1　反向 PCR 的原理及流程图

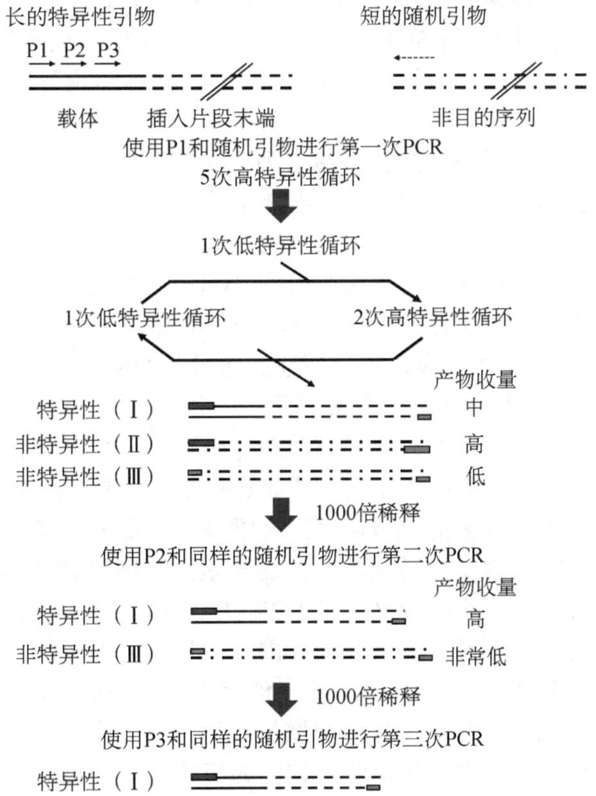

图 7-2　热不对称交错 PCR 原理及流程图

3）连接介导 PCR　　连接介导 PCR 是利用连接接头（cassette）及盒状接头（cassette primer）特异性地扩增 cDNA 或基因组上的未知区域，通过应用连接介导 PCR 技术，使扩增效率较低的长链未知区域的扩增变得简单，而且提高了保真性能。具体原理见图 7-3。

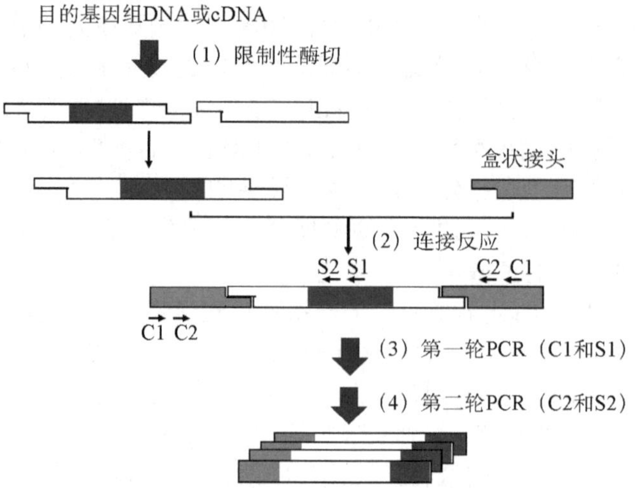

图 7-3 连接介导 PCR 原理及流程图

因为在设计上连接接头 5′端没有磷酸基，所以目的基因组 DNA 或 cDNA 的 3′端和连接接头 5′端的连接部位形成缺口。在第一次 PCR 反应的第一个循环时，从 C1 引物开始的延伸反应在连接部位终止，限制了 C1 引物和 C1 引物之间的扩增，从而控制了非特异性 PCR 扩增。只有从 S1 引物开始延伸合成的 DNA 链，才能成为 C1 引物的模板，进行 DNA 的特异性扩增反应。再用内侧引物（C2 和 S2）进一步进行第二次 PCR 反应，可以高效特异性地扩增目的 DNA。

当蛋白质的氨基酸序列已知时，可以根据已知信息设计混合引物（mixed primer），扩增编码蛋白质的 cDNA。连接介导 PCR 的具体操作步骤如下：①用合适的限制性内切酶酶切待克隆的目的 DNA，使其完全分解；②与具有对应的限制性内切酶酶切位点的连接接头进行连接反应；③用连接接头引物（C1）和根据已知区域的 DNA 序列设计的引物（S1），进行第一次 PCR 反应；④取上一步的 PCR 反应液的一部分作模板，使用内侧引物（C2 和 S2）进行第二次 PCR 反应，特异性地扩增目的 DNA 片段。

4）实时荧光定量 PCR　PCR 可对特定核苷酸片段进行指数级的扩增。在扩增反应结束之后，我们可以通过凝胶电泳的方法对扩增产物进行定性分析，也可以通过放射性同位素掺入标记后的光密度扫描来进行定量分析。无论定性还是定量分析，分析的都是 PCR 终产物。但是在许多情况下，我们所感兴趣的是 PCR 信号放大之前的起始模板量或拷贝数。例如，我们想知道某一转基因动植物转基因的拷贝数或者某一特定基因在特定组织中的表达量，在这种需求下实时荧光定量 PCR 技术应运而生。实时荧光定量 PCR 技术通过对 PCR 扩增反应中每一个循环产物荧光信号的实时监测，从而实现对起始模板定量及定性分析。在实时荧光定量 PCR 反应中，引入了一种荧光化学物质，随着 PCR 反应的进行，PCR 反应产物不断累积，荧光信号强度也等比例增加。每经过一个循环，收集一个荧光强度信号，这样我们就可以通过荧光强度变化监测产物量的变化，从而得到一条荧光扩增曲线图。Ct 值与起始模板的关系研究表明，每个模板的 Ct 值与该模板的起始拷贝数的对数存在线性关系，起始拷贝数越多，Ct 值越小。利用已知起始拷贝数的标准品可做出标准曲线，其中横坐标代表起始拷贝数的对数，纵坐标代表 Ct 值。因此，只要获得未知样品的 Ct 值，即可从标准曲线上计算出该样品的起始拷贝数。

四、环境安全检测技术

转基因植物的大规模种植，是否会对生物多样性构成威胁，是否有产生基因漂移的风险，如何应对害虫对转基因植物产生的抗性等议题是值得我们深入研究讨论的，如何对这些可能发生的情况做到及时准确的检测，也显得尤为重要。转基因植物环境安全检测技术主要包括生物多样性检测技术、基因漂移的生态风险检测技术、生存竞争力检测技术、抗性治理策略和检测技术等。

（一）生物多样性检测技术

转基因植物安全议题主要来源于对非靶标昆虫、害虫、害虫天敌、土壤生态系统、土壤微生物群落、土壤动物等各方面风险的综合，另外对生态环境的其他有益的或者有害的作用可能是更加隐蔽的，可能需要在转基因植物大规模释放到环境之后，并经过在生态系统中的长时间积累和级联放大效应，最终才显现出来。对这样长远的时间进行评价和预测是非常困难的，甚至是较难实现的。不管如何，建立延续不断的对转基因植物及其环境效应的监控和调查是非常必要的，用大量不同地域、不同时间、不同物种的检测数据构建共享的转基因植物环境安全性评价信息数据库网络，应用数学模型进行模拟和预测等，这些途径都将进一步帮助我们对这一复杂议题进行全面的认识和评价，最终实现转基因植物的安全应用。

（二）基因漂移的生态风险检测技术

随着转基因技术的日益成熟，越来越多的转基因作物被批准进入大田释放和商业化生产。但在种植转基因作物时，容易发生外源基因漂移造成基因污染。基因漂移的第一步是转基因作物和野生近缘物种杂交产生 F_1，第二步是基因渗入，即 F_1 与野生近缘种回交，使转基因性状进入野生近缘种。这两个过程密切配合才能产生真正意义上的基因漂移。

（三）生存竞争力检测技术

转基因技术用于作物育种，可以攻克常规育种难以克服的困难，大大拓宽基因的来源，打破种间隔离的天然障碍，实现不同生物体间的大转移，提高育种的选择效率，加快育种进程，增强作物的抗性，如抗虫、抗病、抗逆（耐除草剂、抗旱、抗冻、抗盐碱）、控制发育等，提高作物的产量与品质。由于转基因植物某些性状质或量的改变，其相对于传统的作物品种来说，可能具有潜在的生存竞争优势，对生态环境造成负面影响。自然条件下，检测和评价转基因和非转基因作物的生存竞争力指标主要有种子活力、种子休眠期、种子的越冬越夏能力、抗旱抗寒能力、抗病虫能力、生长势、生育期、产量、落粒性等。

（四）抗性治理策略和检测技术

抗性检测是抗性治理的重要组成部分，害虫产生抗性除了田间防效下降以外，在害虫本身是无法辨认其形态特征的。只有通过抗性检测才能了解害虫群体的抗性水平或抗性频率，为抗性治理提供依据，尤其是早期的抗性检测，对及时实施抗性治理争取时间上的主动。无论是治疗性的抗性治理还是预防性的抗性治理，都必须以抗性检测为基础。实施抗性治理措施后，通过检测害虫抗性水平和抗性等位基因频率的变化，可对整个治理方案或不同阶段抗性治理的效果提供评估，也为抗性治理方案的修订补充提供依据。

第五节 转基因食品的安全管理

我国参照国际通行指南，借鉴美国、欧盟等管理经验，立足国情，建立了严格规范的农业转基因生物安全管理制度，以确保安全和国家利益。

一是建立健全了一整套适合我国国情并与国际接轨的法律法规、技术规程和管理体系，涵盖转基因研究、试验、生产、加工、经营、进口许可审批和产品强制标识等环节。2001年，国务院颁布了《农业转基因生物安全管理条例》，之后农业部（现为农业农村部）制定并实施了《农业转基因生物安全评价管理办法》（二维码7-2）、《农业转基因生物进口安全管理办法》《农业转基因生物标识管理办法》《农业转基因生物加工审批办法》4个配套规章。

7-2

二是加强技术支撑体系建设。遴选专家组建国家农业转基因生物安全委员会（简称安委会），负责转基因生物安全性评价和开展转基因安全咨询工作。组建了全国农业转基因生物安全管理标准化技术委员会，已发布200多项转基因生物安全标准。认定了40多个国家级的第三方监督检验测试机构。

三是建立了转基因生物安全监管体系，国务院建立由农业、科技、环保、卫生、食药、检验检疫等12个部门组成的农业转基因生物安全管理部际联席会议制度。农业农村部设立了农业转基因生物安全管理办公室，负责全国农业转基因生物安全的日常协调管理工作。县级以上地方各级人民政府农业行政主管部门负责本行政区域内的农业转基因生物安全的监督管理工作。

四是加强了转基因标识的管理，发布了《实施标识管理的农业转基因生物目录》和《农业转基因生物标签的标识》，对转基因大豆、玉米、油菜、棉花、番茄5类作物17种产品实行按目录强制标识。

根据《农业转基因生物安全管理条例》及配套规章规定，我国对农业转基因生物实行分阶段安全性评价管理制度，按过程分5个阶段进行评价，即实验研究、中间试验、环境释放、生产性试验和申请安全证书。任何阶段发现食用或环境安全性议题则立即终止研发。同时实行分类别评价，按照农业转基因生物用途，分为生产应用和进口用作加工原料两个主要类别进行安全性评价。用于生产应用的农业转基因生物，需要通过5个阶段评价，才能获得生产应用的农业转基因生物安全证书。进口用作加工原料的农业转基因生物，需要在输出国或者地区获得安全证书，由农业农村部委托的技术检测机构进行安全性检测，经安委会安全性评价合格并批准后，才能获得安全证书。

截至2017年年底，经过严格安全性评价，我国批准了两类安全证书。一是批准了自主研发的抗虫棉、抗病毒番木瓜、抗虫水稻、高植酸酶玉米、改变花色矮牵牛、抗病甜椒、延熟抗病番茄7种生产应用安全证书。目前商业化种植的只有转基因棉花和番木瓜；转基因水稻、玉米尚未通过品种审定，没有批准种植；转基因番茄、甜椒和矮牵牛安全证书已过有效期，实际也没有种植。批准了305个基因工程疫苗和饲料用酶制剂等动物用转基因微生物的生产应用安全证书，没有发放转基因动物的生产应用安全证书。二是批准了国外公司研发的大豆、玉米、油菜、棉花、甜菜5种作物的进口安全证书，主要是抗虫和抗除草剂两类性状。进口的农业转基因生物仅批准用作加工原料，不允许在国内种植。

2019 年 12 月之后，又新批准了耐除草剂大豆‘SHZD3201’‘中黄 6106’‘DBN9004’；抗虫耐除草剂玉米‘瑞丰 12-5’‘DBN9936’‘DBN9501’；耐除草剂玉米‘DBN9858’等多种国内自主研发的转基因新品种的生产应用安全证书。

参考文献

包琪，贺晓云，黄昆仑. 2014. 转基因食品安全性评价研究进展. 生物安全学报，23（4）：248-252.

陈坚. 2019. 中国食品科技：从 2020 到 2035. 中国食品学报，19（12）：1-5.

黄昆仑，许文涛. 2009. 转基因食品安全评价与检测技术. 北京：科学出版社.

刘洋儿，郭明璋，杜若曦，等. 2019. 乳酸菌在合成生物学中的研究现状及展望. 生物技术通报，35（8）：193-204.

罗云波. 2016. 生物技术食品安全的风险评估与管理. 北京：科学出版社.

农业部农业转基因生物安全管理办公室. 2014. 转基因食品面面观. 北京：中国农业出版社.

沈平，章秋艳，杨立桃，等. 2017. 基因组编辑技术及其安全管理. 中国农业科学，50（8）：1361-1369.

张剑波. 2019. 食品工业用酶制剂的管理. 生物产业技术，3（5）：83-90.

EFSA Panel on Genetically Modified Organisms (GMO). 2011. Guidance on the risk assessment of genetically modified microorganisms and their products intended for food and feed use. EFSA Journal, 9(6): 2193.

思考题

1. 转基因食品、基因编辑食品与合成生物食品有哪些区别和联系？
2. 转基因食品的食用安全性议题及其评价内容是什么？
3. 哪些技术可以应用于转基因食品成分的检测？
4. 转基因食品从研发到上市都需要经历哪些流程？

第八章　新资源食品及其他食品的安全性问题

本章思维导图

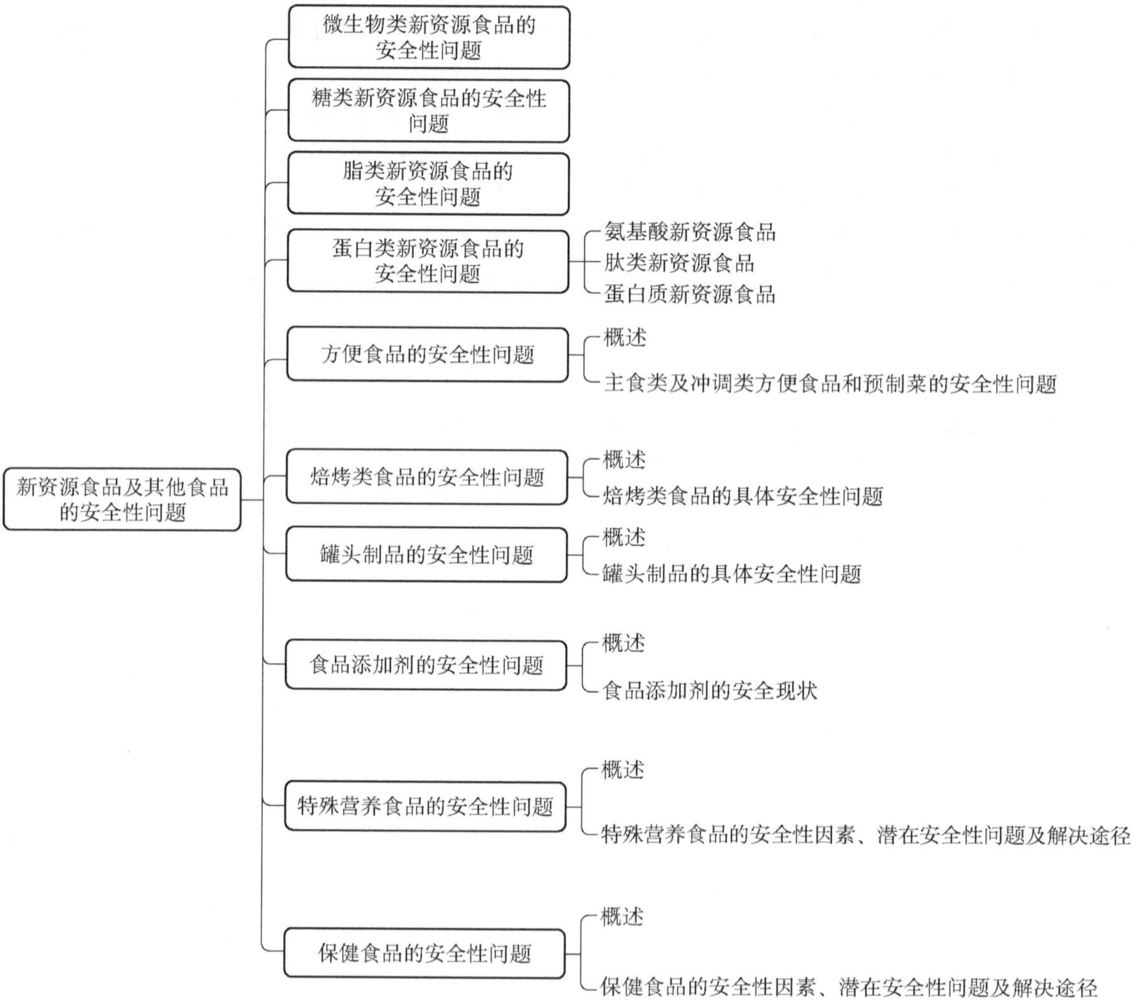

第一节　微生物类新资源食品的安全性问题

目前，我国对于可用于食品的微生物采用名单管理，对新菌种按照《新食品原料安全性审查管理办法》执行。根据《中华人民共和国食品安全法》及其实施条例有关规定，卫生部先后于2010年、2011年发布了《可用于食品的菌种名单》（含21个菌种）、《可用于婴幼儿食品的菌种名单》（含 4 个菌种的 6 个菌株）。随着生物科技的发展，近年来，国际权威组织对涉及 2 个名单中部分菌种和菌株的分类学地位和拉丁名称进行了调整，并在相关国际食品和贸易领域广泛使用。为规范两个名单的管理，顺应国际食品贸易需要，便于公众检索查询，国家卫生健康委员会委托国家食品安全风险评估中心对上述 2 个名单进行更新完善。更新内容见《可用于食品的菌种名单》（表 8-1）和《可用于婴幼儿食品的菌种名单》（表 8-2）。

表 8-1　可用于食品的菌种名单

序号	菌种名称	拉丁名称
一	双歧杆菌属	*Bifidobacterium*
1	青春双歧杆菌	*Bifidobacterium adolescentis*
2	动物双歧杆菌动物亚种	*Bifidobacterium animalis* subsp. *animalis*
3	动物双歧杆菌乳亚种	*Bifidobacterium animalis* subsp. *lactis*
4	两歧双歧杆菌	*Bifidobacterium bifidum*
5	短双歧杆菌	*Bifidobacterium breve*
6	长双歧杆菌长亚种	*Bifidobacterium longum* subsp. *longum*
7	长双歧杆菌婴儿亚种	*Bifidobacterium longum* subsp. *infantis*
二	乳杆菌属	*Lactobacillus*
1	嗜酸乳杆菌	*Lactobacillus acidophilus*
2	卷曲乳杆菌	*Lactobacillus crispatus*
3	德氏乳杆菌保加利亚亚种	*Lactobacillus delbrueckii* subsp. *bulgaricus*
4	德氏乳杆菌乳亚种	*Lactobacillus delbrueckii* subsp. *lactis*
5	格氏乳杆菌	*Lactobacillus gasseri*
6	瑞士乳杆菌	*Lactobacillus helveticus*
7	约氏乳杆菌	*Lactobacillus johnsonii*
8	马乳酒样乳杆菌马乳酒样亚种	*Lactobacillus kefiranofaciens* subsp. *kefiranofaciens*
三	乳酪杆菌属	*Lacticaseibacillus*
1	干酪乳酪杆菌	*Lacticaseibacillus casei*
2	副干酪乳酪杆菌	*Lacticaseibacillus paracasei*
3	鼠李糖乳酪杆菌	*Lacticaseibacillus rhamnosus*
四	黏液乳杆菌属	*Limosilactobacillus*
1	发酵黏液乳杆菌	*Limosilactobacillus fermentum*
2	罗伊氏黏液乳杆菌	*Limosilactobacillus reuteri*
五	乳植杆菌属	*Lactiplantibacillus*
1	植物乳植杆菌	*Lactiplantibacillus plantarum*
六	联合乳杆菌属	*Ligilactobacillus*
1	唾液联合乳杆菌	*Ligilactobacillus salivarius*
七	广布乳杆菌属	*Latilactobacillus*

续表

序号	菌种名称	拉丁名称
1	弯曲广布乳杆菌	*Latilactobacillus curvatus*
2	清酒广布乳杆菌	*Latilactobacillus sakei*
八	链球菌属	*Streptococcus*
1	唾液链球菌嗜热亚种	*Streptococcus salivarius* subsp. *thermophilus*
九	乳球菌属	*Lactococcus*
1	乳酸乳球菌乳亚种	*Lactococcus lactis* subsp. *lactis*
2	乳酸乳球菌乳亚种（双乙酰型）	*Lactococcus lactis* subsp. *lactis biovar diacetylactis*
3	乳脂乳球菌	*Lactococcus cremoris*
十	丙酸杆菌属	*Propionibacterium*
1	费氏丙酸杆菌谢氏亚种	*Propionibacterium freudenreichii* subsp. *shermanii*
十一	丙酸菌属	*Acidipropionibacterium*
1	产丙酸丙酸菌	*Acidipropionibacterium acidipropionici*
十二	明串珠菌属	*Leuconostoc*
1	肠膜明串珠菌肠膜亚种	*Leuconostoc mesenteroides* subsp. *mesenteroides*
十三	片球菌属	*Pediococcus*
1	乳酸片球菌	*Pediococcus acidilactici*
2	戊糖片球菌	*Pediococcus pentosaceus*
十四	魏茨曼氏菌属	*Weizmannia*
1	凝结魏茨曼氏菌	*Weizmannia coagulans*
十五	动物球菌属	*Mammaliicoccus*
1	小牛动物球菌	*Mammaliicoccus vitulinus*
十六	葡萄球菌属	*Staphylococcus*
1	木糖葡萄球菌	*Staphylococcus xylosus*
2	肉葡萄球菌	*Staphylococcus carnosus*
十七	克鲁维酵母属	*Kluyveromyces*
1	马克斯克鲁维酵母	*Kluyveromyces marxianus*

表 8-2　可用于婴幼儿食品的菌种名单

序号	菌种名称	拉丁名称
1	嗜酸乳杆菌 NCFM*	*Lactobacillus acidophilus* NCFM
2	动物双歧杆菌乳亚种 Bb-12	*Bifidobacterium animalis* subsp. *lactis* Bb-12
3	动物双歧杆菌乳亚种 HN019	*Bifidobacterium animalis* subsp. *lactis* HN019
4	动物双歧杆菌乳亚种 Bi-07	*Bifidobacterium animalis* subsp. *lactis* Bi-07
5	鼠李糖乳酪杆菌 GG	*Lacticaseibacillus rhamnosus* GG
6	鼠李糖乳酪杆菌 HN001	*Lacticaseibacillus rhamnosus* HN001

续表

序号	菌种名称	拉丁名称
7	鼠李糖乳酪杆菌 MP108	*Lacticaseibacillus rhamnosus* MP108
8	罗伊氏黏液乳杆菌 DSM17938	*Limosilactobacillus reuteri* DSM17938
9	发酵黏液乳杆菌 CECT5716	*Limosilactobacillus fermentum* CECT5716
10	短双歧杆菌 M-16V	*Bifidobacterium breve* M-16V
11	瑞士乳杆菌 R0052	*Lactobacillus helveticus* R0052
12	长双歧杆菌婴儿亚种 R0033	*Bifidobacterium longum* subsp. *infantis* R0033
13	两歧双歧杆菌 R0071	*Bifidobacterium bifidum* R0071
14	长双歧杆菌长亚种 BB536	*Bifidobacterium longum* subsp. *longum* BB536

*表示仅限用于 1 岁以上幼儿的食品

第二节　糖类新资源食品的安全性问题

在已批准的新资源食品中，共有 14 种属于糖类。表 8-3 对已被批准的糖类新资源食品的基本情况进行了总结。其中各糖类的适用标准应符合《关于“三新食品”目录及适用的食品安全标准的公告》中新食品原料的相关具体要求。

表 8-3　糖类新资源食品的基本情况

序号	糖类名称	来源	应用范围
1	低聚木糖	小麦秸秆	各类食品，但不包括婴幼儿食品
2	L-阿拉伯糖	玉米芯、玉米皮等禾本科植物纤维	各类食品，但不包括婴幼儿食品
3	低聚半乳糖	牛乳中的乳糖	婴幼儿食品、乳制品、饮料、焙烤食品、糖果
4	多聚果糖	菊苣根	儿童乳粉、孕产妇乳粉
5	棉子低聚糖	棉花的种子（棉籽）	不包括婴幼儿食品
6	酵母 β-葡聚糖	酿酒酵母	不包括婴幼儿食品
7	蚌肉多糖	三角帆蚌	调味品、汤料、饮料、冷冻食品
8	低聚甘露糖	魔芋粉	不包括婴幼儿食品
9	塔格糖	半乳糖	不包括婴幼儿食品
10	阿拉伯半乳聚糖	落叶松	不包括婴幼儿食品
11	燕麦 β-葡聚糖	燕麦麸	不包括婴幼儿食品
12	低聚木糖	小麦秸秆、玉米秸秆	不包括婴幼儿食品
13	壳寡糖	壳聚糖	不包括婴幼儿食品
14	β/α-1,3-葡聚糖	蔗糖	婴幼儿、孕妇及哺乳期妇女不宜食用

根据《中华人民共和国食品安全法》和《新食品原料安全性审查管理办法》规定，新食品原料生产和使用应当符合公告内容及食品安全相关法规要求。新食品原料应当具有食品原料的特性，符合应当有的营养要求，且无毒、无害，对人体健康不造成任何急性、亚急性、慢性或者其他潜在性危害。新资源食品的审批需要经过安全性评价，采用危险性评估、实质等同等原则。因此，被批准为新资源食品均应从新食品原料的种属、来源、生物学特征、主要成分、食用部位、使用量、使用范围、应用人群、采用工艺和质量要求等方面进行评价。

第三节 油脂类新资源食品的安全性问题

在已批准的新资源食品中，共有26种属于油脂类，可分为三个亚类：油、脂肪酸及其类脂等。26种油脂类新资源食品的安全性指标应按照我国现行食品安全国家标准中植物油脂的规定执行。26种油脂类新资源食品的基本情况见表8-4。

表8-4 油脂类新资源食品的基本情况

序号	脂类名称	来源	应用范围
1	杜仲籽油	杜仲籽	不包括婴幼儿食品
2	茶叶籽油	山茶科植物茶的种子	不包括婴幼儿食品
3	甘油二酯油	大豆油、菜籽油、花生油、玉米油	不包括婴幼儿食品
4	御米油	罂粟的种子	仅限用于食用油
5	翅果油	翅果油树种仁	不包括婴幼儿食品
6	元宝枫籽油	元宝枫树种仁	不包括婴幼儿食品
7	牡丹籽油	丹凤牡丹和紫斑牡丹的籽仁	不包括婴幼儿食品
8	长柄扁桃油	长柄扁桃种仁	不包括婴幼儿食品
9	光皮梾木果油	光皮梾果实	不包括婴幼儿食品
10	磷虾油	南极大磷虾	婴幼儿、孕妇、哺乳期妇女及海鲜过敏者不宜食用
11	番茄籽油	番茄籽	无特殊范围要求
12	水飞蓟籽油	水飞蓟籽	不包括婴幼儿食品
13	乳木果油	乳油木树果仁	巧克力等，但不包括婴幼儿食品
14	共轭亚油酸	红花籽油	食用油等，但不包括婴幼儿食品
15	共轭亚油酸甘油酯	红花籽油	食用油等，但不包括婴幼儿食品
16	鱼油及提取物	可食用海洋鱼	在婴幼儿食品中使用应符合相关标准的要求
17	DHA藻油	裂壶藻、吾肯氏壶藻、寇氏隐甲藻	在婴幼儿食品中使用应符合相关标准的要求
18	花生四烯酸油脂	高山被孢霉	在婴幼儿食品中使用应符合相关标准的要求
19	γ-亚麻酸油脂	刺孢小克银汉霉	无特殊范围要求

续表

序号	脂类名称	来源	应用范围
20	顺-15-二十四碳烯酸	菜籽油	食用油等，但婴幼儿不宜食用
21	植物甾醇酯	大豆油、菜籽油、玉米油、葵花籽油、塔罗油	不包括婴幼儿食品
22	植物甾醇	大豆油、菜籽油、玉米油、葵花籽油、塔罗油	不包括婴幼儿食品
23	蔗糖聚酯	大豆油	婴幼儿不宜食用
24	磷脂酰丝氨酸	大豆	不包括婴幼儿食品
25	植物甾烷醇酯	植物油或塔罗油提取的甾醇和植物油制取的脂肪酸甲酯	孕妇和 5 岁以下儿童不宜食用
26	米糠脂肪烷醇	米糠	婴幼儿、孕妇不宜食用

第四节 蛋白类新资源食品的安全性问题

在已批准的新资源食品中，共批准了 7 种可归属于氨基酸、肽及蛋白质类新资源食品。其中属于氨基酸的有 1 种，属于肽类的有 3 种，属于蛋白质类的有 3 种。

一、氨基酸新资源食品

γ-氨基丁酸是以 L-谷氨酸钠为原料，经希氏乳杆菌发酵、加热杀菌、冷却、活性炭处理、过滤、加入调配辅料（淀粉）、喷雾干燥等步骤生产而成。γ-氨基丁酸是许多食物中天然存在的成分，并且可以添加到多种食品之中，如饮料、可可制品、巧克力和巧克力制品、糖果、焙烤食品、膨化食品等，但不包括婴幼儿食品，且规定 γ-氨基丁酸的食用量不超过 500mg/d。

二、肽类新资源食品

1. 水解蛋黄粉 水解蛋黄粉即蛋黄多肽，是以鸡蛋黄为原料，经蛋白酶处理、加热、离心分离、喷雾干燥等步骤生产而成。水解蛋黄粉目前可以应用于多种食品中，如乳制品、冷冻饮品、豆类制品、可可制品、巧克力及其制品（包括类巧克力和代巧克力），以及糖果、焙烤食品、饮料类、果冻、油炸食品、膨化食品，但不包括婴幼儿食品，且规定水解蛋黄粉的食用量小于 1g/d。

2. 珠肽粉 珠肽粉以检疫合格猪的血红细胞为原料，经黑曲霉蛋白酶酶解猪血红蛋白得到的寡肽混合物。珠肽粉主要被用于保健食品原料，并规定珠肽粉的食用量不得超过 3g/d。

3. 玉米低聚肽粉 玉米低聚肽粉以玉米蛋白粉为原料，经调浆、蛋白酶酶解、分离、过滤、喷雾干燥等工艺生产而成。目前，玉米低聚肽粉不适宜婴幼儿食用，其他人群食用量不得超过 4.5g/d。

三、蛋白质新资源食品

1. 初乳碱性蛋白粉 初乳碱性蛋白粉以牛初乳为原料，经杀菌，脱脂，离心分离，去除酪蛋白、α-乳白蛋白、β-乳球蛋白，微滤，超滤，冷冻干燥等工艺制得。初乳碱性蛋白粉被应用于多种食品中，如乳制品、含乳饮料、糖果、糕点、冰淇淋，但不包括婴幼儿食品，且规定初乳碱性蛋白粉的食用量不得超过100mg/d。

2. 牛乳碱性蛋白 牛乳碱性蛋白以鲜牛乳为原料，经脱脂、过滤、浓缩、去除酪蛋白等酸性蛋白、阳离子层析、冷冻干燥等工艺制得。目前，牛乳碱性蛋白被批准可以添加入多种食品中，如乳酪、沙拉酱、牛乳、酸乳、果汁、代餐，但不可用于婴幼儿食品，且规定牛乳碱性蛋白的食用量不得高于200mg/d。

3. 地龙蛋白 地龙蛋白来源于非传统食品赤子爱胜蚓，蚯蚓经挑选洗涤、水解自溶、离心分离、微滤、喷雾干燥、包装等工艺制成。但食用中发现，地龙蛋白不适宜婴幼儿、少年儿童、孕产妇、过敏体质者等人群食用，且规定地龙蛋白食用量不得高于10g/d。

第五节　方便食品的安全性问题

一、概述

方便食品也称为“即食食品”“快餐食品”等，根据我国《国民经济行业分类》(GB/T 4754—2017)，方便食品被定义为以米、小麦粉、杂粮等为主要原料加工制成，只需简单烹制即可作为主食，具有食用简便、携带方便、易于贮藏等特点的食品。

近年来以谷物之外的畜禽、水产品、果蔬等为主要原料的方便食品（方便菜肴、预制菜）发展迅速，菜肴类和混合类方便食品已经发展成为除米面类方便食品外方便食品中不同类型的重要产品。预制菜是指以农、畜、禽、水产品为原料，配以各种辅料，经预加工（如分切、搅拌、腌制、滚揉、成型、调味）而成的成品或半成品。预制菜可分为即食食品、即热食品、即烹食品和即配食品。

二、主食类及冲调类方便食品和预制菜的安全性问题

（一）主食类及冲调类方便食品

1. 使用劣质原料 方便食品主要以米、小麦粉、杂粮等为原料，如生产中使用非食品原料加工或采收劣质原料加工都会给方便食品质量安全带来风险。

2. 食品添加剂超范围使用和超量使用 方便食品存在一定的食品添加剂超剂量使用和超范围使用情况，如技术管理和配料计量管理问题，或以防腐为目的超量使用添加剂等。

3. 微生物超标 生产车间环境、生产设施、设备、原辅材料、包装材料、水处理工序、人员等环节的管理控制不到位都可能会造成方便食品被微生物污染。

4. 加工过程造成食品污染 方便食品加工过程中如工艺流程不当或人员操作问题等都可能会造成一定的食品质量安全问题。例如，油炸型方便面制作加工时油炸温度过低或时间过短，会导致面饼不易炸透，易发生霉变；温度过高或时间过长，则会使含油率增加，导致

产品易氧化酸败。

（二）预制菜

影响预制菜的食品安全因素与其他方便食品相似，但是由于预制菜的原料种类更丰富、加工过程更复杂、运输防腐要求更高等，预制菜更易存在一定的食品安全风险。主要涉及原料、生产加工及运输和贮藏几个方面。

1. 原料质量安全问题　预制菜种类多样，涵盖果蔬、畜禽、水产品等各个领域，原料及其产品也应符合果蔬、畜禽、水产品等相关产品标准的规定。由于原料的标准难以统一，原料的质量和安全性更加难以控制。例如，使用不新鲜或腐败变质的原料，以及使用药物残留超标的劣质原料等，都可能给预制菜带来一定的食品安全隐患。

2. 生产加工环节的安全问题　预制菜生产工艺复杂，包含预加工（如分切、搅拌、腌制、滚揉、成型、调味等）或预烹调（如炒、炸、烤、煮、蒸等）。若加工工艺方面存在缺陷或卫生条件差等都可能导致预制菜被微生物或其他有害物质污染。

3. 运输和贮藏过程中的安全问题　部分预制菜品保藏期较短，如即食食品和即热食品，这类预制菜在运输和贮藏不当时较易受微生物的侵害而发生腐败变质；对于冷链运输温度要求较高的预制菜，当冷链条件不达标时，则会影响菜品的新鲜度，继而引发其他食品安全问题。

第六节　焙烤类食品的安全性问题

一、概述

焙烤食品又称为烘焙食品，是指以小麦等谷物粉料为基础原料，添加或不添加油脂、糖、蛋、添加剂等辅助原料，采用焙烤加工工艺定型和成熟的一大类食品。焙烤食品品种繁多，主要包括面包、糕点、饼干三大类产品。其加工过程通常包括接收原辅材料、配料、面团调制、成型、烘烤、冷却、包装等工序。

二、焙烤类食品的具体安全性问题

从国家质量监督抽查情况分析，近年来焙烤类食品的合格率较高。但由于焙烤类食品富含多种营养物质，因此在原料采购、生产加工、运输、销售等环节都有可能受危害因子的影响。

（一）微生物污染问题

在近年的焙烤类食品质量抽查结果中发现，个别焙烤类食品存在菌落总数和霉菌计数超标的现象，其中以街头摊贩售卖的焙烤类食品微生物污染问题较严重。原料不符合质量标准、产品加工过程中灭菌不彻底或贮藏方式不当等，极易引起微生物污染。

（二）食品添加剂安全问题

焙烤类食品中常添加防腐剂、色素、抗氧化剂、香精香料等各类食品添加剂。现阶段我国焙烤类食品中关于食品添加剂的安全问题主要集中在超剂量使用和超范围使用两方面。

（三）原料质量安全问题

焙烤类食品原料来源广泛，可能存在诸多潜在的危害因子，进而危害消费者健康。

1. 使用劣质原料 一些生产者受利益驱使，在焙烤类食品生产中使用劣质原料，如用腐败变质的油脂作为原料、采用成本较低的陈化粮作为原料、将生产过剩和过保质期的焙烤类食品经简单处理后掺进原料中进行回炉再生产等，这些不法行为给焙烤类食品质量安全带来风险。

2. 酸价和过氧化值超标 在历年的焙烤食品质量安全抽检中发现，原料中添加油脂的产品可能存在酸价和过氧化值超标情况。我国《食品安全国家标准 糕点、面包》（GB 7099—2015）、《食品安全国家标准 饼干》（GB 7100—2015）中对酸价和过氧化值进行了限量标准要求。

3. 药物及金属残留 焙烤类食品原料面粉、油脂等农产品植物原料中可能存在农药残留问题；鸡蛋、乳粉等畜产品原料中可能存在兽药残留问题，如抗生素、磺胺类、呋喃类等药物残留；原料中还可能存在由于环境污染引起的砷、汞、铅等重金属残留超标问题。

4. 过敏原 含过敏原的食品对过敏体质人群具有危害性，焙烤类食品原料涉及含麸质的谷类及其制品、蛋类及其制品、大豆及其制品、乳及其制品、坚果及其制品等致敏物质。上述原料通过焙烤方式加工制作成品，已存在的过敏原可能无法通过焙烤加工过程去除，因此应对含过敏物质的食品进行标示，以避免对某些成分过敏的特殊人群造成危害。

5. 其他 对于不同类别原辅材料的添加，可能产生不同的潜在危害。例如，豆类植物原料食品中可能含有植物红细胞凝集素等有毒物质；果仁、杏仁和木薯可能含有氰苷等有毒物质；马铃薯原料因贮藏方式不当，可能会产生有毒物质茄碱。以上危害均需我们在原料采购及加工过程中提高警惕，并采用合理的加工手段以去除危害。

（四）加工及包装过程质量安全问题

焙烤类食品的生产过程中，若加工工艺方面存在缺陷，如焙烤类食品要求在适宜的温控条件下进行，加热温度过低或加热不均匀可能导致灭菌不彻底，引起微生物污染；温度过高可能会生成苯并芘、杂环胺等有害物质；除此之外，食品加工设施或从业人员卫生状况差、包装材料不洁或包装材料存在有害物质向食品迁移等也可能造成一定的食品安全隐患。

第七节　罐头制品的安全性问题

一、概述

罐头食品又称为罐藏食品，是指以水果、蔬菜、畜禽肉、水产品等为原料，经加工处理、装罐、密封、加热杀菌等工序加工而成的商业无菌的罐装食品。罐头食品常规生产过程包括预处理、装罐、排气、密封、杀菌、冷却和后处理等工序。

二、罐头制品的具体安全性问题

（一）原料安全问题

用于生产加工罐头的食品原料是影响罐头食品安全的重要风险之一。罐头食品可能存在使用劣质原料或加工原料污染等问题：①药物残留，果蔬罐头可能存在农药残留超标的风险，畜禽类罐头所用的动物性原料可能存在兽药残留超标问题；②组胺中毒，组胺中毒是由食用的某些鱼类及其他动物中含有一定数量的组胺而引起的一种过敏性食物中毒；③其他，如原辅材料的变质、重金属超标等也会直接影响罐头产品的品质，原料供给的质量和数量都是影响罐头食品质量安全的因素。

（二）微生物污染问题

罐头食品在实际生产过程中，管理不善、生产工艺条件不成熟或加工过程卫生控制不严等诸多因素均可能会导致罐头杀菌不足，从而使微生物大量繁殖而污染罐头食品，进而造成内容物腐败变质。

（三）胀罐问题

装罐时要使罐内保持适当的真空度，因此罐盖略向下凹陷。胀罐的原因不同，其可能存在的安全风险也不同。若是由于罐内受酸性内容物腐蚀而产生气体，则可能存在一定的安全隐患；若是由于罐内微生物作用而产生的气体，则罐头食品不能食用。

（四）包装材料问题

罐头包装材料在材料的组分、安全性、耐腐蚀性和密封性等方面也存在一定的安全隐患。例如，金属罐装材料易与罐头内容物发生反应影响产品品质，易发生重金属迁移等安全问题；与此同时，金属罐装材料在高温杀菌过程中容易出现硫化物染色等问题。塑料罐装材料可能存在塑料制品的降解产物和各种加工助剂易向罐头内容物迁移的问题。玻璃罐装材料可能存在罐头内容物受可见光与紫外光透射而诱发食品变质，以及有色玻璃可能存在铅、镉等重金属析出问题。陶瓷罐装材料表面釉层也可能存在铅、镉等重金属溶出问题。软包装罐装材料由于包装材料强度较低，容易出现破损、泄气，引起食品变质的潜在危害。

（五）内壁涂料安全问题

罐装材料常用的内壁涂料包括环氧酚醛涂料、酚醛涂料、油树脂涂料及环氧氨基涂料。在罐头的加工和贮藏过程中，罐头食品接触材料可能存在可迁移的有害物质如甲醛、游离酚和双酚 A 等。

（六）其他问题

罐头食品是采用密封和杀菌的技术手段达到保藏的目的，因此罐头食品不允许使用防腐剂。但个别罐头食品生产厂家存在罐头食品加工设施缺陷、加工技术不完善等问题，生产的罐头食品无法满足无菌要求，进而违规添加防腐剂、二氧化硫保藏罐头原料，损害了罐头食品的安全。

第八节 食品添加剂的安全性问题

一、概述

食品添加剂是指为改善食品品质和色、香、味，以及为防腐、保鲜和加工工艺的需要而加入食品中的人工合成或者天然物质。食品用香料、胶基糖果的基础剂物质、食品工业用加工助剂也包括在内。

二、食品添加剂的安全现状

食品添加剂的使用均需要经过严格的安全性检测，在用量适当、程序符合规定的情况下，其食品安全质量通常能够得以保证。目前食品添加剂使用存在的主要安全问题包括食品添加剂的滥用和食品中非法物质的添加。

（一）食品添加剂的滥用

食品添加剂的滥用包括不当和违规违法使用食品添加剂。《食品安全国家标准 食品添加剂使用标准》（GB 2760—2014）对各种食品添加剂的使用范围和添加用量均有明确规定。2018～2020年统计的各类不合格使用食品添加剂的食品类别包括蔬菜制品、罐头、餐饮食品、豆制品、淀粉及淀粉制品、水果制品、粮食加工品、糕点、茶叶及相关产品。

1. 超限量使用食品添加剂 超限量使用食品添加剂是指在食品生产加工的过程中，食品添加剂的使用剂量超出了《食品安全国家标准 食品添加剂使用标准》所规定的最大使用量和残留量。超限量使用食品添加剂的原因可能包括：一是部分企业对食品添加剂的使用标准缺乏正确的认识，尤其是防腐剂的使用，认为使用量越多其食品保质期就会越长，从而导致防腐剂超标；二是生产经营企业法律意识淡薄，为增强食品的效果如色泽、口感等超限量使用食品添加剂；三是一些不良食品加工企业为减少成本，获得较高的经济效益而故意超限量使用食品添加剂等。

2. 超范围使用食品添加剂 超范围使用食品添加剂是指食品添加剂的使用超出了《食品安全国家标准 食品添加剂使用标准》所规定的食品添加剂可以使用的种类和范围。超范围使用食品添加剂的原因可能包括：一是生产经营企业违背食品添加剂的使用原则，用以掩盖食品腐败变质或用于伪装掺假食品等；二是部分食品生产加工者因对食品添加剂使用标准不熟悉，或对自身食品归类不清误用食品添加剂等。

（二）食品中非法物质的添加

在众多食品添加剂的安全问题中，尤其以消费者对食品添加剂与非法添加物质认识混淆引起的影响最为严重。非法添加物质是指在食品中添加的非食品添加剂类物质，如三聚氰胺、盐酸克仑特罗等均被禁止在食品中添加。非法添加物质是被证明不能达到食品所允许风险水平，或未经安全性检测的未知风险物质，因此由非食用物质的非法添加所带来的食品安全问题和后果尤为严重。

第九节　特殊营养食品的安全性问题

一、概述

特殊营养食品也称为特殊膳食食品。根据《食品安全国家标准 预包装特殊膳食用食品标签》（GB 13432—2013）规定，特殊膳食食品是为满足特殊的身体或生理状况和（或）满足疾病、紊乱等状态下的特殊膳食需求，专门加工或配方的食品。这类食品的营养素和（或）其他营养成分的含量与可类比的普通食品有显著不同。

二、特殊营养食品的安全性因素、潜在安全性问题及解决途径

（一）特殊营养食品的安全性因素

1. 常规新资源食品的共性安全性因素　由于特殊营养食品是一个较广泛的概念，虽然其属于特殊食品，但是其可能使用的原料包括但不仅限于蛋白质、油脂、糖类和某些微生物，包装和加工方式也不局限于常规食品的方式，所以前文所述的其他新资源食品安全性因素对于特殊营养食品同样存在。

2. 特殊人群食用的安全性因素　特殊营养食品从设计至销售，均面向特殊人群。若特殊人群食用不适合自身情况的，甚至食用其他类特殊食品，则会造成潜在安全性因素。

3. 进口特殊营养食品的风险因素　因为特殊营养食品原料的特殊性，我国市场现阶段对进口原料和产品依赖度较高，如乳制品原料、运动员食品原料等。所以，进口原料是否符合我国食品安全标准、原料适用性是否吻合我国消费者需求、原料安全性及检验检疫，均是特殊营养食品的风险因素。

（二）特殊营养食品的潜在安全性问题

1. 未按要求标识并销售　因为特殊营养食品不同于保健食品，其消费途径可以与常规食品同时销售，故需严格按照《食品安全国家标准 预包装特殊膳食用食品标签》要求对其标签严格标注，明确区分并引导有需求消费者购买。

2. 非必需人群的摄入　由于现阶段国内对特殊营养食品的管理审批程序仍有细化空间，且特殊营养食品不需要进行动物或临床试验，其剂量设计不合理、购买人群不明确，甚至出现非必需人群摄入其他类特殊营养食品，不仅会使特殊营养食品失去其存在意义，也可能会造成其摄入对人体造成负面影响。

（三）特殊营养食品安全性问题的解决途径

1. 加强相关法律法规建设　我国除个别整体性的国家标准外，并没有专门针对特殊营

养食品的法律法规要求，故为实现特殊营养食品的规范化，加强相关法律法规的建设势在必行。

2. 整顿并规范消费市场 由于某些非正规途径广告宣传及其内容、企业生产过程的不稳定等，极易造成消费市场紊乱，模糊消费者对于特殊营养食品、新资源食品及保健食品的判断。这一过程不仅需要生产企业和检验检疫部门的配合，也需要工商管理部门的协调行动。

3. 加强对特殊营养食品的宣传 由于国内特殊营养食品产业发展较晚，消费者对这一类产品认知度较低。所以，通过媒体等途径加强对特殊营养食品的宣传，不仅可以对消费者的产品购买起到指导作用，也间接地保证了消费市场的规范程度。

4. 建立进口特殊营养食品风险评估体系 解决特殊营养食品的安全性问题，建立完备的进口特殊营养食品风险评估体系十分重要。不仅要在原有检验检疫制度上做更高标准要求，还要投入科研重点评估新食品原料在中国市场的适用性，尤其一些尚未在国内大范围使用的食品原料应当作为重点评估对象。

第十节 保健食品的安全性问题

一、概述

《食品安全国家标准 保健食品》（GB 16740—2014）规定，声称具有特定保健功能或者以补充维生素、矿物质为目的的食品称为保健食品，即适用于特定人群食用，具有调节机体功能，不以治疗疾病为目的，并且对人体不产生任何急性、亚急性或慢性危害的食品。

二、保健食品的安全性因素、潜在安全性问题及解决途径

（一）保健食品的安全性因素

1. 基础研究不够，产品科技含量低的安全性因素 目前，市场上的保健品种类繁多，但是基本宣传功效大致相同，大多属于二代和三代保健食品，加大了市场的恶性竞争。另外，保健食品的原料广泛，原料的来源也缺乏严格的质量标准；缺乏科学的食品安全检测技术，检测不规范，难以保障保健食品的安全。

2. 安全评价及监督局限的安全性因素 目前我国在保健食品安全评价及监督方面有很多局限，很有可能造成一些被批准的保健食品事实上存在安全隐患，由于市售产品缺乏监管，企业用于报批的送检产品与最终销售的产品可能出现不一致的情况。另外，一些保健食品生产企业存在违规生产、委托生产等问题。

3. 夸大产品功效及虚假宣传等安全性问题 有些企业在市场中为增加利益，脱离产品实际，重广告轻研发，夸大产品功效及虚假宣传，扩大适宜人群，使用绝对化语言，利用专家和消费者形象为产品功效加持，这样的夸大宣传容易误导消费者。

（二）保健食品的潜在安全性问题

1. 未按要求标识并销售　因为保健食品不同于普通食品，故需严格按照标签标识的相关要求对其严格标注，明确区分并引导有需求消费者购买。

2. 注册到生产的不一致　企业出于技术保密或者为了减少必要的检测项目，申报时提供错误或者虚假的信息，尤其是源于保健食品原料本身质量变化引起的相关试验风险，这样的安全性问题易导致不适宜人群服用保健食品，危害健康。

3. 消费者的错误使用　保健食品并不适用于所有消费者，如果选择不适用于自身情况的保健食品，不仅使保健食品失去其价值，还有可能对消费者的健康造成一定的负面影响。

（三）保健食品安全性问题的解决途径

1. 加强保健食品的监管与检测　在保健食品的生产及销售过程中，要严格遵照法律规范及食品安全法生产保健食品，不断完善对保健食品的检测，更新检测技术，尤其严厉禁止在保健品生产中添加违规的化学药品，保障消费者健康安全。

2. 加强宣传引导，引导消费者正确认识保健食品　保健食品生产者和销售企业应肩负起引导消费者正确认识保健食品的责任，对产品的宣传应秉承事实，不夸大宣传、不虚假宣传，引导消费者群体区别药品和保健食品。

3. 加大科技投入，提高产品核心竞争力　面对保健食品技术含量低、市场恶性竞争严重等问题，应鼓励保健食品生产者新技术、新工艺、新资源的使用，提高产品竞争力，通过深入研发打破常规保健食品开发限制。同时，要建立更完备的功能评价体系，保证保健食品从研发到生产的高效、稳定及可信赖。

参考文献

姜泽稳. 2022. 药食同源视角下保健食品研发探究. 食品安全导刊，13：138-140.

刘英语. 2021. 保健食品的研究现状及发展趋势. 食品安全导刊，（29）：134-135，138.

田雅娟，苏洁，王瑜，等. 2022. 基于“调态”方略的保健食品开发与评价. 中国实验方剂学杂志，18：192-197.

闫夏秋，郭玲玲. 2024. 预制菜食品安全监管困境与法律规制探析. 保鲜与加工，24（1）：64-69.

杨慧，边媛媛，陈天顺，等. 2017. 蛋白新资源潜在致敏性评价方法的研究进展. 食品安全质量检测学报，8(4)：1115-1119.

杨月欣. 2011. 我国营养和功能成分应用现状分析.中国食品学报，11（11）：1-6.

张小霞，王永芳，高小蕾. 2012. 我国新资源食品审批现状分析及思考. 中国卫生监督杂志，19（4）：316-319.

张誉，陈潇，范春梅，等. 2023. “预制菜”相关标准及风险管理研究. 中国食品卫生杂志，35（10）：1514-1519.

Goda Y. 2021. A basis for pharmaceutical sciences “Quality Assurance”: Quality assurance of health foods, foods with health claims, and pharmaceutics. Yakugaku Zasshi: Journal of the Pharmaceutical Society of Japan, 141(6): 787-791.

思 考 题

1. 蛋白类新资源食品的类别主要有哪些？
2. 简要阐述焙烤类食品的安全性问题。
3. 简要阐述食品添加剂的安全性问题及其与非食用物质的区别。
4. 保健食品存在哪些安全性问题及潜在风险？

第三篇

食品安全性检测与控制技术

第九章　食品危害物的快速识别与检测技术

本章思维导图

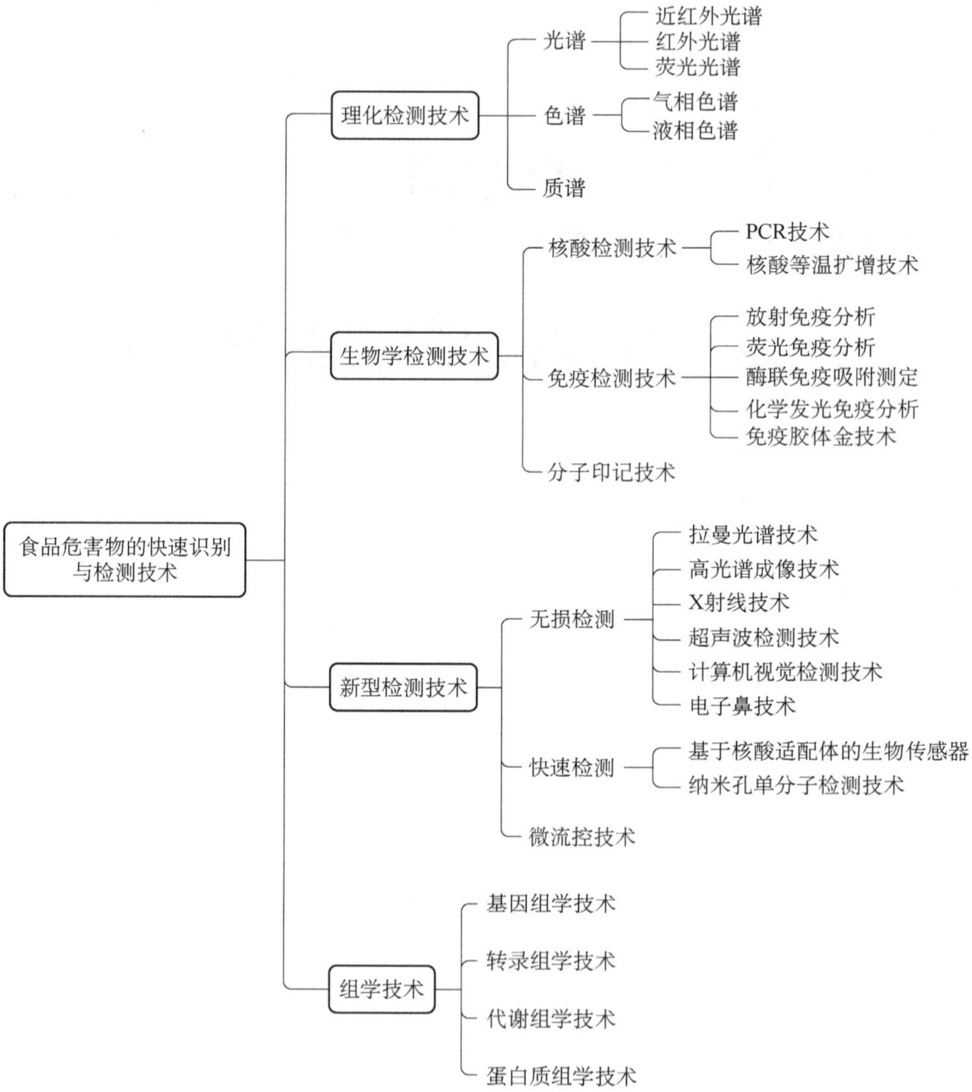

第一节 食品安全理化检测技术

一、光谱

（一）近红外光谱

近红外光谱是利用有机物分子通过合频、倍频的形式反映化学键的振动。近红外光谱可顺利穿透动植物组织，对食品样本的适应性强，可直接检测颗粒状、粉末状、糊状、流体、气体等样品，且样品基本无损耗。该技术在几秒钟内即可检测多项指标，检测耗时短、效率高。

（二）红外光谱

红外光谱技术是以波数在400～4000cm^{-1}的红外光谱图反映分子结构差异的分析手段。红外光谱技术在食品检测中具有如下优点：①可同时检测不同种类、不同性质的样品，分析效率较高；②该技术易于掌握且环境友好，测试时间短，可实现样品无损检测。但在我国对红外光谱技术仍缺乏深入研究，应用较为局限，且存在如下缺点：①灵敏度不高，获得的谱图较为复杂，分析难度大；②食品基质极为复杂，易对检测造成影响，使结果变动较大。因此，红外光谱技术在未来仍亟须发展以满足更高的食品检测需求（Qi et al.，2022）。

（三）荧光光谱

荧光分析法利用荧光光谱与原子光谱的协同作用进行成分分析，可根据荧光物质的含量反映目标物质的含量。荧光分析法的检测敏感度高，抗干扰性能强，结果可靠，准确性高，能满足现阶段大部分食品安全检测工作。由于待检测的目标成分与其所在的食品基质中其余成分的荧光信号不同，因此能从测得的荧光光谱等高线图获得它们的荧光信息，对荧光峰的位置、强度等的比较分析能快速完成对食品基质中目标分子的检测。

二、色谱

（一）气相色谱

气相色谱技术主要是使用气体作为流动相的色层来分离，主要是针对易挥发物质进行检测。其基本原理是以气体为载体，利用各种物质的不同理化性质，对多组分进行分离，从而对目标化合物进行测定。

气相色谱法常用来检测食品中的甜蜜素和一些酸型防腐剂，用量少、选择性好、灵敏度高一直是气相色谱法进行检测的优点。表9-1对文献中报道的运用气相色谱法进行检测的分析方法及实验结果进行了对比。

表9-1 食品添加剂气相色谱分析法及主要参数

食品种类	目标物	检测限	回收率	参考文献
液体食品	6种防腐剂	1.2～10.0μg/mL	96.45%	庞楠楠等，2005

续表

食品种类	目标物	检测限	回收率	参考文献
调味品	7 种防腐剂	0.27～0.98mg/kg	84.5%～104.9%	杨晓凤等，2011
饮料	5 种防腐剂	0.002～0.200mg/L	92%～106%	Wang et al.，2006
蛋白食品	甜蜜素	2～50μg/mL	75%～100%	沈伟健等，2007

（二）液相色谱

液相色谱技术属于诞生较早的一种精准测量技术，其核心原理是以液体作为流动相，通过不同物质在液相表现上的差别，对物质进行必要的定性和定量。在传统操作模式中，液相色谱技术使用时主要在自然环境中自行流动，虽然能够获得较为准确的测试结果，实验时间却难以保障，单次实验时间较长始终是不可忽视的问题。针对这一现象，当前普遍使用高温加压的实验模式，即高效液相色谱。

三、质谱

质谱仪由于具有测量范围广、分析速度快、自动化程度高、仪器稳定性和可靠性好等特点，已成为食品行业中相当重要的仪器。质谱仪是根据带电粒子在电磁场中能够偏转，按物质原子、分子或分子碎片的质量差异进行分离和检测物质组成的一类仪器。利用一定的电离方法将有机化合物分子进行电离、裂解，并将所产生的各种离子质量与电荷的比值（m/z）按照由小到大的顺序排列，得到质谱图。它可以用来检测小分子化合物、生物大分子及元素组成等。质谱技术不仅可以得到分子量信息，还可以通过碎片分析得到被分析物质的结构信息，因此可以应用于定性和定量分析，是目前国家标准方法中最常用的技术。

第二节　食品安全生物学检测技术

一、核酸检测技术

（一）PCR 技术

PCR 是一种体外酶促扩增特定 DNA 分子片段的方法。PCR 技术可以在短时间内将极微量的 DNA 片段扩增上百万倍，大大提高了 DNA 分子的检测能力，目前已被广泛地应用于食品安全生物因子检测。

（二）核酸等温扩增技术

核酸等温扩增技术可在恒定温度下完成靶 DNA 扩增，摆脱了热循环仪的束缚，具有快速、高效、特异性强、灵敏度高等特点，被认为是替代 PCR 的绝佳方法（Moon et al.，2022）。

1）环介导等温扩增技术　环介导等温扩增（loop-mediated isothermal amplification，LAMP）技术是指在链置换 DNA 聚合酶（*Bst* DNA polymerase）的作用下，核酸发生的恒温（60～65℃）扩增过程。在 LAMP 中，需要针对靶标 DNA 的 6 个区域设计 4 对特异引物。

随着扩增的进行，原料 dNTP 的消耗会产生焦磷酸根离子，并与体系中 Mg^{2+}反应，生成焦磷酸镁白色沉淀，从而可通过肉眼判断反应结果。LAMP 具有特异性强、扩增效率高等特点，整个反应可在 15～60min 完成，扩增倍数达 10^9～10^{10}。同时，由于 LAMP 灵敏度较高，开盖过程极易发生污染，造成假阳性结果，因此对操作环境有一定要求。

2）重组酶聚合酶扩增技术　　重组酶聚合酶扩增（recombinase polymerase amplification，RPA）是一种多酶依赖的常温扩增，其原理是常温条件下，引物与重组酶结合成复合物，搜索与引物互补的序列并发生退火。同时引物与重组酶解离，并在 DNA 聚合酶的作用下，合成新的 DNA 链。而被置换的 DNA 单链可与单链 DNA 结合（single stranded DNA binding，SSB）蛋白结合，防止双链形成。不断循环上述过程，即可产生大量的靶 DNA 片段，整个反应可在 1h 内完成。

除此以外，解旋酶依赖性扩增技术（helicase-dependent amplification，HDA）、单引物等温扩增技术（single primer isothermal amplification，SPIA）、链置换扩增技术（strand displacement amplification，SDA）、依赖核酸序列扩增技术（nucleic acid sequence based amplification，NASBA）等多种等温扩增技术也不断建立并迅速发展，极大地促进了核酸检测技术的现场应用。

（三）核酸检测技术在食源性致病菌中的应用

到目前为止，食品中常见致病菌的特征基因均已清晰，极大地促进了核酸检测技术的应用（Moon et al.，2022），表 9-2 列举了几种常见食源性致病菌的靶基因及核酸检测方法。

表 9-2　常见食源性致病菌的靶基因及核酸检测方法

致病菌名称	靶基因	检测方法
金黄色葡萄球菌	肠毒素基因	PCR、LAMP、HDA、RPA、NASBA
大肠杆菌	质粒、肠毒素基因	PCR、LAMP、RPA
沙门菌	基因组特征序列	PCR、LAMP、RPA、SDA、HDA、SPIA、NASBA
单核细胞增生李斯特菌	溶血素基因	PCR、LAMP、RPA、NASBA
志贺菌	基因组和肠毒素基因	PCR、LAMP
阪崎肠杆菌	肠毒素基因	PCR、LAMP、RPA

二、免疫检测技术

免疫检测技术是基于抗原抗体特异识别建立的，通过将识别信号以颜色、荧光、化学发光等形式输出，实现目标物的检测（Xiao et al.，2021）。

1）放射免疫分析　　放射免疫分析（radioimmunoassay，RIA）由 Yalow 和 Berson 于 1959 年建立，是一种以放射性物质作为抗原标记物的免疫分析法。常用的放射性标记物有 ^{3}H、^{125}I、^{131}I，该方法可以对纳克乃至皮克级的目标物进行精准测定。

该方法的基本原理是标记抗原和非标记抗原对抗体的竞争性结合，造成体系内放射性强度的变化，从而实现非标记抗原的定量检测。RIA 具有灵敏度高、特异性强等特点，但由于放射性元素的使用，该方法对人体和环境会产生一定的损害作用。而且放射性元素半衰期较短，不利于长期存放，因此已逐步被其他免疫分析方法取代。

2）*荧光免疫分析*　荧光免疫分析（fluorescence immunoassay，IFA）是发展最早的免疫分析方法。在 IFA 中，一般是对抗体进行标记，然后通过测定抗原抗体复合物的荧光强度，从而达到抗原定量检测的目的。传统的标记物质以荧光素为主，具有价格低廉、方法成熟等优势，但稳定性较差，易发生光漂白。若以生物样本为靶标，还需考虑生物自发荧光的影响。

3）*酶联免疫吸附测定*　酶联免疫吸附测定（ELISA）是由 Engvall 和 Perlmann 于 1971 年建立的经典免疫分析技术。ELISA 以酶作为抗体标记物，通过酶催化底物发生变色反应，根据颜色的深浅，实现目标物定性定量分析。ELISA 具有低成本、易操作、灵敏度高、特异性强等特点，是目前使用最广泛的免疫检测方法之一。

4）*化学发光免疫分析*　化学发光免疫分析（chemiluminescence immunoassay，CLIA）是结合化学发光和免疫分析的新型分析技术。根据标记物的不同，CLIA 可以分为化学发光标记免疫分析和化学发光酶免疫分析。化学发光标记免疫分析是指将化学发光物质直接标记在抗原或抗体上，然后通过加入催化剂使其发光；化学发光酶免疫分析是指利用辣根过氧化物酶（horseradish peroxidase，HRP）标记抗原或抗体，然后催化发光底物，完成检测过程。CLIA 的灵敏度比 ELISA、IFA、RIA 高出几个数量级，可以用于极微量抗原检测。

5）*胶体金免疫层析技术*　胶体金免疫层析技术（colloidal gold immunochromatographic assay，CGIA）是利用胶体金作为抗原或抗体标记物的新型免疫检测技术。胶体金是氯金酸在柠檬酸、抗坏血酸等还原剂的作用下，形成大小均一的金颗粒，这些颗粒因静电相互作用，可形成一种稳定的胶体状态，故被称为胶体金。在弱碱性环境中，胶体金呈负电性，可与带有正电荷的抗体结合，实现标记。胶体金大量聚集会产生颜色变化，通常颜色的深浅与待测抗原量成正比，这就是 CGIA 的检测原理。

目前，CGIA 主要使用胶体金试纸条（Tripathi et al.，2018）。胶体金试纸条由样品垫、结合垫、层析膜、吸水垫组成，层析膜一般为硝酸纤维素膜（NC 膜），它对蛋白质类分子具有极强的吸附作用。胶体金试纸条的原理：当待测抗原加到样本垫上后，在毛细作用下向前移动，先与结合垫上的胶体金标记二抗结合，随后继续流动，胶体金标记抗体-抗原复合物再与检测线位置的一抗结合，从而被截留聚集在检测线上，形成肉眼可见的颜色变化。根据颜色的深浅，可以对抗原进行定性定量检测（Shan et al.，2015）。

6）*免疫检测技术在食品安全中的应用*　免疫检测技术不仅可以用于检测细菌、真菌、病毒等生物目标（章钢刚和赖卫华，2015），还可以实现对农药残留、兽药残留、真菌毒素等非生物因子的识别（Ahmed et al.，2020；Wang et al.，2020；Rahman et al.，2019）。表 9-3 列举了常见食品污染物种类及其免疫检测方法。

表 9-3　常见食品污染物种类及其免疫检测方法

类别	常见污染物	抗原类型	检测方法
农药	氨基甲酸酯类、有机氯类、有机磷类、拟除虫菊酯类等	小分子抗原	竞争 ELISA、IFA、CLIA、CGIA
兽药	氯霉素、四环素、单环 β-内酰胺类、氨基糖苷类、大环内酯类、喹诺酮类、呋喃类等	小分子抗原	竞争 ELISA、IFA、CLIA、CGIA
重金属	铅、镉、汞、铬、铜等	金属离子抗原	竞争 ELISA、IFA、CLIA、CGIA

续表

类别	常见污染物	抗原类型	检测方法
生物毒素	黄曲霉毒素、赭曲霉毒素、展青霉素、玉米赤霉烯酮、贝类毒素等	小分子抗原	竞争 ELISA、IFA、CLIA、CGIA
微生物	大肠杆菌、金黄色葡萄球菌、沙门菌、志贺菌、单核细胞增生李斯特菌、蜡样芽孢杆菌、副溶血性弧菌、阪崎肠杆菌等	菌体抗原、荚膜抗原、鞭毛抗原等	夹心 ELISA、IFA、CLIA、CGIA

三、分子印记技术

分子印记技术（molecular imprinting technique，MIT）也称为模板印记技术，是从仿生学角度，用人工方法制备出对特定目标分子具有专一性结合作用的聚合物。分子印记技术是制备对特定目标分子（模板分子或印记分子）具有选择识别特性聚合物的过程，主要通过下列三个步骤实现：①具有适当功能基团的功能单体与模板分子在适当介质中预组装形成功能单体-模板分子复合物；②使用交联剂和制孔剂将功能单体固定在特定的空间位置上；③通过化学或物理方法，洗脱除去模板分子，得到在空间结构上与模板分子完全匹配的三维空穴。这个三维空穴可以选择性地与模板分子进行结合，即对模板分子具有专一性识别作用。由于分子印记聚合物具有高选择性、热稳定性及低廉的成本和易于制备等优点，它们常常与固相萃取、色谱分析和传感结合，并被广泛应用于农兽药残留、重金属残留、非法添加剂、食源性致病菌等食品安全分析领域（Huang et al.，2021）。

第三节　食品安全新型检测技术

一、无损检测

无损检测是指在不破坏或不影响待测物原来状态、理化性质的前提下，应用一定的检测技术和分析方法对待测物的品质有关内容、性质或成分等理化参数进行检测，并按照一定的标准对其做出评价的过程。

无损检测与常规化学分析不同，不需要使用化学药品，减少了因化学药品造成的实验室污染，降低了检测成本；不需要进行样品前处理，简化了检测步骤，节省了分析时间；分析过程不损伤样品，同一样品可以反复使用；除得到样品的外部品质信息外，也能获得诸多内部品质信息；检测速度快，可用于连续测定和在线检测；检测结果客观、准确、重现性好。

（一）拉曼光谱技术

拉曼光谱技术是基于拉曼散射效应的光谱分析技术。拉曼光谱是光穿过介质时，分子的非弹性散射使光频率发生变化而产生的一种散射光谱。该技术利用散射光的强度与拉曼位移作图，从而获得化学键的延伸和弯曲振动模式信息。拉曼光谱的特点包括：①拉曼光谱一次可以同时覆盖 50～4000cm^{-1}，可以对有机物及无机物进行分析；②拉曼光谱谱峰清晰尖锐，适合用于定性和定量分析；③由于激光光束在它的聚焦部位直径通常只有 0.2～2.0mm，因此测试时只需要少量的样品就可以完成；④通过共振拉曼效应可以选择性地增强某些特征发色团的振动，使其拉曼光谱的强度被选择性地增强 10^3～10^4 倍。

（二）高光谱成像技术

高光谱成像是一种在测得的大量连续光谱带上同时获得空间位置的成像技术。高光谱图像是三维的，其中两维是图像的位置信息（以坐标 x 和 y 表示），第三维是光谱信息（以 λ 表示），图像中每一个像素单元都包含光谱信息。该技术融合了光谱学和图像学技术的特点，是一种能同时获得待测食品光谱信息和图像信息的无损检测技术。高光谱的分辨率可达到 $10^{-2}\lambda$ 数量级，光谱范围为 200～2560nm，甚至大于 2560nm。高光谱成像系统主要由光源、分光装置、CCD 相机、高光谱成像仪和计算机五部分构成。当光源照射样品后产生反射或透射，经过分光装置将混合光分散成不同频率的单色光，用高光谱成像仪可将投射的光转换成光谱图像，在光谱覆盖范围内数十至数百条光谱波段对目标物体连续成像，得到包含样品大量信息的三维光谱图像数据。在特定波长处，食品不同的化学组成和物理特征有着不同的反射比、分散度、吸收度及电磁能，不同波长处的关键峰值可以表示不同化合物的物质属性，从而通过分析光谱信号可以实现食品的定性和定量检测，并通过图像提供光谱的空间分布信息，实现食品品质信息的可视化表达。

（三）X 射线技术

X 射线是波长在 0.001～100.000nm 且能量很大的电磁波，X 射线照射待测样品时，由于样品内部存在异物或损伤，穿透射线衰减程度不同，通过检测穿透射线强度进行分析评价可达到无损检测的目的。该技术主要应用于食品品质检测、食品损伤检测和异物检测等方面。

（四）超声波检测技术

超声波检测技术是利用 0.5～20.0MHz 的高频声波与物质之间相互作用来获得物质内部理化性质的一种无损检测技术。超声波穿过不同介质时发生反射、散射和透射，其衰减系数等特征参数不同，通过检测超声波穿透前后特征参数的变化即可确定待测物质的特征。该技术主要用于食品组分、浓度、密度、黏度、硬度等的测定。

（五）计算机视觉检测技术

计算机视觉检测技术也称为机器视觉检测技术，是指采用计算机、摄像机等设备来模拟人视觉的一种技术，该技术可以用摄像机和计算机代替人眼和人脑对待测样品进行识别、拍摄和分析。其基本原理是用摄像机获得待测食品的图像，通过信号转换器将图像信息转换成数字信息，结合模式识别等数据处理方法实现对样品的快速分析检测。该技术对成像系统要求很高，环境因素和图像多义性都会对成像造成一定影响，因此高亮度、高均匀性、频谱特性单一的光源是计算机视觉检测技术的关键。目前，该技术已应用于食品尺寸大小、外观形状、色泽、表面缺陷等检测，也可应用于食品干燥过程中的实时在线监控。

（六）电子鼻技术

电子鼻技术的基本原理是模拟动物的嗅觉，通过气体传感器阵列来检测和识别复杂的挥发性气体，再通过信号转化器传输给计算机进行数据处理分析，传感器对样品中的不同气体成分会产生不同的响应信号，以此来实现对样品的检测。电子鼻是由多个性能彼此重叠的气敏传感器和模式识别方法组成的具有识别单一和复杂气体的装置，主要由气味取样操作系统、传感器阵列、信号处理系统和模式识别系统 4 部分组成。其中传感器是电子鼻的核心部件，气体样品进入电子鼻与传感器发生反应产生电信号，电信号通过信号处理系统与模式识别系统，完成对气体样品的检测判定。该技术在食品安全快速筛查中的应用主要是肉、蔬菜、水果等新鲜度检测、饮料稳定性及酒类品质鉴定与异味检测等。

二、快速检测

（一）基于核酸适配体的生物传感器

适配体（aptamer）是指能特异性识别某种靶物质且具有高度亲和力的核酸序列（DNA 或 RNA），通常含有 15～40 个碱基。适配体也被称为一种类似于蛋白质抗体的核酸型抗体，它不仅具有类似反义寡核苷酸的功能，能与目的基因进行识别，还可以对小分子物质（ATP、氨基酸、核苷酸、金属离子、毒素等）、生物大分子（酶、生长因子、细胞黏附分子等）及完整的病毒、细菌、细胞和组织切片等进行高特异性亲和识别，是一种理想的生物识别工具。

适配体与靶标分子结合时常伴有构象变化，通过将有机荧光基团引入适配体的构象不稳定区域，可以将适配体与靶标的结合转化为荧光基团发光微环境的变化，从而改变荧光特性，实现靶标的识别转化。例如，基于荧光标记时，Qiao 等（2021）将适配体的一个末端修饰荧光基团［羧基荧光素（FAM）］，并与一端修饰有猝灭基团［羧基四甲基罗丹明（TAMRA）］的互补链进行杂交，当有靶标物质［黄曲霉毒素 B1（ABM1）］与适配体结合时，会将带猝灭基团的互补链置换下来，使得溶液的荧光恢复（图 9-1）。

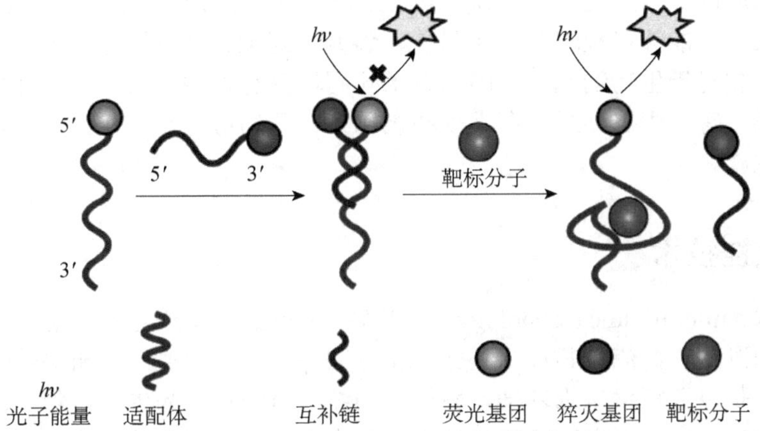

图 9-1　基于适配体荧光猝灭的食品污染物检测示意图（Qiao et al.，2021）

（二）纳米孔单分子检测技术

单分子检测技术能够在纳米空间内捕获单个分子，获取样品的异质性信息（Su et al.，2022）。纳米孔单分子检测技术起源于离子通道单通道记录技术的发明，基本原理：两个电解液室被绝缘膜分隔开，形成顺式（*cis*）和反式（*trans*）腔室，绝缘膜上只有一个纳米级的孔连通两腔室。纳米级的孔既可以是嵌入磷脂膜中的生物纳米孔，也可以是固体材料薄膜中洞穿的固态纳米孔。当对两侧电解液腔室施加电压差时，溶液中的电解质离子在电泳力的作用下移动并穿过纳米孔，形成离子电流（图 9-2）。当合适尺寸的分析物分子进入孔时，流过纳米孔的离子则被阻塞，电流减小并在分子离开纳米孔后恢复，这些阻塞电流信号幅度和持续时间能够展现分析物的多种特性，包括分子大小、含量和构象信息。高浓度的电解液（通常为 1mol/L KCl）会使多种干扰物发生沉淀，因此可以减小食品基质的干扰。同时，复杂基质成分通常在纳米孔中不具有强作用位点，因此不会产生较明显的干扰信号。由于纳米孔单分子分析技术的抗干扰性较好，而且不需要生物标记或表面固定，因此该技术的适用对象较为广泛。

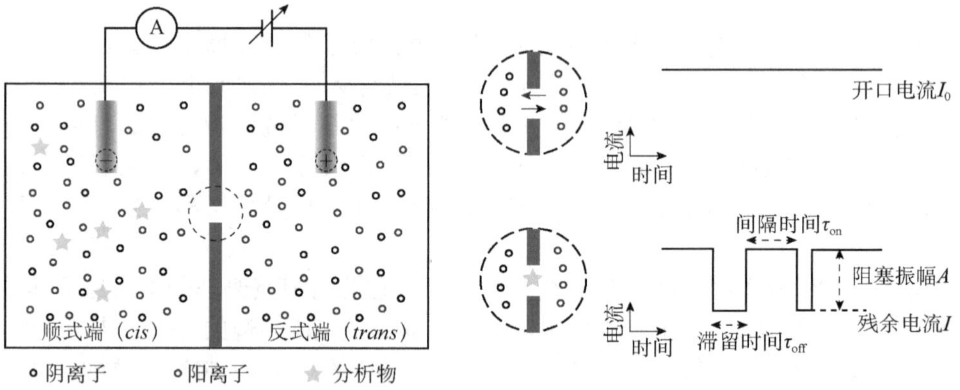

彩图

图 9-2　基于纳米孔单分子技术的食品污染物检测示意图

纳米孔分为生物纳米孔和固态纳米孔两类，两者均能够实现单分子水平的生物分子检测。生物纳米孔也称为蛋白质跨膜通道，其优势主要是高重现性的精确尺寸和孔道结构。同时，生物纳米孔可以通过基因突变进行修饰，如突变 DNA 序列以改变表面的氨基酸残基。生物纳米孔不会自发关闭，能够在极端条件（强酸、强碱、高温、高电压等）下保持稳定，因此其应用较为广泛。相对于生物纳米孔，固态纳米孔同样具有多种优势，如尺寸可定制、稳定性较好、易于集成化等。固态纳米孔在常规和极端条件下均可正常工作，并且可以通过半导体工艺进行批量生产。

三、微流控技术

微流控技术（microfluidic technology）以其独特的连续化、微型化、智能化等优势推动了现场检测技术的发展。微流控芯片（microfluidic chip）又称为微全分析系统，也可称为微流控芯片实验室，是以分析化学为基础，微机电系统（MEMS）为依托，将样品的前处理、分离、检测等过程集成在几平方厘米的芯片上，依靠表面张力、流体阻力、能量耗散等一系列特殊效果来控制流体流向、缩短反应时间的微型实验室。

（一）微流控芯片的组成

通过微机电加工技术将微通道、微阀、微泵、微储液单元、微型混合器、微检测单元等功能元件集成在芯片上构建的微型分析系统或微型反应系统，实现样品前处理和检测分析的自动化、集成化、小型化、低消耗、高效率和便携化，满足现场、实时监测的需求。一套完整的微流控芯片系统大体应包括三个部分：承载不同功能的微流控芯片；支撑芯片流体控制及信号采集的控制和检测装置；完成芯片功能化的试剂盒（林炳承等，2013）。

（二）微流控芯片的特点

微流控技术的优点有以下几方面（徐远清等，2021）。

1. 集成小型化与自动化　微流控技术能够把样本检测的多个步骤集中在一张手指头大小的芯片上，通过流道、微阀门、腔体等的组合设计来集成功能单元，最终实现芯片装置的小型化、自动化。

2. 高通量与高效率　通过微流道网络，能同时将待检测样本分流到多个相互隔离（独立）的反应单位，因此可以根据需要对同一个样本进行多任务并行的检测。与常规逐个项目检测相比，大大缩短了检测时间、提高了检测效率，所以具有高通量的特点。

3. 检测试剂及样本需求量少　由于集成检测的小型化，微流控芯片上的反应单元腔体通常也很小，检测试剂及样本需求量一般在纳升级或微升级，远远低于常规检测方法的试剂样品需求量。

4. 污染少　微流控芯片具有集成功能，因此原先在实验室里需要人工完成的各项操作可全部集成到芯片上自动完成，从而使人工操作时样本对环境的污染得到有效控制。另外，由于所需的试剂和样本量很少，从而能有效减少相应废弃液体的排放。

微流控技术在食品安全检测中的应用是一个新兴领域，微流控技术可以开展生化反应及分析，包括浓度定量、分离、纯化、酶反应动力学、毒理学研究。微流控技术与比色法、电化学法、免疫分析、PCR 等检测技术结合可开发出更多新用途，为快速有效地检测食品中的病原体、过敏原、毒素、农药和兽药残留、重金属等食品危害物开辟新途径（朱婧旸等，2021）。

第四节　食品组学技术

食品组学是最近几十年发展起来的新学科，可以对不同层次的食品进行系统研究。组学技术本质上是通过研究数以万计的 DNA、RNA、蛋白质和代谢物等，从中找出与特定生命过程相关的特征 DNA、RNA、蛋白质和代谢物等，然后对特定目标进行评估分析。组学技术依托高通量、高分辨率、高精度的现代化分析仪器，通过海量数据处理，进行信息提取和结果分析，有望成为解决生命科学领域中诸多问题的有力工具。

一、基因组学技术及其在食品安全中的应用

基因组学通过使用高通量 DNA 测序和生物信息学分析来组装和分析整个基因组。近年来，多重聚合酶链反应、基因测序、基因芯片、分子指纹、DNA 条形码等技术飞速发展，为基因组学在食品安全研究中的应用打下了良好的基础。基因检测技术可以检测含量低至几个拷贝的基因，使食品物种成分的分析从常量水平进入痕量水平。基于基因组学的强特异性、高灵敏度及高通量的优势，其在病原微生物检测、物种鉴定及转基因食品检测方面显现出很大的优势。此外，单分子测序（single molecule sequencing，SMS）或第三代测序（third generation sequencing，TGS）技术开始兴起，基于高通量测序的多物种鉴别技术的成本大大降低，将会在食品安全监管中成为不可或缺的重要部分（陈颖，2019）。

目前，全基因组测序技术在食源性致病菌特征分析、确定污染事件根源、食品安全事件溯源、食品安全突发事件检测和鉴定及毒力和致病性特征分析方面，得到了广泛的应用。全

基因组测序技术还可用于食源性疾病暴发的识别和监测，以及疾病溯源追踪和污染调查等。2013 年，美国疾控中心启动全基因组测序技术用于单核细胞增生李斯特菌的分子分型，以便快速准确鉴定可疑的致病食品（Jackson et al.，2016）。2019 年，我国首个基于全基因组测序技术的食源性疾病分子溯源网络建成并投入使用，以应用于病因食品的快速准确识别。越来越多的研究表明，全基因组测序为食源性疾病暴发的精准溯源提供了强有力的技术支撑。

二、转录组学技术及其在食品安全中的应用

转录组学主要研究细胞在某一功能状态下基因组产生的全部转录物的种类、结构和功能，从群体水平上研究功能基因的表达水平及转录调控规律。目前，转录组学的研究方法主要是基于杂交技术的微阵列基因芯片，包括 cDNA 芯片、DNA 芯片、数字基因表达谱等。应用高通量测序技术进行转录组研究，大大降低了测序所需时间和成本，使人们能够进行转录组和次生代谢相关基因的研究（王龚等，2011）。

转录组学技术在食品组学中用于定量和综合分析基因组在转录水平上的变化，可从整体水平上研究食源性致病菌在特定状态（如压力因子胁迫）下的基因转录水平和表达调控规律，在单核细胞增生李斯特菌、沙门菌、大肠杆菌 O157:H7、阪崎肠杆菌等致病菌抵御高低温、消毒剂及食品基质等逆境研究方面得到了广泛的应用，为食源性致病菌抗逆机制的深入解析提供了思路（何守魁等，2021）。转录组学技术还可以应用于转基因作物等的安全性评估方面。Cheng 等（2008）应用 Affymetrix 基因芯片技术评估转 *CP4-EPSPS* 基因大豆与非转基因大豆的基因表达谱，发现二者之间的差异小于常规栽培品种间的差异。

三、代谢组学技术在食品安全方面的研究

代谢组学是基于全面分析食品成分组成的方法，在食品安全、环境科学药物研发、疾病诊断、植物育种等领域广泛应用（郝杰等，2017），可大大提高食源性致病菌检测、食品掺伪及转基因食品的分析效率。Cevallos-Cevallos 等（2011）建立了基于代谢组学检测大肠杆菌 O157:H7 和沙门菌的方法，根据细菌代谢物的差异分析，可在 18h 内快速检测以上两种病原体。在牛肉和鸡肉中检测水平可达到（7±2）CFU/25g。Yang 等（2013）利用代谢组学，通过 GC-MS 结合偏最小二乘法判别分析（PLS-DA）对 5 种商品化食用油中的脂肪酸组成进行研究，可检测出掺伪 1%的橄榄油。

四、蛋白质组学技术在食品安全方面的研究

蛋白质组学是从整体水平分析细胞内动态变化的蛋白质组成、表达水平和修饰状态。在食品领域，主要为利用差异蛋白质组学技术对蛋白质组分、糖基化及磷酸化等翻译后修饰的改变进行特征性描述，在食品品质、功能、鉴伪及营养等方面具有重要应用。

蛋白质组学技术可用于鉴定食品中的病原微生物，能够在属、种甚至是种内进行区分。Böhme 等（2011）从海产品样品中共分离出了 20 种细菌，其中包括芽孢杆菌、单核细胞增生李斯特菌、梭状芽孢杆菌、葡萄球菌和肉食杆菌。利用基质辅助激光解吸电离飞行时间（MALDI-TOF）质谱进行鉴定，共建立了含有 32 个参考菌株的光谱指纹图谱的提取峰列表。属特异性和种特异性的峰质量数可作为生物标记物用来快速鉴定细菌。基于所建立的数据库，可以成功鉴定从海产品中分离出来的细菌。

参考文献

陈颖. 2019. 基于组学的食品表征识别与鉴伪研究. 食品科学技术学报，37（4）：1-13.

郝杰，姜洁，毛婷，等. 2017. 代谢组学技术在食品安全风险监测中的研究进展. 食品安全质量检测学报，8（7）：9.

何守魁，黎丹红，施春雷，等. 2021. 组学技术在食源性致病菌抗逆机制研究中的应用进展. 食品科学，19：308-317.

林炳承，秦建华. 2008. 图解微流控芯片实验室. 北京：科学出版社.

庞楠楠，努尔・马力克迪丽，牛蓓，等. 2005. 快速气相色谱法测定食品中的常见防腐剂. 分析试验室，24（3）：48-52.

沈伟健，黄娟，沈崇钰，等. 2007. 气质联用法测定含蛋白食品中的甜蜜素. 分析试验室，26（6）：93-95.

王龑，许文涛，赵维薇，等. 2011. 组学技术及其在食品科学中应用的研究进展. 生物技术通报，11：26-32.

杨晓凤，杨克勤，韩梅，等. 2011. 凝胶渗透色谱净化-气相色谱法测定调味品中 7 种防腐剂. 中国调味品，36（9）：107-109.

章钢刚，赖卫华. 2015. 食源性致病菌免疫学检测方法研究进展. 食品安全质量检测学报，6（9）：3414-3419.

朱婧旸，董旭华，张维宜，等. 2021. 微流控技术在食品安全快速检测中的应用. 化学试剂，43（5）：632-639.

Ahmed S, Ning J, Peng D, et al. 2020. Current advances in immunoassays for the detection of antibiotics residues: A review. Food and Agricultural Immunology, 31(1): 268-290.

Cevallos-Cevallos J M, Danyluk R D, Reyes-De-Corcuera R I. 2011. GC-MS based metabolomics for rapid simultaneous detection of *Escherichia coli* O157:H7, *Salmonella typhimurium*, *Salmonella muenchen*, and *Salmonella hartford* in ground beef and chicken. Journal of Food Science, 76(4): 238-246.

Cheng K C, Beaulieu J, Iquira E, et al. 2008. Effect of transgenes on global gene expression in soybean is within the natural range of variation of conventional cultivars. Journal of Agricultural & Food Chemistry, 56(9): 3057-3067.

Engvall E, Perlmann P. 1971. Enzyme-linked immunosorbent assay (ELISA) quantitative assay of immunoglobulin G. Immunochemistry, 8(9): 871-874.

Huang C, Wang H, Ma S, et al. 2021. Recent application of molecular imprinting technique in food safety. Journal of Chromatography A, 1657: 462579.

Jackson B R, Tarr C, Strain E, et al. 2016. Implementation of nationwide real-time whole-genome sequencing to enhance listeriosis outbreak detection and investigation. Clinical Infectious Diseases, 63(3): 380-386.

Moon Y J, Lee S Y, Oh S W. 2022. A review of isothermal amplification methods and food-origin inhibitors against detecting food-borne pathogens. Foods, 11(3): 24-26.

Qi W, Tian Y, Lu D, et al. 2022. Research progress of applying infrared spectroscopy technology for detection of toxic and harmful substances in food. Foods, 11: 930.

Qiao Q, Guo X, Wen F, et al. 2021. Aptamer-based fluorescence quenching approach for detection of aflatoxin m1 in milk. Frontiers in Chemistry, 9: 653869.

Rahman H U, Yue X, Yu Q, et al. 2019. Specific antigen-based and emerging detection technologies of mycotoxins. Journal of the Science of Food and Agriculture, 99(11): 4869-4877.

Su Z, Li T, Wu D, et al. 2022. Recent progress on single-molecule detection technologies for food safety. J Agric Food Chemistry, 70: 458-469.

Tripathi P, Upadhyay N, Nara S. 2018. Recent advancements in lateral flow immunoassays: A journey for toxin detection in food. Critical Reviews in Food Science and Nutrition, 58(10): 1715-1734.

Wang L, Xiao Z, Wang Y, et al. 2006. Simultaneous determination of preservatives in soft drinks, yogurts and sauces by a novel solid-phase extraction element and thermal desorption-gas chromatography. Analytica Chimica Acta, 577(1): 62-67.

Wang Y, Zhang C, Liu F. 2020. Antibody developments for metal ions and their applications. Food and Agricultural Immunology, 31(1): 1079-1103.

Xiao X, Hu S, Lai X, et al. 2021. Developmental trend of immunoassays for monitoring hazards in food samples: A review. Trends in Food Science & Technology, 111: 68-88.

Yalow R S, Berson S A. 1959. Assay of plasma insulin in human subjects by immunological methods. Nature, 184(4699): 1648-1649.

Yang Y, Ferro M, Cavaco I, et al. 2013. Detection and identification of extra virgin olive oil adulteration by GC-MS combined with chemometrics. Journal of Agricultural and Food Chemistry, 61(15): 3693-3702.

思 考 题

1. 在食品安全检测中，拉曼光谱术相对于其他几种光谱检测手段的优势是什么？
2. 荧光光谱法能否用于果蔬中农药残留的检测？为什么？
3. 气相色谱和液相色谱的基本原理有哪些异同点？
4. 简述 PCR 基本原理及反应过程。
5. 简述 ELISA 的基本原理。
6. 食品组学常见技术有哪些？
7. 简述基因组学的技术原理与应用方向。

第十章　食源性疾病预防与控制

本章思维导图

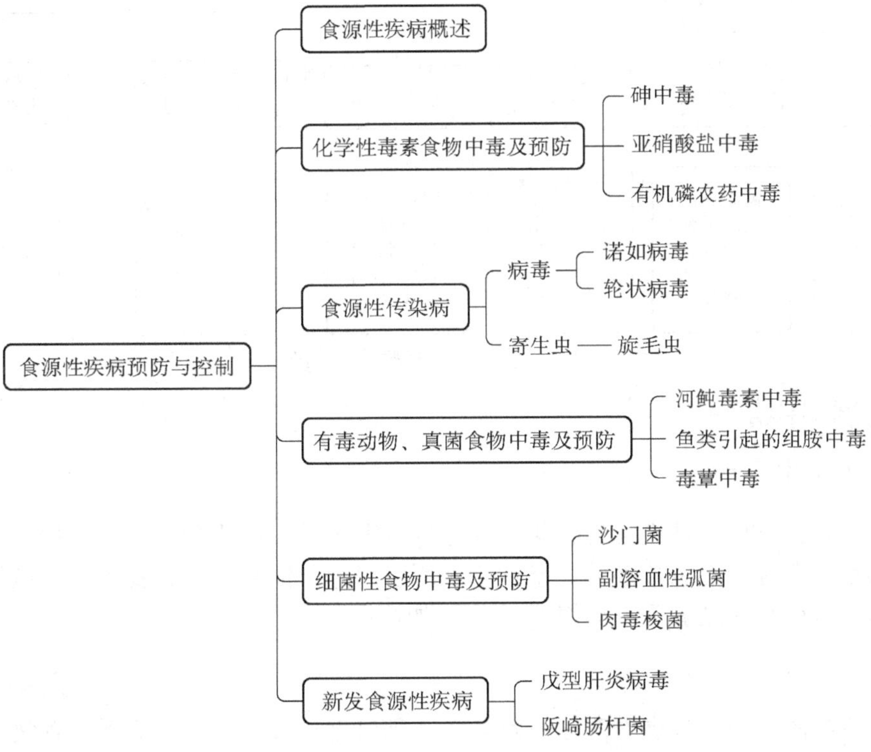

第一节　食源性疾病概述

一、定义

食源性疾病是世界上最为突出的卫生问题，也是对人类健康危害最大的疾病之一。世界卫生组织（WHO）认为，凡是通过摄食进入人体的致病因素，使人体患感染性疾病或中毒性疾病的，都称为食源性疾病。根据 WHO 的定义，食源性疾病有三个基本特征：食物本身不会致病，只是携带和传播病原物的媒介；食物中所含有的各种致病因子是导致人体患食源性疾病的病原物；摄入食物中所含有的致病因子可以引起中毒性或感染性相关症状。食源性疾病范畴较广，一般包括食物中毒、人畜共患传染病及食源性变态反应性疾病、暴饮暴食引起的急性胃肠炎、酒精中毒等。

二、食源性疾病病原物

食源性疾病病原物可分为生物性病原物、化学性病原物、物理性病原物三大类，如图 10-1 所示，其中生物性病原物最为常见。

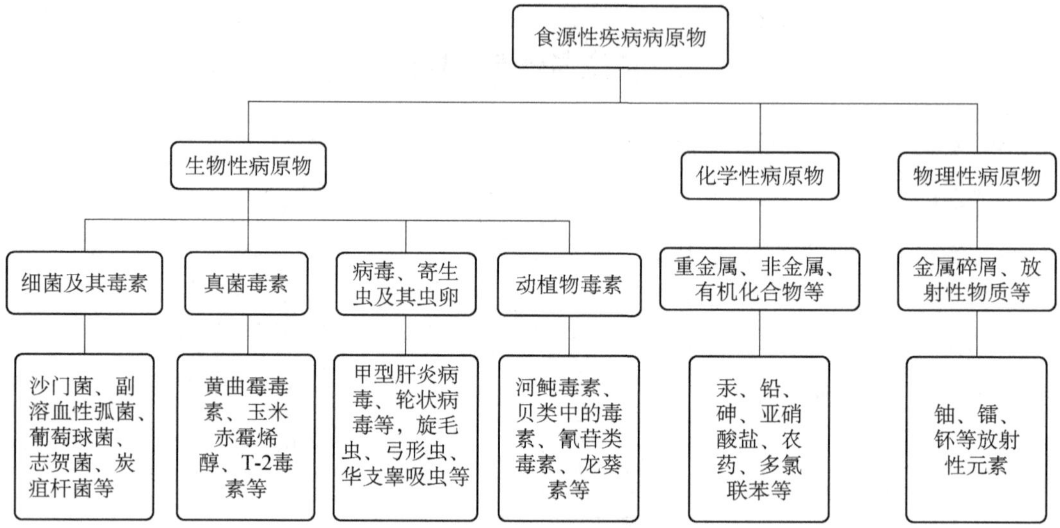

图 10-1　食源性疾病病原物的分类

三、食物中毒

（一）食物中毒的概念

食物中毒是指食用了被生物性、化学性有毒有害物质污染或含有毒有害物质的食品后出现的非传染性的急性、亚急性疾病。暴饮暴食所引起的急性胃肠炎、食源性肠道传染病、寄生虫病及因摄食引起的过敏反应等都不属于食物中毒。

（二）食物中毒的分类

按照病原物的不同，食物中毒可分为 4 类，即细菌性食物中毒、真菌性食物中毒、动植物毒素食物中毒及化学性食物中毒（凌强，2017）。

（三）食物中毒的流行病学特点

1）季节性　细菌性食物中毒多发生在夏秋季，因为天气湿热，易于微生物生长繁殖，且人体免疫力在此季节有所下降。化学性食物中毒可全年发生。

2）地区性　大多数食物中毒都有明显的地区性。例如，在我国副溶血性弧菌食物中毒一般发生在沿海地区，肉毒梭菌毒素中毒多出现于新疆地区，霉变甘蔗中毒多发生于北方地区。

3）中毒食品　研究表明，50%以上的食物中毒食品为动物性食品，且肉及肉制品食物中毒案例最多。

4）发病特点　潜伏期较短，发病迅猛，可在短时间内引起大量人群发病且临床表现相似，即通常表现为急性胃肠道症状；患病人群在同一时间或相近时间内食用过同一种食物，且不患病人群未食用过此食物，一旦停止该中毒食物的摄入则发病症状逐渐消退；人与人之间无直接传染性。

四、食物过敏

（一）定义

食物过敏又称为食物变态反应，是指因摄入了食物中的某些成分而引起机体发生免疫应答反应的一种变态反应性疾病（高永清和吴小南，2017）。如果出现了食物过敏反应，轻者可能表现为皮肤瘙痒、荨麻疹、哮喘、呕吐及腹泻等症状，重者则表现为过敏性休克，一旦发生过敏性休克应当及时进行抢救。

（二）常见的致敏食品

食物中可引发过敏反应的成分主要是蛋白质且大多为水溶性蛋白。90%以上的致敏食品可分为八大类：牛乳及乳制品；蛋及蛋制品；花生及其制品；豆类及其制品；小麦、大麦、燕麦等谷物及其制品；鱼类及其制品；甲壳类及其制品；坚果类及其制品。

（三）预防

在饮食方面，要避免摄入经过临床诊断或根据病史已确定的致敏食品。在食品加工方面，加热、提高酸度和消化酶的利用可部分去除、破坏食物中的过敏原含量。另外，对于婴幼儿食物过敏的预防措施则主要是避免过早地喂养牛乳、鸡蛋、花生、大豆等辅食，因为婴幼儿的肠道还未完全发育成熟，易发生食物过敏。研究表明，儿童食物过敏患病率高于成人，为4%～6%。

第二节　化学性毒素食物中毒及其预防

化学物质引起的食源性疾病是指食用含有有毒的金属、农药、亚硝酸盐等化学物质的食物或水而引起的疾病。食物中添加非食品级或禁止使用的化学物质，或违规使用食品添加剂都可能会引起食物中毒。

一、砷中毒

（一）病原学

砷在自然界中分布较广，存在形式多种多样。人类活动引起的砷污染往往是空气、水和食物系统的多重污染，并通过饮食和呼吸等途径进入人体。不同途径的砷暴露，由于其含量、形态和体内吸收转化途径不同，产生的毒性和健康效应也会有较大的差异。砷的无机化合物与有机化合物具有较强的毒性，其中无机砷化物毒性较高，而无机砷化物中低价砷化物的毒性则较高。受无机砷污染的人或动物尿液中可检测到一些砷代谢物，如图 10-2 所示。

砷化物对人体造成危害主要是因为其能与酶的巯基结合，对酶的活性造成影响从而引发细胞代谢异常，对细胞造成损伤。此外，砷化物中毒还会引起神经细胞代谢紊乱，表现出一些神经疾病。

饮水型砷中毒是人群中砷暴露的主要途径，无机砷化物进入机体后经过两次氧化甲基化和两次还原过程，被催化生成五价二甲基砷（DMA^{5+}）。我国除了存在典型的饮水型地方性砷中毒外，也存在燃煤型地方性砷中毒，这是我国特有的一种砷暴露类型，主要是因为燃煤导致空气中的砷含量较高，然后通过呼吸道进入人体。流行病学调查研究也显示，燃煤型砷中毒区与饮水型砷中毒区暴露人群的健康后果相似。

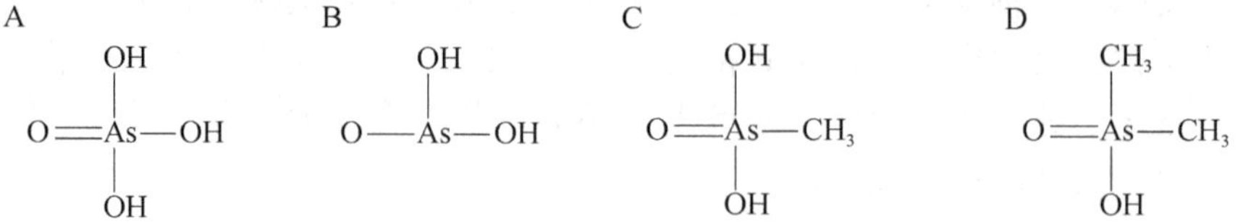

图 10-2 人体的部分砷代谢物

A. 五价无机砷；B. 三价无机砷；C. 五价单甲基砷酸；D. 五价二甲基砷酸

（二）临床表现

砷中毒的潜伏期较短，通常为数分钟至数小时。砷中毒在临床上主要表现为皮肤、神经系统及消化系统的损伤。常见症状有头晕、乏力、恶心、呕吐、腹痛、腹泻、皮肤瘙痒、四肢麻木，严重者出现神经系统症状如狂躁、兴奋、抽搐、昏迷，如抢救不及时可能会因为呼吸衰竭而死亡。砷和无机砷化物的长期暴露可导致砷的慢性中毒，出现皮肤色素堆积、角质化及神经炎等，与人类肾癌、肝癌和前列腺癌等疾病的发生也有一定关系。

（三）预防

1）健康值　WHO 对饮用水的砷限量为 10μg/L。我国《食品安全国家标准 食品中污染物限量》（GB 2762—2022）规定，谷物、新鲜蔬菜、食用菌及其制品、肉及肉制品、调味品、乳粉、辅食营养补充品、孕妇及乳母营养补充食品中总砷限量为 0.5mg/kg，其中稻谷、糙米和大米中无机砷化物限量为 0.2mg/kg，生乳中总砷限量为 0.1mg/kg，饮料类的包装饮用水总砷限量为 0.01mg/L。

2）预防措施　具体如下：①对于地方性饮水型和燃煤型砷中毒，可以通过换成低砷水源，利用新兴技术除砷，开发利用新能源等措施进行改善；②使用含砷化物的农药时，要严格遵循使用规范，不得超量使用，防止农作物上砷化物残留量超标；③砷化物应由专门的仓库储存，专人管理，储存地点要远离水源和生活区，盛装砷化物的包装上必须含有“有毒”的标记；④严格遵守食品添加剂的使用规范。

二、亚硝酸盐中毒

（一）病原学

亚硝酸盐俗称“硝盐”，通常是指亚硝酸钠，亚硝酸钠为白色不透明结晶，形似食盐，易溶于水。亚硝酸盐的毒性较强，对成人中毒剂量为 0.3～0.5g，致死量为 3g。儿童由于机体发育不成熟，所以只需成人 1/5～1/3 的量就可能导致中毒或死亡。据统计，大多数亚硝酸盐食物中毒都是由误食引起的，而且发生场所以家庭居多，仅有少部分亚硝酸盐中毒是由于食用尚未腌制成熟或已经变质的腌菜及其他含有亚硝酸盐的食物、水导致的中毒，该类中毒一般症状较轻。

亚硝酸盐的主要暴露途径：①许多蔬菜含有较多的硝酸盐，存放过久会与环境中的许多还原性细菌作用，转化为较多的亚硝酸盐；②腌制后的蔬菜含有较多硝酸盐或亚硝酸盐，硝酸盐经过还原后转化为亚硝酸盐引起中毒，一般腌制 7～8d 的蔬菜中亚硝酸盐含量达到最高；③不良商家为了产品成色更好会超标使用亚硝酸盐；④亚硝酸盐口感和外形与食盐相似，被误食而引起中毒。

亚硝酸盐的中毒机制如图 10-3 所示，当人或动物摄入较多的亚硝酸盐后，其被吸收进入血液，导致血液中的血红蛋白被氧化为高铁血红蛋白，血细胞就会失去携氧能力，引起高铁血红蛋白血症。

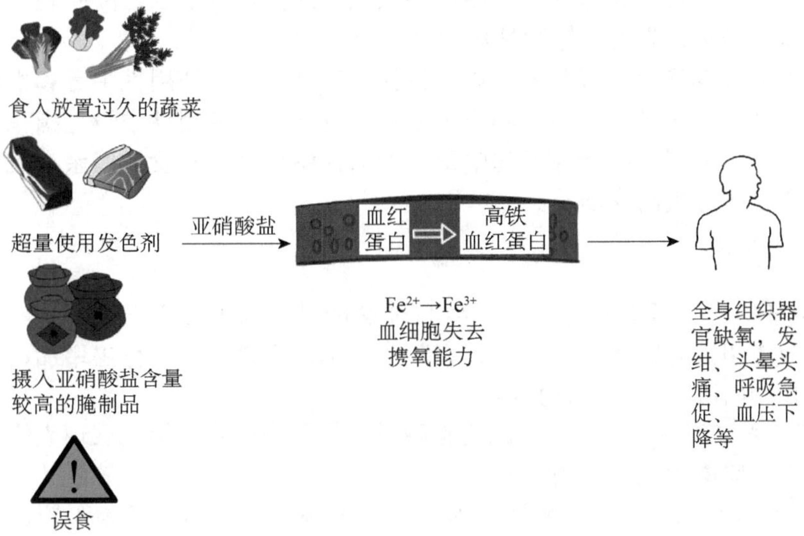

图 10-3 人体亚硝酸盐中毒过程

（二）临床表现

亚硝酸盐中毒的潜伏期与摄入量和中毒原因相关。误食亚硝酸盐 10min～3h 后通常会出现症状，如头晕、头痛、气短、恶心、呕吐、腹痛、腹泻等，并伴有一些缺氧症状，主要表现为全身皮肤、黏膜等呈紫色，如口唇、舌尖、指尖出现青紫。重症者甚至会出现意识丧失、昏迷、惊厥、大小便失禁，最终因呼吸衰竭而死亡。

（三）预防

1）**健康值**　1996 年，联合国粮食及农业组织/世界卫生组织食品添加剂联合专家委员会规定：亚硝酸盐的每日允许摄入量（ADI）为 0～0.06mg/kg，但该标准不适用于小于 3 个月的婴儿。我国食品添加剂使用卫生标准规定：在肉制品中亚硝酸盐的使用量不得超过 0.15g/kg，在肉制品中的最终残留量不得超过 50mg/kg，肉罐头中不得超过 30mg/kg，而婴儿配方乳制品中的残留量不得超过 2mg/kg。

2）**预防措施**　具体如下：①尽量食用新鲜蔬菜，注意储存条件及时间，避免食用变质腐烂的蔬菜，腌制的蔬菜至少腌制 20d 才可以食用，并且食盐浓度不能过低；②加强食品加工的卫生监督，严格按照国际标准使用食品添加剂，对熟肉制品、腌肉制品企业和使用亚硝酸盐的化工厂的员工进行教育和培训；③亚硝酸盐应有专人保管，并建立领取登记的使用制度。

三、有机磷农药中毒

（一）病原学

有机磷农药占农药总量的34%，而有效利用率却仅有35%，绝大多数在环境中残留和生物组织中累积，导致水体与土壤中的生物产生神经毒性和生理病变。有机磷农药也可经过生物累积等途径影响人体健康，表现出神经毒性、生理毒性和生殖毒性等。

有机磷农药的中毒机制：有机磷化合物使乙酰胆碱酯酶的活性位点丝氨酸羟基磷酸化，使具有神经传递作用的乙酰胆碱酯酶失活，导致胆碱能受体位点的乙酰胆碱大量堆积，引起胆碱能神经的持续兴奋，影响中枢和外周神经系统。

有机磷农药的暴露途径大致分为三种，包括生产性中毒、使用性中毒和生活性中毒。生产性中毒如工人在工厂生产时，不小心将药液溅在皮肤上；使用性中毒是指在使用有机磷农药的过程中，经过皮肤或者呼吸道引起中毒；生活性中毒则是指食用残余有机磷农药超标的蔬菜和水果或者误服有机磷农药等。

（二）临床表现

1）*毒蕈碱样症状（M样症状）*　M样症状的具体表现是心脏的异常，心率和血压下降；平滑肌的收缩引起呼吸困难、腹痛、腹泻、大小便失禁；腺体分泌增加，引起流涎、大汗淋漓；瞳孔括约肌收缩，引起瞳孔缩小。

2）*烟碱样症状（N样症状）*　乙酰胆碱对神经肌肉接头作用，表现为横纹肌的过度刺激，如肌肉痉挛、肌肉震颤和肌力减退等。

3）*中枢神经系统症状*　乙酰胆碱对中枢神经系统的作用表现为头痛、乏力、精神恍惚、惊厥和昏迷等。

（三）预防

预防措施：①加强对有机磷农药的管理，做到专库存放、专人管理，农药不得和粮食及其他农作物一起保存；②在喷洒有机磷农药的过程中，工人要注意自身防护，严禁吃东西、吸烟、喝水，严格执行农药安全使用标准；③喷洒过有机磷农药的粮食、蔬菜等农作物，必须经过规定的安全时间间隔期后，才能够采摘并流入市场。

第三节　食源性传染病

一、诺如病毒

（一）病原学

诺如病毒（norovirus）的病毒颗粒呈圆形，结构简单，无包膜，表面光滑，只有一层衣壳蛋白。诺如病毒的生命周期包括病毒分子的吸附、入侵、脱壳、合成和释放5个阶段。诺如病毒是食源性胃肠炎的主要病原体之一，具有致病率高、拮抗能力强、传染性快等特点，全年均会流行，所有年龄段的人群均会发病。

诺如病毒的主要传播方式包括人传人、食物传播和水传播这三种方式。诺如病毒的传播途径：在进入宿主体内时需要克服各类不同的免疫屏障，包括皮肤、免疫系统和免疫细胞。已被病毒感染的细胞会脱落，然后病毒感染新的细胞，使感染范围越来越大，以达到感染新宿主的目的。最后通过粪口途径或口口途径将病毒从旧宿主传播到新宿主。

（二）临床表现

患者通常会出现呕吐、恶心、腹痛、发热、自限性或非出血性腹泻等症状，一般都在感染后 24～48h 出现。诺如病毒致病性极强，即使身体状况良好，也会出现明显的胃肠炎症状。而对于免疫功能低下的人群，诺如病毒对其影响时间会更久。调查显示，诺如病毒感染后儿童和成人的临床表现有些许差异，儿童患者呕吐症状出现得较多。

（三）预防

诺如病毒的基因组具有遗传多样性，目前并未研发出有效的疫苗，因此常用一些物理、化学和生物方法控制和预防。应加强对学校、餐厅等场所的食物和水及卫生状况的监管。另外，个人要注意卫生，不喝生水，注意手部清洁。

二、轮状病毒

（一）病原学

轮状病毒（rotavirus，RV）为呼肠孤病毒科轮状病毒属，因为其成熟的病毒颗粒在电镜下呈车轮状结构而得名。轮状病毒外围无包膜，从外到内分别有 6 个结构蛋白组成正二十面体三层衣壳蛋白，包裹着 11 条分节段的双链 RNA 基因组。轮状病毒是引起胃肠道感染的主要病原之一。每年在全球范围内有 35 万～60 万名儿童死于轮状病毒感染引起的腹泻。我国每年轮状病毒感染的发病率较高，感染多发生在秋冬季节（Parashar et al.，2003）。

轮状病毒入侵人体后，经过复制、装配、释放后在体内传播。病毒首先会入侵机体的小肠绒毛上皮细胞，它与肠黏膜紧密相关。肠黏膜在感染轮状病毒后，屏障受到破坏会影响机体抵抗力，使轮状病毒的毒素进入肠壁固有层，肠壁固有层内含有丰富的毛细血管和毛细淋巴管，使病毒可以通过血液循环、淋巴系统迁移到达其他器官，引起病毒血症，导致全身多系统、多器官损伤。

轮状病毒主要传播方式为粪口传播或口口传播，也可以通过食物、水源和呼吸道飞沫传播。成人轮状病毒性胃肠炎常呈水型的暴发流行，家庭密切接触也是传播的一种方式。

（二）临床表现

轮状病毒自然感染的潜伏期一般为 1～3d，常见于婴幼儿。发病时通常伴有发热、呕吐和上呼吸道感染的症状。呕吐开始减少后便开始腹泻，剧烈的呕吐和数十次的腹泻可能导致脱水和电解质紊乱。

成人的潜伏期在 2～3d，发病较快，一般没有发热症状或仅有低热。多为腹泻、腹痛、腹胀等症状，也可引起中枢神经系统损害如脑炎、脑膜炎、良性惊厥等。

（三）预防

目前预防接种是减少轮状病毒感染最有效的手段。我国使用的轮状病毒疫苗是从绵羊体内获得的口服轮状病毒活疫苗。此外，要培养儿童良好的卫生习惯，做到饭前便后洗手；重视水源卫生，防止污染；托幼机构的防控措施要完善，有腹泻、发热等症状的儿童及工作人员拒绝入内；做好成年人的健康教育工作，一旦出现腹泻、发热等症状要及时就医，避免接触儿童，减少传播病毒的风险。

三、旋毛虫

（一）病原学

旋毛虫可寄生于猪、狗、牛、羊等 120 多种哺乳动物体内。成虫一般寄生于宿主的小肠，称为肠旋毛虫，而幼虫则寄生于同一宿主的肌肉，称为肌旋毛虫。旋毛虫包囊具有一定的抵抗力，能耐低温，在－12℃下可以保持生活力达 57d，在腐肉中能存活 2～3 个月。熏烤、腌制和暴晒等常不足以杀死包囊，但干燥、高温等可很快杀死肌肉中的旋毛虫。

我国旋毛虫病的主要传染源是猪肉，分布于 26 个省（自治区、直辖市）。人体感染旋毛虫的主要原因是生吃或摄入加工不完全的被旋毛虫感染的肉类及其肉制品。此外，未能做到生熟分开，如切生肉的刀被用来切熟食等也有可能导致旋毛虫的传播。旋毛虫的生活史如图 10-4 所示。

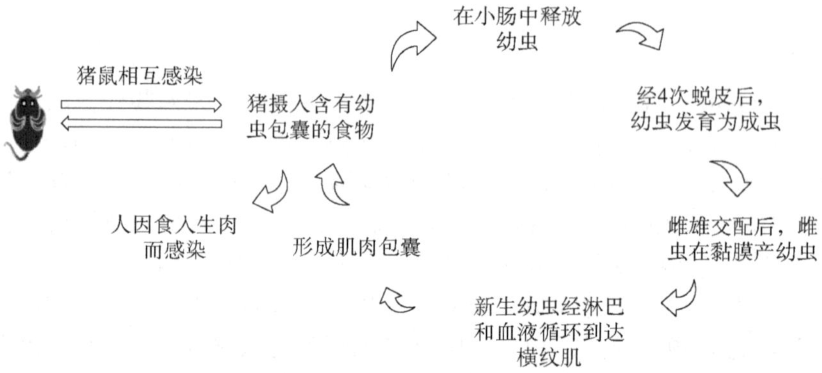

图 10-4　旋毛虫的生活史

（二）临床表现

旋毛虫致病过程分为侵入期、幼虫移行与寄生期、包囊形成期三个阶段。侵入期成虫寄生在肠道，患者会出现恶心、呕吐、腹痛、腹泻等消化道症状，同时伴有厌食、乏力、畏寒、低热等全身症状。在幼虫移行与寄生期，主要病变部位在肌肉组织，患者出现明显的肌肉酸痛、中高度发热、水肿等症状，重症患者会出现累及内脏器官并发症，如广泛性心肌炎、毒血症、多器官功能衰竭等。

（三）预防

预防措施：①加强卫生宣传教育，普及预防旋毛虫病知识，不吃生肉及未熟透的肉，不吃来历不明的野味；②严格执行肉品检疫制度，未经宰后检疫的猪肉不许上市，对旋毛虫病流行地区所产的猪肉要经过处理后才能上市；③加强饲养场所及屠宰场所的管理，强化灭鼠，病鼠被猪吞食也是猪被感染的主要原因之一；④市场管理不完善的地方可以在宰杀前给生猪服用阿苯达唑以防治旋毛虫病，可以有效控制旋毛虫病的暴发。

第四节　有毒动物、真菌食物中毒及预防

有毒动物、真菌食物中毒是指因摄入了动植物本身含有或在特定条件下产生的毒素而引起的中毒，一般分为三种：一是食品本身具有毒素而被当作食品摄入；二是在食品加工中未能将有毒成分除去导致人体摄入而中毒；三是某些成分在一定条件下形成毒素被食用而中毒。有毒动物、真菌食物中毒的发病率和死亡率较高。

一、河鲀毒素中毒

（一）有毒成分

河鲀主要分布于我国沿海、长江中下游地区，是一种含有剧毒的鱼类，所含毒素称为河鲀毒素（tetrodotoxin，TTX），致死量为0.5mg。该毒素性质稳定，盐腌或日晒都不能将其破坏，100℃加热7h才能使其降解，但在pH＞7或pH＜3时易于分解。根据季节、地区分布及河鲀部位的不同，其毒性具有差异，其中卵巢毒性最强，肝次之。此外，肾、眼、皮肤和血液中也含有毒素，新鲜肌肉一般无毒，但在河鲀死后较长时间，内脏毒素会渗入肌肉中而带毒。由于2～5月为河鲀产卵期，故此时卵巢毒性较强，食物中毒率也相对较高。

（二）临床表现

发病急而剧烈，潜伏期一般为10min～3h。最初患者会感觉口、舌、手指麻痹，胃部出现不适，表现为恶心、呕吐、腹泻等，随后感觉神经麻痹进一步加重并出现四肢麻痹症状。严重者最后血压和体温下降、知觉丧失、呼吸衰竭，甚至休克死亡。

（三）预防

预防措施：①加大对群众和渔民的宣传力度，讲述河鲀的毒性和辨别技巧；②加强对河鲀市场的监管，加大处罚力度，禁止市场出售，由相关部门统一收购，集中加工；③不新鲜的河鲀不得食用，新鲜河鲀在加工前，应当去除内脏、头、皮等含毒部位，成品经检验合格后方可食用，其他废弃部位不得随意丢弃，应专门销毁。

二、鱼类引起的组胺中毒

鱼类在不新鲜或腐败时会产生组胺，一般摄入量超过100mg就能引起中毒。另外，组胺中毒也是一种过敏性食物中毒，与个人体质相关。能产生组胺的鱼类主要为海水鱼类中的青皮红肉鱼，常见的有金枪鱼、沙丁鱼、秋刀鱼等，这类鱼皮下血管肌肉系统发达，血红蛋白含量高，呈青皮红肉（胡秋红和许丽遐，2011）。

（一）有毒成分

富含组氨酸的鱼类易于产生组胺，当鱼体不新鲜时，会遭到腐败细菌特别是摩氏摩根菌和组胺无色杆菌的污染，这类细菌的组胺脱羧酶会将鱼体中的组胺酸分解为组胺。产生组胺的环境条件：温度为15～17℃，pH为6.0～6.2，盐含量为3%～5%和有氧条件。

（二）临床表现

发病急，潜伏期短，一般为0.5～1.0h，症状较轻，病程短，通常为1～2d。主要表现为面部、胸部及全身皮肤潮红、视力模糊等症状，还伴随头晕、头痛、心慌、胸闷、血压下降，有的会出现荨麻疹、咽部烧灼感、哮喘等，一般不出现胃肠道和发热症状。

（三）预防

预防措施：①防止鱼体腐败和污染，在鱼类的储存、运输、加工、销售等流程中要注意低温冷冻、冷藏控制；②不购买、不食用不新鲜的鱼类；③具有过敏体质和患有慢性支气管炎、肺结核、低血压等疾病的人群应尽量不食含组胺的鱼类。

三、毒蕈中毒

蕈类通称蘑菇，属于真菌，我国蕈类种类繁多，因而可食用蕈和毒蕈较难辨别，容易误食导致中毒。目前已发现可食用蕈类300多种，毒蕈80多种，其中约9种含有剧毒，能致人死亡。毒蕈中毒多发生在高温多雨的夏秋季，因缺乏采摘经验而误食毒蕈引起中毒，如不及时抢救，病死率较高（何计国和甄润英，2003）。

（一）毒蕈中毒类型及其临床表现

毒蕈所含毒素成分及其作用机制较为复杂，一种毒蕈可能含有多种毒素，而这些毒素之间可能发生协同作用，也可能互相抵抗，因此中毒症状十分复杂。根据有毒成分和中毒症状可分为以下几种毒蕈中毒类型。

1）胃肠炎型中毒　此类型中毒主要是由蕈类所含胃肠毒素引起的，有毒成分尚不明确，可能为树脂类、酚类或甲酚类物质。能产生胃肠毒素的蕈类较多，常见的有褐盖粉褶菌、毒红菇、毛头乳菇等。主要表现为胃肠道症状，潜伏期一般为0.5～6.0h，大多在食后2h开始出现恶心、呕吐症状，剧烈腹痛、腹泻，腹泻呈水样便，一般体温不高。

2）神经精神型中毒　神经精神型的有毒成分可分为毒蝇碱、蜡子树酸及其衍生物、色胺类化合物、致幻素4类，引起此型中毒的毒蕈主要为毒蝇伞、光盖伞属、丝盖伞属等。除了胃肠道症状外，主要表现为副交感神经兴奋症状，如出现视觉模糊、精神错乱、躁动不安、手舞足蹈、行动不稳等，还可出现幻觉、听觉及味觉的错乱。

3）溶血型中毒　此类型中毒主要为鹿花菌中含有的鹿花菌素引起的中毒，该毒素属于甲基肼类化合物，具有较强的溶血作用。该类中毒潜伏期为6～12h，发病初期出现恶心、呕吐、腹痛及腹泻等胃肠道症状，随后出现肝、肾疼痛，急性溶血，严重者出现窦性心律不齐、抽搐、急性肾衰竭，甚至死亡。

4）脏器损害型中毒　此类型中毒的有毒成分为毒伞属毒素，主要存在于毒伞、白毒伞、褐鳞小伞等毒蕈中。临床表现可分为潜伏期、胃肠炎期、假愈期、内脏损害期、精神症状期及恢复期6个时期。

（二）预防

加大向广大群众宣传毒蕈中毒的力度，提高辨别蘑菇的能力；禁止采食不认识的蘑菇，不从个体商贩购买不认识的野生蘑菇，以防误食中毒。

第五节　细菌性食物中毒及预防

细菌性食物中毒是最常见的食源性疾病，是指因摄入了被致病菌或其产生的毒素污染的食物而出现的急性、亚急性疾病。引起细菌性食物中毒的致病菌主要有沙门菌、副溶血性弧菌、肉毒梭菌、变形杆菌、葡萄球菌、志贺菌及蜡样芽孢杆菌等，一般会出现发热、呕吐、腹泻等症状。

一、沙门菌食物中毒

（一）病原学

沙门菌属于肠杆菌科，是具有鞭毛结构、需氧或兼性厌氧的革兰氏阴性杆菌。沙门菌种类繁多，但并不是每一种菌型都对人致病，除了有对人和动物均能致病的菌型以外，有些沙门菌仅对人致病或仅对动物致病。沙门菌的最适生长温度为20～37℃，最适pH为6.8～7.8，其生命力较强，能够抵御外界不良环境，如能在普通的水中存活2～3周，在粪便或冰水中存活1～2个月，还能在冰冻的土壤中存活过冬。但沙门菌不耐热，55℃加热1h、60℃加热15min、70℃加热5 min或100℃加热数分钟就能将其杀死。

（二）流行病学特点

1）**地区性和季节性**　沙门菌食物中毒率较高，在全世界都普遍发生，是距离海岸线较远地区发病率最高的细菌性食物中毒事件，虽全年皆可发生，但多发生于夏秋季，发病率和发病人数占全年的80%左右。

2）**中毒食品**　以动物性食物为主，尤其是畜肉类及其制品，其次为禽肉、蛋类、乳类及其制品，植物性食物引起的中毒较为少见。

（三）临床表现

潜伏期短，一般为12～14h，最长可达72h。主要为胃肠炎型症状，前期一般会出现头晕、头痛、恶心、腹痛等症状。后期会有发烧、呕吐、腹泻等表现，腹泻一日可数次至十余次，出现水样便，有恶臭，或带有黏液和血。轻者多在3～5d即可恢复且预后良好，严重的可能会出现休克、死亡，死亡率约为1%，大多为老人、儿童及体弱者。

（四）预防

预防措施：①加强家禽家畜的饲养管理并定期检查其卫生健康状况，预防传染病的暴发，加强动物性食品在加工、贮藏、运输、销售等环节的卫生管理，防止交叉污染；②对食品贮藏条件进行严格控制，一般低温冷藏食品应在5℃以下保藏，防止致病菌的繁殖，食品加工企业、集体食堂、食品销售点等应配备低温冷藏设施；③食物在食用前应充分加热，并达到有效温度以彻底杀灭沙门菌和其产生的毒素。

二、副溶血性弧菌食物中毒

（一）病原学

副溶血性弧菌是革兰氏阴性菌，无芽孢，有弧形、杆状、丝状等多种形态。该菌最适宜的生长条件：温度为37℃，pH为7.5～8.5，含盐量为3%～5%。对酸和热敏感，56℃加热5min、80℃加热1min或1%食醋处理5min即可将其杀灭，其在淡水中存活时间不长，但在海水中可存活超过47d。

（二）流行病学特点

1）地区性和季节性　主要发生在沿海地区，但近年来随着运输行业的发展，内陆地区也偶有发生。在气温较高的夏秋季最为常见，一般从5月开始出现，在8～9月达到高峰期。

2）中毒食品　以海产品（如墨鱼、带鱼、虾、蟹、贝等）最为常见，海产鱼虾的平均带菌率为45%～48%；其次为盐渍食品，如咸菜、咸蛋等。

（三）临床表现

潜伏期短，多为14～20h，短者1h即可出现症状，长者可达48h。一般会出现胃部痉挛性疼痛、上腹部绞痛、腹泻等症状，腹泻主要为水样便，甚至带有黏液和血，有的也会伴随发烧，一般为37.5～39.5℃。轻者一般2～4d即可恢复，重症者会出现严重腹泻、呕吐、脱水、休克或意识障碍等。

（四）预防

预防措施：①海产品洗净后再加以冷藏，与海产品直接接触的工器具应当清洗干净以免污染其他食品，生熟食品要严格分开存放以避免交叉污染；②副溶血性弧菌对酸和热抵抗力低，所以鱼、虾、蟹等海产品应充分加热后再食用，在制作海蜇等凉拌菜时，可利用食醋处理10min以杀灭副溶血性弧菌。

三、肉毒梭菌食物中毒

（一）病原学

肉毒梭菌为革兰氏阳性菌，厌氧，有芽孢，周身鞭毛。该菌生长繁殖和产生毒素的适宜温度为18～30℃，pH小于4.5或大于9.0，且在低氧和水分较多的中性或碱性食品中易于生长和产生肉毒毒素。肉毒毒素毒性很强，对胃蛋白酶、胰蛋白酶和酸的分解作用抵抗力强，但在pH＞9的碱性环境中可被破坏，80℃下30min或100℃下10min的热处理也能使其灭活。肉毒梭菌的芽孢抵抗力强，在180℃干热处理5～15min、121℃高压蒸汽处理30min或100℃湿热处理5h才能将其灭活。

（二）流行病学特点

1）地区性和季节性　全年皆可发生，4～5月较为常见。肉毒梭菌广泛分布于自然界，尤其是土壤中。

2）中毒食品　不同地区的肉毒梭菌中毒食品有所差异。在缺氧、高水分含量等条件下制作的食物易发生肉毒梭菌中毒。我国肉毒梭菌中毒食品主要为植物性发酵食品，如臭豆腐、豆瓣酱、面酱、豆豉等，其次为腊肉、凉拌菜、酱菜等；日本以鱼制品最为常见；美国多见于家庭自制的水果或蔬菜罐头；欧洲地区多见于火腿等肉类食品。

（三）临床表现

潜伏期一般为12～48h，发病症状以运动神经麻痹为主，偶出现胃肠道症状。初期表现为头晕、头疼、乏力、走路不稳，继而出现视力模糊、眼睑下垂、瞳孔散大等神经麻痹症状。严重者出现张口、伸舌、吞咽困难，还可出现流涎、恶心、呕吐、腹泻等，甚至会因呼吸麻痹而死亡。

（四）预防

预防措施：①食品原料应当清洗干净，避免附着有泥土、粪便等不洁物质；②避免在温度过高或缺氧环境下储藏食品，防止肉毒梭菌的污染和毒素的产生；③对可疑食品进行彻底加热以破坏肉毒毒素，家庭制作发酵食品时应充分加热。

第六节　新发食源性疾病

近年来出现了一些新型食源性病原体，一些病原体以前并不为人所知（新病原体），但对公共卫生具有严重危害，是疾病暴发的重要致病因素；还有一些食源性病原体则变得更加强大（进化的病原体），如某些参与食源性疾病暴发的微生物被误以为会减少，然而，它们仍然与相当数量的疾病暴发有关；还有那些多年来一直被错误地归因于其他食源性病原体的致病菌，即已经为人所知但未被认为是人类疾病原因的微生物，其致病性迄今未知或被忽视的生物体，这些病原体中有许多可能导致严重疾病（Mor-Mur and Yuste，2010）。

新发食源性病原体的出现往往是社会环境某些方面变化的结果。例如，全球经济促进了易腐食品的快速运输，增加了从来自世界其他地区接触新发食源性病原体的可能性。很多国家长期以来一直使用食品安全监测系统，然而，由于没有准确诊断或报告已知的病原体，许多食物中毒暴发机制从未得到确认，这造成了对食源性疾病发病率的低估。大多数原因不明的食源性疾病的暴发和死亡很可能是由未检测到的已知病原体引起的，有必要制订和维持有效的监测和控制方案，要考虑到食品中新出现的致病微生物的进展和风险评估的信息，以减少病原体的流行。

一、戊型肝炎病毒

戊型肝炎病毒（HEV）简称戊肝病毒，是一种新兴的食源性病原菌，需要更广泛的研究。由于缺乏高效的细胞培养体系，戊型肝炎病毒的分子生物学研究受到阻碍。缺乏标准化的检测方法也是影响对HEV深入研究的因素之一，开发一种标准方法来确保准确性和精密度，将有利于全球食源性戊型肝炎流行病学特点的掌控（Harrison and DiCaprio，2018）。

（一）病原学

戊型肝炎病毒是戊型肝炎的病原体，是一种具有单链RNA基因组的非包膜病毒。其有8个基因型，我国流行的病毒株主要为HEV1型和HEV4型，HEV3型和HEV4型是人畜共患病病毒，可感染各种各样的宿主，包括猪、兔子、鹿、灵长类动物等，且能在不同动物物种之间传播。常用的分子检测方法包括基于PCR的RNA检测方法和基于ELISA的病毒抗原检测方法，但尚未有标准化的检测方法。

（二）流行病学特点

在许多亚热带和热带地区，HEV已被认为是大型水源性疾病传播的病原体，访问流行地区的人可能在旅行期间感染这种疾病。G1和G2型HEV在流行地区普遍存在，在印度次大陆和非洲的一些地区，患病孕妇的死亡率可能会更高。含有HEV的动物肉通常是猪肉，另外，在贝类和树莓中也检测到过。日本报道了第一例与食物有关的戊型肝炎病例，有几人在食用鹿肉后患病。

与诺如病毒不同，HEV在人与人之间的传播并不常见。生猪肉的处理是关键步骤，因为大多数猪在仔猪时期就已经感染了HEV，在感染期间没有表现出任何症状。猪在到达屠宰场时仍可能排出病毒，它们的肉、器官和血液也可能含有病毒，给食品从业人员和消费者造成风险。被人类或动物源性HEV污染的水在饮用或用于食品加工时也存在风险。

（三）临床表现

HEV可引起肝感染，其主要症状为黄疸、厌食和肝肿大。G3和G4型HEV是人畜共患病病毒，其临床表现与传统的戊型肝炎病毒不同，但目前并未报道更多此类戊型肝炎病例，其症状可能是身体不适、体温升高和肌肉疼痛（Maunula and von Bonsdorff，2014）。

（四）预防

预防措施：提高对HEV感染病例的认识，对HEV以食物传播并流行的机制进行更多研究；加快基因分型方法的开发，研究更灵敏、更经济的基因分型分析方法来鉴定食品中的病毒；加强食品加工中的卫生管理，包括人员卫生的监督；在灌溉农作物或是冲洗食品物品时，使用清洁的水，防止食源性病毒传播。

二、阪崎肠杆菌

阪崎肠杆菌是一种新兴的病原体，与受污染的婴儿配方奶粉有关，可导致新生儿（尤其是出生体重较轻或早产儿）患坏死性小肠结肠炎、败血症和脑膜炎等疾病。阪崎肠杆菌的自然宿主尚不清楚，但婴儿配方乳粉被认为是新生儿感染的主要渠道（Zhou et al.，2012）。阪崎肠杆菌不仅存在于婴儿配方乳粉中，还存在于各种食品和水中。

（一）病原学

阪崎肠杆菌为革兰氏阴性菌，是一种罕见的新生儿感染的高死亡率致病菌。阪崎肠杆菌已从乳粉、婴儿食品、牛肉、香肠、乳酪制品和蔬菜中分离出来，但并未在其他环境中被发现，如地表水、土壤、泥浆、谷物等。此外，阪崎肠杆菌也已从各种临床中分离出来，包括血液、痰液、尿液、肠道、呼吸道及伤口等。其具有强耐热性，且生长温度范围广，最适生长温度为37～43℃，其形成的生物膜和具有的耐干燥特性可能有助于其在婴儿配方乳粉工厂环境和随后的干燥产品中存活。据报道，阪崎肠杆菌能够附着在乳胶、聚碳酸酯、硅等材料上生长。该菌对氨苄西林和林可霉素具有耐药性。

（二）临床表现

多数患儿临床症状轻微且不典型，易被忽略。严重者可引起坏死性小肠结肠炎、败血症、脑膜炎等。主要症状包括全身症状（发热、黄疸加重、面色发灰甚至休克等）、消化系统症状（呕吐、腹泻、黏液血便等）和神经系统症状（烦躁、嗜睡、惊厥甚至昏迷等）。

（三）预防

世界卫生组织建议，出生不足6个月的婴儿，应只以母乳喂养；冲调乳粉的器具应清洗干净并消毒；应当使用不低于70℃的热水冲调婴儿配方乳粉，并在2h内尽快喂哺；冲调后的乳粉快速冷却且应放在不超过5℃冰箱内保存，还要在冲调后24h内饮用，喂前必须重新加热；对于高危人群（早产、体重轻或免疫力低的婴儿），可使用商业无菌的液态婴儿配方乳粉。

参考文献

高永清，吴小南. 2017. 营养与食品卫生学. 2版. 北京：科学出版社.

何计国，甄润英. 2003. 食品卫生学. 北京：中国农业大学出版社.

胡秋红，许丽遐. 2011. 食品营养与卫生. 北京：北京理工大学出版社.

厉曙光. 2012. 营养与食品卫生学. 上海：复旦大学出版社.

凌强. 2017. 食品营养与卫生安全. 北京：清华大学出版社.

Harrison L, DiCaprio E. 2018. Hepatitis E virus: An emerging foodborne pathogen. Frontiers in Sustainable Food Systems, 2(14): 1-9.

Maunula L, von Bonsdorff C H. 2014. Emerging and re-emerging enteric viruses causing multinational foodborne disease outbreaks. Future Virology, 9(3): 301-312.

Mor-Mur M, Yuste J. 2010. Emerging bacterial pathogens in meat and poultry: An overview. Food and Bioprocess Technology, 3(1): 24-35.

Parashar U D, Hummelman E G, Bresee J S, et al. 2003. Global illness and deaths caused by rotavirus disease in children. Emerging Infectious Diseases, 9(5): 565-572.

Zhou X, Fu S, Gao J, et al. 2012. Enterobacter sakazakii: An emerging foodborne pathogenic bacterium. Annals of Microbiology, 62(1): 1-5.

思考题

1. 什么是食源性疾病？食源性疾病包括哪些范畴？
2. 简述食物中毒的流行病学特点。
3. 试述亚硝酸盐的中毒机制。如何预防亚硝酸盐食物中毒？
4. 毒蕈中毒分为哪几种类型？怎样预防？

第十一章　食品掺伪检测技术

本章思维导图

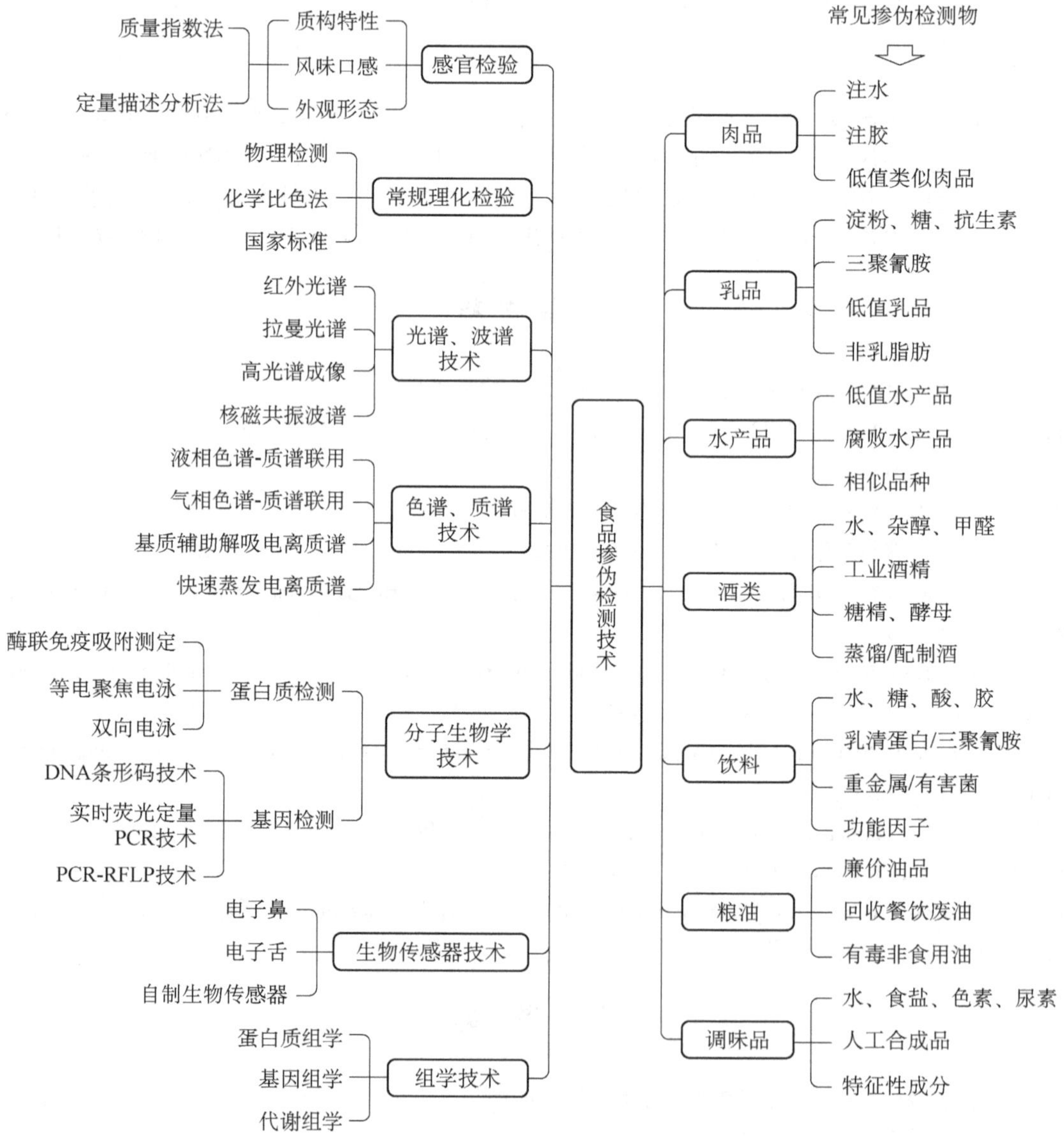

第一节　概　　述

一、食品掺伪检测技术的发展历程

随着经济社会的发展，消费者对于食品的需求越来越多样化，对食品的质量和安全愈加重视。但在经济利益的诱惑下，一些不法商贩对食品进行了伪造掺假，特别是高附加值食品，已然成为食品掺伪的重灾区。近年来，频繁出现的食品掺伪事件、食品添加剂的非法使用，使得食品掺伪问题逐渐成为全球关注的热点，所以食品真伪鉴别对食品真实性研究具有重要意义。经调查发现，包括粮油类、肉及肉糜制品、蛋奶及蛋奶制品甚至调味品等在内的食品掺伪发生率呈逐年递增态势。针对此类食品安全问题，我们迫切需要完善适合我国国情的监管体系和检测技术，从而对食品掺伪进行高效甄别，以保障食品的质量与安全性。

二、食品掺伪检测技术的种类、原理及应用领域

（一）分子生物学技术在食品真实性鉴别中的应用

分子生物学技术已经成为食品分析领域的常规工具，可以在复杂和深加工的食品基质中对生物物种进行准确鉴别。由于DNA不易受到食品加工方式的影响、稳定性高，所以基于核酸作为标志物的检测技术得到快速发展，包括核酸杂交技术、PCR技术、基因芯片技术、DNA条形码技术和电化学DNA传感器（E-DNA）技术等。PCR技术是食品真伪鉴别领域的常规方法之一，具有灵敏度高、效率高且成本相对较低等优点，主要用于肉制品、乳制品及转基因食品等的真伪鉴别。E-DNA是生物传感器的一种，具有灵敏、成本低廉和不需要大型仪器等优点，已逐渐发展为分子生物学检测的一个重要的手段，与多重PCR方法相比，该方法更具体、简单、检测速度快，可对生肉和加工食品中的掺伪进行鉴定。

（二）振动光谱、色谱和质谱技术在食品真实性鉴别中的应用

光谱技术主要利用有机物质的官能团在光谱区的振动产生的倍频或广的强度等对物质进行定量、定性分析。目前，近红外光谱分析已被用于食品真实性鉴别，涉及食品包括食用油、水产品、肉类、葡萄酒及蜂蜜等。拉曼光谱术可以提供食品中蛋白质、水和脂质的结构信息，拉曼光谱结合化学计量学方法已被用于肉类、牛乳及乳制品、水产品、蜂蜜和橄榄油等多类食品的品种鉴别、真伪甄别及非法添加剂检测。拉曼光谱术由于方便快捷和灵敏度高，不需要复杂的样品前处理等特点，适合现场检测（邓素梅等，2022）。

色谱、质谱技术及色谱-质谱联用技术是目前应用最广的食品真实性检测技术。其中，高效液相色谱法（high performance liquid chromatography，HPLC）是一种广泛应用的化学成分测定方法，该方法很早就被应用于食用油掺伪的检测。气相色谱法（gas chromatography，GC）主要用于挥发性和半挥发性成分、香气和农药残留检测等。例如，通过分析葡萄酒中存在的各种化合物的GC图谱，可以根据其地理来源对葡萄酒进行分类，还可通过GC测定脂肪酸组成和相应浓度，对水产品和橄榄油进行产地溯源（曾俊敏和叶咏薇，2021）。

（三）组学技术在食品真实性鉴别中的应用

组学技术包括蛋白质组学、代谢组学等。通过对蛋白质组学、代谢组学等的信息进行整合分析，可以了解目标样品内蛋白质、代谢物的基本状态，从而对样品进行全面的解读。蛋白质组学在整体水平上研究细胞内蛋白质表达、组成及其活动规律，可以对蛋白质从物种、产地等角度进行定性和定量。蛋白质组学涉及的关键技术多种多样，包括色谱、质谱技术，以及蛋白质免疫印迹等。蛋白质组学技术在食品真伪鉴别领域中应用广泛，主要包括肉及肉制品、酒类、乳制品等（陈念念等，2018）。代谢组学是对生物系统中的代谢物进行鉴别和量化的方法，包括代谢物指纹图谱和代谢轮廓图谱两种方法。目前，代谢组学已在食品物种或品种鉴别、产地溯源和真伪甄别等领域得以应用，主要涉及肉制品、乳制品、果蔬及酒水饮料等多种食品。构建完备的代谢物数据库，并与其他组学数据库相互衔接，形成系统生物学数据链，将对食品真实性鉴别研究有重要意义（Marina and Markus，2022）。

食品真实性鉴别技术的应用情况见表 11-1。

表 11-1 食品真实性鉴别技术的应用情况

技术类别	主要技术	鉴别对象	鉴别类型
分子生物学	经典 PCR 技术	核酸	物种或品种掺伪、转基因生物检测
	实时定量荧光 PCR 技术	核酸	物种或品种掺伪、转基因生物检测
	数字 PCR（dPCR）技术	核酸	物种或品种掺伪、转基因生物检测
	随机扩增多态性 DNA（RAPD）技术	核酸	物种或品种掺伪
	单链构象多态性（SSCP）技术	核酸	物种或品种掺伪
	DNA 条形码技术	核酸	物种或品种掺伪
	电化学 DNA 传感器（E-DNA）	核酸	物种或品种掺伪
光谱法	傅里叶变换红外光谱术（FTIS）	化学键、官能团	地理来源、物种或品种掺伪、成分组成比例、非法添加
	拉曼光谱术（RS）	化学键、官能团	地理来源、物种或品种掺伪
	高光谱成像技术（HSI）	化学键、官能团	地理来源、物种或品种掺伪
色谱、质谱技术	高效液相色谱法（HPLC）	代谢物	物种或品种掺伪、成分组成比例
	气相色谱法（GC）	代谢物	地理来源
	稳定同位素比质谱法（IRMS）	稳定同位素	地理来源、物种或品种掺伪
	电感耦合等离子体-质谱法（ICP-MS）	代谢物	物种或品种掺伪、成分组成比例
	质子转移反应-质谱法（PTR-MS）	代谢物	地理来源、物种或品种掺伪
	色谱-质谱联用技术	代谢物	物种或品种掺伪、成分组成比例
组学技术	蛋白质组学	蛋白质	地理来源、物种或品种掺伪
	代谢组学	代谢物	地理来源、物种或品种掺伪

三、展望

随着检测方法的不断完善，食品掺伪问题在一定程度上得到了改善，但总体形势依然严峻。掺伪形式多样、层出不穷，而当前大多数检测方法仍只适用于实验室，如最常用的色谱技术与光谱技术，不仅要求仪器精密，而且对鉴定结果的分析也需要大量的专业知识。近期，有报道关于运用纳米技术制备能够对食物进行快速检测的小型检测设备。这只是一个开始，更简便、更高效、更低使用门槛的技术将是未来食品掺伪技术检测的发展趋势。

第二节　肉品掺伪检测技术

我国既是畜禽肉的生产大国也是消费大国，虽然受 2018 年非洲猪瘟等的影响，我国生猪产量大幅下滑，但畜禽肉总产量仍然呈增长趋势。然而，畜禽肉及肉制品掺伪乱象在国内市场上依然存在，注水肉、注胶肉曾被媒体多次曝光，更有不法商户、企业使用相对廉价的马肉、鸭肉，甚至鼠肉、狐狸肉等其他肉类原料，通过各种手段的加工，冒充牛肉、羊肉制品进行销售以谋取不当利益，严重侵犯消费者的合法权益，甚至威胁消费者的生命健康。

目前，对于畜禽肉鉴伪检测的方法较多，常用的方法有酶联免疫吸附分析、PCR 及红外光谱等无损检测技术。近年来一些新兴的检测方法不断涌现，如高光谱成像技术、低场核磁共振技术可快速鉴别注水、注胶肉，代谢组学法、电子鼻技术、多重荧光 PCR 技术、拉曼光谱术等可在鉴别掺伪掺杂肉的不同动物性来源中发挥独特的优势。表 11-2 对几种检测技术应用于畜禽肉及肉制品的优缺点比较进行了总结。

表 11-2　几种检测技术应用于畜禽肉及肉制品的优缺点比较

种类	技术	检测项目	优点	缺陷
传感器	电子鼻	以次充好	简单快捷、无损检测	准确性低、重复性差
核磁共振	低场核磁共振技术	注水、注胶	简单快捷、无损检测	准确性受胶体类型影响大
光谱法	近红外光谱	以次充好、注水、注胶	快速无损	受肉组织类型限制
	高光谱成像技术		快速无损、准确性高	数据冗余、效率较低
	拉曼光谱术		准确性高	需前处理、检测限高
DNA 法	多重荧光 PCR	以次充好	同时检测多个掺伪成分、效率高	受样品 DNA 纯度影响大
	等温扩增技术		设备要求低、灵敏度高	易形成气凝胶污染 假阳性问题严重
	基因芯片		灵敏度高、准确性高、通量大	需提前设计特异性引物、对设备要求高
蛋白质法	ELISA	以次充好	灵敏度高、检测成本低	受蛋白质类型限制、假阳性严重
质谱法	一般质谱	以次充好	灵敏度高、准确性高	成本高、耗时长
	快速蒸发电离质谱		快速	环境要求高

现对几种应用于畜禽肉及肉制品鉴伪的检测技术研究概况进行简要介绍。

一、基于代谢组学溯源肉类产品与鉴别掺伪的研究

代谢组学可在生物体受到病理、生理性刺激或遗传修饰后对动态多参数代谢响应进行定性、定量分析，它关注的是由疾病或环境影响引起的代谢谱的变化，其研究对象通常为分子量小于1000Da的氨基酸、脂类、小分子多肽、有机酸和糖醇类等小分子代谢物（王济世等，2021）。代谢组学分析可显示出不同畜禽肉样本类型之间代谢物的细微差异，由于畜禽肉的肉质特性与其所含的小分子代谢物密切相关，代谢组数据即可描述出不同畜禽肉样本间的肉质特性差异，从而实现肉制品鉴伪及分类的效果。通过将代谢组学方法与核磁共振、高分辨质谱等技术结合，可使其鉴伪结果达到极高的准确度。

二、基于电子鼻技术评价肉类品质及掺伪检测

电子鼻的工作原理是模拟人体的嗅觉细胞、嗅球神经网络和神经中枢，通过多个传感器对一种气味的不同程度响应，经过数据处理构成了电子鼻对该气味的响应谱，利用传感器将待测气味的化学信号转化成电信号，由于每种气味都具有其特定的响应谱，所以根据不同特征响应谱即可区分不同的气味（图11-1）。电子鼻主要包括传感器阵列、数据采集处理器和模式识别系统三部分，对不同肉质的气味进行分析与评定，以达到畜禽肉鉴伪的目的。

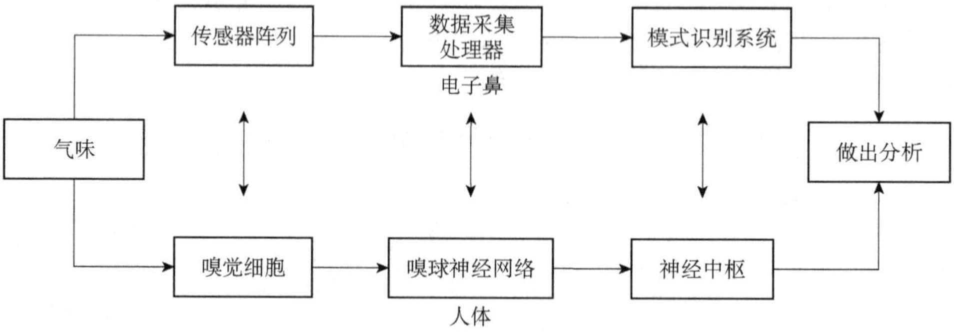

图11-1 人类嗅觉与电子鼻的工作程式

由于电子鼻设备简单便携，利用该技术对畜禽肉进行检测具有快速、易操作等优点，因此已广泛应用于肉类品质评价及掺伪检测等领域。

三、基于荧光定量PCR技术实现畜禽肉制品鉴伪

荧光定量PCR技术是指在PCR反应体系中加入荧光基团，利用荧光信号积累实时监测整个PCR进程的方法。近年来，由于PCR技术的快速发展，该技术已成为肉类种属鉴定的核心方法。但是，由于不法商贩制售的伪劣肉制品通常可能掺入若干种异源动物肉，如猪肉、马肉、鸡肉、鸭肉、狗肉，甚至鼠肉、狐狸肉等，这给每次只针对一个靶标基因进行扩增的常规荧光定量PCR检测带来诸多不便，往往需要针对不同物种基因扩增多次才能确定样品所含的掺伪成分，且极易产生由于丢失靶标对象而出现假阴性的结果，大大降低了检测的效率及准确性。因此，通过筛选特异性强、敏感度高的掺伪肉类来源物种的特异性基因，优化反应体系，建立多个物种间配对的多重荧光PCR检测体系，可通过一次PCR反应同时扩增掺

入多个来源物种的不同基因中的多个靶标DNA，有效缩短和简化畜禽肉制品掺伪检测的步骤，并显著提高检测的准确性。2013年欧盟的“马肉风波”事件中，实时荧光定量PCR技术就发挥了重要作用。

四、基于高光谱成像技术实现畜禽肉掺伪的鉴别及掺伪含量的预测

高光谱成像技术是成像技术与光谱技术的结合，可获得样品的二维几何空间及一维光谱信息，该技术不仅具有光谱技术的常规优点，且涵盖着更全面的信息。高光谱成像技术能够以数百个波长同时对畜禽肉制品样本连续成像，同步获取多个样品的光谱和图像信息。虽然高光谱成像也存在光谱信息重叠、冗余的问题，但通过特征波长的筛选可有效提升模型效率和精度。该技术具有快速无损、低成本、高准确率等优点，已成为一种成熟的无损检测方法（图11-2）。

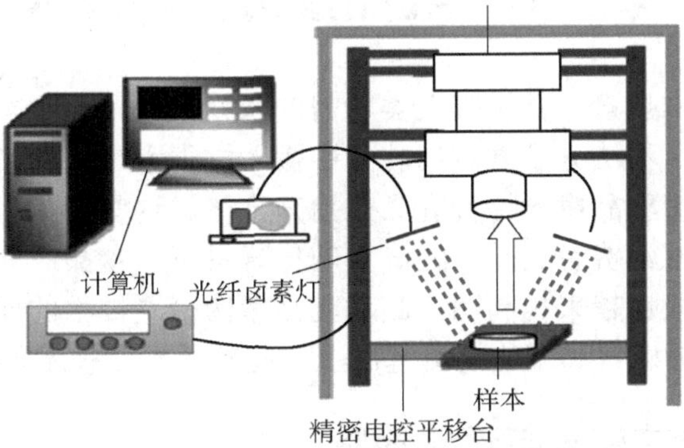

图11-2　高光谱成像装置示意图（孙宗保等，2020）

五、基于环介导等温扩增技术实现畜禽肉的现场快速鉴伪

等温扩增是通过在恒温下添加酶和特异性引物进行反应以快速扩增核酸的技术。环介导等温扩增检测（loop-mediated isothermal amplification，LAMP）是等温扩增技术中的一种。LAMP技术除了高特异性、高灵敏度外，其优势在于对仪器设备要求低、简便快捷，在现阶段我国食品安全事件多发、样本分散的情况下可及时快速、全面地从源头和现场进行检测。因此，LAMP技术已广泛应用于各种食源性成分的基因检测，尤其适合畜禽肉现场快速鉴伪。值得注意的是，LAMP技术同样具有一定缺陷，如由于其高灵敏度而易形成气溶胶污染，造成假阳性问题，因此在鉴伪操作过程中需要加倍注意。

六、基于低场核磁共振技术识别注水注胶肉

低场核磁共振技术（low field-nuclear magnetic resonance，LF-NMR）利用氢原子核在磁场中的活动特性，可以追踪待测物质中的氢原子，特别是水，包括结合水、不易流动水和自由水中的氢原子，从而观察水分分布状况及其随着时间的变化而产生的改变。将样品放入磁场中，通过发射一定频率的射频脉冲，使氢原子核发生共振，氢原子核吸收射频脉冲能量。当射频脉冲结束之后，氢原子核会将所吸收的射频能量释放出来，这样一个可以检测到氢原子核释放能量的过程就是核磁共振信号，通过计算机可以将这一信号输出为核磁共振波谱。

对于含水量不同的畜禽肉样品，核磁共振波谱图是不同的，通过这一差别来寻找规律，从而实现注水、注胶肉的鉴伪检测。

七、基于基因芯片技术鉴别畜禽肉及肉制品的掺伪

基因芯片技术是在基因探针的基础上研制的，其基本原理是杂交测序，即通过与一组已知序列的核酸探针杂交从而进行核酸序列测定。所谓基因探针是一段人工合成的碱基序列，在探针上连接一些可检测的物质，根据碱基互补的原理，利用基因探针到基因混合物中识别特定基因。基因芯片是通过应用平面微细加工技术和超分子自组装技术，将大量基因探针分子固定于某一微小的固体支持物上，然后与标记的样品进行杂交，通过检测杂交信号的强度及分布来进行分析，可同时对大量的核酸和蛋白质等生物分子实现高效、快速、低成本的检测分析。

第三节　乳品掺伪检测技术

乳品富含蛋白质、维生素、钙质等人类所需的营养成分，是人类重要的食品来源之一。然而，由于利益的驱动，不法分子蓄意向乳品中掺入抗生素、三聚氰胺等物质，生产劣质产品以次充好，或者将低值乳品掺入特种乳品来抬升价格。这些行为对消费者的安全和健康造成了严重威胁，严重损害消费者利益。经济全球化背景下，食品产业链不断延伸、乳品供应链国际化，乳品掺伪手段也越来越高明，故对乳品掺伪检测技术的要求越来越高。为了应对这一全球挑战，在传统的感官和理化检测基础上一些新的检测技术得到发展和应用。

一、鲜乳和乳粉的感官与理化检验

优质的鲜牛乳或羊乳呈乳白色或淡黄色，具有牛/羊乳固有的香味，无其他异味，呈均匀的胶态流体，无沉淀，无凝结，无杂质，无异物，无黏稠现象。次质的鲜乳则色泽较差，略显灰暗，乳的固有香味稍淡或略有异味，呈现均匀的胶态流体，无凝块，但带有颗粒状沉淀或少量脂肪析出。纯乳粉呈现天然乳黄色，有鲜乳特有的香味，质地细腻，口感略黏稠，溶解速度较慢，无糖的甜味；而掺糖乳粉颜色较显白，细看呈结晶状，有光泽，乳香味甚微或没有，颗粒较粗，口感不黏牙，溶解较快，带有甜味（Reddy et al.，2017）。正常牛乳密度在1.028～1.033kg/m³，乳清相对密度为1.027～1.030。非脂质固形物（SNF）含量可以一定程度上反映掺伪含量。此外，动物脂肪、乳清蛋白、植物油、碳酸盐、淀粉等也常被用来对牛乳掺伪来实现蛋白质含量、脂肪含量及感官品质的提升。

二、光谱检测技术

（一）近红外光谱技术

近红外光谱（near infrared spectrum，NIR）技术可通过不同基团的吸收频谱位置和强度不同，结合统计分析和建立模型对乳品特征组分进行定性和定量分析（Hussain et al.，2019）。Ntakatsane等（2013）检测了未掺杂的配方乳粉样本，红外光束在样本上反射并进入探测器，得到样本的吸收光谱；对纯三聚氰胺也收集了同样的数据；把配方乳粉与三聚氰胺混合后进行分析，对新的光谱和未掺杂的配方乳粉的光谱进行比较，结果可显示出样本中三聚氰胺的掺伪量。

（二）拉曼光谱术

拉曼光谱基于非弹性的散射现象可以提供物质分子的振动频率、峰位变化、峰宽、峰强度等信息。常见的类型有表面增强拉曼光谱（SERS）、傅里叶变换拉曼光谱、显微拉曼光谱、近红外拉曼光谱和空间偏移拉曼光谱（SORS）等。拉曼光谱对分子键和化学结构非常敏感，样品中每个分子都可在拉曼光谱上呈现特有的“指纹”信号。因此，蔗糖、淀粉和麦芽糊精等乳粉掺伪物可在拉曼光谱上呈现对应的信号峰。

三、色谱检测技术

液相色谱根据目标检测物和固定相的亲和力不同，通过流动相的洗脱来实现复杂组分的分离。色谱检测技术可针对乳品中的掺伪组分进行分离检测，可进行单组分检测，也可同时进行多组分检测。以三聚氰胺为例，色谱检测技术已经作为原料乳及乳制品的国标检测方法，在乳品掺伪检测中应用十分广泛。随着三重四极杆质谱等高分辨质谱仪的发展，液相色谱-质谱法（LC-MS）可以通过多反应监测模式（MRM）实现乳品中四环素、土霉素、金霉素、多西环素等常见抗生素及苯甲酸、山梨酸钾、安赛蜜和糖精钠等防腐剂的高通量检测。

虽然色谱技术在检测牛乳掺伪中应用日益广泛，但它们都存在仪器成本高和样品前处理烦琐的问题。同时，样品的基质效应和设备的污染及稳定性也是制约其广泛应用的因素。

四、以蛋白质为基础的检测技术

（一）电泳技术

电泳是根据可溶性蛋白质在电场中的移动速度不同达到分离效果的技术。常用于检测的方法有聚丙烯酰胺凝胶电泳、毛细管电泳法、双向凝胶电泳，最常用的是十二烷基磺酸钠-聚丙烯酰胺凝胶电泳（SDS-PAGE）。根据牛乳、羊乳、水牛乳、驼乳、牦牛乳、豆浆 6 种液体乳及乳清的 SDS-PAGE 蛋白电泳图谱差异，可实现乳品的掺伪鉴别（阿力木•吾布力，2017）。双向凝胶电泳基于电荷的等电聚焦和分子量同时进行分离，是目前最有效的蛋白质分离技术。双向凝胶电泳和质谱联用，根据凝胶中显示的蛋白质斑点，可实现牛乳中大豆蛋白低至 4%的掺伪检测（Yang et al.，2018）。

（二）蛋白质组学技术

蛋白质组学是一个前沿的研究领域，利用质谱的高分辨和高通量能力来实现快速、可靠的检测、表征，以及多肽、蛋白质的定量，近年来在生命科学领域得到了广泛的应用。其中对蛋白质的定性主要根据蛋白质酶解后所得多肽的碎片图谱（PFF）和质量图谱（PMF）与现有数据库的比对来实现。蛋白质/多肽的定量则可根据双向凝胶电泳条带或者通过串联质谱标签（TMT）标记和同位素标记相对和绝对定量技术（iTRAQ）等来实现对伯胺的定量。牛乳是一种高度复杂的胶态流体，其基质中存在大量的蛋白质和多肽，蛋白质组学被认为是表征牛乳样品及其产品的重要手段。迄今为止开发的分离和表征乳品蛋白质组的技术，如双向凝胶电泳技术，特别是高分辨质谱（HRMS）可对牛乳及其制品的蛋白质和多肽进行详尽的表征，基于此来实现乳品生产全过程控制，如微生物安全、原料真实性的保证或生产工艺控制，提高最终产品的质量。

五、生物传感器技术

生物传感器是一种对生物物质敏感并将其浓度转换为电信号进行检测的仪器。利用固定化的生物敏感材料作识别元件（包括酶、抗体、抗原、微生物、细胞、组织、核酸等生物活性物质）、适当的理化换能器（如氧电极、光敏管、场效应管、压电晶体等）及信号读取装置构成的分析工具或系统。生物传感器可分为光学型、压电型、量热型和电化学型。基于固定在传感器上的生物识别分子与目标掺伪物结合导致的电流、电势、温度、黏度、电导、阻抗等物理化学性质的变化而被检测。在生命科学领域，基于生物分子之间的亲和作用力的亲和生物传感器应用广泛，且特异性强、灵敏度较高。亲和传感器可分为DNA或基因传感器、免疫传感器、受体传感器三种类型。该生物传感器还用于牛乳的掺伪检测，如三聚氰胺、尿素、非乳脂、外源蛋白、防腐剂如甲醛等。

六、乳品掺伪检测技术的发展趋势

在线监测有利于质检人员对乳品质量进行跟踪，并及时进行调整。同时，也可提高乳品的可追溯性，加强对乳品的质量监管能力。这要求我国加快对乳品在线监测技术及其设备的开发和在线监测仪器的研制。随着消费者对乳品的质量需求的提高，近红外光谱仪和拉曼光谱等已逐渐向小型便携式和在线分析方向发展。以乳品的终端消费者和大型商场为适用对象的便携式仪器及在线实时监控大型乳品生产厂快速、无损检测产品，将成为乳品检测设备的发展方向。因此，在线监测将是未来乳品掺伪检测技术的一个重要发展趋势。

第四节　水产品掺伪检测技术

富含优质蛋白质及多不饱和脂肪酸的水产品的消费量逐年增加。鱼类和海鲜等水产品是易掺伪的食品，因为在不同加工过程中，水产品的形态特征会发生重大变化。多种水产品品种接近，外形相似，导致其掺伪主要体现在低值产品的以次充好、腐败产品的以腐充鲜及相似品种的“鱼目混珠”等现象。近年来国内外相继曝光了“真假鳕鱼”“真假三文鱼”事件。随着人们对食品安全的要求日益提高，国际水产品贸易规模与日俱增，电子商务经营模式迅猛发展，水产品掺伪已经成为全球共同关注的热点话题，开发快速、高效、便捷的水产品掺伪检测技术尤为重要。

一、感官仿生鉴别检测技术

当食品的感官性状发生改变时，人体感官也会产生相应的异常感觉。因此，感官鉴别方法具有重要的实践性和应用性，也是进行水产品新鲜度鉴别最常用的方法。此外，随着科学技术的蓬勃发展，一些新型的仿生感官鉴别设备/技术应运而生，在水产品鉴别方向的应用日益增加。

（一）电子鼻

电子鼻是一种可以感知和识别气味的电子系统，由化学传感器阵列和模式识别系统组成，能够识别单一或复合的气味，还能用于识别单一成分的气体或混合物。气味是鱼类及其他水产品新鲜度的最敏感的特征，电子鼻在水产品新鲜度鉴别中应用较多，因该方法准确、快速、灵敏而日益受到重视。

（二）电子舌

电子舌的工作原理与电子鼻类似，电子舌的每个传感器上均涂有不同类型的有机硅胶膜，可允许不同类滋味物质分子吸附其上并进行通透，通透时各传感器与参比电极之间电势差可由电信号处理单位转化为可描述的数据记录下来，最终由模式识别系统对数据进行处理，并建立相应的数学模型。

（三）嗅觉可视化检测技术

2000 年，*Nature* 报道了基于金属卟啉与有机气体结合模拟人体嗅觉的概念和方法。根据特定传感气敏材料与检测气体反应前后的颜色变化对待测风味进行定性和定量分析，从而实现嗅觉可视化。国内对于嗅觉可视化检测技术在水产品检测中的研究处于起始阶段，在对虾、鲳鱼、鲢鱼的新鲜度检测上已有应用，具有重要的研究价值和应用前景。

二、基于 DNA 分子标记的检测鉴别技术

随着分子生物学的发展，多种基于 DNA 扩增的 PCR 分子标记技术可用于识别基因组核苷酸序列的变异，从而表明种间和种内多样性的存在，因结果可靠、重现性好且成本低廉而得到广泛发展和应用。这些技术基于限制性片段长度多态性（RFLP）、单链构象多态性（SSCP）、随机扩增多态性 DNA（RAPD）、长引物随机扩增多态性 DNA、扩增片段长度多态性（AFLP）和单核苷酸多态性（SNP）可分为低、中、高通量三类，主要有以下几种技术。

（一）DNA 条形码技术

DNA 条形码的概念于 2003 年由加拿大科学家 Hebert 等最先提出，其基于标准 DNA 片段进行物种鉴定。长度约为 650bp 的细胞色素 c 氧化酶亚基Ⅰ（COⅠ）基因序列是鱼类、贝类等水产品鉴定的首选 DNA 靶点，可实现 97%以上的水产品种鉴定。其他线粒体基因（如 *12S rRNA*、*16S rRNA* 等）和核基因也常被作为标记目标（Nehal et al.，2021）。DNA 条形码技术在国内外已经被成功用于水产品的分类鉴定，进而对产品标签的真实性进行评估。DNA 条形码技术具有易于标准化和自动化的优点，是食品质量安全和掺伪检测的必然趋势。然而水产品的加工过程和 pH 变化等因素可导致该 DNA 片段降解，导致扩增失败，故微型 DNA 条形码在水产加工食品掺伪检测中显示出明显的优势。

（二）实时荧光定量 PCR 技术

实时荧光定量 PCR 技术利用荧光信号的变化实时监测 PCR 扩增反应每一个循环 PCR 产物量的变化，从而根据 Ct 值（PCR 定量检测的阈值）对原始 DNA 模板进行定量。该技术特异性强、灵敏度高、重现性好，且可降低污染，因而在水产品掺伪检测中得到广泛应用。基于 SYBR Green 和 Taqman 方法的实时荧光定量技术较为常见。我国学者李新光等建立了基于 SYBR Green 的实时荧光定量 PCR 技术实现了挪威三文鱼的鉴别技术。

（三）PCR-RFLP 技术

PCR-RFLP 技术是 PCR、RFLP 技术及 DNA 电泳技术相结合的一种分子标记技术。其原理是采用不同的限制性内切酶对不同物种的 PCR 产物进行酶切，对酶切产物进行凝胶电泳分析，根据条带的大小和数量进行物种鉴别。

三、蛋白质分析鉴别技术

蛋白质是水产品最重要的营养素，多种基于蛋白质检测的技术已经成功运用。

（一）酶联免疫检测技术

酶联免疫吸附测定（ELISA）是一种基于抗原和抗体之间特异性结合的准确、灵敏度高的蛋白质检测技术。该方法已经被广泛用于乳制品和畜禽肉制品的鉴别，但在水产品的掺伪检测中应用日益增多。Asensio 等利用 ELISA 建立了有效区分石斑鱼、鲷鱼和鲈鱼的方法，在获得了稳定、特异的抗体之后，该法具备操作简便、灵敏度高和便于标准化的特点。

（二）等电聚焦电泳和双向电泳

等电聚焦电泳是一种利用具有 pH 梯度的两性电解质分离具有不同等电点的电泳技术。近年来，等电聚焦电泳常用于冷冻海产品的鉴别。例如，通过提取不同冷冻虾的肌浆蛋白，采用 SDS-PAGE 进行分离，不同虾类具有数量不等、位置各异的蛋白质条带，表明该法可用于水产品鉴别。双向电泳则是根据电荷和分子量实现蛋白质的二次分离，据此可以对不同水产品进行鉴别。由于可以得到蛋白质分子的图谱，该技术也成为研究蛋白质组学的重要分离技术。

（三）蛋白质组学技术

随着双向凝胶电泳和高分辨质谱如基质辅助激光解吸电离飞行时间质谱（MALDI-TOF-MS）和高效液相色谱-三重四极杆质谱（HPLC-MS/MS）技术的不断发展，蛋白质组学已被用于评价水产品的蛋白质特征和溯源分析，具有快速高效和高通量的特征，使蛋白质和多肽能够被快速表征、检测和定量（Afzaal et al.，2022）。蛋白质组学可对水产品的全部蛋白质进行轮廓分析和定量检测，包括蛋白质的变化、翻译后修饰和蛋白质与蛋白质之间的相互作用（Ortea et al.，2016）。故通过蛋白质组学技术可分析水产品中过敏原、分子标记物、蛋白质含量水平和动态变化，并可鉴定水产品原料、腐败微生物和致病菌，有助于了解水产品加工贮藏过程中品质变化并鉴别食品掺伪。

四、光谱色谱分析技术

（一）红外光谱术

红外光谱术是常见的无损检测技术，具有快速、简便、经济和绿色的优点。不同水产品所含化学成分不同导致产生的红外光谱图吸收峰位置、峰型和强度差异显著，根据此“指纹性”的差异，可用于水产品质量鉴定。近年来，红外光谱术已被用于三文鱼和鳕鱼等鱼类新鲜度的鉴定。此外，依据不同产地鲍的红外吸收峰波数位置及强度的差异，傅里叶变换红外光谱也用来实现不同产地鲍的鉴别。

（二）液相/气相色谱技术

高效液相色谱技术广泛应用于指纹图谱构建，具有灵敏度高、分析速度快、选择性好的特点。该技术可通过对特征成分进行定性定量分析，用于水产品的鉴定。气相色谱技术的飞速发展为水产品的风味研究提供了极大帮助，依据风味物质沸点差异和气相色谱柱的吸附作用力不同，在升温程序下可以有效分离。对于沸点相近的物质，全二维气相色谱可以实现良好的分离，并具备如下特点：①分辨率高、峰容量大；②灵敏度高，比通常的一维色谱提高20～50倍；③分析时间短；④定性可靠性显著增强（朱蓓薇和薛长湖，2016）。高分辨质谱串联技术和离子迁移谱技术的串联使用及美国国家标准与技术研究院建立的 NIST 数据库使得依据水产品的风味差异进行鉴别和溯源研究更加高效和可靠（Fiorino et al.，2018）。

第五节 酒类及饮料掺伪检测技术

1978年以来，我国居民收入不断增长，消费观念也逐渐转变，酒类和软饮料已经成为居民日常消费中的主流商品。由于我国悠久的酒文化和历史，酒类产品相关产业的市场规模庞大，一些不法商家为了牟利，常选择以次充好、勾兑添加剂、掺加工业酒精等方式掺伪，对消费者的健康和经济造成较大损失。此外，近年来我国饮料市场规模也在不断扩大，2020年达到5735.5亿元。从饮料的细分市场来看，最大市场为包装饮用水，占软饮料市场份额的37.64%；茶饮料、碳酸饮料、果蔬汁饮料分别占19.64%、15.26%和14.33%；其余依次为蛋白饮料、运动饮料、即饮咖啡、固体饮料等。由于饮料在全球消费量巨大，一些不法分子常在饮料中进行掺伪而降低其生产成本，牟取暴利。

一、感官与理化检验

优质的包装酒和饮料应采用无毒包装，商品名称、厂址、生产日期齐全，并注明主要成分种类及含量，包装完整，无胀袋、胖听等现象。颜色应符合相应酒类、果汁、茶等具有的纯正的色泽，无褪色、脂肪颗粒上浮等现象。应具有令人愉悦的风味，无变质引起的酸臭味、馊味、酒味、霉味、苦味、焦糊味、涩味等不良风味。除此之外，还可通过测定醇类含量与种类、总酸、灰分、氨基态氮、固形物含量等来检测（汪东风，2018）。

二、光谱、色谱与质谱检测技术

依据成分与外来添加物分子结构不同的原理，通过添加不同的成分（如水、醇、糖、异源蛋白、添加剂等）在红外区的图谱不同建立添加模型，用于酒类和饮料掺伪鉴别，具有制样简单、测量方便、可重复性好等特点。饮料掺伪多以违规或非法添加添加剂形式出现。也可针对每一种酒或者饮料的特点，如主要成分是醇类、糖类化合物和有机酸等，可利用色谱技术建立糖类、有机酸、蛋白质（肽）等的指纹图谱，用于产品的监控，使检测更加便捷，结果可靠。但是红外光谱分析灵敏度相对较低，需要大量代表性样品建立模型，且模型需要不断更新，建模成本高，因此其应用具有局限性。

质谱技术能将色谱的分离能力与质谱定性、结构鉴定能力结合起来，实现复杂化合物的分析。例如，蛋白质通过 LC-MS 的色谱分离和质谱的碎裂分析，得到大量多肽信息，通过数据库查询分析这些多肽可对蛋白质进行鉴定，基于此可实现对植物蛋白饮料等的掺伪检测。GC-MS 的分析对象为低极性及非极性易挥发物质，因此当以香气成分作为特征成分进行酒类掺伪检测时，常采用 GC-MS 技术。全二维气相色谱-飞行时间质谱（GC×GC-TOF-MS）技术提供了更高的分辨率，对于白酒、啤酒等风味鉴定和鉴别更加精准。随着 HPLC-MS/MS 定性定量能力的不断提高，其在饮料掺伪检测中也得到了广泛应用，高通量的检测能力使得掺伪物检测简便、快速、灵敏。此外，稳定同位素技术依据生物体内的碳、氢、氧、氮等同位素比例稳定的特点在酒和饮料掺伪中得到应用。例如，苹果具有典型 C_3 植物的碳同位素分布特征，当苹果醋中掺入玉米原料生产的冰醋酸后乙酸碳 13 的同位素比值（δ13CV-PDB）与冰醋酸掺入量呈线性正相关，由此证明该技术可用于苹果醋的真假鉴别（钟其顶等，2016）。并可由此检测饮料中的掺水、掺糖、掺酸、掺胶体等导致的同位素比值改变。

三、生物技术

目前，应用较为广泛的分子生物学技术主要包括常规 PCR 技术、DNA 条形码技术、环介导等温扩增技术和实时定量荧光 PCR 技术等。常规 PCR 技术灵敏度高、特异性好，DNA 条形码技术灵敏度高、重复性好，成本低、快速可靠，被广泛用于蛋白饮料的定性检测；然而，饮料中可提取的 DNA 较少，可能影响检测效果（Zhang et al.，2020）。数字 PCR 技术和微流控技术是近年来应用于食品安全检测领域的新技术，可以弥补或解决以上技术问题。

四、人工神经网络技术

最初建立的感官识别外观法、理化检测成分法（如有机酸分析、糖类分析、氨基酸分析、同位素比率分析）等单一性状分析检测方法，目前已发展到为了检测复杂的添加物而建立起来的多性状测定结合多元统计分析的检测方法，如主成分分析法、聚类分析法、判别分析法等。该组合方法具有良好的食品质量和安全认证能力，可用于食品化学成分、新鲜度、微生物和掺伪鉴别等（Liang et al.，2022）。

第六节　粮油掺伪检测技术

一、食用油掺伪检测

中国是食用油生产大国也是消费大国，从全球食用油消费结构看，2020 年我国食用油消费量达 4109 万吨，占全球总消费量的 20%，位列世界第一。近年来国内食用油价格始终呈现较快上涨趋势，受利益驱动，市场上常出现不法商贩生产、贩卖掺伪食用油的乱象。市面上常见的食用油掺伪方式主要有三类：以价廉量大的食用油如棕榈油、菜油等掺兑入优质高价油品中；以不可食用的、有毒的非食用油如矿物油、桐油、粗制棉籽油等掺兑入食用油中；以回收的餐饮业废油经过加工处理后掺兑入新鲜油中。

针对市场上层出不穷的掺伪油品，目前现有的食用油掺伪鉴别方法可以分为 4 类。第一类是针对常规理化指标的检测方式，包括酸价、皂化值和折光系数等，但这些指标通常是食用油在出厂前必须满足的基本检测指标，对掺伪油的鉴别能力不强。第二类是基于光电磁及感官信号的光谱或传感器研究方法，如紫外线、红外线、拉曼光谱、荧光光谱和电子鼻等。第三类是基于代谢组学的全谱分析方法，该类方法通常针对食用油中的共有组分，如脂肪酸、甘油三酯、植物甾醇和挥发物等，利用气相色谱质谱、液相色谱质谱等大型仪器构建共有组分指纹图谱，并利用化学计量学方法建立纯油和掺伪食用油的分类模型，实现食用植物油掺伪鉴别。第四类是基于掺伪标志物的检测方法，主要包括 DNA 特征序列、特征次生代谢物及特定加工方式中引入的外源标志物。目前常用的食用油掺伪检测包括以下方法。

（一）基于近红外光谱法检测掺伪食用油

近红外光谱技术是通过检测含氢基团的振动组合频与倍频的吸收来实现对目标物的鉴定，是一种快速、绿色、高灵敏度的食品无损检测方法，已经被广泛地应用于掺伪食用油的检测中。目前已有研究者依托特殊探测器搭建了一种可见/近红外光谱仪器硬件平台，并设计了一套简洁的人机交互框架，验证表明，该系统不仅对已知掺伪类别的识别率较高，还可以定性判别出新的掺伪类别（唐云峰等，2020）。

（二）基于脂肪酸指纹图谱、甘油三酯指纹图谱法检测掺伪食用油

食用植物油的主要成分是甘油三酯，而脂肪酸是甘油三酯水解后的主要产物，其种类及在甘油骨架上的位置决定了植物油脂的营养价值。通常采用气相色谱法分析脂肪酸组分，构建脂肪酸指纹图谱，用于辨别植物油是否掺伪（翁嘉等，2021）。

二、粮食掺伪检测

粮食泛指各种供人食用的谷类、豆类、薯类的原粮或成品粮。联合国粮食及农业组织对粮食的定义即谷物，包括麦类、豆类、粗粮和稻谷等。目前，市场上主要有三种常见粮食掺伪形式：用不新鲜的陈粮或陈化粮加工处理后冒充新粮；用其他粮食原料甚至工业原料（如滑石粉、石膏粉、硼砂等）混入指定材料生产；用成本较低的次品粮加工修饰后以次充好，冒充精品粮。常用感官判别法及理化检验法检测诸多类型的掺伪粮，感官判别法要求判断人具有极丰富的经验，但该方法易受主观因素影响且缺乏严格的量化标准，因此无法准确定性定量。而目前的快速检测技术在粮食鉴伪方面应用最多的是以近红外光谱法、高光谱法等为代表的光谱技术。

（一）传统光谱技术在粮食鉴伪方面的应用

近红外光谱、高光谱、拉曼光谱等传统光谱技术在粮食鉴伪方面的应用已较成熟。近红外光谱技术结合化学计量学方法可建立大米中掺入低档米和掺入矿物油的两种情况的定量分析模型，这两种模型都具有较高的预测稳定性和精度。

（二）基于太赫兹波辐射检测掺伪面粉

太赫兹波辐射一般是指频率在 0.1～10.0THz 的电磁辐射，该光谱波位于微波与红外线之间，因而具有电子学和光子学双重性质。太赫兹波光谱与其他光谱相比具有一些独特的性质，如特征性、相干性、穿透性及安全性等，因此，将太赫兹波辐射技术用于食品掺伪检测成为可能。近年来，半导体及超快激光技术的快速发展解决了太赫兹波辐射源与探测器问题，推

动了太赫兹波辐射技术的应用研究，使其在公共安全、无线通信、医学诊断、食品安全等领域皆有广阔的应用前景（张仲雄等，2021）。

（三）基于X射线衍射及扫描电子显微镜联用技术鉴别淀粉掺伪

X射线衍射（X-ray diffraction，XRD）与扫描电子显微镜（scanning electron microscope，SEM）常用于材料科学分析中。X射线本质上是一种电磁波，其波长与大多数分子或者晶胞大小差不多，因此，能在分子或晶体的微观结构中发生衍射，同时也会被分子或者晶胞吸收一部分。因此，可类似于穿透式电子显微镜，通过接收经过分子之后的X射线而得到清晰的图谱，并且结合扫描电子显微镜，可在几乎不损伤、不污染原始样品的情况下，获得其形貌、结构、成分和结晶学信息。由于该联用技术同样可以分析粮食样本中的结晶体并进行微观形貌观察，因此该技术也可以用来鉴别粮食制品（如淀粉等）的掺伪（图11-3）。

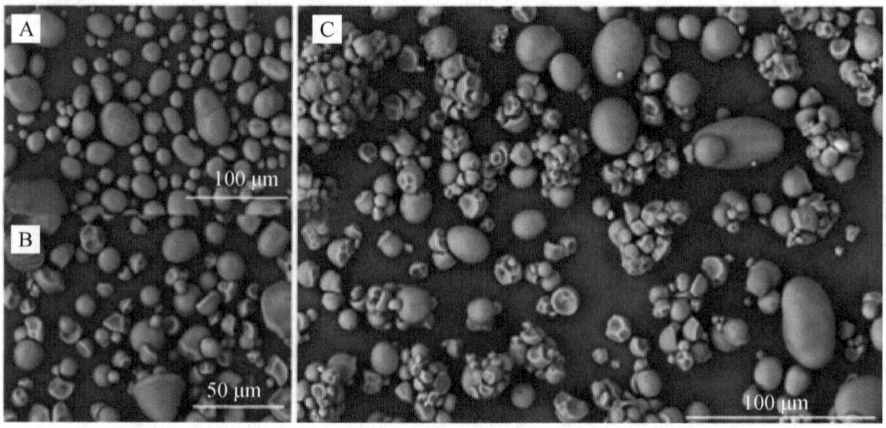

图11-3　马铃薯淀粉样品中掺入红薯粉的扫描电子显微镜成像图（王书雅等，2018）
A. 纯马铃薯淀粉；B. 纯红薯淀粉；C. 二者混合淀粉

第七节　调味品掺伪检测技术

一、酱油掺伪鉴别

常见的酱油掺伪包括掺入水、盐水及酱色（焦糖色素），也有用盐水、酱色、柠檬酸和味精等直接伪造。加水后还可能加入食盐增加密度，加味精增味，加酱色增色。

（一）掺水检验

1. 密度测定　根据《食品安全国家标准 酱油》（GB 2717—2018），酱油密度在1.14～1.20kg/m³，不应低于1.10kg/m³。若密度低于1.10kg/m³（或含水量高于65%以上），颜色浅，不浓稠，鲜味及香气很淡或没有酱油固有气味，即可判断掺水或属于次品。

2. 氨基酸态氮的测定　三级酱油的氨基酸态氮含量应不少于0.40g/100mL，特级酱油的含量不少于0.80g/100mL。可根据氨基酸的两性特征，利用甲醛固定氨基的碱性，用氢氧化钠滴定其羧基。根据碱液消耗量可计算氨基酸态氮的含量。

（二）酱色的检验

人工酱色一般是焦糖色素，它是以铵或铵盐为催化剂，用焦糖制作而成的。这种酱色本身没有营养价值，却含有4-甲基咪唑等有害物质，酱色检测可以利用蒽酮比色法测定。

（三）酱油中尿素的检验

酱油中不应含有尿素，但有些不法商家为了掩盖劣质酱油蛋白质含量低的缺点，同时增加无盐固形物的含量，掺杂尿素冒充优质酱油。可通过对尿素进行定性和定量检测确定。

（四）酿造酱油与配制酱油的鉴别检验

碳水化合物中的植物蛋白在酸解过程中产生乙酰丙酸，为此乙酰丙酸是配制酱油特有的成分，也是鉴别配制酱油与酿造酱油的特征。可通过对乙酰丙酸的定量对酿造酱油和配制酱油进行区分。

二、食醋掺伪鉴别

（一）感官检测

优质的食醋色泽应呈琥珀色、棕红色或白色（种类不同所致）；状态为液态澄清，无悬浮物和沉淀物，无霉花浮膜，无醋鳗、醋虱、醋蝇；有食醋固有的气味和醋酸气味，无异味；滋味为柔和酸味，稍有甜口，无不良异味。

（二）游离矿酸（硫酸、硝酸、盐酸、硼酸）的检验

乙酸是弱酸，其pH不能达到使某些指示剂变色的程度，而有矿酸存在时，氢离子浓度增大，可改变指示剂的颜色。可通过硫酸试验、盐酸试验、硝酸试验等进行检测。

三、味精掺伪鉴别

味精中主要的掺伪物有食盐、淀粉、小苏打、石膏、硫酸镁等。

（一）感官检验

味精是白色结晶，无杂物、无异味，水溶液有强烈鲜味。如果有其他结晶形态颗粒或水溶液有咸味、甜味、苦涩味等，可视为掺伪。

（二）pH测定法

正常味精1%的水溶液pH约为7，pH小于6时可考虑是掺入了强酸弱碱盐类，如石膏等；pH大于8时可考虑是掺入了强碱弱酸盐类，如碳酸钠等；当pH为7而谷氨酸钠含量不足时，可考虑是掺有中性盐或其他物质。

（三）味精中掺杂的检验

可通过高效液相色谱法或对某些特定的掺伪物质进行定量测定判别真伪。

参考文献

阿力木·吾布力. 2017. 新疆特种乳乳间掺伪检测技术的研究. 乌鲁木齐：新疆大学硕士学位论文.

陈念念，方真，陈佳娴，等. 2018. 基于质谱技术的蛋白质组学在水产品鉴伪中的研究进展. 食品安全质量检测学报，9（21）：8.

邓素梅，刘厦，康凯，等. 2022. 表面增强拉曼光谱技术在食品检测中的应用研究进展. 分析试验室，41（2）：232-239.

孙宗保，王天真，李君奎，等. 2020. 高光谱成像的牛肉丸掺假检测. 光谱学与光谱分析，40（7）：2208-2214.

唐云峰，柴琴琴，林双杰，等. 2020. 可见/近红外光谱的葡萄籽油掺伪检测系统. 光谱学与光谱分析，40（1）：202-208.

汪东风. 2018. 食品质量与安全检测技术. 北京：中国轻工业出版社.

王济世，刘晓夏，王彦云，等. 2021. 代谢组学技术在肉品鉴别中的应用进展. 农产品质量与安全，2：53-60.

王书雅，翟晨，时超，等. 2018. 基于X射线衍射及扫描电子显微镜的马铃薯淀粉掺伪鉴别. 食品安全质量检测学报，9（10）：2311-2315.

翁嘉，黄秀丽，朱文娟，等. 2021. 甘油三酯指纹图谱在食用植物油掺伪鉴别中的应用. 农学学报，11（10）：95-101.

曾俊敏，叶咏薇. 2021.气相色谱在食品检测方面的应用及进展. 现代食品，8：64-65.

张仲雄，张东莉，田世杰，等. 2021. 太赫兹波谱技术在食品掺假检测中的研究进展. 光谱学与光谱分析，41（5）：1379-1386.

钟其顶，王道兵，李国辉. 2016. 稳定碳同位素技术在苹果醋饮料掺假鉴别中的应用初探. 饮料工业，19（4）：14-17.

朱蓓薇，薛长湖. 2016. 海洋水产品加工与食品安全. 北京：科学出版社.

Afzaal M, Saeed F, Hussain M, et al. 2022. Proteomics as a promising biomarker in food authentication, quality and safety: A review. Food Science & Nutrition, 10(7): 2333-2346.

Creydt M, Fischer M. 2022. Food authentication: Truffle species classification by non-targeted lipidomics analyses using mass spectrometry assisted by ion mobility separation. Molecular Omics, 18(7): 616-626.

Di Domenico M, Di Giuseppe M, Rodríguez J W, et al. 2017. Validation of a fast real-time PCR method to detect fraud and mislabeling in milk and dairy products. Journal of Dairy Science, 100(1): 106-112.

Ding Y, Jiang G, Huang L, et al. 2020. DNA barcoding coupled with high-resolution melting analysis for nut species and walnut milk beverage authentication. Journal of the Science of Food and Agriculture, 100(6): 2372-2379.

He Y, Bai X, Xiao Q, et al. 2021. Detection of adulteration in food based on nondestructive analysis techniques: A review. Critical Reviews in Food Science and Nutrition, 61(14): 2351-2371.

Hong E, Lee S Y, Jeong J Y, et al. 2017. Modern analytical methods for the detection of food fraud and adulteration by food category. Journal of the Science of Food and Agriculture, 97(12): 3877-3896.

Hussain A, Sun D W, Pu H. 2019. SERS detection of urea and ammonium sulfate adulterants in milk with coffee ring effect. Food Additives & Contaminants: Part A, 36(6): 851-862.

Liang N, Sun S, Zhang C, et al. 2022. Advances in infrared spectroscopy combined with artificial neural network for the authentication and traceability of food. Critical Reviews in Food Science and Nutrition, 62(11): 2963-2984.

Nehal N, Choudhary B, Nagpure A, et al. 2021. DNA barcoding: A modern age tool for detection of adulteration in food. Critical Reviews in Biotechnology, 41(5): 767-791.

Ntakatsane M P, Liu X M, Zhou P. 2013. Rapid detection of milk fat adulteration with vegetable oil by fluorescence spectroscopy. Journal of Dairy Science, 96(4): 2130-2136.

Ortea I, O'Connor G, Maquet A. 2016. Review on proteomics for food authentication. Journal of Proteomics, 147: 212-225.

Reddy D M, Venkatesh K, Reddy C V S. 2017. Adulteration of milk and its detection: A review. International Journal of Chemical Studies, 5(4): 613-617.

Yang J, Zheng N, Yang Y, et al. 2018. Detection of plant protein adulterated in fluid milk using two-dimensional gel electrophoresis combined with mass spectrometry. Journal of Food Science and Technology, 55(7): 2721-2728.

思 考 题

1. 目前我国市场上主要存在的肉制品掺伪行为有哪些？又有哪些常用于畜禽肉鉴伪的方法？
2. 乳品中最常见的掺伪物质是什么？有何依据？
3. 水产品掺伪检测中常用的技术手段有哪些？各有何优缺点？
4. 饮料掺伪溯源检测中使用的同位素质谱技术的原理是什么？
5. 什么是配制酒？配制酒的常见掺伪手段有哪些？
6. 如何鉴别酿造酱油与配制酱油？

第十二章　食品毒理学与安全性评价

本章思维导图

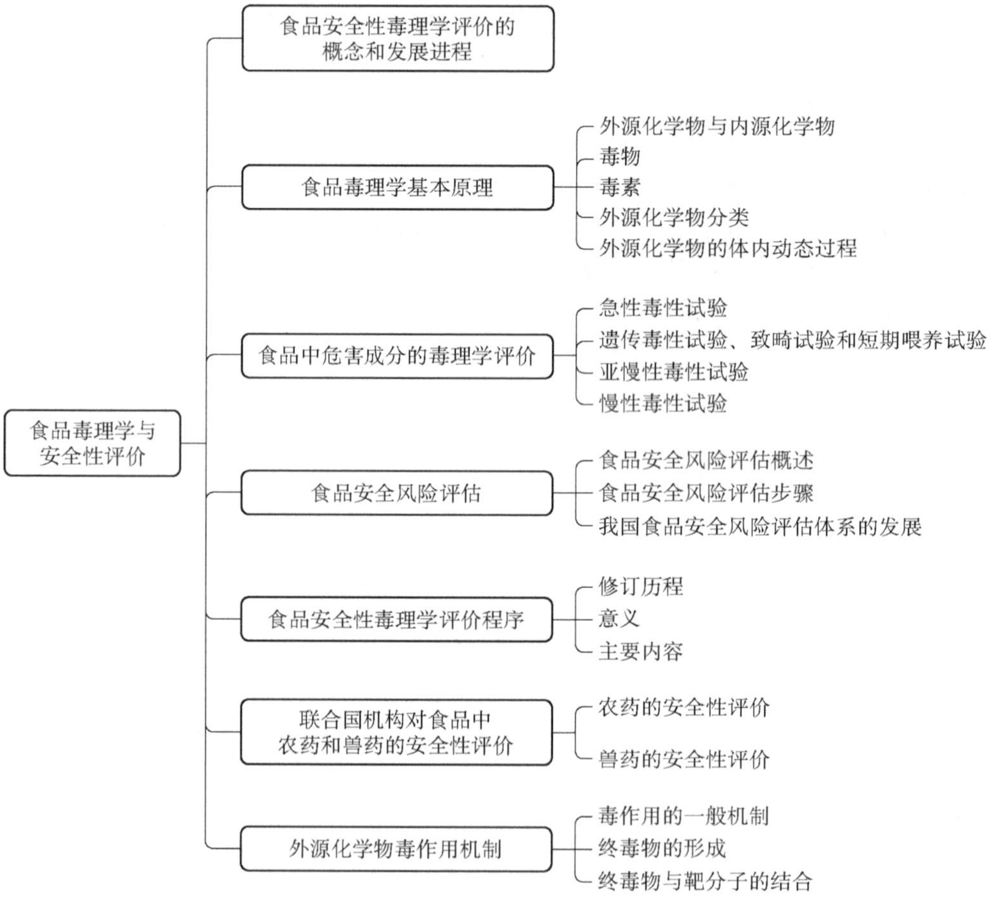

第一节　食品安全性毒理学评价的概念和发展进程

一、食品安全性毒理学评价概况与发展历程

食品安全性毒理学评价（toxicological evaluation for food safety）是指通过体外试验、动物试验和人群观察，探究并阐明食品或与食品有关的产品中被评价的物质（包括食品固有成分、外来添加物质和污染物质等）的毒性和潜在的危害，对其安全使用的条件进行分析评价并决定其是否能够进入市场，从而最大限度地减小其对人身体健康和环境等的危害。

人类最早对于食品毒理学的认识，主要是某些动物体内和植物本身存在的天然毒素及一些有毒的矿物质，如蛇毒、河鲀毒素、蘑菇毒素、汞和铅等。

随着历史的发展，不同地区的民族以长期的生活经验为基础，在不同程度上形成了一些有关饮食卫生和安全的指南。孔子曾经对他的学生讲授过著名的“五不食”原则，即“鱼馁而肉败，不食。色恶，不食。臭恶，不食。失饪，不食。不时，不食”，这些原则一定程度上体现了古人对日常饮食中不安全因素的评价和处理的方法。

20 世纪 50 年代以来，随着社会生产的快速发展，大量化学物质不可避免地进入人类的生活环境，这些外源化学物对生物界，尤其对人类产生了巨大的负面效应，引发了震惊世界的“反应停”事件、“水俣病”事件及多种化学物的致癌作用等。毒理学的相关研究人员对此做了很多研究，加之科学技术的不断发展，毒理学不断进步，伴随着生物学、化学与物理学的交叉与融合而广泛展开，以至于目前从不同领域、不同角度和不同深度形成了众多交叉的毒理学分支学科。食品毒理学便是现代毒理学的一门重要的分支学科。

二、我国食品毒理学与安全性评价

早在 20 世纪 60 年代，我国食品毒理学相关工作者就开始从事农药残留量标准及水果保鲜的工作研究；20 世纪七八十年代，举办食品毒理学培训班，培养了大批食品毒理学专业人才。改革开放后，我国率先在预防医学专业开设了“食品毒理学”基础课程。20 世纪 80 年代以来，全国各地派出了大批食品毒理学科的学者赴美国、欧洲、日本等地进修学习，极大地推动了我国食品毒理学事业的发展，并与国际水平接轨。与此同时，诸多相关高等院校都将“食品毒理学”设置为食品科学与工程专业和食品质量与安全专业的学位课程。这些举措都在不同层面上传播了食品毒理学相关知识，极大地促进了我国食品毒理学科的发展和壮大。

2009 年，我国颁布了《中华人民共和国食品安全法》，它具有鲜明的时代特点，明确了以食品安全风险监测和评估为基础的科学管理制度，确定将食品安全风险评估结果作为制定、修订食品安全标准和对食品安全实施监督管理的科学依据。2011 年，我国正式成立国家食品安全风险评估中心。风险评估的技术方法和体系已经在农产品、水产品等领域进行了广泛的应用并取得一定成效。《食品安全国家标准 食品中农药最大残留限量》(GB 2763—2021)、《食品安全国家标准 食品中污染物限量》(GB 2762—2022) 均与国际食品法典委员会颁布的标准的风险评估数据相关联。风险评估是 WTO 和 CAC 强调用于制订食品安全控制措施的必要技术手段，目前国际上对食品的安全性评价均采用风险评估原则。食品毒理学检验是风险评估的第一步，是对食品安全实施风险评估和安全性评价的基础。

当前，食品毒理学的发展与生命科学学科的发展紧密相连，食品毒理学的研究内容也逐步拓宽和加深，促进了食品毒理学由宏观向微观、由整体向细胞乃至分子水平的发展转变，迎来了我国食品毒理学迅猛发展的新时期。然而随着我国经济特别是食品工业的迅猛发展，食品新原料、新的食品污染物大量涌现，出现了氯丙醇、丙烯酰胺、环境持久性有机污染物（如二噁英等）、兽药（包括激素）残留、霉菌毒素污染等新的毒理学问题。

虽然我国食品毒理学自改革开放以来已有长期稳定的发展，但是近年来新涌现出来的生物技术在食品毒理学研究中的普及率并不高。目前使用的《食品安全国家标准 食品安全性毒理学评价程序》中，依然沿用了多年来传统的毒理学研究方法，新技术在我国大多数食品毒理检测机构中并未广泛实施。目前我国食品安全性毒理学评级与国际水平相比仍然存在一定的差距。

第二节 食品毒理学基本原理

一、外源化学物与内源化学物

外源化学物（xenobiotics）又称为外源生物活性物质，是指存在于人类生活的外界环境中，可能与机体接触并进入机体，在体内呈现一定生物学作用的化学物质。内源化学物是机体内原已存在的，或者代谢过程中形成的产物或者中间产物。

二、毒物

在一定条件下，一定量的外源化学物经过一定的途径进入机体以后，在组织器官内发生化学或物理化学作用，引起机体机能性或器质性的损伤；积累到一定量时能够干扰或破坏机体正常功能，甚至造成永久性病理改变或者死亡，此种物质便称为毒物。毒物与非毒物之间不存在绝对界限，在特定条件下，几乎所有外源化学物都存在毒性。例如，摄入200～250g食盐会引发电解质紊乱而死亡。

毒性物质可根据来源分为天然、合成和半合成，根据毒性强弱可分为剧毒、高毒、中毒、低毒和微毒等。

三、毒素

毒素是毒物的一种，特指由活的生物有机体产生的一类特殊的毒物。由植物产生的能够引起人及动物中毒的物质称为植物毒素。由动物产生的能够引起人及动物中毒的物质称为动物毒素（一般由低等动物产生，如蛇、蝎、蜂、蟾蜍等）。在动物毒素中，凡通过叮咬或刺螫释放的毒素叫作毒液。由霉菌产生的能够引起人及动物中毒的物质称为霉菌毒素。由细菌产生的能够引起人及动物中毒的物质称为细菌毒素。细菌毒素又分为两类：存在于细菌细胞内的毒素称为内毒素，由细菌细胞合成后排出菌体外的毒素称为外毒素。毒物进入机体后，引起相应的病理过程叫作中毒。

四、外源化学物分类

食品中外源化学物根据其来源分为四大类：天然物、衍生物、污染物和添加剂。天然物一般是指天然存在的植物性有害物质和动物性有害物质；衍生物是食品在制造、加工或贮藏过程中化学反应或酶反应形成的有毒物质，可由食品的任何内在成分与外源成分相互作用形成，或这些物质与外界物质相互作用形成；污染物包括生物污染物和化学污染物；添加剂都是外源化学物，需要对它们进行安全性毒理学评价。

五、外源化学物的体内动态过程

外源化学物和机体之间的相互作用从机体接触外源化学物开始，经过吸收、分布、生物转化（代谢）、排泄过程。通过生物膜构成的屏障进行外源化学物的吸收、分布和排泄，生物膜一般是指细胞膜和细胞器膜。生物膜包括脂质、蛋白质等，也含有少量的糖类化合物。化学物通过生物膜的转运方式主要有被动转运（单纯扩散、易化扩散和滤过）、主动转运和膜动转运。外源化学物主要通过单纯扩散的方式经生物膜转运。影响单纯扩散的主要因素有化学物的浓度梯度、解离度，生物膜的厚度和面积等。一般情况下，脂/水分配系数大的化学物和非解离的化学物容易以单纯扩散的方式通过生物膜。

外源化学物从接触部位通过生物膜屏障进入血液循环的过程称为吸收，主要吸收部位是消化道、呼吸道和皮肤，吸收部位的组织可能对外源化学物有不同的屏障作用，也可能是外源化学物直接作用的靶。

外源化学物在机体内经酶催化发生的化学结构变化称为生物转化，也狭义地称为外源化学物代谢，生物转化的产物称为代谢产物。主要担负生物转化的器官是肝，外源化学物代谢酶担负催化外源化学物生物转化的任务，这些酶位于细胞器，如内质网膜上（微粒体）或胞液中。这些酶能够参与正常机体的物质合成和代谢过程，随着生物的进化而逐渐分化，发挥催化外源化学物代谢的重要作用，其中多态性是其较为突出的特点。

第三节　食品中危害成分的毒理学评价

一、急性毒性试验

急性毒性试验是指一次给予受试物或在 24h 内多次给予受试物，观察引起动物毒性反应的试验方法。LD_{50} 即半数致死量或致死中量，指受试动物经口服一次或在 24h 内多次染毒后，能使受试动物有半数（50%）死亡的剂量。LD_{50} 是衡量化学物质急性毒性大小的基本数据，但不能反映受试物对人类长期和慢性的危害，特别是对急性毒性小的致癌物质无法进行评价。

二、遗传毒性试验、致畸试验和短期喂养试验

遗传毒性试验的目的是对受试物遗传毒性及是否具有潜在致癌作用进行筛选；致畸试验的目的是了解受试物对胎仔是否具有致畸作用；短期喂养试验的目的是在急性毒性试验的基础上，通过短期喂养进一步了解其毒作用，并可初步估计最大无效剂量。

三、亚慢性毒性试验

亚慢性毒性试验是指试验动物连续多日接触较大剂量的外源化合物所出现的中毒效应，所谓较大剂量，是指小于急性毒性试验 LD_{50} 的剂量。亚慢性毒性试验的目的主要是探讨亚慢性毒性的阈剂量或阈浓度，确定在亚慢性毒性试验期间未观察到毒效应的剂量水平，且为慢性毒性试验寻找接触剂量及观察指标。

四、慢性毒性试验

慢性毒性试验是指试验动物长期接触低剂量外源化合物，观察其对试验动物所产生的毒性效应。慢性毒性试验的目的是确定外源化合物的毒性下限，即长期接触该化合物可以引起机体危害的阈剂量和无作用剂量。为进行该化合物的危险性评价与制定人接触该化合物的安全限量标准提供毒理学依据，如最高容许浓度和每日容许摄入量等。

第四节 食品安全风险评估

一、食品安全风险评估概述

（一）概念

国际食品法典委员会把食品安全风险定义为“食品中的危害因子对人体健康或环境产生的不良效果的可能性和严重性”。风险评估是一个以科学为依据的过程，是风险分析框架的科学核心，其组成步骤为危害识别、危害特征描述、暴露评估及风险特征描述。

（二）主要研究对象

食品安全风险评估涉及的对象包括食品中天然存在的生物毒素、食品中无意进入的化学污染物、食品中有意加入的化学物（如食品添加剂、农药、兽药、饲料添加剂及其他农业化学物等）和食品制造加工过程中产生的衍生物等。

二、食品安全风险评估步骤

（一）危害识别

危害识别是确定一种因素能引起人体或（亚）人群发生不良作用的类型和属性的过程，是根据现有毒性和毒作用模式研究数据，在证据权重的基础上对不良健康效应进行评价。危害识别是基于多种来源的研究数据的综合分析，可用于危害识别的数据资料包括人群流行病学研究、动物实验研究、体外实验研究、结构-活性关系研究等。

（二）危害特征描述

危害特征描述是指对食品中生物性、化学性和物理性因素产生的健康损害效应的特性进行定性和（或）定量描述。其主要内容是研究剂量-反应关系，即食品中某种危害物质的剂量或暴露量与某种不良健康损害效应的发生率之间的关系，关键在于确定临界效应，即随着剂量或暴露量增加首先观察到的不良效应。危害特征描述主要解决两个问题：一是确定危害-效应关系是否存在；二是在确定这种关系存在的基础上，建立剂量-反应关系，即采用数学模型对人体摄入的有害物质剂量与人体发生不良反应的可能性之间的关系进行描述。

（三）暴露评估

暴露评估又称为摄入量评估，是实现风险量化的重要步骤，CAC 对暴露评估的定义是“对通过食品和其他相关的来源暴露的生物、化学和物理等危害因子可能的摄入量的定性和（或）定量评价”。暴露评估主要根据膳食调查和各种食品中化学物质暴露水平调查的数据进行。进行暴露评估需要有关食品的消费量和这些食品中相关化学物质浓度两方面的资料，并运用适合的数学模型（主要有点估计、简单分布及概率分析）对数据进行整合，计算待评估物质的膳食暴露估计值，并通过与健康指导值进行比较，量化暴露风险。

（四）风险特征描述

风险特征描述是在危害识别、危害特征描述和暴露评估的基础上，对特定人群发生已知的或潜在的不良健康效应的可能性和严重程度进行定性和（或）定量估计，包括对随之产生的不确定性的描述。风险特征描述作为风险评估过程的最后一个步骤，对前三个步骤的信息进行整合和综合分析，评估食品中危害物质导致目标人群健康损害的风险及相关影响因素，旨在为风险管理者、消费者及其他利益相关方提供基于科学的、尽可能全面的信息。

三、我国食品安全风险评估体系的发展

2009 年我国颁布的《中华人民共和国食品安全法》明确提出“食品安全风险评估结果是制定、修订食品安全标准和对食品安全实施监督管理的科学依据”。2009 年底，我国卫生部组建了第一届国家食品安全风险评估专家委员会。国家食品安全风险评估专家委员会设秘书处，秘书处挂靠在 2011 年 10 月正式成立的国家食品安全风险评估中心。2015 年修订的《中华人民共和国食品安全法》进一步扩大了食品安全风险评估的范围，并明确了需要开展食品安全风险评估的情形。2020 年 1 月，国家卫生健康委组建了第二届国家食品安全风险评估专家委员会，下设顾问委员会和 4 个专业委员会，即化学危害分委会、生物危害分委会、产品安全分委会和风险监测分委会，由来自全国大专院校、科研院所等技术机构的医学、农业、食品、营养、环境、生物等领域的专家组成，秘书处仍设在国家食品安全风险评估中心。

新时代下，食品安全风险评估体系将与时代脉搏共振，迎来新的发展。21 世纪毒理学和相关领域的快速发展，高通量检测技术、计算模型和方法等技术革新，为食品安全风险评估也带来了新的发展契机。

《中共中央、国务院关于深化改革加强食品安全工作的意见》的总体目标提出，要控制区域性、系统性重大食品安全风险，到 2035 年食品安全风险管控能力达到国际先进水平。为提高食品安全风险监管能力，今后还需加强协调配合、提高监管队伍专业化水平、加强技术支撑能力建设、推进“互联网+食品”监管、完善问题导向的抽检监测机制、强化突发事件应急处置，进一步完善食品风险监测体系。

第五节 食品安全性毒理学评价程序

一、《食品安全国家标准 食品安全性毒理学评价程序》的修订历程

食品安全性毒理学评价的方法步骤很多，不少国家或组织曾做出建议或规定。例如，美国食品药品监督管理局（1970 年）、世界卫生组织（1974 年）、日本食品卫生调查会（1974 年）和经济合作与发展组织等曾先后提出对食品安全性评价方法和标准方案的建议。

我国经有关机构和专家多次讨论，卫生部于 1982 年发布《食品安全性毒理学评价程序（试行）》。经过 10 年试行，1994 年《食品安全性毒理学评价程序和方法》作为国家标准正式发布实施，国标号为 GB 15193.1—1994。又经过近 10 年，对该系列标准进行了第一次修订并发布 GB 15193.1—2003 版，替代 GB15193.1—1994。2013～2015 年，根据《中华人民共和国食品安全法》及其实施条例和《食品安全国家标准“十二五”规划》的要求，结合这些标准在

我国应用的具体情况及国际同类研究的新进展，对有关标准进行了修订、废止和增加，发布了《食品安全国家标准 食品安全性毒理学评价程序》（GB 15193.1—2014），形成了由评价程序、实验室规范、健康指导值的制订、受试物的处理及具体试验方法等26项标准组成的新的标准体系，覆盖急性毒性、亚慢性毒性、慢性毒性、毒物动力学、遗传毒性、致畸、致癌及生殖发育毒性等体内和体外试验方法。

此外，自20世纪90年代开始，国内外保健食品迅猛发展，为了保障消费者的食用安全，卫生部针对保健食品的特点，制定了《保健食品检验与评价技术规范》（2003年版），2019年在2003年版基础上制定了《保健食品及其原料安全性毒理学评价指导原则》，替代2003版技术规范。

二、制定《食品安全国家标准 食品安全性毒理学评价程序》的意义

《食品安全国家标准 食品安全性毒理学评价程序》的实施为制定食品卫生标准及对新产品上市前安全性评价提供了科学依据，对贯彻执行《中华人民共和国食品卫生法》，保证食品工业和食品商业正常发展、保护人民健康及促进食品卫生科学的进展，均起到积极的推动作用。随着科学技术的发展，此程序将不断修改完善，为我国食品安全性毒理学评价工作提供一个统一的评价程序和各项具体的实验方法，为制定食品添加剂的使用限量标准和食品中污染物及其他有害物质的限量标准等提供毒理学依据。

三、《食品安全国家标准 食品安全性毒理学评价程序》主要内容

（一）新标准的适用范围

《食品安全国家标准 食品安全性毒理学评价程序》（GB 15193.1—2014）规定，该程序适用于评价食品生产、加工、保藏、运输和销售过程中所涉及的可能对健康造成危害的化学、生物和物理因素的安全性，检验对象包括食品及其原料、食品添加剂、新食品原料、辐照食品、食品相关产品（用于食品的包装材料、容器、洗涤剂、消毒剂和用于食品生产经营的工具、设备）及食品污染物。

（二）不同受试物选择毒性实验的原则

《食品安全国家标准 食品安全性毒理学评价程序》对不同检验对象规定了特定的评价程序，如对于食品及其原料、食品添加剂、辐照食品及食品污染物等检验对象，应按照《食品安全国家标准 食品安全性毒理学评价程序》进行评价，包括受试物的要求、试验内容、不同受试物选择毒性试验的原则、试验目的和结果判定、进行食品安全性评价时需要考虑的因素等内容；对于新食品原料，应按照《新食品原料申报与受理规定》（国卫食品发〔2013〕23号）进行评价；对于食品相关产品，应按照《食品相关产品新品种申报与受理规定》（卫监督发〔2011〕49号）进行评价；对于农药残留，应按照《农药登记毒理学试验方法》（GB/T 15670.24—2017）进行评价；对于兽药残留，应按照《兽药临床前毒理学评价试验指导原则》（中华人民共和国农业部公告第1247号）进行评价。

（三）毒理学评价实验

GB 15193.1—2003将所有试验划分为4个阶段，不同的受试物做不同阶段的试验。这种划分的优点是简单明了，可操作性强，缺点是不科学。因此，GB15193.1—2014 取消了4个

阶段的划分，按照个案分析的原则对不同受试物进行不同的试验，主要有以下几种试验。

（1）急性毒性试验。目的是了解受试物的急性毒性强度、性质和可能的靶器官，测定 LD_{50}，为进一步进行毒性试验的剂量和毒性观察指标提供依据，并根据 LD_{50} 进行毒性分级。该试验可提供在短期内经口接触受试物所产生的健康危害信息。

（2）遗传毒性试验。目的是了解受试物的遗传毒性及筛查受试物的潜在致癌作用和细胞致突变性。

（3）28d 经口毒性试验。目的是在急性毒性试验的基础上，进一步受试物的毒作用性质、剂量-反应关系和毒作用可能的靶器官，确定得到 28d 经口最小观察到有害作用剂量（LOAEL）和未观察到有害作用剂量（NOAEL），初步评价受试物经口的安全性，并为下一步较长期毒性试验和慢性毒性试验的试验剂量、观察指标、毒性终点的选择提供依据。

（4）90d 经口毒性试验。目的是确定在 90d 内重复接触观察受试物引起的毒性效应，了解受试物以不同剂量-反应关系、水平经较长期喂养后对实验动物的毒作用性质、剂量反应关系和靶器官和可逆性，得到 90d 经口未观察到有害作用剂量，为慢性毒性试验剂量选择和初步制定人群安全接触限量标准提供科学依据。

（5）致畸试验。目的是检测妊娠动物接触受试物后引起的胎仔畸形情况，了解受试物是否具有致畸作用和发育毒性，预测其对人体致畸的可能性并可得到致畸作用和发育毒性的未观察到有害作用剂量。

（6）生殖毒性试验和生殖发育毒性试验。目的是了解受试物对实验动物繁殖及对子代的发育毒性，如性腺功能、发情周期、交配行为、妊娠、分娩、哺乳和断乳，以及子代的生长发育等。得到受试物的未观察到有害作用剂量水平，为初步制定人群安全接触限量提供依据。

（7）毒物动力学试验。目的是了解受试物在体内的吸收、分布、生物转化和排泄过程的动态特征速度等相关信息，为选择慢性毒性试验的合适动物提供依据。该试验主要适用于化学物质（农药、食品添加剂、包装材料等）；了解代谢产物的形成情况。

（8）慢性毒性试验和致癌试验。目的是确定了解经长期经口重复给予接触受试物引起的慢性毒性效应后出现的毒作用及致癌作用；确定未观察到有害作用剂量，为预测人群接触该受试物能否应用于食品的慢性毒作用及确定最终评价和指定健康指导值提供依据。

第六节　联合国机构对食品中农药和兽药的安全性评价

一、农药的安全性评价

农药残留（pesticide residue）是指由于农药的应用而残存于生物体、农产品和环境中的农药亲体及其具有毒理学意义的杂质、代谢转化产物和反应物等所有衍生物的总称。这里所指的农药杂质包括无效异构体和农药合成过程中产生的有害产物，以及降解、代谢产物等。

《中华人民共和国农产品质量安全法》规定：含有国家禁止使用的农药、兽药或者其他化学物质残留等有毒有害物质不符合农产品质量安全标准物质的，不得进入市场销售。但仍然有些农药厂在行业利益驱动下生产高毒农药，加上部分农业生产者缺乏科学安全使用知识，因此农药残留引发的人畜中毒事件时有发生。

（一）农药残留的毒理学试验与评价

1. FAO/WHO对农药残留的毒理学评价 国际食品法典农药残留委员会（Codex Committee on Pesticide Resicues，CCPR）强调FAO/WHO农药残留联席会议（Joint FAO/WHO Meeting of Pesticide Residues，JMPR）在制定国际标准中的重要性及在解决贸易争端中的关键作用。JMPR应CCPR的要求对日容许摄入量（ADD）及最大残留限量（MRL）进行评价。联合国粮食及农业组织的专家组负责制定农药残留和分析方法，根据农药在动植物体内的代谢数据、环境影响、使用方式，以及良好农业规范（good agricultural practice，GAP）评估可能引起的最大残留水平。WHO核心评估小组负责评价毒理学和其他相关数据。FAO每年出版食品农药残留评价报告两份，包括残留报告和毒理报告各一份。

2. 我国对农药残留的毒理学评价 我国于1991年颁布了《农药安全性毒理学评价程序》，1995年正式颁布了《农药登记毒理学试验方法》（GB 15670—1995），2018年已废止。随着我国食品安全的不断发展，我国对于农药残留的安全也越来越重视，2021年颁布《食品安全国家标准 食品中农药最大残留限量》（GB 2763—2021），作为中华人民共和国国家标准实施。

（二）农药残留的风险评估

1. 急性参考剂量的概念与应用 食品中农药残留安全性评价使用多年的每日允许摄入量（ADI）针对的是农药潜在慢性毒性，但在实际工作中，食品农药残留超标引起消费者急性毒效应或中毒的情况时有发生。考虑到ADI的不足，1994年根据人通过食品急性接触有毒农药的情况，制定出另一种ADI，即急性参考剂量（acute reference dose，ARfD）。急性参考剂量是指就现有的认知水平，在24h或少于24h期间，人体摄入的食品或水中某种物质对消费者不产生可察觉的健康危险的量，单位为mg/kg BW。

2. 膳食中农药残留的风险评估 1990年，美国、英国等发达国家中食品农药残留安全性工作已从单纯检测发展到检测全份膳食农药残留的摄入量和风险评估，同时强调对儿童的保护。曾有研究检测了土耳其销售的青椒和黄瓜中170种农药残留的水平并对选定农药进行了消费者风险评估。

对膳食中某种农药残留进行风险评估，先要获得居民膳食中该农药残留的摄入量。把居民分成不同年龄、不同劳动强度及有特殊饮食习惯的亚群。然后根据监测的食品农药残留含量估算出各亚群居民长期和短期的全份膳食农药残留摄入（总）量。再将膳食农药残留摄入（总）量与该农药残留的ADI和ARfD进行比较。如果农药残留的长期摄入量和短期摄入量均低于ADI和ARfD，表明消费者摄入的农药残留量不会引起不良健康效应，该农药将获准注册。如果该农药在作物或畜禽体内降解或生成有毒代谢产物，还要对它进行单独评估。只要估算出的任何一类膳食农药残留摄入量超过ADI，该农药就不应获准注册使用。

二、兽药的安全性评价

CAC是由联合国粮食及农业组织和世界卫生组织共同建立的一个制定国际食品标准的政府间组织，其宗旨和主要职责是保障消费者的健康和确保食品贸易公平、制定食品领域的国际标准。CAC对动物源食品中兽药残留问题的关注较早。1993年，CAC发布《食品中兽药残留的定义及标准术语》，定义兽药残留为动物产品的任何可食部分所含兽药的母体化合物及（或）其代谢物，以及与兽药有关的杂质。

（一）兽药残留的毒理学试验与评价

目前我国对兽药的安全性评价一般采取毒理学评价方法，包括“三性”（急性、亚慢性、慢性毒性）试验和“三致”（致突变、致畸、致癌）试验，以预测新兽药的安全性。

兽药毒理学评价试验一般分为 5 个阶段，具体研究内容如下。第一阶段：急性毒性试验阶段（包括经口 LD_{50} 的测定、注射途径 LD_{50} 的测定、经皮 LD_{50} 的测定、皮肤刺激试验、肌肉刺激试验、睑结膜刺激试验、黏膜刺激试验和溶血性试验）。第二阶段：亚慢性毒性试验阶段（30d/90d 亚慢性毒性试验，所有原料药必做）。第三阶段：致突变试验阶段（原料药必做此阶段试验，各种制剂可不做此阶段试验）。第四阶段：生殖毒性试验阶段（原料药必做此阶段试验，各种制剂可不做此阶段试验）。第五阶段：慢性毒性试验（包括致癌试验）阶段（慢性毒性试验，作药物饲料添加剂使用的原料药必做；致癌试验，致突变试验有阳性结果、可疑有致癌作用的原料药必做）。

（二）兽药残留的风险评估

国际兽药残留的食品安全风险评估工作主要由 FAO/WHO 食品添加剂联合专家委员会（JECFA）负责开展。JECFA 最初评估食品添加剂的安全性，从 1987 年开始正式对动物源食品中兽药残留进行安全性评价。2019 年我国颁布《食品安全国家标准 食品中兽药最大残留限量》（GB 31650—2019），此标准于 2020 年 4 月开始替代农业部 2002 年第 235 号公告《动物性食品中兽药最高残留限量》相关部分。

JECFA 对兽药残留进行风险评估的主要内容包括：①基于可获得的毒理学数据和其他资料建立每日允许摄入量（ADI）；②根据良好兽药使用规范推荐动物组织、乳、蛋中的兽药最大残留限量（MRL）；③为食品中化学物的风险评估制定一般原则和方法。

第七节　外源化学物毒作用机制

一、毒作用的一般机制

毒作用是指化学物质进入机体经过生物转运和生物转化，物质本身或其代谢产物与生物大分子或者靶部位相互作用，产生不良或有害的生物学效应，并已超过机体本身的解毒、修复能力。化学物质对机体的损害作用主要取决于化学物质与机体的接触途径、与靶分子的相互作用和机体对损害作用的反应。一般外源化学物发挥毒作用要经历 4 个阶段（图 12-1），最后当毒物引起的损害作用超过机体的修复能力时机体表现出相应的毒性效应。

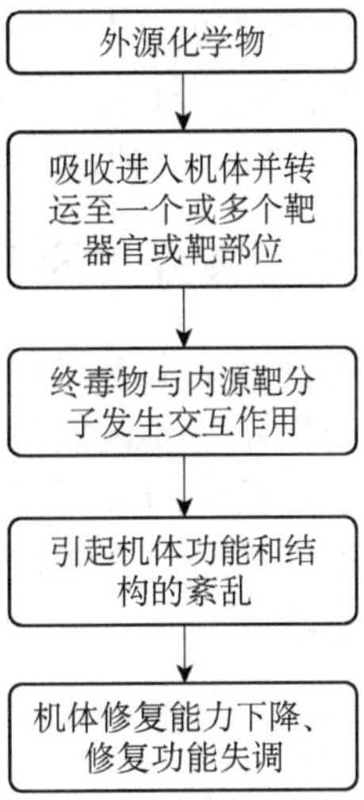

图 12-1　外源化学物毒作用过程

（一）化学物质对机体的直接损伤

某些外源化学物，如尼古丁、重金属离子、一氧化碳等能够直接发挥毒作用的物质称为直接毒物。直接毒物与机体接触或者进入机体后，与机体的重要部位直接接触，造成相应部位的细胞破坏而产生毒作用。

（二）化学物质对生物膜的损伤

生物膜能够分隔内外环境，实现内外环境物质的交换，生物膜能够进行很多生物化学反应，是生物体的重要保护系统。生物膜的重要功能使其可能成为化学毒性物质作用的靶部位，改变脂质的流动性或蛋白质的空间构象，从而影响生物膜的结构和功能。化学物质对生物膜的损伤主要包括对生物膜通透性、生物膜流动性及生物膜上蛋白质（受体）的改变。

（三）自由基对生物大分子的氧化损伤

某些化学物质，如多环芳烃，以及某些亲核化学物，如酚类等，在过氧化物酶或其他酶类作用下，可产生自由基。正常情况下生物体内自由基的产生与清除处于动态平衡，不会对机体造成损伤，但有时机体自由基产生过多或清除过慢，造成自由基积累，从而攻击生物大分子及各种细胞，造成机体在分子、细胞及组织器官水平的各种损伤，加快机体的衰老进程并诱发各种疾病。自由基对生物大分子的氧化损伤主要包括脂质过氧化、蛋白质氧化损害及DNA氧化损伤等。

（四）化学物质与生物大分子的结合

非共价结合与共价结合是化学物质与生物大分子（如核酸、蛋白质、酶等）相互作用的主要方式。化学物质或活性中间产物和体内的重要生物大分子共价结合后，可以改变生物大分子的化学结构，从而引起一系列病理生理改变。共价结合是重要的细胞损害机制之一，可永久地、不可逆地改变内源分子结构，从而改变这些生物大分子的化学结构和生理功能，引起病理学改变。

1. 与蛋白质共价结合 蛋白质是生物体重要的大分子化合物，是各种细胞结构中的主要成分，发挥着重要的生理功能。外源化学物进入机体后通过多种方式与蛋白质相互作用，从而影响蛋白质的结构和功能。蛋白质分子中的功能基团与外源化学毒物或其活性代谢物共价结合最终会抑制这些蛋白质的功能，出现组织细胞毒性与坏死，诱发各种免疫反应和肿瘤的形成。

2. 与DNA共价结合 DNA在细胞核内保持着一种稳态和非稳态之间的动态平衡，正常条件下非稳态是暂时的，DNA损伤修复很快，使机体保持正常运转。外源化学毒物进入机体后通常会扰乱机体正常细胞代谢，导致DNA结构发生变化，还可与DNA结合形成DNA加合物。DNA加合物是判断遗传毒性致癌物的标志之一。

二、终毒物的形成

终毒物是指外源化学物可直接与内源性靶分子反应并造成机体损害时的化学形态。间接毒物是指需要经过代谢活化才能发挥毒作用的物质，经活化可改变机体的生理、生化特性，从而改变机体的微环境结构，对机体造成不良影响。外源化学物在体内生物转化为终毒物的过程称为增毒。终毒物主要有以下几种类型：亲电子物质、自由基、亲核物质和活性氧化还原反应物。

（一）亲电子物质

亲电子物质是指带有正电荷而缺乏电子的分子，其可以与带负电子的亲核物质共享电子对而发生反应。亲电子物质的形成涉及许多外源化学物的增毒作用。

（二）自由基

在原子的外轨道上含有一个或多个不成对电子的分子或基团，可因接受或失去电子，或由性质相同的元素形成的共价键均裂而产生自由基。自由基将多余的电子转移给分子氧，形成超氧阴离子，其又可以和其他物质反应形成新的自由基，反复循环，在体内形成大量的超氧阴离子。

（三）亲核物质

亲核物质的形成在外源化学物的活化过程中相对较少。例如，苦杏仁苷在消化道内可以被细菌的β-糖苷酶分解出亲核物质氰化物；硝基氢氰酸盐被分解也可形成亲核物质。

（四）活性氧化还原反应物

活性氧化还原反应物的生成有特殊的机制。例如，能产生高铁血红蛋白的亚硝酸盐，既可以由亚硝酸酯与谷胱甘肽反应产生，也可在小肠由硝酸盐经肠道细菌还原生成。

三、终毒物与靶分子的结合

毒性是由终毒物与靶分子反应所介导的一系列继发的生化过程，最终导致不同的生物学组织结构（如靶分子、细胞器、细胞、组织和器官，甚至整个机体）的功能失常和结构损伤。触发毒性效应需要考虑靶分子的属性、终毒物与靶分子之间反应的类型、毒物对靶分子的效应及一些由生物学微环境改变所引起的，而不是直接由终毒物与靶分子反应所启动的毒性。

所有的内源性分子都是外源化学毒物潜在的靶标，然而最常见的靶标是生物大分子，如核酸和蛋白质，在小分子中，膜脂质最为常见。内源性分子作为靶分子，必须具有合适的反应型和空间构型，从而允许终毒物发生共价或非共价结合，且靶分子必须接触足够高浓度的终毒物，才能与终毒物发生反应。因此，处于反应活性化学物邻近或者接近它们形成部位的内源性分子常是靶分子。

终毒物与靶分子的结合方式包括共价结合、非共价结合、酶促反应、电子转移和去氢反应。

参考文献

车会莲. 2021. 食品毒理学. 北京：中国农业大学出版社.

黄昆仑. 2020. 生物技术食品安全风险评估实践. 北京：科学出版社.

贾旭东. 2016. 《食品安全国家标准 食物安全毒理学评价程序和方法》实施指南. 北京：中国质检出版社.

单毓娟. 2019. 食品毒理学. 2 版. 北京：科学出版社.

杨杏芬，吴永宁，贾旭东，等. 2017. 食品安全风险评估——毒理学原理、方法与应用. 北京：化学工业出版社.

Dorne J L, Doerge D R, Vandenbroeck M, et al. 2013. Recent advances in the risk assessment of melamine and cyanuric acid in animal feed. Toxicology and Applied Pharmacology, 270(3): 218-229.

Garima S, Eun-Joo S, Naveen S, et al. 2021. Glutathione peroxidase-1 and neuromodulation: Novel potentials of an old enzyme. Food and Chemical Toxicology, 148: 111945.

Hau A K C, Kwan T H, Li P K. 2009. Melamine toxicity and the kidney. Journal of the American Society of Nephrology, 20(2): 245-250.

Minashree K, Arun K. 2020. Identification of component-based approach for prediction of joint chemical mixture toxicity risk assessment with respect to human health: A critical review. Food and Chemical Toxicology, 143: 111458.

Ozgur G, Fatma H, Bulent K. 2018. Health risk assessment of selected pesticide residues in green pepper and cucumber. Food and Chemical Toxicology, 121: 51-64.

Patrick I, Virginia W, Marco H, et al. 2004. Environmental mercury exposure in children: South China's experience. Pediatrics International, 46(6): 715-721.

Pilinskaya M A, Stepanova L S. 1984. Effect of the biotransformation of the insecticide carbofuran on its cytogenetic activity *in vivo* and *in vitro*. Tsitologiya Genetika, 18(1): 17-20.

思 考 题

1. 简述食品毒理学的作用和地位。
2. 什么是毒物、毒性、毒作用？
3. 急性毒性试验、亚慢性毒性试验与慢性毒性试验之间有何关系？
4. 什么是风险评估？风险评估由哪几部分组成？
5. 食品安全性毒理学评价程序中对受试物有什么要求？
6. 简述外源化学物毒作用的可能机制和步骤。

第四篇

食品安全管理与控制

第十三章　食品生产安全链过程控制

本章思维导图

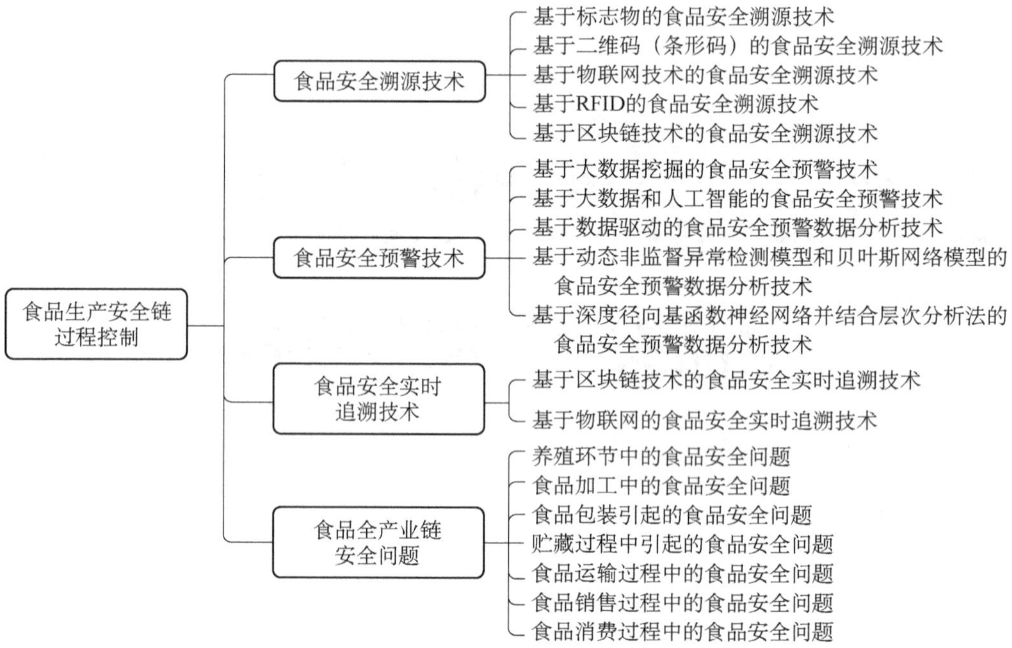

第一节　食品安全溯源技术

食品安全溯源是指食品从种植（养殖）到生产、加工及销售的整个链条中，每一个环节都能够追踪、记录并验证食品的质量安全及相关信息，确保食品来源的透明性和可追溯性，从而使得食品生产经营的整个环节都处在有效监控中。食品安全溯源通过对食品的特异性标记，达到环节可视、产地溯源和真假鉴定的作用，使得消费者能够清晰地了解产品的相关信息，让消费者能买到安全、优质的产品。一旦出现食品安全问题，通过这一系统可以迅速、准确、高效地查找食品的流通信息，进而明确事故方的法律责任（图 13-1）。这不仅保障了消费者的健康权益，也促进了食品产业的可持续发展。食品安全溯源对提高食品行业的自我约束和增强消费者对食品安全的信任具有重要意义。

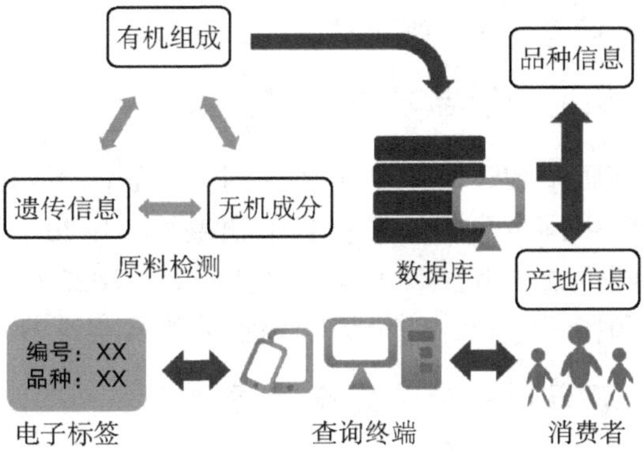

图 13-1　食品安全溯源示意图

一、基于标志物的食品安全溯源技术

食品产地溯源是食品安全追溯的重要组成部分。食品中化学成分的含量和种类与食品原料的品种和生产环境密切相关，因此可以通过对食品中化学成分的分析，对食品产地进行溯源。目前，主要通过色谱-质谱联用、光谱和分子生物学等技术，分析食品中有机组成、无机成分和遗传信息，结合化学计量学分析，区分食品来源。

（一）基于 DNA 识别的食品安全溯源技术

DNA 识别技术能够构建出反映个体 DNA 序列特性的指纹，从而实现对不同个体的精准识别。这一技术具有广泛的应用范围，可涵盖动物、植物乃至微生物源性产品的真伪与掺伪鉴定，以及名特优产品产地的溯源分析。Dimauro 等（2013）采用单核苷酸多态性（SNP）芯片对意大利荷斯坦牛、布朗牛和西门塔尔牛进行了深入的基因分型与鉴定研究。他们成功筛选出 340 个位于染色体水平上的 SNP 位点，这些位点能够准确区分上述三个品种的牛。在此基础上，进一步优化选择了一组包含 48 个 SNP 的方法，以开发高效、快速的检测程序，为牛只的品种鉴定提供了新的技术手段。

（二）基于脂肪酸识别的食品安全溯源技术

脂肪酸识别是指测定分析食品中脂肪酸组成或含量，以此来识别产品种类或产地的技术。不同种类和地域来源的农产品中脂肪酸的组成和含量具有独特特征，这种差异为农产品的产地溯源和真伪鉴定提供了有力依据。通过精准分析脂肪酸组成，我们能够区分不同来源的农产品，进而追溯其产地，确保消费者购买到真实、优质的农产品（程碧君等，2011）。

（三）基于氨基酸识别的食品安全溯源技术

受到自然环境、地理位置及自身品种等因素的影响，生物体内的氨基酸组成和含量存在差异，因此可用作食品安全溯源的指标（申兆栋等，2020）。例如，不同产地的羊肉水解氨基酸含量有较大差异，可以作为羊肉产地溯源的指标（刘兴勇等，2013）。

（四）基于代谢识别的食品安全溯源技术

代谢识别是通过代谢组学来研究生物系统中细胞或组织中的小分子代谢产物，以此来对食品进行区分。目前，代谢组学被广泛应用在食品的香气分析、食品农药残留、食品的味道评价和食品的产地品种分类等方面（张丽君等，2021）。

（五）基于同位素识别的食品安全溯源技术

同位素是指具有相同质子数、不同中子数的同一元素的不同核素，分为放射性同位素和稳定同位素。在食品原料中同位素的组成受到植物生长环境和生物代谢类型等因素的影响，不同来源的食物原料中同位素丰度显著不同（徐园若等，2022）。稳定同位素技术在检测中具有高灵敏、精准、示踪和指示等独特的优势，为食品的真实性鉴定和溯源提供有用的信息。

（六）基于矿物元素识别的食品安全溯源技术

矿物元素识别主要是利用电感耦合等离子体质谱法（ICP-MS）对食品中的矿物元素进行分析。根据食品原料产地环境的不同，获得食品独特的矿物元素指纹，从而能够实现对食品原料产地的溯源。该溯源方式准确率高，在食品产地溯源中应用较广。目前，有研究者对不同地区的土壤及食品原料中的矿物元素进行了测定和建模分析，以寻找特定的元素标记物来有效判定食品的地理来源。

（七）基于光谱识别的食品安全溯源技术

光谱识别主要利用红外光谱、紫外光谱、拉曼光谱、荧光光谱和核磁共振光谱，为食品溯源提供一种高效、经济的分析手段。汤丽华和刘敦华（2011）利用近红外光谱技术，成功地对宁夏、甘肃、青海、内蒙古、河北等 8 个不同地区的 40 种枸杞样品进行了正确的产地识别。

（八）基于多技术联用的食品安全溯源技术

对于基质复杂的食品，单一的溯源技术所确定的特征标志物往往难以进行准确的产地或品种判断。为了确保食品溯源的准确性，需要综合应用三种或以上的技术，进行相互联合分析。这种综合性的方法能够充分利用各种技术的优势，弥补单一技术的不足，从而更准确地追溯食品的产地或品种，为消费者提供更加可靠的产品信息。多技术的联用，适用于食品基质复杂、食品产地较近的食品溯源分析，多方面联合分析，提高了溯源的准确率。基于氨基酸和脂肪酸的联合分析技术已成功实现对不同地域农副产品进行品种、生产时间等的鉴定（Liu et al.，2019）。

二、基于二维码（条形码）的食品安全溯源技术

二维码（条形码）溯源技术主要是指将商品各个阶段的信息录入码内，包括食品来源、产地、保质期等基本信息。目前越来越多的食品企业已经加入“一品一码”信息追溯体系中，消费者扫码即可获得食品的相关信息，真正做到吃得放心、喝得舒心。二维码（条形码）的食品安全溯源技术对于消费者追溯食品来源是一项简单、便捷的方法，同时，随着智能手机的普及、电商方式的拓展，一些小程序也成为一项集产品销售与溯源于一体的新趋势。但是这种溯源体系仍存在漏洞，部分不法分子利用“二维码溯源的精准性”将劣质产品包装成优质产品，使消费者受害，品牌信誉受损。面对这一问题，监管部门应进一步开展产品质量检测，增加监管力度，对不合格产品进行全程跟踪记录，让安全、优质食品正常流入市场，让消费者吃得安心。

三、基于物联网技术的食品安全溯源技术

物联网技术是利用智能传感器、射频识别设备、光电扫描设备等信息遥感设备将食品的各种指标及信息通过互联网传递至消费者或监管部门，实现对食品的识别、定位、追踪、监控和管理，丰富食品安全溯源体系（图 13-2）。

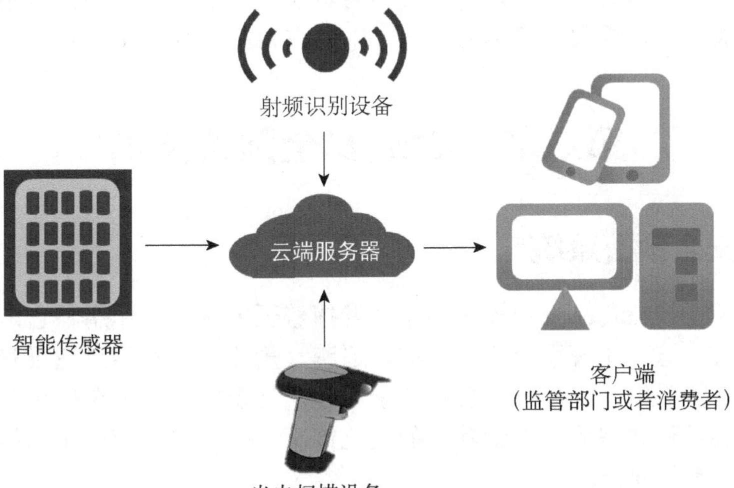

图 13-2 物联网实时监测体系

物联网技术为实时采集产品信息提供了可能，让消费者足不出户就能知道食品的生产、加工流程，通过云端接收相关产品的基础信息，认清食品的来源，吃到放心的食品。物联网技术还能帮助企业提高资源利用率、减少人力、提高数据收集。不过也存在一些问题，大量的信息采集与整理的设备成本较高，物联网技术体系的构建与维护的复杂性给企业部门带来一定的挑战。物联网技术体系仍处在起始阶段，通过网络让人快速了解每种商品的信息，遇到突发情况需要人力去分析解决问题，若能在物联网体系的基础上并入自动化控制体系，将会在第一时间解决相应问题，在信息采集的同时有效的保证产品安全性，提高产品价值。

四、基于 RFID 的食品安全溯源技术

无线通信识别是识别技术的一个里程碑式的发展，而射频识别（radio frequency identification，RFID）技术是其发展最快、最完善、应用最广的一种类型。RFID 信息存储量大，可同时自动识别多个目标，识别效率远高于人工识别，且识别结果客观、正确率高，环境条件及其变化对识别结果几乎无影响，可进行长时间的连续性识别作业。

在我国，RFID 技术在食品质量安全控制上取得了一些进展。例如，在基于 RFID 的猪肉安全追溯系统中，针对各个加工环节的主要特点，对猪肉生产流水线进行分段，可以从硬件、网络及软件方面对溯源系统进行量身定制，对不同种类猪肉制品采取一一对应的定位方式，既能快速查询猪肉制品，又能精确到具体是哪一种产品，方便管理人员进行监管分析（宋薇，2014）。

五、基于区块链技术的食品安全溯源技术

区块链技术具有去中心化、防篡改等特性，可最大限度地解决数据的造假失信问题，在一定程度上加强对食品问题的监督，保障食品安全的公信度，区块链+食品溯源的组合方式可以弥补传统食品安全溯源的不足（刘佳琦等，2021）。例如，在乳粉的供应链中的各个参与者按照流程顺序，将相关信息写入区块链。消费者购买乳粉后，可以通过包装上的标识（如条形码、二维码或 RFID），获取产品溯源信息（王红梅和於跃成，2019）。

第二节　食品安全预警技术

一、食品安全预警系统

食品安全预警系统在食品安全控制体系中发挥着至关重要的作用，它是实现食品安全有效控制的关键手段。这一预警系统通过监测、追踪、量化分析及信息通报和预报等环节，构建了一个全面的功能系统，专门应对食品安全问题。当识别到不安全现象时，该体系会深入分析其成因、发展过程和态势，揭示其中的变化情况，并发出相应的警示信号，以便及时采取应对措施，确保食品安全。

国内一般把食品安全预警系统分成三个系统模块，即食品安全信息源系统、食品安全预警分析系统和食品安全反应系统（马晨清，2021）。

食品安全信息源系统是预警分析的信息来源。主要负责收集、储存、更新和补充监测数据的数据库系统。食品安全预警分析系统是整个预警系统的关键与核心，它通过统计、抽样调查资料、专家分析等一定的预警分析方法将来源于信息源系统的监测数据进行分析，对食品安全风险进行评估，为食品安全反应系统提供判断依据。食品安全反应系统是依据预警分析得出的结果对预警机制做出反应的系统。食品安全反应系统的核心是建立危机应对制度和预警机制，基本构成有报告制度、信息发布制度和应急预案制度（褚汉和陈晓玲，2019）。

二、基于大数据挖掘的食品安全预警技术

随着科学技术的进步，云计算、大数据等网络科学技术被广泛运用在食品安全预警领域。使用大数据技术进行食品安全预警的过程中可以采用多种模型，以提升预警的准确率。贝叶斯图代表的是一种不确定因素的挖掘模式，主要运用于食品产品设计，设定有关的风险节点，并对其进行多次模型测试，从中得到各个节点上变量发生改变的概率，推测出食品安全风险发生概率值。食品供应链在面对不同初始事件时，其回应方式也会有所不同，进而产生各异的发展过程和结果。为了精确评估食品的风险值，可以利用贝叶斯网络来进行分析。具体而言，通过分析贝叶斯网络中不同节点的条件概率情况，可以计算出联合概率，从而得出食品的风险值。这种方法为我们提供了一种科学、量化的方式来评估食品安全风险，有助于更好地应对和管理食品安全问题。

决策树模型有助于食品安全的研究创新。通过应用决策树能够评估食品的安全状况。在处理可能对食品质量安全产生影响的数据时，可采用降维方法进行预处理，并总结出对质量安全影响较大的特征值。在优化决策树组合的基础上，可建立判定食品质量安全的模型，其

中决策树的属性可选择为影响食品质量的因素。在决策树建模分析过程中得出相应的准确率，从而将其作为评估食品质量安全风险预警的有效工具。这一方法不仅提高了食品质量安全的预测准确性，还为食品安全领域的研究创新提供了新的思路和方法。

人工神经网络模型具有训练速度快、准确率高和灵活性强等优点，有助于模型准确性的提升，适用于食品安全风险预警领域，有利于寻找不合格食品的主要结构成分，或者直接根据结构要素挑出不安全产品。因此，人工神经网络模型在食品安全中有广泛应用。

三、基于大数据和人工智能的食品安全预警技术

基于大数据和人工智能的食品安全预警技术将整个数据分析过程分为三部分。第一部分为通过数据属性和相关关系建立属性模型，通过贝叶斯分类模型进行相关度计算，然后尽可能降低数据之间的相关性，让较少的数据能提供大量的预警信息。第二部分是基于大数据的数据处理和预警算法，进行基于人工智能平台的高位数据的高效抽样算法，实现从海量数据中快速准确提取出与食品安全有关的重要数据。第三部分是人工智能的预警算法模型。图像和视频处理算法主要用于监督食品生产过程中操作人员是否按规定操作，同时还可检测到工作人员的精神状态，对有异常情况的工作人员及时预警，避免了生产过程中的食品安全问题（孔越峰，2020）。

四、基于数据驱动的食品安全预警数据分析技术

基于大数据的食品安全预警分析将预警分析分为模型预警、指标预警和专家预警，让消费者可以根据不同的需求参考不同的预警信息（王煊和张丽，2018）。数据库还分为基础数据库和专业数据库，专业数据库根据来源和应用方式不同分为检测、监管管理和预警数据库。根据食品安全的分类，将预警数据库分为数量安全预警数据库、质量安全预警数据库和可持续安全预警数据库。消费者可根据不同需求对数据库进行检索，通过强大的数据支持对数据进行综合分析，最后得出全面、多层次的预警信息。

五、基于动态非监督异常检测模型和贝叶斯网络模型的食品安全预警数据分析技术

Liu 等（2022）关于自动化乳制品中的食品安全预警分析系统，以欧洲乳制品供应链为应用案例，将整个工作流程即收集数据、数据处理、异常检测、贝叶斯网络模型建模集成到工作流中，以实现自动实时处理和分析。该工作流程会在检测到异常情况（包括相关的食品安全危害）时自动生成警告。

六、基于深度径向基函数神经网络并结合层次分析法的食品安全预警数据分析技术

对于一定规模的复杂食品安全数据的预警分析，可以通过基于深度径向基函数（DRBF）神经网络并结合层次分析法（AHP）构建新型预警建模方法（Geng et al.，2019）。层次分析法作为一种定性和定量的多因素决策方法，适用于对多个影响因素进行科学决策，然而传统的层次分析法过多依赖研究人员的个人经验来构建矩阵，有一定的主观性，容易产生误差。

基于熵权的层次分析法是一种数据驱动的方法，可根据数据之间存在的某种规律计算出每个指标的权重，避免了人的主观性，更加客观准确。对具有一定规模的高维度、高复杂度的检验数，DRBF 神经网络与 AHP 的结合，使得模型既能够学习数据的深层特征，又能够考虑多因素之间的相对重要性，提高了食品安全预警的准确性和可靠性。

第三节 食品安全实时追溯技术

一、食品安全实时追溯技术简介

安全食品是食品安全的一个重要方面，整个供应链的食品可追溯性是其中的关键组成部分。迫切需要开发有效的技术来监测食品供应链，以识别和召回不安全的食品（Yu et al.，2020）。

实时追溯技术侧重于食品高效、高速、可智能追溯性，实时可有效防止数据篡改，增加追溯的时效性与数据的透明性，它有可能显著改善全球食品供应链中的食品安全。食品安全检测策略包括便携式检测设备、集成在食品包装上的智能指标和传感器，以及数据辅助的全基因组测序。实时追溯需要快速检测技术，还需要有效结合新的数字技术，如区块链和物联网等（ 陈枝楠，2017）。

将食品有害物质的快速移动检测技术、检测数据实时上传技术与政府部门信息数据库的集成应用技术相结合，可以做到食品的全程溯源与实时监控，为食品安全及大规模应用探索出一条有效的途径。

二、基于区块链技术的食品安全实时追溯技术

与传统的食品安全追踪系统相比，基于区块链技术的食品安全实时追溯系统具有成本低、效率高、便于监管部门或一般公众监督的优点。基于区块链技术的食品安全实时追溯系统，充分利用了区块链的去中心化、防篡改等核心特性。该系统结合食品生产流程中的详尽数据，如食品批次和检验结果，为每一件产品赋予一个独特的、全球唯一的追溯码，作为其专属“身份证”。通过空值赋码和扫码激活等操作，食品从生产到加工、检测、储存、运输，再到销售的每一个环节的数据都能与这个追溯码紧密相连。在区块链追溯中心的统一监管下，包括生产企业、检测机构、运输和仓储人员及销售人员等在内的所有追溯环节节点都无法篡改任何追溯信息，从而确保了追溯信息的真实性和可靠性，为消费者提供了强有力的食品安全保障。

三、基于物联网的食品安全实时追溯技术

物联网的定义是通过射频识别、红外感应器、全球定位系统和激光扫描器等信息传感设备，按约定的协议，把任何物品与互联网连接起来，进行信息交换和通信以实现智能化识别、定位、跟踪、监控和管理的一种网络，任何一个物品都可以在这张网中，从而实现人与物之间及物与物之间的信息交流，达到智能化定位、识别、管理与监控该物体的目的，是在互联网的技术上发展而来并在其之上的扩展和延伸（林美玉等，2021）。

物联网的组成：典型的物联网一般由四大部分组成（图 13-3），即感知层、网络层、平台层和应用层（Bouzembrak et al.，2019）。利用物联网技术可以实时、透明地解决食品可追溯问题，是解决消费者与市场信任危机的重要手段。随着物联网技术的快速发展，其在社会生

活的各个领域都展现出了广泛的应用前景。特别是在食品安全领域，利用物联网技术开发可追溯系统已成为现实。无线射频识别、二维码、远程识读技术、无线传输技术、数据库技术和网络技术等，都是构建食品溯源系统的关键技术。物联网技术可以贯穿食品生产、加工、流通、消费各环节，实现全过程严格控制，使用户可以迅速了解食品的生产环境和过程，使食品供应链完全透明，保证向社会提供优质的放心食品，增强用户对食品安全程度的信心，并且保障合法经营者的利益，提升可溯源食品的品牌效应（周承波等，2020）。

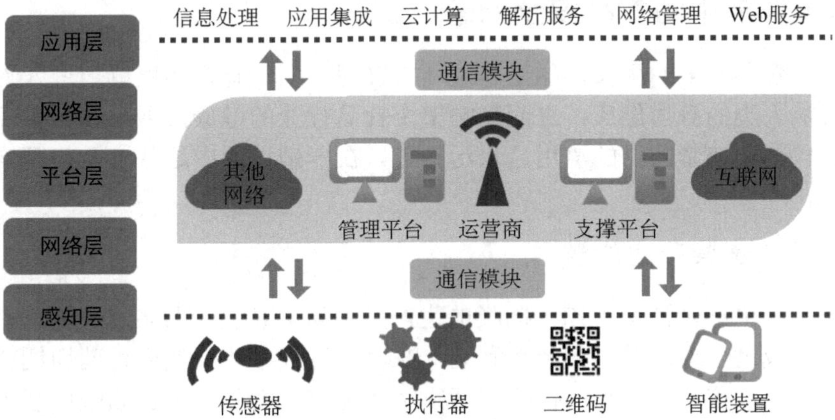

图 13-3　物联网框架

下面是食品溯源中常用的几种物联网技术（Aung et al.，2014）。

1）*自动识别技术*　基于计算机、通信和电气技术的自动识别技术，通过相关设备，能够在不接触物体的情况下，自动读取其电子编码信息，并与预存数据进行比对，以准确识别物体，确保每个编码的唯一性。常见的自动识别技术涵盖条形码、RFID、IC 卡及模式识别等。

2）*无线传感器网络技术*　无线传感器网络（wireless sensor network，WSN）技术的核心特性在于其通过无线传输方式实现对传感器信号的测量与传输。作为前端信号源，该技术广泛应用于监测和控制系统，旨在自动感知被测控对象的信息，并将传感器数据传送至处理机构或相应的计算机信息设备。

3）*物流跟踪定位技术*　利用地理信息系统（geographical information system，GIS）和全球定位系统（global positioning system，GPS），我们可以实现全球卫星定位，从而精确追踪和实时定位物流运输过程中的货物。这一技术确保食品运输过程始终处于可控范围内，提高了物流管理的效率和准确性。

4）*全球产品电子代码体系*　食品溯源系统通过采用产品电子代码技术，将生产、运输、零售等所有流通环节整合到一个可查询的电子代码体系物联网中。这不仅提高了食品追溯的效率和准确性，还为消费者提供了更加透明和可靠的食品安全信息。

利用物联网技术规范食品安全，可以有效遏制重大食品安全事件的发生，此外可以更实时、准确地诊断问题，快速识别危害的来源，从而保证食品的质量，这将对食品供应链产生巨大的影响。同时，在对大数据的智能监控下，食品供应链中的企业难以对数据进行篡改，可确保数据的真实性。将大数据、物联网、互联网与食品可追溯系统相结合，我们能够构建一个全面、高效的信息管理体系，真正实现信息的开放性、透明性和完整性。在这样的体系下，食品从生产到消费的每一个环节都能够被精确追踪和记录，确保信息的真实性和可靠性。这一系统的应用不仅提升了食品行业的整体形象和竞争力，更实现了其真正的价值——为消费者提供安全、可靠、透明的食品信息，促进食品产业的可持续发展（Zheng et al.，2021）。

第四节 食品全产业链安全问题

一、养殖环节中的食品安全问题

养殖环节是食品安全的源头，如果养殖环节管理不当，有害物质就会进入食物中，生产出的食品会影响人类的身体健康，进而影响整个食品行业的健康发展。在养殖环节主要面临的安全问题有兽药和违禁药物的滥用、水污染等，在养殖过程中这些安全问题均对食品安全有严重的威胁。

（一）兽药和违禁药物的滥用

我国是肉制品生产及消费大国，肉类的生产及消费总量占世界的1/3左右。由于一些养殖户的技术不高或过于追求自己的经济利益，在养殖过程中违规使用兽药和饲料添加剂，对食品安全造成严重的威胁。常见的兽药包括磺胺类药物（磺胺嘧啶、磺胺甲基嘧啶、磺胺二甲基嘧啶）、抗生素类药物（氯霉素、红霉素、青霉素、土霉素、四环素、盐霉素、黄霉素等）、硝基呋喃类药物（呋喃妥因、呋喃唑酮、呋喃西林等）、激素类药物（垂体激素、肾上腺素、盐酸克伦特罗等）、抗寄生虫药（左旋咪唑、苯并咪唑、噻嘧啶等）（张彩云，2021）。兽药残留会对人体产生毒副作用，如氯霉素的使用会影响红细胞的成熟，使造血系统出现问题，出现贫血现象；激素的使用会导致儿童肥胖、早熟等，还会导致细菌耐药性增强等。

（二）水污染

随着经济的不断发展与进步，全球的环境污染日益加重。由环境污染造成的水污染严重影响了食品安全。其中镉大米、农药残留果蔬就是水资源受到了重金属和有机物污染造成的。水污染物可分为三类：重金属、有机物、微生物。

重金属主要包括镉、汞、铅。镉主要源自含镉工厂所排放的废水和大气镉层的沉降；汞主要源自生产汞的厂矿、使用汞时和有色金属的冶炼过程中所排出的废水；铅主要源自涂料、汽车废气、油漆、金属冶炼、燃煤、矿山开采等。这些重金属离子会蓄积在鱼、虾体内，人们食用后血液系统和神经系统会紊乱，尤其是对儿童的生长发育有着极大的危害（唐一菁，2021）。

有机物一般为人工合成，含量低、毒性大，主要包括农药、酚类化合物、多环芳烃、多氯联苯。农药主要为有机磷农药和有机氯农药。酚类化合物主要来自煤气、化工、塑料等工业排放的废水。多环芳烃主要是燃油、煤炭、天然气等燃料燃烧不完全产生的，具有致癌的危害。多氯联苯会污染地表水和海洋，脂溶性大，易吸收，聚集在脂肪组织、肝、脑中，容易引起肝脑损伤（刘祥军，2021）。

环境因素对水资源的污染，造成水资源中出现病原微生物，主要包括口蹄疫病毒、流感病毒、肝炎病毒、肠道病毒、大肠杆菌、沙门菌、金黄色葡萄球菌、链球菌等。水产养殖中水体出现病原微生物，会导致水产生物大面积死亡。同时，由于携带病原微生物的水产品进入食品系统，造成严重的食品安全问题。在畜牧养殖中给动物喂养了含有病原微生物的水，动物会出现甲型 H1N1 流感、口蹄疫、疯牛病等疫病。当动物性食品受到病原微生物的污染，并在未经妥善处理的情况下被人类食用，可能会引发一系列严重的健康问题。这些病原微生物能够导致急性和慢性食物中毒，引发过敏反应，以及促进人畜共患病的发生和流行。在某些严重情况下，甚至可能导致食用者死亡。这种食品安全问题不仅直接威胁到人类的健康，也对公共卫生安全构成严重的威胁（万遂如，2019）。

二、食品加工中的食品安全问题

食品加工面临的安全问题主要有物理性加工安全、化学性加工安全和生物性加工安全。无论哪种安全问题，其根本原因均与食品加工企业忽视了食品加工过程中的污染源和使用食品原料的安全性相关。

（一）物理性加工安全

物理性加工安全包括设备状况、加工工艺、食品配方等。目前，随着社会的发展，我国的食品加工基本上由机械取代了人力，逐渐趋向自动化。食品在加工的过程中与人员的接触减少，由人员引起的生物安全性降低。但在食品加工过程中，食品难免会受到机器设备上杂质的污染，降低食品品质，也给食品安全带来了严重的影响。另外，虽然现在食品加工逐渐趋向自动化，但还存在一些小型企业和手工作坊，这些企业和手工作坊生产设备简陋，加工工艺落后，卫生条件很难达到大型企业的标准，存在很多食品安全问题。因此，食品加工的安全环节很重要（杨蕾，2021）。

（二）化学性加工安全

化学性加工安全是指食品在加工过程中受到的化学合成物质的污染。在食品加工的过程中，为了增加食品的风味、调整食品的色泽等需要在食品中添加食品添加剂，为了增加食品的贮藏稳定性会在食品中添加防腐剂。食品添加剂的过量使用会影响食品品质，同时也会给人类身体健康带来危害。在肉制品加工过程中，会使用亚硝酸或亚硝酸盐作为发色剂，亚硝酸或亚硝酸盐会转化为亚硝胺，危害人类身体健康。自古以来，我国有着丰富的饮食文化，烹饪方式多元化，其中油炸、烧烤、熏制类食品十分受欢迎，但这些烹饪方式在加工的过程中也会产生一些有害物质，给身体健康带来危害。油炸食品在高温加工的过程中氨基酸会发生变性，其中的谷氨酸和色氨酸在高温下会生成杂环胺类化合物，另外，脂肪在高温下会变成丙烯醛，进而危害人身体健康。苯并芘与癌症有着密切的联系，该类物质是烧烤和熏制品的产物，食品中的脂肪在高温条件下如果燃烧不完全会产生苯并芘。在食品加工的过程中，想要避免苯并芘的产生，尽量使油温控制在 170℃以下。另外，熏制食品在加工的过程中内部脂肪会发生热聚合反应，产生有害物质苯甲醛（田杰，2020；曹艳华，2021）。

（三）生物性加工安全

生物性加工安全主要是指食品在发酵过程中产生的一系列危害物质。发酵肉制品易被阪崎肠杆菌、蜡样芽孢杆菌、单核细胞增生李斯特菌、金黄色葡萄球菌污染。腐败菌会引起发酵肉制品腐败变质，这不仅导致肉类品质下降，还导致食品安全风险。某些微生物（如蜡样芽孢杆菌、金黄色葡萄球菌等）能够产生肠毒素，从而影响发酵肉制品食用安全性。在肉制品发酵中，乳酸菌、肠杆菌、假单胞菌等为主要的生物胺产生菌。生物胺在人体内积累浓度较高时，会导致腹部痉挛、腹泻和呕吐等症状，在极端情况下，这些健康问题可能变得极为严重，甚至危及生命（王娟强，2021）。

三、食品包装引起的食品安全问题

食品包装是保障食品安全的重要因素，合适的包装不仅可以有效地保持食品品质，还可以通过视觉对消费者的吸引从而提高该款食品的销售。常用的包装材料主要包括纸壳、塑料、玻璃、金属等。包装材料中的有害化学成分的迁移是导致食品安全问题的主要原因（表 13-1）。

表 13-1　不同包装材料对食品安全性的影响

包装材料	毒性产生的原因
塑料	塑料本身的毒性、塑化剂及残留物质的毒性、未聚合物及裂解物质产生的毒性
纸壳	荧光增白剂的使用、废品纸的化学污染和微生物污染、浸蜡包装纸中的多环芳烃、彩色或印刷图案油墨的污染
玻璃	熔炼过程中有毒物质的溶出、重金属超标、加入的辅料（氧化铜、三氧化二砷）的毒性
金属	铁质容器的镀锌层中锌元素的迁移，铝制材料中铅、锌等元素的迁移，内壁涂料中化学污染物（双酚 A）的迁移，不锈钢中铬、锰的析出

（一）塑料包装带来的食品安全问题

塑料具有优异的阻透性、防紫外线性、耐冷冻性、耐热性等，在食品包装中应用广泛。通常我们使用的塑料并非纯物质，而是由众多材料混合而成。其中，高分子聚合物是构成塑料的主体部分。为了优化塑料的性能，还会在聚合物中添加一系列辅助材料，包括填充剂、塑化剂、润滑剂、稳定剂及着色剂等。这些添加剂的引入能够提升塑料的特定性能，满足不同应用场景的需求。这些添加的辅助材料，一般不与塑料发生化学反应，但是使用不当会造成较为严重的食品安全问题（高建，2009）。

（二）纸壳包装带来的食品安全问题

在我国食品包装领域，纸壳包装材料因其丰富的原料资源、易于大规模生产的特性、低廉的生产成本及卓越的防护和折叠性能，得到了广泛应用。此外，纸壳包装还展现出良好的弹性，便于加工和储运，同时拥有强大的印刷装潢适应性及优异的复合加工性能。然而，纸壳包装材料也存在一些固有的缺点，如硬度不足、缺乏抗湿性及密封性能欠佳等。值得注意的是，纸壳包装中荧光增白剂的使用及彩色或印刷图案可能带来的污染，也可能对食品安全构成威胁。因此，为满足市场不断增长的需求，必须对纸壳包装材料进行再加工，开发出具备特殊性能的纸壳包装，以克服现有问题并提升食品安全性。

（三）玻璃包装带来的食品安全问题

玻璃包装的材质晶莹剔透、卫生美观、化学稳定性强、较难与外界物质发生化学反应、安全性较高、耐腐蚀、坚硬耐压可隔绝气体，但是在熔炼过程中有毒物质易溶出、重金属易超标、加入的辅料（氧化铜、三氧化二砷）具有毒性会通过食物进入人体，从而危害健康。

（四）金属包装带来的食品安全问题

金属包装以其独特的优势在食品包装领域占据重要地位。首先，它具备出色的耐压、耐湿、耐温等力学性能，这使得金属包装在保障食品安全方面表现出极高的可靠性，同时也有利于食品的储存、携带运输和装卸。其次，金属包装材料拥有卓越的防护阻隔性能，能够有效保护食品免受外界环境的侵害。此外，金属包装材料还具备良好的加工性能，能够实现连续自动化生产，大幅提高生产效率。同时，其优良的印刷性能和装饰性，为食品包装带来独特的视觉美感，有效促进销售。不可忽视的是，金属包装材料还具备可回收和可循环的特性，对于推动绿色包装和可持续发展具有重要意义。然而，金属包装材料也存在一定的局限性。其化学稳定性较差，金属易腐蚀，容易迁出重金属离子，这些问题可能渗入食品中，导致食物口味变化，甚至引发食品品质质变，从而对食品安全构成潜在威胁。因此，在使用金属包装时，需要充分考虑其适用范围和潜在风险，确保食品安全。

食品包装今后的发展趋势是功能化、简单化、绿色化，其无菌包装采用高科技和环保材料，保鲜功能将成为食品包装技术开发的重点，无毒包装材料更趋安全，塑料包装将逐步取代玻璃包装。可食用和生物降解制品、纳米材料将会在未来食品包装领域得到广泛关注。

四、贮藏过程中引起的食品安全问题

粮油、蔬菜、水果食品等都可能由于贮藏不当引起食品安全问题。例如，玉米、稻谷、花生、棉籽、椰子、核桃及其他坚果等由于贮藏不当而发生霉变，霉菌产生的黄曲霉毒素是一种毒性极强的霉菌毒素，主要损害肝，并有强烈的致癌、致畸、致突变作用。由于黄曲霉毒素对热不敏感，蒸煮、油炸等都不能将黄曲霉毒素去除。因此，通过控制贮藏条件避免霉变，是防止食品安全事件发生的关键。

马铃薯如果贮藏不当，可能会引发食物中毒。马铃薯的芽及其周围的皮层组织中，含有一种名为茄碱的有毒物质。一旦摄入过量，这种物质会导致恶心、腹泻、腹痛等胃肠障碍。除此之外，还可能出现头眩、胸闷及轻度神经症状等。在极端情况下，甚至可能危及生命。

在果蔬采摘后，如不对其进行合理贮藏，会出现不同程度的变质、腐烂，影响人们的使用，造成大量浪费。果蔬在贮藏过程中，为保证其生命力和营养价值，需要不断地进行呼吸作用，在长时间的贮藏下，会产生有害的物质，污染环境，甚至影响人们的生命健康。因此，为保证果蔬原有的营养价值和自然风味，并且最大化地保证新鲜度，选择合理的贮藏方式尤为重要（吕露，2021）。

许多食品在生产过程中采用巴氏杀菌，需要在冷藏条件下进行贮藏、运输和销售。如果未采用冷藏条件或冷藏超过保质期，食品中的微生物就会大量繁殖，可能导致食物中毒，尤其在气温较高的夏、秋季节，食物中毒更易发生。冰箱中超过保质期的鲜乳、酸乳，开盖后冷藏超过 7d 的果汁饮料等都不能食用（李博和李里特，2003）。

五、食品运输过程中的食品安全问题

食品流动是一个跨越国界的全球性循环，这一过程中的安全管理至关重要。在运输环节，需要采取严密的安全防范措施，以消除潜在的安全隐患。为了确保食品从生产到消费的每一个环节都安全无虞，必须从食品运输安全管理的源头抓起，通过科学、规范的管理措施，从根本上防范由运输过程引发的食品安全问题。

食品在运输过程中，往往不可避免地受到震动、温度、湿度、气体、堆叠、鼠害等条件的影响。例如，运输操作过程中使食品发生震动导致产品受损伤；成熟的苹果和未成熟的香蕉放在一起，会产生催熟剂——乙烯，乙烯加速香蕉的成熟，不利于其储运；摆放不当可能导致外包装之间摩擦生热，导致本身无毒的包装在受热情况下产生了有害物质，进而迁移到食物，导致食品安全问题（周瑞兴，2019）。食品在运输过程中，往往伴随着不可避免的温度波动，这通常是由于冷藏链中断或温度波动过大等，造成食品受到机械损伤，难以保证食品的品质与安全（图 13-4）。

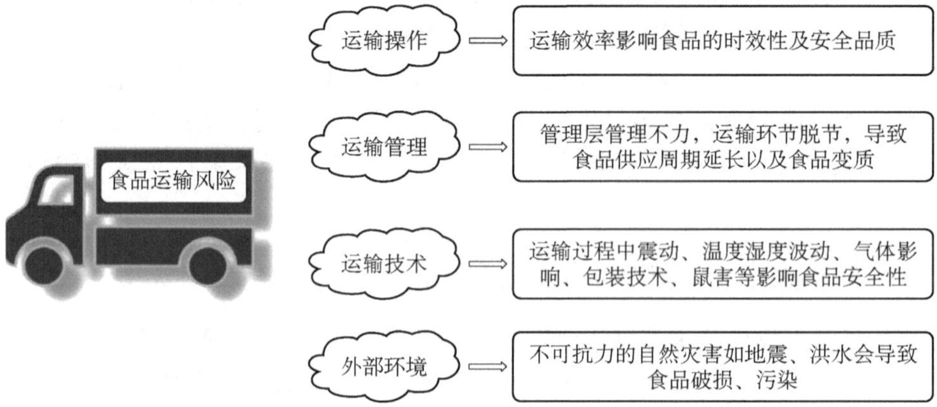

图 13-4　食品运输过程中的安全风险分类

六、食品销售过程中的食品安全问题

食品销售环节是消费者获得食品的最后一步，同时也是确保食品进入消费者口中安全性的重要一环。建立并维护一个拥有良好卫生环境的销售场所是保证食品安全健康的基础与前提。销售过程的工作人员身体的多个部位均可与食品接触，所以对可能影响食品安全的环节要进行严格的卫生管理（李璇，2019）。如果经营工作人员携带病菌或处于患病期间，或者销售场所卫生状况不达标，很可能通过污染食品从而传染给消费者，造成食源性疾病流行和食物中毒等现象。

七、食品消费过程中的食品安全问题

消费过程中保存或操作不当等也会导致食品安全问题。食用生鲜或未经彻底加热的肉禽和水产品、用盛过生鲜水产品的器皿盛放其他直接入口的食品，会增加寄生虫和病毒进入人体的风险；散装、裸装和拆零销售食品易受环境污染，或因贮藏或包装不当导致包装破损，加快食品变质、霉变速度；保质期是指在规定的贮藏条件下，食品在其安全性、营养属性和感官特性方面仍可供人类食用的时间跨度。消费过程中忽视产品保质期，也会导致食品安全问题；此外，特殊人群购买有关食品时还应关注营养素、热量等警示标志的标注。

参考文献

曹艳华. 2021. 食品加工中的污染及其安全检验方法初探. 现代食品，2（49）：164-166.
陈枝楠. 2017. 供港食品全程溯源与实时监控关键技术及其应用. 合肥：中国科学技术大学出版社.
程碧君，郭波莉，魏益民. 2011. 脂肪酸分析技术在食品产地溯源中的应用进展. 2011 年第四届国际食品安全高峰论坛论文集：216-220.
褚汉，陈晓玲. 2019. 我国食品安全预警信息平台构建研究. 蚌埠学院学报，8（4）：44-47.
高建. 2009. 国内外塑料食品包装材料安全性问题与包装标准差异的对比研究. 无锡：江南大学硕士学位论文.
孔越峰. 2020. 基于大数据和智能识别的食品安全预警研究. 电子测量技术，43（12）：26-31.
李博，李里特. 2003. 贮藏、烹调加工与食品安全. 营养健康新观察，（18）：4-8.
李璇. 2019. 基于销售环节的食品安全监管研究. 济南：山东师范大学硕士学位论文.
林美玉，韩海庭，龙承念. 2021. 物联网安全理论实践与创新. 北京：电子工业出版社
刘佳琦，游新冬，吕学强，等.2021. 区块链技术在食品溯源行业的研究. 食品工业，42（11）：5.
刘祥军. 2021. 水产养殖中有毒有害污染物残留及其环境影响. 当代水产，46（3）：72-74.
刘兴勇，林涛，刘宏程，等. 2013. 基于水解氨基酸分析山羊肉的产地溯源. 现代食品科技，29（11）：5.
吕露. 2021. 物理技术在食品贮藏与果蔬保鲜中的应用探讨. 食品安全导刊，27：121-122.
马晨清. 2021. 食品安全风险预警机制的构建及完善. 法制博览，7（19）：25-27.
申兆栋，黄冬梅，蔡友琼，等. 2020. 氨基酸与脂肪酸指纹分析技术在农产品产地溯源中的应用研究. 农产品质量与安全，（5）：80-85.
宋薇. 2014. 基于 RFID 的猪肉安全溯源系统的设计与实现. 厦门：厦门大学硕士学位论文.
汤丽华，刘敦华. 2011. 基于近红外光谱技术的枸杞产地溯源研究. 食品科学，32（22）：175-178.
唐一菁. 2021. 因环境污染造成的食品安全问题与应对措施. 现代食品，19（42）：156-158.
田杰. 2020. 食品加工中的污染及其安全检验探析. 现代食品，24（46）：162-164.
万遂如. 2019. 动物性食品污染的危害与防制. 养猪，4（1）：105.
王红梅，於跃成. 2019. 基于区块链的食品安全溯源技术研究. 电子设计工程，27（13）：6.
王娟强. 2021. 发酵肉制品食品安全风险分析及监管建议. 肉类研究，35（8）：54-63.
王煊，张丽. 2018. 基于数据驱动的食品安全预警分析方法. 现代食品，（5）：67-68，71.
徐园若，母健，刘晓涵，等. 2022. 稳定同位素技术在禽类及其制品溯源领域的研究进展. 食品工业科技，43（6）：1-10.
杨蕾. 2021. 食品加工中的安全问题和策略分析. 食品安全导刊，21（11）：18-19.
张彩云. 2021. 浅谈兽药残留对人体的危害. 今日畜牧兽医，37（11）：1-9.
张丽君，王丹，王育娇，等. 2021. 基于气相色谱-质谱联用技术的代谢组学 在农产品产地溯源中的应用. 食品安全检测学报，12（6）：2197-2203.
周承波，侯传本，左振朋. 2020. 物联网智慧农业. 济南：济南出版社.
周瑞兴. 2019. 食品包装材料及食品运输对食品安全性的影响. 现代食品，4：131-132.
Aung M, Mand A, Chang Y S .2014. Traceability in a food supply chain: Safety and quality perspectives. Food Control, 39: 172-184.

Bouzembrak Y, Klüche M, Gavai A, et al. 2019. Internet of things in food safety: Literature review and a bibliometric analysis. Trends in Food Science & Technology, 94: 54-64.

Dimauro C, Cellesi M, Steri R, et al. 2013. Use of the canonical discriminant analysis to select SNP markers for bovine breed assignment and traceability purposes. Anim Genet, 44(4): 377-382.

Geng Z, Shang D, Han Y, et al. 2019. Early warning modeling and analysis based on a deep radial basis function neural network integrating an analytic hierarchy process: A case study for food safety. Food Control, 96: 329-342.

Liu N, Bouzembrak Y, Bulk L M V D, et al. 2022. Automated food safety early warning system in the dairy supply chain using machine learning. Food Control, 136(2022): 108872.

Liu Z, Zhang W, Zhang Y, et al. 2019. Assuring food safety and traceability of polished rice from different production regions in China and Southeast Asia using chemometric models. Food Control, 99: 1-10.

Yu Z, Jung D, Park S, et al. 2020. Smart traceability for food safety. Critical Reviews in Food Science and Nutrition, 62(4): 905-916.

Zheng M, Zhang S, Zhang Y, et al. 2021. Construct food safety traceability system for people's health under the internet of things and big data. IEEE Access, 9: 70571-70583.

思 考 题

1. 标志物的食品安全溯源技术都包括哪些？
2. 二维码（条形码）的食品安全溯源技术的优势是什么？
3. 什么是物联网技术？
4. RFID 的广泛推广与应用中存在的问题有哪些？
5. 什么是食品安全预警系统？
6. 食品安全预警系统可以分成哪些系统模块，各自的作用是什么？
7. 什么是区块链技术？
8. 养殖环节中常用的兽药都有哪些？
9. 什么是化学性加工安全？

第十四章　食品安全智能化监管

本章思维导图

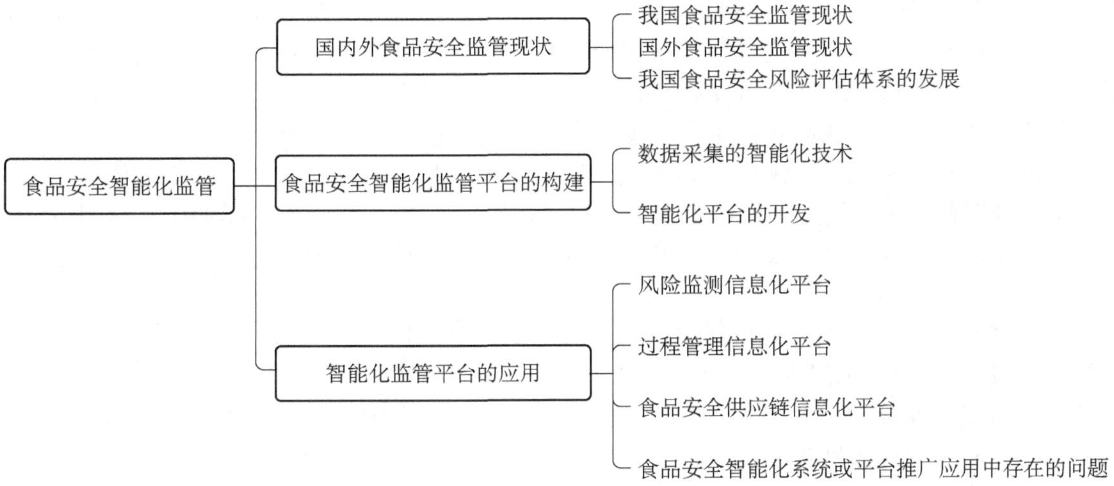

第一节　概　　述

食品安全智能化监管系统是利用“互联网+”思维，将物联网、人工智能、大数据分析、云计算、区块链等新技术手段与食品安全监管融合的产物。随着现代信息技术的深度应用，食品安全监管的模式发生了根本性转变，诞生了新型的食品安全在线智能化监测模式，基于海量食品安全数据的食品安全智能化监管方式也应运而生，食品安全智能化监管将逐步成为食品安全监管的新方向和新潮流。

第二节　国内外食品安全监管现状

一、我国食品安全监管现状

食品安全是社会共同关注的话题，它既与人民群众的身体健康和生命安全密切相关，也在一定程度上制约着社会的发展进步。目前我国已基本建立全方位、多层次的食品安全监管体系，食品安全状况总体稳定，但仍存在食品安全法律法规体系和食品安全标准建设滞后、食品安全监管体制有待进一步理顺、食品安全监管能力有待进一步提升等问题。在机构改革的新形势下，我国应该发展创新食品安全监管立法理念，加快食品安全法律法规和食品安全标准的修改和完善，理顺食品安全监管体制，提升食品安全执法实效，积极构建新型食品安全监管机制，加强食品安全多元共治。

（一）我国目前已取得的食品安全监管成就

1. 建立了食品安全监管制度　我国始终以人民利益为中心，历来重视食品安全监管，不断探索和创新适合我国国情的食品安全监管模式，确保“舌尖上的安全”。2018年，第十三届全国人民代表大会常务委员会第七次会议修正了《中华人民共和国食品安全法》，建立了更加科学严格的食品安全监管制度，为提高食品安全保障水平进一步夯实了法治基础（王伟，2022）。同年，我国组建国家市场监督管理总局负责全国食品市场监督管理的综合协调工作；同时将食品与药品的监管分割开来，使食品监管与药品监管逐渐步入科学的管理轨道，使得我国对于食品安全的监管更加规范。2019年5月，《中共中央、国务院关于深化改革加强食品安全工作的意见》表示，为满足人民日益增长的美好生活需要，对加强食品安全工作提出新的更高要求，必须深化改革创新，用最严谨的标准、最严格的监管、最严厉的处罚、最严肃的问责，进一步加强食品安全工作，确保人民群众“舌尖上的安全”。

食品安全问题历来是我国政府和人民关注的重点，我国的食品安全监管制度体现了科学管理、责任明确、综合治理的食品安全指导思想，树立了“预防为主、风险管理、全程控制、社会共治”的治理理念，为实现全程监管、科学监管，提高监管成效、提升食品安全水平，提供了法律制度保障。

2. 大数据技术在食品安全监管上的应用　食品安全问题一直是国内外高度关注的社会问题，涉及面广、影响范围大，政府部门、行业组织、科研院所和生产经营企业一直在探索食品安全智能化监管的相关技术。运用大数据分析、人工智能、互联网等现代信息技术手段可更加准确和有效地甄别各类食品企业生产环节存在的食品安全风险。2019年发布的《中共中央、国务院关于深化改革加强食品安全工作的意见》明确表示，推进“互联网+食品”的监管。建立基于大数据分析的食品安全信息平台，推进大数据、云计算、物联网、人工智能、区块链等技术在食品安全监管领域的应用，实施智慧监管，逐步实现食品安全违法犯罪线索网上排查汇聚和案件网上移送、网上受理、网上监督，提升监管工作信息化水平。

例如，现行的福州市市场监管预警平台，有效地借助大数据技术，通过对数据的整合、分析和整理能够有效实现市场食品安全风险预警。食品产品和人员信息入库，建立“一企一档”的数据分类，能够有效实现登记风险、经营风险、信用风险及违法违规风险等主体风险的检测和预警。例如，企业证件信息到期会有预警，某产品抽检情况异常会有预警，某企业被频繁投诉和举报会有预警等。预警机制的智能化和全面化也在一定程度上体现了市场的具体需求，同时增强了市场对于食品安全监管的力度（邵亚东等，2022)。

（二）我国目前食品安全监管方面的不足

在食品安全管理体系方面，虽然我国已形成以《中华人民共和国食品安全法》为核心的完整法律体系，但是食品安全监管法律部分标准定义的界定并不清晰，在立法方面还存在着局限性，相关立法的出现是针对相应的食品安全事件而存在，一些新出现的食品安全问题没有被食品安全法规所涵盖，从而使得食品安全相关立法作用单一化（陈景军和李璐，2022）。

在食品安全标准方面，我国的食品安全国家标准由国务院卫生行政部门会同国务院食品安全监督管理部门制定、公布，国务院标准化行政部门提供国家标准编号（冯美菱等，2022)。对于我国的食品安全标准体系，立法是最重要的决策和顶层设计，我国的食品安全标准相对应的法律法规不够完善，法律效力有待提升；食品安全标准的内容和界定范围不清晰，有待进一步界定；我国食品安全标准与国际标准接轨情况不尽如人意，应及时更新标准，根据国内实际情况，学习国外食品安全标准的优秀经验。

在智能化监管方面，党的十八大前我国的食品安全由卫生部、农业部、国家质量监督检验检疫总局和国家工商行政管理总局采取分段监管的模式，虽然各部门有大量监管数据的积累，但食品安全信息无法实现信息的及时互通，缺失食品安全有关信息的即时通报、预报和处置。党的十八大召开之后，国家对原有的食品安全监管组织结构做出重大调整，这些调整对构建完善而高效的食品安全预警机制、预防食品安全危机事件的发生和发展至关重要。但目前我国的智能化监管状况是信息来源分散在过去的监管部门和检验检测机构中，且采集信息以检测数据这一单一信息为主，新组建的药品监督管理局没有统一的信息采集平台。由此可见，我国在智能化监管的道路上还有很长的路要走。

二、国外食品安全监管现状

发达国家对食品安全关注度高，食品安全监管体系建设起步早，历经多年发展成熟。国外学者高度重视食品安全问题，相关制度和机制的建设各有优势和差异。食品安全立法是国外学者关注的重点，发达国家从法律和制度出发，建立更为严格的法律体系，国外食品安全监管重视区域间联合执法，形成一套资本主义市场经济运作的监管体系（杨艳芬，2018）。国外一些发达国家和地区（如美国、日本、欧盟）已将信息技术充分利用于食品安全管理方面，不仅开发和建立了较为完善的食品安全信息数据库系统，使政府在做出决策时拥有强大的信息资源基础，同时利用计算机及互联网技术，建立了食品安全监管、预警和快速反应应急处理等系统。分析美国和欧洲国家在解决食品安全问题上的监管模式，建立严格的法律制度，高效有序的监管流程，顺畅的信息交流，社会组织、行业协会的积极参与和自我防范意识等，这些都为提高中国食品安全监管水平提供了指导方向。

欧盟在食品安全方面已经成为全球学习的典范，如成熟的法律法规、风险评估与预防制度、完善的追溯体系等。欧盟食品安全方面的法律法规主要有《通用食品法》《食品卫生法》《欧盟食品及饲料安全管理法规》《动物饲料法规以及添加剂》等 20 多部法律法规。法律法规也需与时俱进，欧盟委员会根据不同的食品安全潜在风险修订相应的最大残留限量。这些法律规程的制定，完善了食品加工的法律法规，有效保障了食品加工的安全。同时，欧盟建立并完善了欧盟农产品欺诈网络（food fraud network，FFN），建立该网络的目的在于通过加强成员国与欧盟的监控信息交流，并做出快速反应。目前欧盟委员会正在推出一套类似于欧盟饲料和食品快速预警系统的应急管理工具，以保障 FFN 快速有效运转。欧盟在法律中明确规定，所有食品生产经营者均必须建立可追溯质量体系。食品质量一旦出现安全问题，监督机关可通过电脑记录快速查询到问题源头。

美国已经建立“四位一体”的食品安全监管体系，并且在食品安全监管中充分利用大数据，做到事前、事中、事后全覆盖，最大限度地降低了问题食品的危害。四位是指风险预测、风险监控、风险预警、风险交流；一体是指一体化的防控机制。除此之外，美国在智能化监管方面也展开了很多工作。2008 年 5 月，美国食品药品监督管理局正式开始建立电子数据库，用于全国性的医药产品移动监控、追踪。该系统能够主动对医药产品在流通过程中存在的风险进行识别和评估，不仅简化了以往医药产品的监管措施，还能有效发现潜在安全性和有效性问题。

三、我国食品安全保障的战略构想与对策建议

（一）健全食品安全监管法律法规

第一，借鉴发达国家经验，立足国情现状，联系发展实际，及时补充、更新法律条文，形成统一的、规范的满足发展要求和实际需要的食品安全法律法规。第二，整合分散在各类法律法规中的食品安全法律规定，要保持法律的统一性和一致性，尽量避免法律中出现自相矛盾和冲突。第三，要违法必究、执法必严。发达国家严格的召回制度值得我们借鉴，高昂的犯罪代价加剧了食品企业的风险成本，并反过来督促食品企业遵守食品质量安全法规。食品安全的需求只会越来越高，食品安全监管面临的挑战日益加大，因此健全的法律制度体系尤为重要。

（二）完善食品安全监管信息制度

保障公民对信息的知晓权是发达国家的广泛做法，建立健全食品安全信息发布工作，要找准市场监管部门、食品安全信息平台、食品生产经营者、企业、小作坊及消费者和社会共治力量之间的对接点，使得信息能自由交流、共享共用，做好食品安全信息研判，确保人民群众能够第一时间了解到食品安全信息，有效降低食品安全事故发生的风险和频率（杨坤明等，2020）。一方面大大增强了政府的公信力，保证了食品安全信息的公开透明；另一方面充分保障了人民群众对于食品安全信息的知情权，有利于促进食品安全高质量发展，推动我国食品安全监管水平不断提升。

（三）共享检验检测资源

组建综合性检验检测机构，发挥专业检测机构作用，将检测资源、质量检测与监管执法活动分离，保障执法的公正性。农业、市场、卫生等食品安全监管部门履行监管职能，在各个环节抽取样本进行检测。不同部门有不同的测试采样点，但要求的检测项目基本相同（罗杰等，2016）。因此，为了避免重复和相似的检测，减少资源浪费，打破部门分工格局，共享检测数据，全面整合检验检测资源势在必行。此外，食品安全检验检测机构可以有序地向社会开放，发挥食品安全检验检测机构的技术支撑作用，增强食品检测制度的灵活性，实现社会资源的合理调动，共同保障人民群众的食品安全。

（四）社会力量参与食品安全监管

在共建共享的社会治理格局影响下，积极引导群众参与食品安全监管，行业协会、社会组织等积极发挥主观能动性，加强行业自律，当好政府与行业间的沟通桥梁，能够极大地改变监管力量不足、盲区较多的现状，规范本行业资源。逐步建立健全以大数据为基础的安全高效的食品安全监管信息管理系统，通过对大数据的收集、整理，开发种类多样、功能实用的监管模式，提高精细化管理水平，并公开发布，实现对食品生产、流通、消费等环节的全过程监管，有效提升监管能力，促进各监管部门间的交流合作，完善食品安全

监管信息决策的规范化和流程化制度，提高决策的专业性、权威性，形成食品安全监管的良好环境。

第三节 食品安全智能化监管平台的构建

一、数据采集的智能化技术

据2013年公开的数据，我国官方的食品检测机构有近4300家，在实际的调研走访过程中，极少有检测机构实现信息化、智能化，即使有也是简单的检测结果和检测报告的管理和打印，其他大量的工作靠人工收集整理完成，这导致食品监管仍存在监管能力不足、效率低下等问题。大数据时代下，如何设计出便捷的检测工具，使消费者能够方便、实时地检验食品的品质、验证食品的产地及真伪等信息显得尤为重要。基于智能化的检测技术凭借装置易设计、成本低、便于携带、可实时监测（刘美廷等，2021）的优点在食品安全监督领域展现出广阔的应用前景。在实际检测中，一些智能化的手套、芯片、试纸卡等，实用性强，被用于现场检测有机磷、菊酯类等农药，真菌毒素，病原微生物，食品添加剂和食品新鲜度。这些智能化检测技术显著提高了检测通量，降低了检测成本。表14-1总结了部分智能化检测技术在食品安全检测中的应用。

表14-1 部分智能化检测技术在食品安全检测中的应用

类别	检测物质	方法	软件	参考文献
农药	甲基对硫磷、甲基对氧磷	手套传感器	Android APP	Mishra et al.，2017
	三唑胺	荧光传感器	E-eye device	Zhao et al.，2019
	马拉硫磷	数字比色法	Android APP	Cheng et al.，2019
兽药	莱克多巴胺、盐酸克伦特罗	免疫芯片	Android App	吴颖等，2021
	β_2-兴奋剂、氯霉素、氟苯尼考	免疫芯片	Android APP	范丛丛，2018
真菌毒素	黄曲霉毒素B_1、玉米赤霉烯酮、脱氧雪腐镰孢霉烯醇、T-2毒素、伏马菌素B_1	免疫层析	自编APP	Liu et al.，2020
微生物	金黄色葡萄球菌	荧光显微镜	自编APP	Shrivastava et al.，2018
	大肠杆菌、沙门菌、霍乱弧菌	离心微流控	自编APP	Jung et al.，2020
	肠炎沙门菌	免疫传感器	ImageJ	Sayad et al.，2018

二、智能化平台的开发

以智能化检测技术获得的实验数据不仅可以生成条形码或二维码，从而使食品在生产加工、包装储存、运输流通和批发零售等环节得到有效、及时的监督，还可上传至云端共享，通过大数据智能化系统分析，达到预警、溯源、监管的目的。食品中农药及化学污染物残留问题是引发食品安全事件的重要因素，是世界各国及国际组织共同关注的食品安全重大问题之一。以农药残留为例，详细阐述大数据、互联网、人工智能等现代信息化融合技术在智能化监管全过程的应用。

（一）高分辨质谱-互联网-数据科学三元融合技术构建的农药残留监测技术平台

1. 数据采集系统 以高分辨质谱技术为主要检测仪器，通过全国各地有资质的联盟实验室按照“五统一”规范进行操作，即统一采样、统一制样、统一检测方法、统一格式数据上传和统一内容统计分析报告。通过全国各联盟实验室的标准化操作，每年、每季度、每个月都会定期对 18 类 146 种水果蔬菜中世界常用 1200 多种农药化学污染物采样并进行检测，从而实现一年四季循环侦测，产生并沉淀大量农药残留检测结果数据，存入数据库。采集系统通过获取侦测原始数据、信息补充、信息处理、污染等级判定后，形成结果记录，存入侦测结果数据库（图 14-1）（庞国芳等，2017）。

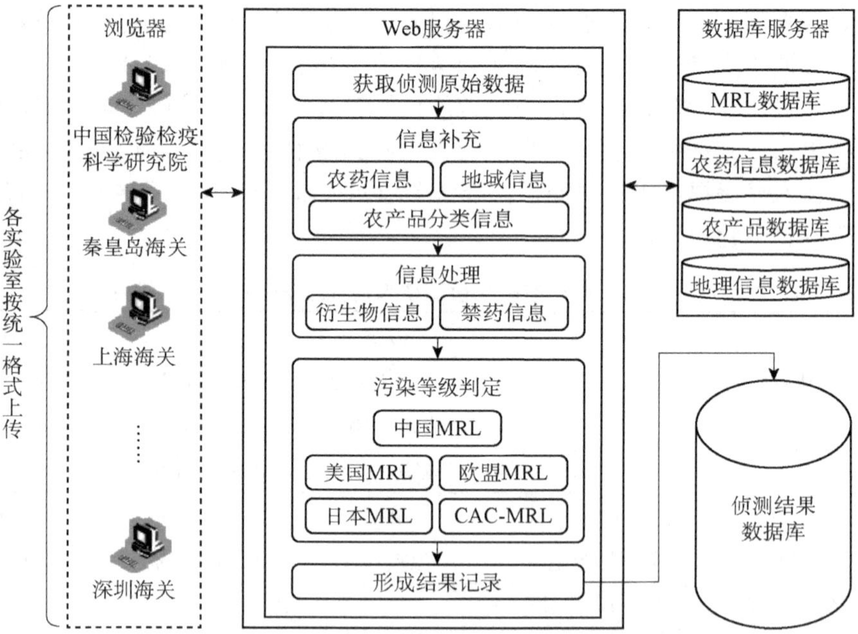

图 14-1 农药残留侦测数据采集系统架构图

2. 数据智能分析系统 数据智能分析系统根据用户的条件设定，读取数据，然后逐一根据统计分析模型，进行各项统计分析，生成图表，得出综合结论，并将分析结果返回给全国各地网络联盟实验室的客户端，最终生成一本图文并茂的农药残留侦测报告。该数据智能分析系统由数据层、访问层、业务层和展现层组成（图 14-2）。①数据层：提供数据库和文件服务。②访问层：通过数据库访问组件访问数据库中的数据提供给业务层。③业务层：根据统计分析模型实现采样点、农药、污染等级等多维度的交叉统计分析。该系统同样基于“浏览器/Web 服务器/数据库服务器”的 3 层架构。④展现层：根据客户提出的条件生成各类图文并茂的智能分析报告。生成的统计分析报告包含生成统计说明文本、生成统计图数据表、绘制统计图三个部分（庞国芳等，2017）。

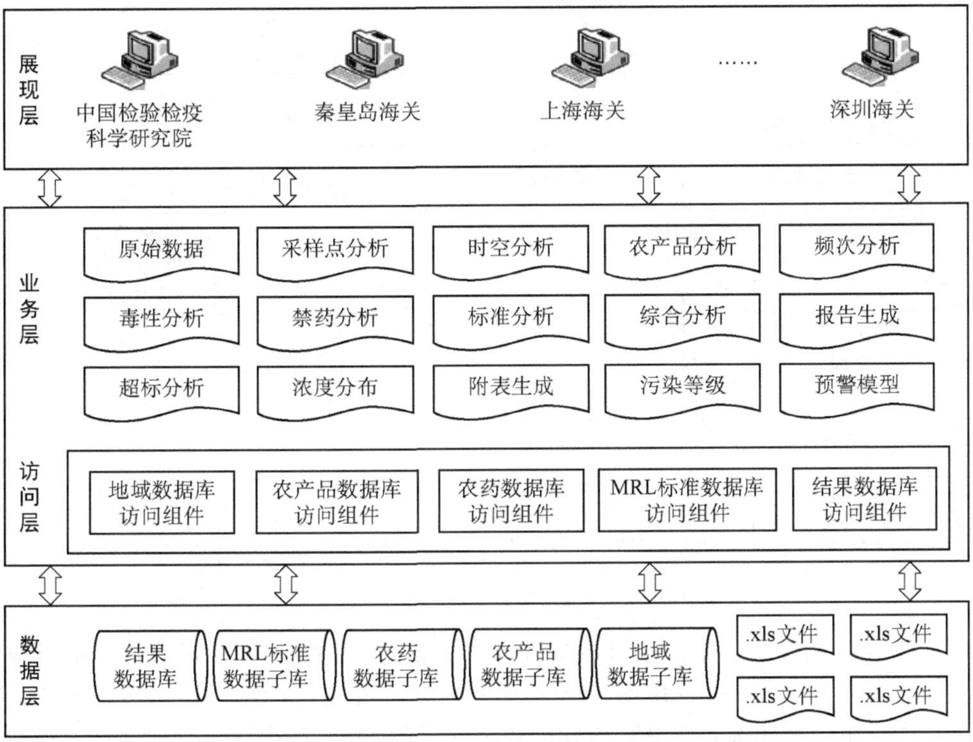

图 14-2　农药残留侦测数据智能分析系统架构图

（二）高分辨质谱-互联网-地理信息系统三元融合技术绘制的中国农药残留地图

1. 数据采集系统　利用高分辨质谱建立了 1200 多种世界常用农药化学污染物一级精确质量数据库和二级碎片离子谱图库，在此基础上为 1200 多种农药建立了自身独有的电子身份证（电子识别标准）。同时开发适用于液相色谱-四极杆-飞行时间质谱（LC-Q-TOF-MS）和气相色谱-四极杆-飞行时间质谱（GC-Q-TOF-MS）两种技术同时侦测 1200 多种农药化学污染物的高通量检测方法(庞国芳等，2018a)。2012～2015 年在全国 31 个省会/直辖市 284 个县区的 638 个采样点，采用 LC-Q-TOF-MS 检测了 12 551 例样品，检出农药化学污染物 174 种，检出 25 486 频次；采用 GC-Q-TOF-MS 检测了 9727 例样品，检出农药化学污染物 329 种，检出 20 412 频次，以此为基础，建成了农药残留数据库（庞国芳等，2018b）。

2. 农药残留可视化地图系统设计　在农药残留基础数据库的基础上，结合相关制图需求的指标，绘制农药残留专题数据库；然后根据系列标准地图建立基础地理底图数据库，将这两个数据库通过空间位置关联；最终通过 Web-GIS 技术构建中国农产品农药残留侦测在线制图系统（庞国芳等，2018b）。与此同时，设计完成线下纸质地图形式的中国农产品农药残留水平地图集（图 14-3）。

在线制图系统设计：将农药残留检测数据与地理数据相关联，在统计分析大量农药残留数据的基础上，归纳总结了 20 项统计文件，首次以专题地图的形式展示农药残留结果。通过专题地图的形式，可以有效地将高分辨质谱筛查的大量、复杂的农药残留结果与地图系统融合在一起。支持用户自主选择和过滤统计数据以突显兴趣数据或关键数据；支持用户定制专题地图符号类型和色彩，提高数据展示和分析能力，构建了多尺度的开放式专题地图表达框

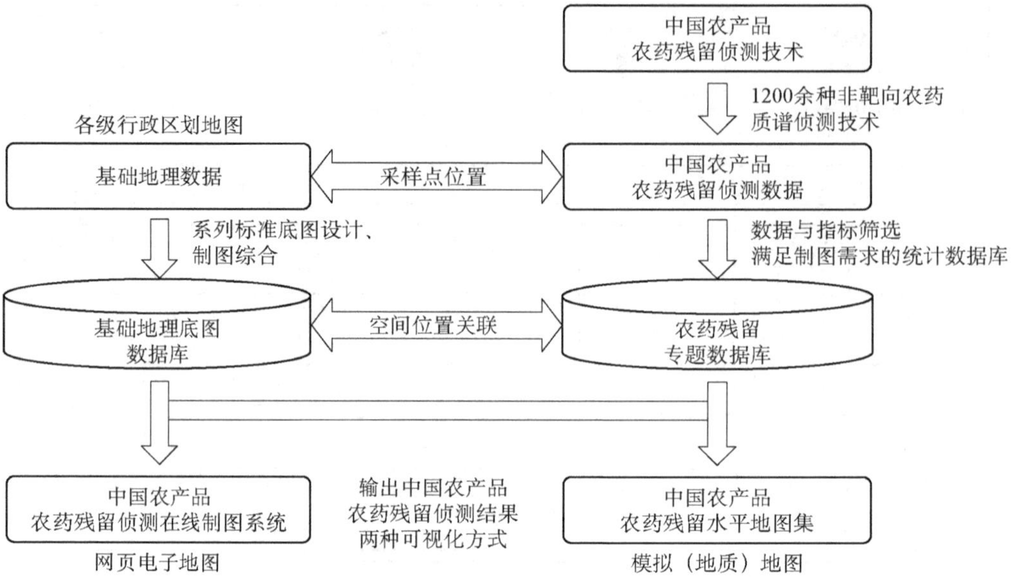

图 14-3　农药残留可视化地图系统设计流程图

架，这既便于现有数据的汇聚，也可以实现未来数据的动态添加和实时更新。纸质地图集设计：为便于表观，研究组将原始的农药检测数据转化为专题地图，并组织这些地图来制作地图集。在农药残留侦测概况、检出农药分析和不同农药 MRL 标准比较三个方面，数据被转换成不同主题的专题地图。

第四节　智能化监管平台的应用

物联网、大数据、云计算等现代信息技术的发展进步，加速推进了我国食品安全信息化系统或平台的搭建及应用。目前，信息化平台包括风险监测信息化平台、过程管理信息化平台、食品安全供应链信息化平台等。

一、风险监测信息化平台

（一）国家食品安全风险评估中心

国家食品安全风险评估中心作为唯一的国家级食品安全风险评估技术机构，承担国家食品安全风险评估、监测、预警、交流和食品安全标准等技术支持工作，其成立填补了我国长期以来缺乏食品安全风险评估专业技术机构的空白，在增强我国食品安全研究能力，提高我国食品安全水平，保护公众健康，加强国际合作交流等方面发挥重要作用。

（二）国家市场监督管理总局的国家食品安全抽样检验信息系统

国家市场监督管理总局的国家食品安全抽样检验信息系统（简称“国抽信息系统”）是为了更好地对数以万计的抽检数据进行搜集、整理和分析而研发的。该系统覆盖全国 3264 家监管部门和 782 家检测机构，是国家权威食品安全动态监管信息化系统。国抽信息系统作为国家、省、市、区（县）四级市场监管部门组织开展食品抽检的信息化工作平台，在支撑食品安全抽检监测工作在线运行，进一步规范食品抽检工作运行，统一食品抽检信息格式和填报要求，促进相关制度机制和工作要求落实，提升食品抽检工作整体监管效能等方面发挥了重要作用。该系统方便社会各界查询了解具体产品信息，可以搜索查询产品抽检是否合格，并获得产品标称的生产企业名称及地址、被抽样单位名称及地址、产品名称、规格型号、生产日期/批号、不合格样品的不合格项目、检验结果和标准值等信息。

二、过程管理信息化平台

（一）农业部门兽药数据平台

中国兽医药品监察所负责农业农村部重大信息平台构建及运维、国家兽药基础数据库构建及运维，建立国家兽药产品追溯系统、国家兽药基础信息查询平台、兽药产品数据库、兽药耐药性监测数据库系统、国家兽药许可证信息管理系统等多个信息系统。

目前国家兽药基础数据库（http://vdts.ivdc.org.cn:8081/cx/）中，可查询兽药生产企业数据（1705 家）、兽药产品批准文号数据（114 822 条记录，截至 2024 年 5 月 14 日）、进口兽用生物制品批签发数据（2463 条记录，截至 2024 年 5 月 8 日）、国产兽用生物制品批签发数据（160 348 条记录，截至 2024 年 5 月 14 日）、化学药品监督抽检结果数据（59 701 条记录，截至 2024 年 1 月 30 日）、生物药品监督抽检结果数据（1567 条记录，截至 2024 年 3 月 7 日）、临床试验审批数据（732 条记录，截至 2024 年 4 月 8 日）、国内新兽药注册数据（1118 条记录，截至 2024 年 5 月 13 日）、进口兽药注册数据（1332 条记录，截至 2023 年 5 月 26 日）、兽药国家标准数据（1658 条记录，截至 2021 年 12 月 3 日），另外还包含了耐药性检测数据、菌（毒）种数据、兽药抽检统计数据、标准物质数据和企业诚信记录等。

国家兽药产品追溯系统（http://124.126.15.169:86/eplatform-sy-org-web）充分考虑监管部门、兽药生产和经营企业、消费者等兽药流通各个环节的业务信息流，通过在兽药产品包装上印制唯一性标志——二维标识码，使生产者、经营者、监管者和消费者都可扫描二维标识码获取兽药产品的相关信息（生产企业、通用名、药品类型、规格、有效期、批准文号），实现兽药产品的可追溯。国家兽药产品追溯系统全面应用后，系统平台产生海量的全国兽药产品的基础性数据信息和动态的流通信息。利用大规模并行计算、分布式数据库等大数据处理技术，搭建 Hadoop 集群，挖掘兽药大数据价值，在“互联网+”形势下，使兽药在线化和数据化，可以极大地提高我国兽药监管效率（郝毫刚等，2015）。

（二）动物源细菌耐药性监测网络

我国动物源细菌耐药性监测网络自 2008 年至今，一直连续监测的细菌有大肠杆菌、沙门菌和金黄色葡萄球菌。2009 年起，建立动物源细菌耐药性监测数据库运行机制，实行检测结果以电子版和纸质版并行上报方式。2011～2013 年，增加了对弯曲杆菌（分为空肠弯曲杆菌和结肠弯曲杆菌）和肠球菌（分为屎肠球菌和粪肠球菌）的耐药性监测。2018 年又增加了对魏氏梭菌的耐药性监测。此外，还开展了动物致病菌（包括猪副嗜血杆菌、假结核棒状杆菌等）的耐药性监测工作（郭凯旋等，2021）。动物源细菌耐药性数据库部署于中国兽药信息网（www.ivdc.org.cn），于 2009 年上线运行，通过不断更新，在科学性、实用性等方面已逐渐完善，实现了我国动物源细菌耐药性监测数据的即时上报、网络共享，以及数据统计分析的同步化、系统化和标准化等功能。截至目前，我国动物源细菌耐药性监测工作进行了 15 年，细菌耐药监测工作的长期稳定发展，为国家和相关部门掌握我国抗菌药物使用和细菌耐药变化形势的实时动态、研究制定切合实际的管理政策和有效措施提供了科学依据。

（三）农药数字监督管理平台

根据《中华人民共和国农产品质量安全法》《农药管理条例》，我国农业农村部正在推进农药数字监督管理平台（图 14-4，https://www.icama.cn/portal/homepage/index.do）的建设。该平台是按照全要素、全流程、全系统的数字化要求，充分利用物联网、3S（GPS、GIS、RS）、大数据等现代信息技术，建立覆盖农药全行业、全链条、全生命周期的数字化监管网络体系。平台建设总体框架为“2+N”：2 即基础数据子平台、行政许可子平台，N 即全国农药质量追溯系统、监督执法服务系统、风险监测系统、行业统计系统、风险评估工具、行业一张图系统等若干业务系统。采取统一的 PaaS（平台即服务）平台环境，实现整个平台的统一架构、统一门户、统一管理、统一保障和资源共享（王宁等，2018）。

图 14-4　农药数字监督管理平台

（四）特殊食品信息化数据库

2018 年，根据国家市场监督管理总局的“三定”方案，即《国家市场监督管理总局职能配置、内设机构和人员编制规定》成立特殊食品安全监督管理司，主要负责分析掌握保健食品、特殊医学用途配方食品和婴幼儿配方乳粉等特殊食品领域的安全形势；拟订特殊食品注册、备案和监督管理的制度措施并组织实施；组织查处相关重大违法行为。法人、生产商及其他组织可通过国家市场监督管理总局特殊食品安全监督管理司官网（https://www.samr.gov.

cn/tssps/）进行食品注册、备案及特殊食品信息查询。

国家中药品种保护审评委员会是全国食品许可、食品安全监管措施研究、受理特殊食品和中药品种保护注册及技术审评、进口保健食品备案的技术机构。前期承担国家“863”计划“基于保健食品安全性的有关质量标准关键技术”、食品许可技术规范制定等项目，建有国内外食品安全信息采集分析系统、全国食品许可信息化数据库，以及保健食品、婴幼儿配方乳粉和特殊医学用途配方食品三大特殊食品信息化数据库，为保障特殊食品安全奠定坚实的基础。

（五）食品生产许可电子化管理系统

为落实《食品生产许可审查通则》中提出的新要求、新程序、新规定，我国多地市场监督管理部门大力推进食品生产许可电子化管理系统建设，启用了国家食品生产许可电子化管理系统（https://spscxk.gsxt.gov.cn/gjjspscww/login/loginAction!login.dhtml），实现了食品（食品添加剂）生产许可业务网上申报、网上受理、网上审批。该系统启用后，不仅方便食品生产企业进行网上申请、自助查询，其许可数据将自动上传至国家市场监督管理总局数据库，也便于审批部门加强和规范食品生产许可数据管理（https://spscxksp.gsxt.gov.cn/gjjspscnw/）。

（六）其他信息化平台

1. 食品安全监管云平台　食品安全监管云平台（https://fda.food12315.cn/#/index），即食品安全监管、云计算、物联网和大数据的交集，是云计算和大数据技术在食品安全监管领域的具体应用。食品安全监管云平台构建了三体系（智慧监管、追溯认证、互联网+检验检测）一平台（食品安全大数据平台）。该平台把生产、流通、餐饮等各种产业融为一体，以追溯为核心功能，以落实企业主体责任为落脚点，形成全链式食品安全数字化监管，创新监管手段，提升监管时效性。该平台目前已在全国多个省、市、区（县）上线使用，入驻企业上万家。

2. 中国农业大学的虚拟仿真教学系统　中国农业大学食品科学与工程虚拟仿真实验教学中心现已建成液态食品（乳品和果汁）虚拟仿真生产线和主食（面条、馒头、水饺、面包等）虚拟仿真生产线。以北京汇源饮料食品集团有限公司果汁加工工艺为例，通过数据库建设和 3D 技术实现人机交互，学生可自行设计搭建食品工厂和车间，自行装配设备和生产线，自主选择工艺条件、加工设备、参数赋值，了解果蔬汁加工的工艺过程和操作要点，掌握技术条件、工艺参数对果汁品质的影响，在虚拟条件下生产出合格的果蔬汁产品。

三、食品安全供应链信息化平台

（一）温氏食品集团股份有限公司智慧农业信息化平台

温氏食品集团股份有限公司将生产、设备、物流、人力资源与“物联网”“互联网+”相结合，搭建智能数字化平台，全面监控生产经营各环节、实时监测各地的市场动态与经营情况，助力企业正确决策，反哺前端。与此同时，其还采用移动互联网技术构建“农管宝”“智养宝”“运管宝”多款应用，实现对家庭农场养殖流程实时信息化管理。

（二）双汇集团信息化建设

双汇集团在 2000 年就开启了独特的信息化进程。其利用互联网将收猪、屠宰、生产加工、物流、分销、财务、人力资源7个系统集成于一个系统，成功攻克信息孤岛、应用孤岛、系统集成三大问题，形成“一个机房、一套服务器、一个数据库、一套应用软件、一个IT小组”的具有双汇特色的信息化模式，实现了资源大整合、数据大集中，助推企业高速健康发展（毛燕娜等，2006）。

（三）杭州娃哈哈集团有限公司信息化建设

杭州娃哈哈集团有限公司在发展过程中积极将智能制造应用在饮料生产加工的各个环节。其搭建了企业资源计划（ERP）平台系统，实现自动化生产、智能仓储、智慧物流。通过搭建大数据营销平台，打通供应链配送体系，实现各营销层级之间的链路闭环，最终达到降低成本、提升营收的目的。

四、食品安全智能化系统或平台推广应用中存在的问题

食品安全是一个复杂的系统性问题，各个环节都影响食品安全。而基于可信计算、大数据、云计算为基础的食品安全智能化平台只有通过有效、实时收集、分析各环节的应用数据，并利用合适的挖掘技术（如贝叶斯网络、决策树、神经网络等），将潜在隐含的信息从数据中挖掘出来，才能得到有价值的风险信息，从而正确应对食品安全问题。我国食品安全智能化系统或平台虽然取得了阶段性成果，但其推广或应用中仍存在一定的问题。例如，智能化技术支撑不足，部分关键领域的研究仍薄弱；信息可靠性有待提高，信息化系统缺乏统一性，覆盖范围不够全面，部分环节信息采集操作复杂；信息采集的自动化和信息化程度低，实验室信息系统的应用不广泛，平台信息仍需逐条录入，过程烦琐复杂，消耗大量的人力和时间；智能化能力建设有待提升，模块建设不够完善，部分平台仅能对信息进行搜寻，不能够对数据进行挖掘、在线统计分析和可视化分析；相关从业人员结构不尽合理，管理和配套措施不完善，相关推广和培训工作不到位，经费投入不足。

参考文献

陈景军，李璐. 2022. 食品安全监管问题现状与改进对策研究. 食品安全导刊，7：13-16.
范丛丛. 2018. 基于智能手机检测肉制品中兽药多残留免疫芯片分析方法的研究. 广州：华南农业大学硕士学位论文.
冯美菱，王素珍，叶青，等. 2022. 宏观视角下我国食品安全监管研究综述. 食品工业，43（7）：5.
郭凯旋，王湘如，赵月，等. 2021. 我国动物源细菌耐药性监测及预警的研究进展. 中国兽药杂志，55（4）：79-85.
郝毫刚，刘业兵，徐肖君，等. 2015. 基于物联网的国家兽药追溯系统的建设与应用. 中国兽药杂志，49（8）：55-58.
刘美廷，李绍平，赵静. 2021. 基于智能手机检测在食品安全中的应用. 分析测试学报，40（5）：777-784.
罗杰，姜海雯，赵静，等. 2016.香港特区食品安全监管体系及其借鉴. 食品科学，37（15）：289-294.
毛燕娜，王志刚，李想. 2006. 以双汇实业集团有限公司为例谈信息化提升食品企业经营管理能力. 农村・农业・农民（B版）（三农中国），（2）：40，42.
庞国芳，陈谊，范春林，等. 2017. 高分辨质谱-互联网-数据科学三元融合技术构建农药残留侦测技术平台. 中国科学院院刊，32（12）：1384-1396.

庞国芳，梁淑轩，常巧英，等. 2018a. 基于风险值自动计算—信息多维采集的农药残留大数据评估市售果蔬安全水平. 中国科学院院刊，33（3）：318-329.

庞国芳，庞小平，任福，等. 2018b. 高分辨质谱-互联网-地理信息系统三元融合技术绘制中国农药残留地图. 中国科学院院刊，33（1）：94-106.

邵亚东，王艳楠，王菊，等. 2022. 大数据技术在食品安全监管中的应用. 食品安全导刊，13：23-25.

王宁，白小宁，周蔚，等. 2018. 中国农药数字监督管理平台总体设计及建设进展. 农药科学与管理，39（4）：14-18.

王伟. 2022. 食品安全监管的观念基础与制度创新. 中国市场监管研究，6：25-29.

吴颖，范丛丛，苏晓娜，等. 2021. 基于智能手机同时检测 4 种兽药残留的免疫芯片技术. 食品科学，42（2）：278-282.

杨坤明，胡峰儿，吴海辉，等. 2020. “十四五”时期食品安全监管形势与对策. 质量探索，17（S1）：132-141.

杨艳芬. 2018. 发达国家食品安全监管现状及对我国的启示. 中国果菜，38（9）：4.

Cheng N, Shi Q, Zhu C, et al. 2019. Pt-Ni $(OH)_2$ nanosheets amplified two-way lateral flow immunoassays with smartphone readout for quantification of pesticides. Biosensors and Bioelectronics, 142: 111498.

Jung Y, Heo Y, Lee J J, et al. 2020. Smartphone-based lateral flow imaging system for detection of food-borne bacteria *E. coli* O157: H7. Journal of Microbiological Methods, 168: 105800.

Liu Z, Hua Q, Wang J, et al. 2020.A smartphone-based dual detection mode device integrated with two lateral flow immunoassays for multiplex mycotoxins in cereals. Biosensors and Bioelectronics, 158: 112178.

Mishra R K, Hubble L J, Martín A, et al. 2017. Wearable flexible and stretchable glove biosensor for on-site detection of organophosphorus chemical threats. ACS Sensors, 2(4): 553-561.

Sayad A, Ibrahim F, Mukim U S, et al. 2018. A microdevice for rapid, monoplex and colorimetric detection of foodborne pathogens using a centrifugal microfluidic platform. Biosensors and Bioelectronics, 100: 96-104.

Shrivastava S, Lee W, Lee N. 2018. Culture-free, highly sensitive, quantitative detection of bacteria from minimally processed samples using fluorescence imaging by smartphone. Biosensors and Bioelectronics, 109: 90-97.

Zhao X, Kong D, Jin R, et al. 2019. On-site monitoring of thiram via aggregation-induced emission enhancement of gold nanoclusters based on electronic-eye platform. Sensors and Actuators B: Chemical, 296: 126641.

思　考　题

1. 食品安全智能化监管系统是什么？结合了哪些新技术手段？
2. 目前智能化监管平台已在哪些领域应用？
3. 什么是大数据？
4. 请举例说明大数据技术在食品安全监管上的应用。
5. 什么是食品安全智能化监管平台？
6. 大数据时代背景下的食品智能化监管具有什么优势？

第十五章　食品安全管理与法规体系

本章思维导图

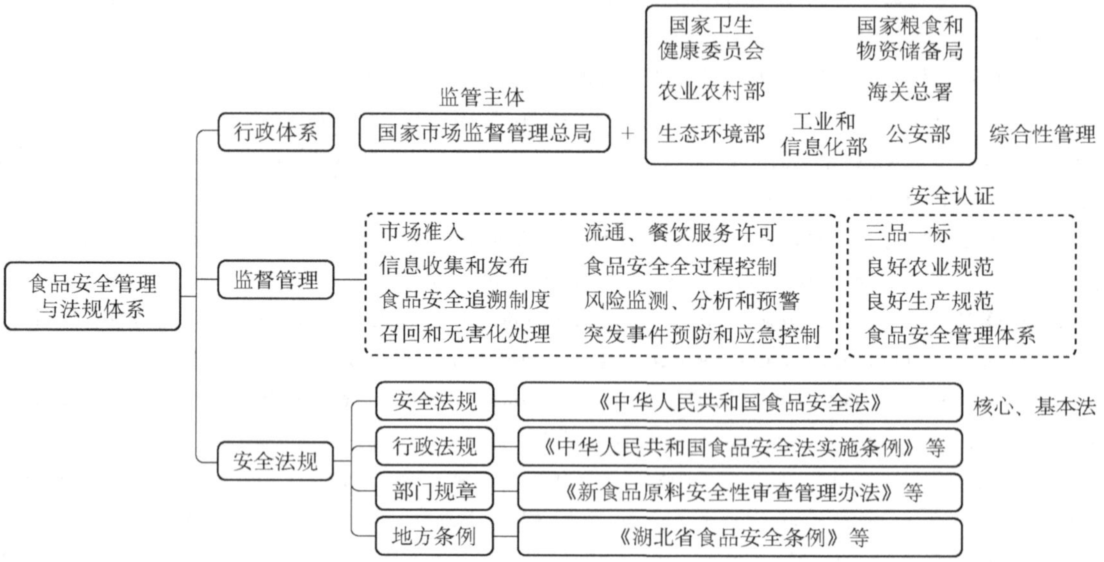

第一节　我国食品安全事务行政体系

一、我国食品行政体系的演变

我国食品安全事务行政体系正由多部门监管向市场、社会与政府共同治理的食品安全监管格局转变（黄新华和赵荷花，2020），调整了食品安全标准制定、风险评估、信息公布、生产经营许可、安全检验机构资质认定和检验规范制定、重大食品安全事故的组织查处等食品安全监管职能的行使。根据《中华人民共和国食品安全法》（二维码 15-1）及相关规定，确立了相对集中的高效食品安全监管体制，形成了以国家市场监督管理总局为主，国家卫生健康委员会、农业农村部、国家粮食和物资储备局、海关总署、生态环境部、工业和信息化部、公安部等部委参与的食品安全监管模式（边红彪，2021）。

15-1

市场准入、食品安全风险评估、食品质量追溯、产品召回等制度是保障我国食品安全的主要手段（苗青青，2020）。这些制度的管理职能分为两种（肖平辉和阎志刚，2007）：一是行政许可的发放，经资质考核发放营业执照、食品生产许可证、卫生许可证等认证许可，准许开展食品生产、加工、运输、经营等业务；二是制定食品标准和完成食品的检验检测。

我国幅员辽阔、人口众多，各地食品安全管理体系和标准不一，导致食品安全事务复杂、开放、相互关联，呈现出跨领域、部门、区域的特征，各部门的职权交叉重叠、模糊甚至空白（马英娟，2015）。1949年以后，我国政府不断探索适合我国的食品安全监管体制（表15-1）。

表15-1　中国食品安全监管体制的阶段特征（詹承豫，2019）

监管特征	时间	监管主体	监管内容	主要监管依据
合一化管理	1949～1979年	行政主管部门 卫生防疫部门	卫生防疫 食品卫生	国务院和各行业主管部门规范性文件
分散性管理	1979～2003年	卫生、农业、质检等部门分别进行监管	食品卫生	《中华人民共和国食品卫生法》、部门性法律法规
分段性管理	2003～2013年	国家食品药品监督管理局综合协调，卫生、农业、质检、工商等部门分段监管	食品卫生 食品安全	《中华人民共和国食品卫生法》《中华人民共和国食品安全法》（2009）、部门性法律法规
综合性管理	2013年至今	国家食品药品监督管理总局到国家市场监管总局的逐步完善	食品安全	《中华人民共和国食品安全法》、部门性法律法规

二、主要食品安全监管部门及职责

国家市场监督管理总局负责食品安全监督管理及综合协调，组织实施食品安全战略和标准化战略，建立并组织实施覆盖食品生产、流通、消费全过程的监督检查制度和隐患排查治理机制，指导重大食品安全事件应急处置和调查处理工作。

国家卫生健康委员会组织开展食品安全风险监测评估，制定并公布食品安全标准。

农业农村部负责农产品质量安全监督管理，建设农业检验检测体系，开展农产品质量安全监测、追溯、风险评估，参与制定农产品质量安全国家标准并会同有关部门组织实施，指导农产品加工业发展工作，组织构建现代化农业产业体系、生产体系、经营体系。

国家粮食和物资储备局负责粮食流通行业管理，制定行业发展规划、政策，拟定粮食流通有关标准、粮食质量标准，负责粮食对外合作与交流。承担全国粮食流通宏观调控的具体工作，起草全国粮食流通的法律法规草案、部门规章，研究提出粮食流通体制改革方案并组织实施，负责粮食收购、存储、运输环节粮食质量安全和原粮卫生的监督管理。

海关总署负责进出口食品鉴定、验证、质量安全等的监督管理，进行入境卫生检疫、出入境动植物及其产品检验检疫，依据多/双边协议实施出口食品相关工作，收集、分析境外疫情，组织实施口岸处置措施，承担口岸突发公共卫生等应急事件。

生态环境部会同有关部门编制并监督实施饮用水水源地生态环境规划和水功能区划、保护工作，监督指导农业面源污染治理工作。

工业和信息化部主管全国盐业工作，负责制定盐业发展规划和产业政策。

公安部针对全国的食品犯罪事件，负责开展侦查工作。

三、当前阶段的监管特点

第一，从监管主体看，针对政府部门专权监管的现状，引入关注食品安全的社会群体，如公众、媒体和非政府组织等，提供有效的监督和举报途径，提高治理的灵活性和及时性；

第二，从监管对象来看，涵盖了所有危害公众健康的食品；第三，从受益群体来看，突出维护低收入者、农民和未成年人的利益；第四，从奖惩方式来看，建设包括食品安全事件记录的社会诚信体系，通过惩戒和信用激励鼓励遵循食品安全规范（齐萌，2020）。

第二节　我国食品安全监督管理体系

一、监督管理体系的构成

我国食品安全监督管理制度主要有：食品质量安全市场准入制度；食品流通、餐饮服务许可制度；信息收集和发布制度；食品安全全过程控制制度；风险监测、风险分析和预警制度；突发食品安全事件预防和应急控制制度；食品安全追溯制度；召回和无害化处理制度等（韩鹏，2010）。其中认证作为对产品生产环节及企业管理体系进行评价的国际通用方法，被普遍用作一种保障食品安全的重要政策工具。

通过产品认证，可有效提高企业的质量安全管理水平，增强产品的市场竞争力和品牌形象（邓少军和樊红平，2013）。我国建立了“生产、加工、运输、销售”全过程的食品、农产品安全认证认可与监管体系，该体系以产品认证为主，体系认证为辅，其中产品认证即“三品一标”认证体系，是指以无公害农产品认证为基础、绿色食品认证为提升、有机农产品认证为补充、农产品地理标志为拓展的认证体系，是保障我国农产品质量安全的重要载体，在很大程度上提高了我国农产品质量安全水平（沈丹，2019）。体系认证是企业通过一个第三方机构对企业的管理体系或产品，进行第三方评价，常见的体系认证有食品质量安全市场准入制度（QS 认证）、良好生产规范（GMP）认证、危险分析与关键控制点（HACCP）管理体系认证（二维码 15-2）、良好农业规范（GAP）认证、食品安全管理体系（ISO 22000）认证（二维码 15-3）等（苗青青，2020）。

15-2

15-3

为了有效推广食品安全认证体系，保障食品卫生安全标准的施行，我国设立专门的政府部门，对企业食品生产、加工全过程进行检查并给予产品认证，允许将合格标志印刷于食品包装上。其中，国家认证认可监督管理委员会对认证认可工作进行综合协调、监督和统一管理，省（直辖市、自治区）属的质量技术监督部门和海关构成了地方上的认证监督管理部门，共同组织食品每年认证认可的专项检查（邓衡山，2022）。具体来说，我国的无公害食品认证、绿色食品认证、有机食品认证分别由农业农村部农产品质量安全中心、中国绿色食品发展中心、中绿华夏有机食品认证中心负责，属于分块管理（池根生，2021）。

二、“三品一标”产品认证

“三品一标”产业发展是促进农业增效、农民增收和保护生态的重要举措，体现了“绿色发展”理念。截至 2022 年，我国“三品一标”证书总数近 12 万个。无公害农产品认证、绿色食品认证、有机农产品认证和农产品地理标志认证颁发的证书分别为 4.7 万个、4.6 万个、2.2 万个和 0.3 万个。此外，产品认证还包括饲料产品认证和转基因食品质量安全认证（刘建，2019）。

在食品、农产品的生产、购买、监管过程中，“三品一标”认证体系的构建和实施为企业、消费者和政府部门提供了极大的便利，生产企业通过获得“三品一标”认证向消费者展示食品质量的权威证明，消费者依据自身需求放心购买相应认证等级的产品，政府部门以“三品一标”认证来管控食品质量和规范行业市场（沈丹，2019）。无公害农产品认证要求在种植养殖过程中使用最低限度的化肥、农药等化学合成试剂，甚至零施用量，并且采用无公害技术，降低农药、重金属、亚硝酸盐等有毒有害物质的含量，是提高农产品质量、提升市场竞争力、确保公众健康饮食的一项首选举措（马红战，2015）。绿色食品认证是中国特色的认证制度，对产品种植、生产、最终质量的要求高于无公害农产品，低于有机农产品，当前政府已将“三品一标”认证体系的发展方向定为推动塑造绿色食品认证的市场主导地位，并以社会化和国际化为发展目标，大力推动基础建设（沈丹，2019）。有机农产品不使用化肥、农药、生产调节剂和饲料添加剂，也不允许使用基因工程技术，从源头上控制污染源，要求种植养殖和产品生产所处水、土壤、大气等生产环境不存在污染，通过这样优良的生态环境产出纯天然、无污染、营养安全的食品，可称为AA级绿色食品。农产品地理标志，以地域名称冠名特有农产品，用于挖掘当地特色资源，打造地方特色的农产品品牌（李彩，2020）。

三、QS、GMP和HACCP体系认证

QS认证是我国对全部28类食品出厂销售强制要求的认证制度，在食品加工源头完成了对食品质量的强力监管，确保市场上的食品满足质量安全的基本要求。GMP是为了保障食品安全和卫生而制定的贯穿食品生产全过程而建立的一种管理体系，包含一系列措施、方法和技术要求，体现了食品企业卫生质量管理的普遍原则，适用于所有相同类型产品的食品生产企业（二维码15-4）。HACCP是一种对食品中微生物、化学和物理危害进行控制的安全保证体系，可在食品的生产、运输、储存、消费的全过程中预防可能的安全危害并实际达到质量要求，科学地找出危害控制的重点环节，为食品安全的保证和监管提供立竿见影的着力点，有助于GMP的制定和实施。对需要高效、稳定保障食品质量和卫生的企业来说，GMP和HACCP这两种认证提供的措施和方法是不可或缺的。食品安全管理体系（ISO 22000）以HACCP原理为基础而制订，对HACCP的细节进行补充使其能高效地运作，其为食品企业提供了一个系统化的食品安全管理体系框架，将当前工序中可预知危害处理至安全水平再移交至下一段食品链。

15-4

第三节　我国食品安全法规体系

一、食品法律体系的核心和框架

我国食品安全监督法律的核心为《中华人民共和国食品安全法》，在该法律的基础上，衍生了符合时代和地域的各种地方法规、政府规章和规范性文件，它们共同构成了我国的食品安全法规体系（苗青青，2020）。其中，法律是由全国人民代表大会及其常务委员会制定的规范性文件，由国家主席签署主席令予以公布，级别最高。法规分为行政法规和地方性法规，依据宪法和法律制定。规章为国务院部门、地方政府在它们的职权范围内，依据法律、法规制定的规范性文件。食品安全标准是开展食品安全监管的依据文件，国家标准由国务院卫生行政部门会同国务院食品监督管理部门制定、公布，食品安全国家标准评审委员会评审。该体系框架以《中华人民共和国标准化法》《中华人民共和国农业法》《中华人民共和国农产品

质量安全法》等数部有关食品安全的法律为基础，由《新食品原料安全性审查管理办法》等有关食品安全的法规共同构成。

二、涉及食品安全的法律

《中华人民共和国食品安全法》是针对所有食品安全问题的通用法，确立了以国家市场监督管理总局、国家卫生健康委员会、农业农村部、国家粮食和物资储备局、海关总署、生态环境部、工业和信息化部、公安部等多个部门构成的监管体系，形成了风险监测与评估（事前监管）、责任约谈（事中监管）等监管举措，体现我国食品监管理念从事后事故处置到事前风险控制的转变；建立了食品安全全程追溯制度；面对网络订餐市场的兴起，填补了互联网餐饮平台、特殊食品安全、校园食品安全等领域的监管空白。

除了《中华人民共和国食品安全法》之外，同时存在数部与食品安全相关的法律：《中华人民共和国农产品质量安全法》包括农产品产地、包装和标识监督检查等各项法律规定，内容上从属于《中华人民共和国食品安全法》，管控对象为食品分类中的食用农产品；为了促进种植、养殖等生产产业的快速蓬勃发展，制定了《中华人民共和国渔业法》《中华人民共和国动物防疫法》《中华人民共和国农业法》《中华人民共和国畜牧法》等法律；《中华人民共和国标准化法》《中华人民共和国进出口商品检验法》《中华人民共和国产品质量法》（二维码 15-5）覆盖农产品和食品，有效地保障和提升了产品质量，共同构成了保障产品质量的通用法；《中华人民共和国消费者权益保护法》（二维码 15-6）为保护消费者权益发挥了举足轻重的作用；《中华人民共和国反不正当竞争法》规范了市场竞争、维护市场秩序，有效促进了社会主义市场经济健康发展；为了打击虚假广告、夸张宣传、仿冒商标等问题，《中华人民共和国广告法》《中华人民共和国商标法》对产品的广告、商标、包装等做了限定（吴炜亮等，2021）。

15-5

15-6

三、部门规章和地方条例

上述的我国这些法律是政府执法部门对食品安全进行监管的行权依据，但是作为指导方针仍需要实施细则，来应对由我国地区发展不平衡造成的产业状况、食品需求不同的复杂情形，因而国务院各部委及直属机构发布了各种类型食品行业通用的部门规章。例如，面对网络兴起对传统餐饮行业带来的冲击，制定了《网络餐饮服务食品安全监督管理办法》《网络食品安全违法行为查处办法》；为了强化校园食品安全监管，起草了《关于落实主体责任强化校园食品安全管理的指导意见》《学校食品安全与营养健康管理规定》；用于食品质量监管出台的《食用农产品市场销售质量安全监督管理办法》《食品安全抽样检验管理办法》《食品召回管理办法》等，明确了对食品质量安全监督、抽检、不合格产品召回的办法；针对突发公共卫生事件，推出了《突发公共卫生事件应急条例》，用于有效预防、及时控制和消除危害，保障公众身体健康与生命安全，维护正常的社会秩序。

此外，相应部委也相继出台了法规和规章，针对食品质量，全面地从种植养殖、生产加工、流通、销售、进出口检验等阶段保障卫生安全，如《中华人民共和国进出口商品检验法实施条例》《中华人民共和国商标法实施条例》《中华人民共和国食品安全法实施条例》（二维码 15-7）等响应食品法律完善了详细实施细节。其他法规、规章、条例，如 2005 年由海关总署颁布的《中华人民共和国进出口货物原产地条例》，

15-7

为食品原产地管理提供了统一的办法，促进对外贸易发展。针对粮食、转基因食品、添加剂、乳制品、食盐等具体食品类别，《粮食流通管理条例》《农业转基因生物安全管理条例》《乳品质量安全监督管理条例》《食盐专营办法》分别做出了相关管理条例和办法（吴炜亮，2021）。

依据法定权限和程序，地方政府也制定了地方层面的条例、办法和规定，在所管辖的范围内具有约束力，如《四川省食品小作坊、小经营店及摊贩管理条例》《北京市食品安全监督管理规定》《湖北省食品安全条例》（二维码 15-8）等。

15-8

这些行政法规和部门规章与食品安全相关法律共同构成了我国食品安全监管法律体系，它们各自在自己的法律规定范围内发挥作用，保障了我国食品行业依法有序运行（蹇越，2020）。

参考文献

边红彪. 2021. 中国食品安全监管的进程智慧和经验. 食品安全质量检测学报，12（4）：1600-1606.
池根生. 2021. 安全认证食品管理问题研究. 食品安全导刊，（17）：42-43.
邓少军，樊红平. 2013. 农产品质量安全信息不对称与农产品认证. 中国农业资源与区划，34（1）：87-90.
韩鹏. 2010. 我国食品安全监管体系存在的问题及对策研究. 济南：山东大学硕士学位论文.
黄新华，赵荷花. 2020. 食品安全监管政策变迁的非线性解释——基于间断均衡理论的检验与修正. 行政论坛，27（5）：59-68.
蹇越. 2020. 我国食品安全监管法律制度研究. 成都：四川师范大学硕士学位论文.
李彩. 2020. 滨州市“三品一标”产业政策实施问题研究. 济南：山东师范大学硕士学位论文.
刘建. 2019. 我国食品质量安全认证管理的现状分析及发展构想. 食品安全导刊，（30）：162.
马红战. 2015. 陕西省无公害（种植业）农产品发展现状及对策. 杨凌：西北农林科技大学硕士学位论文.
马英娟. 2015. 走出多部门监管的困境—论中国食品安全监管部门间的协调合作. 清华法学，9（3）：35-55.
苗青青. 2020. 我国食品安全监管制度完善研究. 兰州：西北民族大学硕士学位论文.
齐萌. 2020. 中国食品安全监管:历史嬗变、现实图景与未来进路. 社科纵横，35（12）：94-99.
沈丹. 2019. 企业对“三品”认证体系的评价及其影响因素研究. 济南：山东师范大学硕士学位论文.
吴炜亮，张朵，杨朝慧，等. 2021. 我国治理食品掺假的相关法律法规体系研究. 中国调味品，46（8）：180-184.
肖平辉，阎志刚. 2007. 中国食品安全行政管理体系初探. 太平洋学报，（2）：74-84.
詹承豫. 2019. 中国食品安全监管体制改革的演进逻辑及待解难题. 南京社会科学，（10）：75-82.

思考题

1. 在我国食品安全事务行政体系中，监管主体是什么，主要由哪些国家部门构成？
2. 简述我国食品安全监督管理制度的内容。
3. 我国有哪些强制认证制度？
4. 列举一些我国特色的认证制度，并谈谈你的看法。
5. GMP、HACCP 和 ISO 22000 三者之间的区别和联系是什么？
6. 我国的食品安全基本法是哪部法律？
7. 我国的食品安全法规体系由哪些部分构成？
8. 列举最近发生的食品安全案例，并对其进行分析，提出预防措施。
9. 食品舆情具有什么特征？
10. 食品舆情要怎么合理应对？

第十六章　食品安全管理国际化方向

本章思维导图

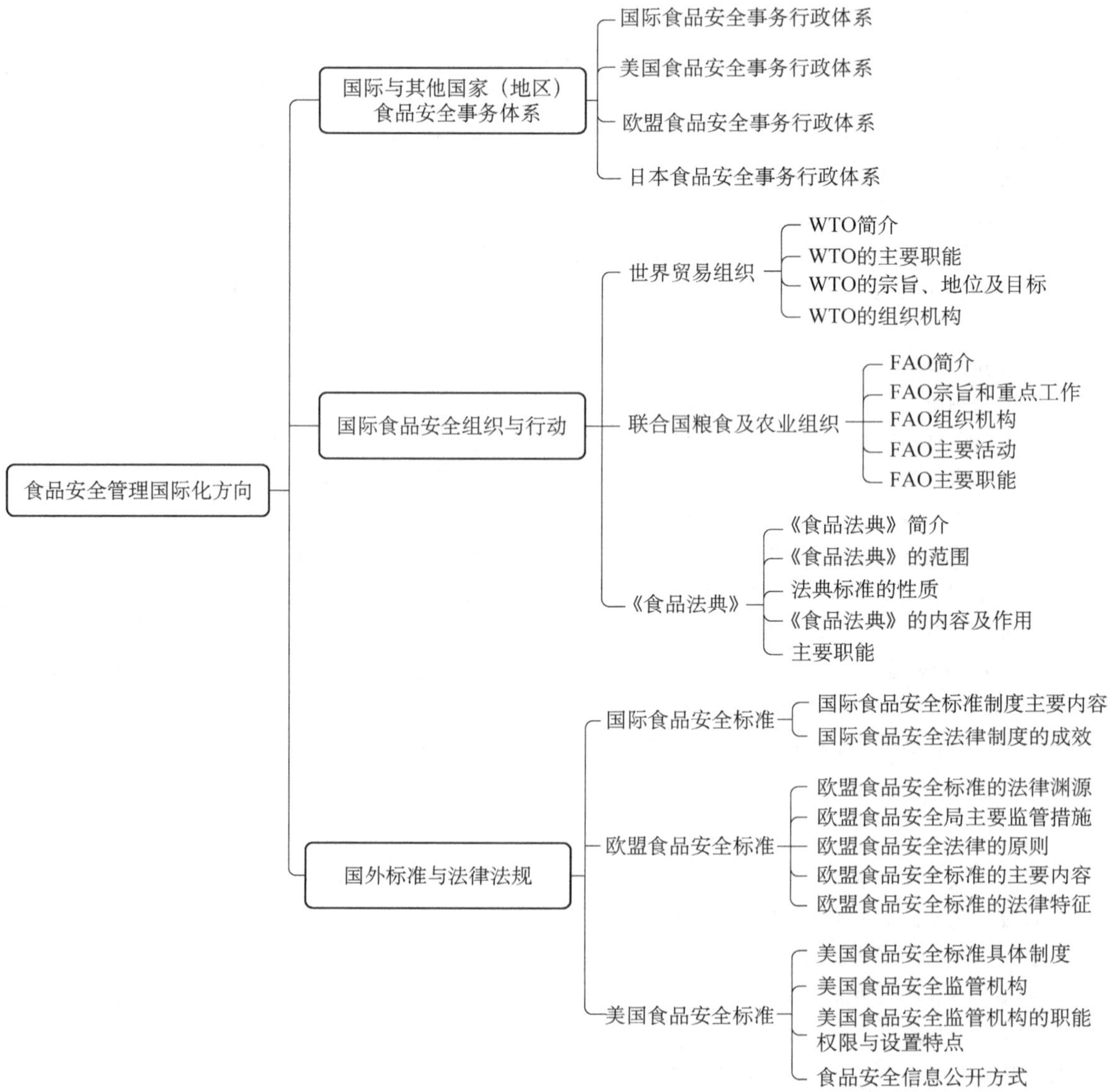

第一节　国际与其他国家（地区）食品安全事务体系

一、国际食品安全事务行政体系

迄今为止，保护消费者健康及保证食品贸易公平开展的相关领域都受到国际食品法典委员会的直接审核与监督。国际食品法典委员会已将国际采纳的所有食品相关标准进行统一和整合，其中包括食品原料、加工或半加工食品的标准。国际产品标准体系包括但不限于肉和肉制品、特殊膳食食品、乳和乳制品、谷物和豆类制品、鱼和鱼制品、瓶装水、盐、新鲜水果蔬菜、加工水果蔬菜、可可制品和巧克力等相关食品。同时，国际食品法典委员会也规定了产品标准的编写形式，包括标准名称、适用范围、描述、基本成分和质量要素、食品添加剂、度量衡、标签、污染物、卫生、分析和采样方法等共计 10 个方面。国际食品法典委员会还规定了食品添加剂、卫生、标签、污染物、分析和采样等应参照对应的基准标准制定，然而若产品无法满足通用标准的规定，则允许根据实际需求制定。若出现这种情况，可在早期阶段就提交给一般主题委员会审查，并由此导致某些产品标准除引用基准标准外，还包含一些特殊规定。全球粮食新挑战见二维码 16-1。

16-1

二、美国食品安全事务行政体系

美国的食品安全管理体系建立在法律基础上，采取纵向管理方式来规范食品的质量和安全，即美国按食品种类来划分部门职能，食品药品监督管理局（Food and Drug Administration，FDA）负责除肉、禽和蛋制品之外的食品监管；环境保护局（Environmental Protection Agency，EPA）负责饮用水安全及规定食品中农兽药残留的限量（邹强，2011）；食品安全检验局（Food Safety and Inspection Service，FSIS）主管肉、禽和蛋制品的质量和安全；农业部（United States Department of Agriculture，USDA）要求所有肉类产品企业执行完善的 HACCP 体系；FDA 则要求水产品、果蔬制品、饮料和罐头产品也必须执行 HACCP 体系。总而言之，美国的食品安全是建立在健全的食品良好生产规范、完善的 HACCP 体系之上的。

美国控制食品中有害物质的方式并非主要建立在食品终产品中有害物质的限量标准上，而是通过法律来确保食品不得故意添加任何有害物质；针对不可避免的污染物质，美国采用了不同层次的监管手段，包括监管水平、行动水平及容许量；当食品中的污染物质达到行动水平时即被视为不合格产品，需要进行处理；而一旦设定了容许量的污染物质限量，即认为有充分的科学依据支持，短期内不太可能进行修订（FDA，2012；FSIS，2012）。

美国对食品添加剂的管理与多数国家类似，遵循审批制度。该制度的核心机构为食品安全与应用营养中心（CFSAN），该机构负责评估食品添加剂的安全性，并决定其在各类食品中的使用范围与使用量（FSIS，2012）。而对于美国农业部管辖的肉、禽、蛋制品中的食品添加剂，除了 FDA 的审批外，还需经过 USDA 的额外审核。FDA 评估为安全的添加剂，还需经过 FSIS 的再次确认（FSIS，2012）。经 FDA 审批的食品添加剂名单可通过其网站进行核实。美国对食品添加剂进行了细致的分类，包括直接食品添加剂、次直接食品添加剂和间接食品添加剂。其中，色素添加剂的管理方式与其他普通食品添加剂有所不同。此外，食品接触材料也被纳入次直接和间接食品添加剂的管理范畴，同样由 CFSAN 的食品添加剂办公室负责审批。食品中营养物质的强化也被视为食品添加剂的一部分，与其他功能食品添加剂遵循相同的审批流程。

在农兽药残留管理方面，美国由环境保护局（EPA）负责制定残留限量标准。这些标准详细列出了最大残留限量（MRL）和豁免物质，并收录于 40 CFR 第 180 部分（FDA，2012）。目前，EPA 已设定超过 9000 种农药的允许残留量。FDA 和 FSIS 则负责这些标准的执行（赵燕等，2006），FDA 还会采集和分析食品样品，以确保农药残留不超出 EPA 规定的限量值。

美国对食品标签的管理有完善的法律体系的支持。21 CFR 的第 101、102 部分，对标签的相关内容进行了详尽的规定，包括通用条款、特定营养标签要求、特定食品标签要求、特定的营养素含量声明、健康声明及标签豁免等。同时，对于各类具体的食品产品，也明确规定了相应的标签内容（FDA，2012）。

美国的食品安全管理是建立在健全的法律法规之上的，包括对食品生产过程的严格把控、严谨的安全性评估和审批制度、先进的监测预警技术及对产品质量的持续保证。这些法规和标准共同构成了美国食品安全全程化控制的核心框架（贺彩虹，2021）。

三、欧盟食品安全事务行政体系

欧洲食品安全局（European Food Safety Authority，EFSA）是欧盟食品安全标准的核心机构，致力于推动欧盟食品安全标准的制定和完善。在欧盟食品标准体系中，各机构之间的分工和职责划分明确，EFSA 发挥着领导作用，协调各机构并与其他成员国合作，确保食品安全标准的科学性和合理性。其中，《欧盟食品安全白皮书》《欧盟食品法》《欧盟食品卫生条例》等是支撑欧盟食品安全法律体系的重要文件（中国质检工作手册，2012）。在保障食品安全方面，欧盟坚持风险分析、从业者责任、可追溯性和高透明度等原则，为欧盟消费者提供高标准的食品安全法律保障（臧冬斌，2013）。

欧盟积极引进国际标准体系，并强调“从农田到餐桌”的全方位监控理念。其食品标准体系由上下两层构成，不同层次的标准相互补充，共同形成了完整的标准体系。据统计，欧盟拥有超过 10 万个技术标准，其中约 1/4 与食品领域直接相关（廉恩臣，2010）。这些标准的实施，为欧盟食品安全提供了坚实的保障。

欧盟的食品安全标准源于科学的风险评估结果。通过不断完善科学检测手段，分析并识别出对人体健康可能造成的不利因素和影响，进而及时修订食品安全标准。在成员国的共同努力下，欧盟的食品安全风险分析体系日臻完善，食品安全标准的严格性、科学性和合理性得到了显著提高（王超，2014）。

四、日本食品安全事务行政体系

16-2

日本食品安全法经历了食品取缔法时期、《食品卫生法》时期、《食品安全基本法》时期，各时期都有相应的监管理念和制度设计，随着日本食品安全法制体系的不断发展，法制监管水平也取得了良好的效果（二维码 16-2）。

1900～1947 年，日本常用“取缔”来表示监督管理的意思。由于在这个时期的立法多数是以“取缔”命名的，因此将这一时期称为食品取缔法时期（王贵松，2009）。《食品卫生法》的颁布标志着《食品卫生法》时期的开始，其目的是采取相应的措施以避免食品安全问题的发生，除食品外还对食品添加剂、器具、容器包装等进行了规定，该时期政府引导开展了优化公共卫生的行动，表现出了积极的行政特点（韦吉，2018）。2003 年至今都处于《食品安全基本法》时期，该时期的标志性法律是《食品安全基本法》，该法律将保护国民增加到立法目的中，加强了监管体制、食品安全事故的应对，同时加大了对违法者的处罚力度。通过针对“从农田到餐桌”的全部食物供应过程展开管控进而保障食品安全，更好地保护公众的健康（韦吉，2018）。

第二节　国际食品安全组织与行动

一、世界贸易组织

（一）简介

世界贸易组织（WTO）成立于1995年1月1日，作为全球最大的多边贸易组织，WTO目前拥有137个成员，截至目前正在申请加入的还有30多个国家和地区。其总部设立于瑞士日内瓦。WTO、国际货币基金组织、世界银行共同构成了当今世界经济体制的三大支柱。食品贸易在全球贸易中占据重要地位，全球化背景下的食品贸易不仅促进了各国食品资源的合理配置、改善粮食安全和食品产业的状况，还丰富了市场内的食品种类，并通过加剧市场竞争来提升食品质量，为广大消费者带来了诸多好处。然而，食品贸易的全球化也带来了一系列挑战，其中最突出的问题便是食品安全问题。随着食品贸易的全球化，食品安全问题已不只是一个国家的问题，有可能演变为地区性或全球性的挑战（王海莹，2010）。

（二）WTO的主要职能

WTO承担着实施WTO协定的重要职责，致力于推动多边贸易谈判，妥善解决成员间的贸易争端，并对各成员的贸易政策进行审核。简而言之，它肩负着制定、实施和监督涵盖服务贸易、货物贸易及与贸易紧密相关的知识产权和投资措施等诸多领域的多边贸易规则的重要使命。具体来说，世界贸易组织承担以下五大职能：①管理职能，确保各成员的贸易政策和法规符合规则，通过监督、管理和定期评审来维护贸易的公平性和合法性；②组织职能，有权组织并推动实施各项贸易协定和协议，以实现既定目标，促进全球贸易的顺利进行；③协调职能，WTO与世界银行、国际货币基金组织等国际机构紧密合作，及时协调，确保全球经济决策等相关工作的协同性和一致性；④调节职能，WTO作为调解者，应及时处理各成员之间的贸易争端和冲突，从而起到维护国际贸易秩序和稳定的作用；⑤服务职能，WTO应为成员提供谈判场所，同时还要协助处理与贸易协定和协议相关的事务，及时为发展中国家提供相应的技术援助，促进其贸易发展。

（三）WTO的宗旨、地位及目标

WTO的宗旨在于提升全球民众的生活品质、推动实际收入的稳健增长、扩张有效需求、确保充分就业、促进货物和服务的生产与贸易、实现可持续发展、高效利用世界资源并注重环境保护。WTO致力于保障发展中国家在国际贸易增长中获得与其经济发展需求相匹配的份额。其目标是构建一个全面、富有活力、稳定的多边贸易体制，这一体制不仅巩固了《关税及贸易总协定》和“乌拉圭回合”多边贸易谈判为贸易自由化所做出的贡献，还进一步推动了这些成果的发展。为了实现这些目标，各成员在国际贸易中应恪守互惠互利的原则，有效降低关税、减少贸易壁垒、消除歧视性待遇。经过数十年的不断发展，WTO的争端解决机制也是目前世界上最具活力、最有效和最成功的国际争端解决机制之一。1995年1月1日至2022年5月7日，世界贸易组织成员向世界贸易组织提交了612个磋商请求，世界贸易组织做出了350多项裁决（薛丹，2023）。

（四）WTO的组织机构

WTO的最高决策机构为部长级会议，此会议至少每两年召开一次，拥有对多边贸易协议下所有事务的决策权。而在部长级会议之下，分设了秘书处和总理事会，分别承担WTO的工作任务和日常会议的相关工作。秘书处设有一名总干事，总理事会又进一步细化为三大理事会和三大委员会，以确保各项事务的高效运作。

二、联合国粮食及农业组织

（一）联合国粮食及农业组织简介

1945年10月16日，联合国粮食及农业组织（FAO）正式成立，在加拿大魁北克召开了第一届联合国粮食及农业组织正式会议，总部设在意大利罗马。

（二）FAO宗旨和重点工作

FAO的宗旨是提高人民的营养水平和生活标准，改进农产品的生产和分配，改善农村和农民的经济状况，促进世界经济的发展并保证人类免于饥饿。FAO的工作面向全球范围，致力于消除饥饿和贫困，推动农业的可持续发展。其重点工作包括：改善农业生产和提高粮食生产能力、促进农村发展、保护和可持续利用农业资源、应对气候变化的挑战、促进食品安全和营养、支持农村社区的发展和改善全球农业政策等。

（三）FAO组织机构

FAO是联合国成立的第一个专门机构，主要由大会、理事会和秘书处组成。大会是该组织最高权力机构，每两年召开一次。常设机构理事会隶属于大会，由大会推选产生并在大会休会期间执行大会所赋予的权力。理事会成员任期为三年，到期轮换。理事会共设有世界粮食安全、计划、财政、章程及法律事务、林业、农业、商品、渔业、植物遗传资源9个下属机构。该组织的执行机构为秘书处，其行政首脑为总干事。秘书处下设总干事办公室和7个经济技术事务部。总部自1951年起迁往意大利罗马，此外还在非洲、亚洲和太平洋、拉丁美洲和加勒比、近东和欧洲等5个地区设有区域办事处。

（四）FAO主要活动

FAO在粮食及农业信息传播和政策专业知识分享方面发挥了关键作用，为各成员提供了宝贵的经验支持，协助各成员进行农业政策和规划的设计，通过拟定有效法律从而推动实现乡村发展和脱贫目标的国家战略。此外，FAO还为各成员提供了一个重要的会议场所，在世界各地数以千计的项目中展现了其深厚的知识储备和实践经验。在面临危机时，FAO将联合世界粮食计划署及各人道主义机构，共同保护各成员农村人民的生计及生活需要，并积极协助配合人民重建家园。

（五）FAO 主要职能

FAO 的核心职能在于提升全民的营养水平、改善乡村人口的生活、增强农业生产效率、推动世界经济发展。当有成员进行土地所有制转变时，FAO 将会提供对应的法律咨询以协助平稳过渡。针对那些需要提高作物产量但严重缺乏相关农业技能的地区，FAO 会协助推广简便且可持续发展的农业手段和相应技术。在旱灾等自然灾害威胁到脆弱群体时，FAO 会迅速动员并采取措施对弱势群体进行国际援助。2021 年 6 月，FAO 第 42 届大会批准通过了《2022—2031 年战略框架》，提出了“着力推动转型，建设更高效、更包容、更有韧性且更可持续的农业粮食体系，实现更好生产、更好营养、更好环境和更好生活，不让任何人掉队”的新战略目标（张红玲，2023）。

三、《食品法典》

（一）《食品法典》简介

“Codex Alimentarius”一词源自拉丁语，意为“食品法典”，它既是国际标准，同时还是食品加工的规范和准则。其核心目标是确保食品的安全与质量，从而满足消费者的健康需求，同时推动食品国际贸易的便利化。它是通过确立食品标准、食品加工规范，协调各国积极推进食品标准立法、指导各国建立起完善的食品安全体系（赵丹宇，2001）。

FAO 与 WTO 于 1962 年共同召开全球性会议，旨在探讨并制定一套统一的国际食品相关标准。此标准将会引导世界食品工业的稳健发展，促进国际食品贸易的公平，并确保公众健康。两组织成立的国际食品法典委员会（CAC）通过制定并推广食品标准及食品加工规范，不仅为各国在建立食品安全体系方面提供了宝贵的指导，还协调推动了各国积极建立科学有效的食品标准。

（二）《食品法典》的范围

《食品法典》包括但不限于食品卫生、标签与说明、污染物、食品添加剂、农药残留、采样与分析方法等多个方面的通用准则，同时还包括与食品加工相关的卫生规范及其他推荐性措施等指导性条款。

（三）法典标准的性质

《食品法典》旨在保障消费者能够购买到卫生安全、完好无损、真实可靠且标识准确的食品。它不仅汇集了各项法典标准，还包含了各成员或国际组织的反馈意见及其他相关通知。各国在采纳法典标准时，可灵活选择“自由销售”“全部采纳”“部分采纳”等方式，具体取决于其领土管辖范围内销售的食品所适用的现行法令和管理程序（张志强，2006）。《食品法典》中的标准属于供成员自愿采用的建议性质，但在很多情况下仍被引为各国立法的依据（宋雯，2013）。然而，需要明确的是，《食品法典》无法替代国家法规的存在。

（四）《食品法典》的内容及作用

2017 年，国际食品法典委员会制定了 78 项准则、221 项食品标准、53 项操作规范、106

项食品污染物最大限量、4130 项食品添加剂最大限量、5231 项农药最大残留量、623 项食品中兽药最大残留量。如今，《食品法典》深刻地影响着全球食品供应的安全和质量。

（五）《食品法典》的主要职能

《食品法典》的主要职能涵盖以下 5 个方面：①促进国际政府和非政府组织在食品标准工作方面的协调一致性；②保护消费者健康，并确保食品贸易的公平公正性；③批准已制定的标准，并与其他机构批准的国际标准一起，在得到成员政府的接受后，作为世界或区域标准发布；④通过相关组织，明确优先事项后启动或指导草案标准的制定工作；⑤根据实际情况审查和修订已发布的标准。

第三节　国外标准与法律法规

一、国际食品安全标准

国际食品安全标准由国际食品法典委员会（CAC）下属各委员会讨论制定，必须经国际食品法典委员大会所有成员审议通过才能生效。这些标准具有非强制性，可作为各国在购买、生产和加工过程中的参考依据。涉及标准的修订或撤销时需遵循《法典标准及相关文本的制定程序》，包含 8 个步骤：批准新项目、编制草案、发送草案征求意见、委员会反馈意见、形成标准草案、再次征询意见、委员会再次审议和反馈及大会批准后公布法典标准（Codex Alimentarius，2019）。国际食品安全标准包含两大类标准：首先是各种通用标准及法规，涵盖基本原则、添加剂、标签、包装、进口食品检验五方面；其次是针对特定食品或食品类别的商品标准，如谷物、豆类和包括植物蛋白在内的衍生产品、油脂和相关产品、鱼和渔产品、新鲜果蔬、加工和速冻水果和蔬菜（孙键，2007）。当通用标准无法满足特定产品标准的需求时，CAC 规定可以在程序的早期阶段将产品标准提交给相应的主题委员会进行审查，因此，部分产品可能还包含其他特殊规定（何翔，2013），但这种不参考通用标准的例外情况极少。

（一）国际食品安全标准制度主要内容

通过《保障食品的安全和质量：强化国家食品控制体系指南》建立了 FAO 食品安全管理体系，规范了各个国家内部控制食品安全体系。其中，最核心的体系是危害分析与关键控制点（HACCP），该体系是经过预测风险进行控制的方案，可以在食品生产链的环节中预防食品安全风险，再根据 HACCP 体系建立相应的档案制度，及时调查清楚原因（孙成媛，2017）。国际《食品法典》的实质内容包括通报、信息共享、事故的确定及国际之间的合作，以及发生食品安全事故之后应采取的临时或长期措施（江虹等，2015）。WTO 发布的《2022—2030 年全球食品安全战略》中也明确提到了食品安全事故检测体制和处理措施。目前，WTO 提出的与食品安全相关的协议有《关税及贸易总协定》（GATT）、《技术性贸易壁垒协定》（TBT 协定）、《实施卫生和植物卫生措施协定》（SPS 协定）（二维码 16-3 和 16-4）。

16-3

16-4

（二）国际食品安全法律制度的成效

国际食品安全法律制度的建立能够缓解食品安全问题无法解决时面临的局面，并且 FAO

和 WHO 共同提倡建立的食品监管制度成为全球食品安全制度的重要组成部分。欧盟在构建食品安全制度时借鉴了与国际食品法律有关的规则，保留了其中的部分规定，我国在建立食品安全法律制度时也根据我国的国情借鉴了相关条例，如我国的食品安全标准中参考了《食品法典》，做到了食品安全标准与国际接轨。

国际食品安全标准得到了各国政府的认可，将 TBT 协定和 SPS 协定作为解决国际贸易争端的法律依据，《食品法典》作为全球食品安全国际标准，目前已成为全球消费者、食品生产和加工者、各国食品管理机构及国际食品贸易最重要的基本参照标准，其对食品生产、加工者的观念及消费者的意识产生了巨大影响。

二、欧盟食品安全标准

欧盟的食品安全标准法规体系是比较完善的，2000 年 1 月 12 日欧盟提出了新的食品政策，“从农田到餐桌”是其食品安全管理的指导原则（二维码 16-5）。为了更科学地支持欧盟委员会开展风险评估和交流工作， 2002 年成立了一个独立的机构——欧洲食品安全局（EFSA），以统一监管与食品安全相关的事务（何翔，2013）。

16-5

（一）欧盟食品安全标准的法律渊源

欧盟各成员国签订的《欧盟食品法》。除此之外，还有食品安全管控、食品安全基础、食品安全检测方法等指令，它们都为食品管控、食品检测、食品卫生等方面提供了参考标准。在这些指令法规的基础上，欧盟进一步提出了更为细致的规定，建立了更为完善和健全的食品安全标准体系（孙成媛，2017）。

（二）欧洲食品安全局主要监管措施

为了保障食品安全，欧盟采取了多项重要措施。首先，建立了严格的监测体系。欧盟对食品安全标准有着高标准的定位，因此各成员国在监管本国食品时都遵循欧盟的要求。欧盟委员会下属的健康和消费者保护总局是农兽药和化学污染物残留的主管部门，也是食品检测的主要职能部门。各成员国在符合欧盟标准的基础上，还可以设定更为严格的检验标准限量，一旦验证成功，这些标准也可被其他成员国采用。其次，欧盟建立了食品安全快速预警系统。该系统包括预警通报、信息通报和拒绝入境三种通报方式，形成了一个广泛的信息网络，能够及时将相关信息反馈给其他成员国。最后，为了应对食品紧急事件，欧盟委员会采取了一系列措施。当食品检验发现不符合食品安全标准、对人类生命健康构成威胁时，欧盟委员会会迅速公布该产品的流通路径，及时终止其流通并紧急召回。全链条的食品安全监管理念、分工明确的监管职责、完善的法规标准体系及详细的执行过程规范要求共同构建了欧盟科学、合理的食品安全监管框架（温国艳等，2022）。

（三）欧盟食品安全法律的原则

1）全程监控原则　欧盟在构建食品安全法律体系时，秉持着“预防为主”的理念，着重于事先控制而非事后监管。在 2000 年提出的“从农田到餐桌”战略中，欧盟强调对食品生产全过程的严格控制，其技术法规体系尤为严密，立法覆盖了食品加工生产的各个方面。此外，欧盟对整个监管工作的开展机制、开展方式、当局义务、监管各环节需要注意的问题等进行规定，以确保食品安全（温国艳等，2022）。

2）*责任明确的原则* 在食品安全制度的改革过程中，欧盟对食品链中各方的责任进行了重新划分，明确了各方的职责。具体来说，饲料生产者、农民和农产品加工者承担着最基本的食品安全责任；而成员国政府则负责进行监督和检查工作。此外，欧盟委员会负责评估成员国政府的能力，以确保国家监督和控制系统达到更高的水平。同时，消费者也有责任妥善保管、正确处理、烹饪食品，并改变不良的食用和消费习惯。这样的责任划分有助于各方共同维护食品安全，保障公众健康。

3）*实时更新的原则* 欧盟的食品安全法律制度是一个不断发展和创新的过程，旨在适应不断变化的形势。欧盟首先发布食品安全指令，随后根据实际情况对其进行修改和补充。随着社会的进步和食品安全政策的不断变化，欧盟也在食品安全方面持续改进，以进一步确保食品的安全性。欧盟意识到，随着新技术的发展和全球环境的恶化，食品面临的风险也在增加。因此，在确保“统一、完善、透明”的前提下，欧盟坚持保护消费者，保证科学研究的进行，并及时跟进修订相关法规。同时，欧盟重视运用新技术，使用最新的科技分析手段来检测食品的潜在安全风险（高尚毅，2018）。这种持续的努力和创新使欧盟的食品安全法律制度得以不断完善和发展。

（四）欧盟食品安全标准的主要内容

欧盟食品安全标准涵盖以下 4 个维度：产品标准、过程控制标准、环境卫生标准、食品标签标准。

1）*产品标准* 产品标准是为了保证产品的适用性而制定的，是要求产品必须达到的某些或全部要求所制定的标准，主要针对的是动物性、植物性、婴幼儿等食品安全标准，是食品的本质属性。欧洲议会和理事会在《供人类食用的动物源性食品官方控制实施条例》中规定了动物性食品的标准。

2）*过程控制标准* 预防并控制食品生产过程中可能发生的一系列污染（如物理、化学、生物性污染）是保证食品安全的关键点，所以欧盟在这些过程中也制定了科学的标准。控制食品微生物的安全性需要在原料、配方、加工等环节中进行的。一些微生物，如单细胞增生李斯特菌、沙门菌、需氧菌、大肠杆菌、阪崎肠杆菌和葡萄球菌等在欧盟食品安全标准中有详细的规定。如果检验结果超出了所规定的限值，那么生产者就需要采取相应的措施改变其状况。

3）*环境卫生标准* 要对食品加工场所进行清洁消毒以降低空气污染，在适合的地方安装提供热水和冷水的洗手池，同时安装洗手液和自动干手机，为了防止机械的气流污染清洁的地区，安装良好的通风系统也是有必要的，设计排水系统时要求有一定的坡度以便排水。在加工过程中一定要保证加工区的卫生和水槽的清洁状态，定时进行消毒处理。在食品运输过程中要保证运输工具的清洁卫生，装有食品的容器除食品外不得盛放其他物品，并且在这些容器上做一个不能擦除的明显标记或标有“只用于食品”的字样，在运输过后要及时消毒，使用合适的化学试剂对食品加工设备和容器进行保养。要保证操作者的工作服是高度清洁的，保证个人卫生，禁止工作人员带病、带伤工作，防止该工作人员接触食品造成污染甚至病毒的传播。

4）*食品标签标准* 食品标签是指预包装在食品容器上的文字、图形、符号及其他说明性内容，它既是促进食品销售的重要工具，也是保障消费者权益的关键手段。消费者通过食品标签可以获取关于食品的进出口流向、生产日期、保存方式等重要信息。因此，对食品标签的要求十分严格，其内容分为强制标示和非强制标示两部分。强制标示内容包括日期标示、制造者和经销者的名称与地址、食品名称、配料清单、贮藏说明、产品批号等。而非强制标示内容则可能包括批号、食用方法、能量和营养素等信息。值得注意的是，食品标签上不允许出现误导消费者的信息，如食品本身并不具备的性质和功能等。食品标签中还包括食品价格标签，有相关的指令规定：为了方便消费者对商品进行比较选择，生产者要标明商品的单价，除了那些消费者指明食品的购买数量前无法标清楚的及散装销售的商品外，其余所有的商品都必须要标明单价和售价（夏研，2014）。

（五）欧盟食品安全标准的法律特征

1）强制性　欧盟食品安全标准具有法律效力，所有成员国要无条件地执行该标准；条例仅对成员国产生一定的拘束力；成员国将条例转换成本国法律以自己的方式在一定时期内达到自己的目标；法律具有特定的适用性，对法律的对象具有约束性。不同的欧盟食品安全标准强制性也不同，成员国必须遵守（夏研，2014）。

2）统一性　欧盟食品安全标准最基本的原则就是统一性，是指各成员国的食品安全标准具有一致的根本原则并且应该有自己的食品安全标准，但是各国的食品安全标准应该尽量与欧盟食品安全标准相统一。

3）程序性　程序性是指为了使食品符合食品安全标准的方法和步骤，各成员国必须在生产食品时按程序遵循该法律，该特性体现了食品安全标准与法律法规的纯正性。特殊的政治体制决定了欧盟食品安全标准的多样性，并且有着非常严谨的内在结构。

三、美国食品安全标准

美国的食品安全是由《联邦食品、药品和化妆品法案》（FFDCA）确立的，它也是美国食品安全的基本原则和框架。为了不断适应社会发展，美国制定了一系列食品标准，包括《食品添加剂补充法案》《联邦肉类检验法》《蛋产品检疫法》《家禽产品检验法》《茶进口法》等，以品种划分，专属性和可操作性极强，最大限度地降低食品安全风险（刘斯琪，2022）。在食品安全标准的制定和实施过程中，美国有四大机构发挥着关键作用，它们分别是农业部食品安全检验局（FSIS）、食品药品监督管理局（FDA）、环境保护局（EPA）及农业部农业市场局（AMS）（二维码 16-6）。

16-6

（一）美国食品安全标准具体制度

1）食品召回制度　食品召回制度是一项旨在保障消费者健康的重要措施。当市场存在具有安全隐患的食品时，食品供应者需依法迅速向当地政府报告，并及时通知消费者将相关食品追回，同时承担相应的赔偿责任。这一制度的执行主要由 FSIS 及 FDA 负责。食品召回通常分为三个级别：第一级召回针对存在严重危害的食品，如可能会导致食用者生命受到威胁甚至死亡；第二级召回针对危害程度较轻的食品，食用后可能会对消费者健康造成不良影响；第三级召回则针对一般情况下不会对健康造成危害的食品，食用后不会引起不良后果。针对不同级别的召回，会采取相应的召回模式和范围，以确保消费者的食品安全和健康。食品召回制度可以尽可能快地将相应危机安全的问题食品从市场和消费者中收回，从而尽可能减少其对消费者健康的危害，有力地保证了美国食品法律制度保障公众安全效果的实现（刘素君，2016）。

2）风险管理制度　美国近年来采用的风险管理工具是危害分析与关键控制点（HACCP），通过控制添加剂等有害化学物质来保障食品安全。美国的总统食品安全管理委员会于1998年8月成立，该委员会通过食品安全战略计划对风险分析、风险评估和风险管理对食品安全的作用进行了高度评价，并提出“从农田到餐桌、从生产到消费”的食品安全行动措施。

3）可追溯制度　美国食品可追溯制度包括生产、包装加工和运输销售环节，在生产过程中各环节都要进行记录，可追溯制度分为前追溯制度和后追溯制度，前者包括的信息有加工企业的名称、生产日期、商标重量等，后者包括产品接受企业的名称、生产工艺、交割类型等后追溯信息，这在包装加工环节中被要求建立可追溯制度。在运输环节的可追溯制度是运输企业要将供应商给出的信息转给批发商和零售商，批发商和零售商再通过各自的方式将信息上传至电脑，以确保食品的可追溯制度。这一制度体系在世界上产生了很大的影响，成为世界各国进行食品安全认证的最权威的质量安全体系之一（刘素君，2016）。

（二）美国食品安全监管机构

1）美国农业部（USDA）　USDA是由各类国家股份公司组成的，主要负责农产品及各种作物、畜产品生产销售等；监督农产品贸易、提出扩大生产的措施、发展农村住房建设、保护森林环境等。农业部中有超过6个部门是负责食品安全的，其中食品安全检验局（FSIS）负责肉、禽和蛋制品的检疫；农业市场局（AMS）负责蛋制品的安全检验工作，确保市场上的蛋制品符合相关安全标准；动植物卫生检验局（APHIS）则负责监管动物和植物的健康与安全，防止动植物疾病和害虫的传播，保障农业生产和生态环境的稳定；对谷物检验的是谷物检验、批发及畜牧场管理局（GIPSA）；研究潜在生物恐怖攻击的是农业研究局（ARS），并且及时报告给联邦政府。

2）食品药品监督管理局（FDA）　美国FDA是美国卫生与公众服务部直属的联邦政府机构，负责监督管理美国境内生产的药品、食品、生物制剂及兽药等产品质量和安全。FDA包括测试和注册，有权视察生产厂家并且对违法的商家提出诉讼。FDA于2009年制定了《风险沟通战略计划》，该计划通过分析部门机构职责，确立了自身风险交流工作的目标、策略和方法（刘普，2019）。FDA的主要部门是食品安全与应用营养中心（CFSAN）。

3）环境保护局（EPA）　EPA是致力于保障人类健康免受环境风险的侵害及维护自然环境的独立行政机构。该机构由美国总统直接指定局长，局长直接向白宫负责。EPA的主要职责包括控制农药和杀虫剂对农民和野生动物的潜在危害，执行环境法规，从事或赞助环境研究和保护项目及提高公众的环保意识等。

（三）美国食品安全监管机构的职能权限与设置特点

1）职能权限　卫生与公众服务部就食源性疾病展开调查与防治，在疾病发生时该部门立即检出致病菌、寻找方案进而控制疾病传播；美国农业部对果蔬、肉禽蛋类进行监管，控制杀虫剂的使用量从而保证环境不被污染，同时又能保护人类健康；美国国家海洋和大